U0463585

辛亥往事

XINHAI WANGSHI

经盛鸿 著

团结出版社

图书在版编目（CIP）数据

辛亥往事 / 经盛鸿著 . -- 北京 : 团结出版社 ,
2011.6（2021.9 重印）
ISBN 978-7-5126-0414-8

Ⅰ . ①辛… Ⅱ . ①经… Ⅲ . ①辛亥革命—史料 Ⅳ .
① K257.06

中国版本图书馆 CIP 数据核字 (2011) 第 061347 号

出　版： 团结出版社
（北京市东城区东皇城根南街 84 号 邮编：100006）
电　话：（010）65228880　65244790（出版社）
（010）65238766 85113874 65133603（发行部）
（010）65133603（邮购）
网　址： http://www.tjpress.com
E-mail： zb65244790@vip.163.com
tjcbsfxb@163.com（发行部邮购）
经　销： 全国新华书店
印　装： 三河市东方印刷有限公司

开　本： 170mm × 240mm　　16 开
印　张： 30.5
字　数： 418 千字
版　次： 2011 年 6 月　第 1 版
印　次： 2021 年 9 月　第 2 次印刷

书　号： 978-7-5126-0414-8
定　价： 69.00 元

序 中国近代失去的机遇及其教训

一个民族或者国家，在其历史进程中，每当到了重要的转折关头与发展阶段，往往能获得一些难得的重大机遇，即在国际上，有个相对较为平和的周边环境或有利的形势，在国内，也有个相对比较稳定的社会秩序或人民有较高的热情，从而为这个国家或民族的全面迅速发展与社会变革转型，提供了有利条件。如果这个国家或民族能够及时地抓住机遇与利用机遇，就能极大地加快改革和发展的速度，使这个国家的综合国力与整体水平突飞猛进地提高到一个新的水平，走向先进与强大；反之，若丧失了这些机遇，就要被迅速发展的世界与周边国家抛在后面，陷入落后、贫穷、愚昧、挨打的内忧外患的可悲境地。

世界史上这方面的事例很多。我国近代更有多次丧失机遇的惨痛教训。

（一）中国近代多次失去的机遇

中国近代，从1840年第一次鸦片战争前后，到1911年辛亥革命，这约百年的时间，是中国社会历史发展的转型时期与关键阶段。历史曾为这时期的中国提供了几次大发展的机遇，然而，由于种种原因，这些机遇都无可挽回地丧失了。

中国近代第一次丧失重大机遇，是在1840年第一次鸦片战争爆发前的数十年时间。

这时期，西方主要国家先后经历了产业革命与政治革命，实现了社会转型与飞跃发展，在经济上进入了机器大工业与市场经济时代，在政治上确立了资本主义体制。资本主义的飞速发展迅速缩短了世界各国间的距离。西方列强在向世界扩张中，到19世纪初叶，以英国为首，逐步将侵略矛头指向中国。早在1828年，即在鸦片战争爆发前十数年，包世臣在《答萧牧生书》中，就敏锐地指出：英国在1819年占领新加坡后，必将以此为基地，对中国侵略，“十年以后，患必中于江、浙，恐前明倭祸复见今日”（《安吴四种》卷三十五）。而当时的中国，虽在20世纪出现过大肆吹嘘的所谓“康雍乾盛世”，其实这是个“饥饿的盛世”，而在当时全世界的坐标系上，这“盛世”更是黯然失色，因为它未经历社会转型，基本上仍然是自秦以来的传统的农耕自然经济与皇权专制政治，较之西方已落后了一个时代。到了乾隆晚年，直到嘉庆、道光两朝，由于传统的农耕自然经济与皇权专制政治到了末世，清王朝迅速地走向腐败衰弱，社会矛盾激化。中国面临着前所未有的民族危机与社会危机。龚自珍描绘说：“起视其世，乱亦竟不远矣”，多次急切地呼吁清政府抓住时机进行改革，“与其赠来者以劲改革，孰若自改革？”（《龚自珍全集》，上海人民出版社1975年版，第76页）

当时的中国还是有条件、有时间进行改革与发展的，当然，时间不会很长。所谓机遇，既包含形势的严峻挑战，又包含发展的可能条件。在鸦片战争前的数十年时间，中国还是个独立的主权国家，有地大物博、人口众多、历史悠久等优势。西方商人、传教士、外交使节不断来华，中外交往不断扩大。中国的周边环境也较为安定。中国与西方列强的关系，虽有些小的摩擦，但还没有大的冲突与战争，这是因为西方列强还未来得及顾及中国。这是中国认识世界、追赶先进、改革与发展自己的大好时机。若当时清政府能看清形势，抓住这几十年的时间与机遇，打开国门，迎接世界进步潮流，加快改革与发展，则定将使中国迅速走出中世纪，跨入近代先进国家的行列，以后的历史必将重写。

可惜的是，清政府被皇权专制传统迷住了眼睛，丝毫看不到世界的进步与中国的危机，继续以“天朝大国”自居，视外国为“蛮夷”，对外强化闭关锁国，对内阻挠一切改革与进步。1793 年，英国马戛尔尼使团来华访问，年迈的乾隆皇帝竟称西方先进的科技与工业“要亦不过张大其词而已”（《乾隆御制诗》全集，卷八十四，夹注）。而整个清政府的官员们“对一切科学物质的进步一概不关心”。首席军机大臣和珅对“欧洲新发明日多一日”不屑一顾；掌管国家军事的福康安对“欧洲新式火器操练法”居然说：“看亦可，不看亦可”（[英]斯当东：《英使谒见乾隆纪实》，商务印书馆 1963 年版），表现出惊人的愚昧狂妄。乾隆以后，经嘉庆到道光，清王朝统治每况愈下，但愚昧与夜郎自大有增无减。“岛夷通市二百载，茫茫昧昧竟安在”（《魏源集》下册，中华书局 1976 年版，第 541 页）。直到英国军舰打到中国时，道光皇帝对英国一无所知，竟然问臣下，从北京坐马车可否到达英国。有臣下说，英吉利、法兰西等只是一个国家，是洋人为骗我们而编造的不同名称。在鸦片战争前，清王朝从上到下，绝大多数人闭塞愚昧到连圆形的地球与起码的世界地理、历史知识都不知道，更不用谈认识当时的世界形势与中国面临的深刻危机，因而必然不可能认识与抓住战前这数十年宝贵的、稍纵即逝的时间与机遇，必然要在颟顸与麻木中陷入更加落后的局面，结果，在很快到来的鸦片战争中，受到了严惩。

中国近代第二次丧失机遇，是在 1842 年 8 月第一次鸦片战争结束后约十年时间。

这时期，西方侵略者在战后需要休整，他们刚刚从中国获得的一些条约特权需要消化，提出新的“修约”要求是在十多年后，因而中外关系出现了一段相对平静的时期；而中国下层人民郁积着愤怒，更急切地盼望国家改革，社会阶级矛盾更加尖锐，距农民大起义爆发也只剩下约 10 年时间。这真是千钧一发的时机。在这时期，更多的知识分子觉醒了，“睁开眼睛看世界”。林则徐深刻地指出，在鸦片战争后，中国将“患无已时，且他国效尤”（《林文忠公政书·两广奏稿》卷四：《密陈夷务不能歇手片》）。魏源大声疾呼：“过时而悔，悔而能改，亦可补过于来时”（《魏源集》上册，第206页）。他们更急迫地呼吁清政府抓紧时机进行改革与发展。林则徐写出了《四洲志》，魏源写出了《海国图志》，徐继畬写出了《瀛环志略》，等等，提出了种种改革设想。他们尤其力倡“师夷长技以制夷”。清政府若能接受这些有识之士的建议，总结鸦片战争战败的教训，抓紧这10年时间，学习西方之长，改革内政，发展大工业经济，缓和国内矛盾，加强国防，则中国的大发展与避免内忧外患的灾难，还是可能的。

然而，清政府当权派中的绝大多数人却一错再错。他们虽在鸦片战争的打击下吃了一惊，在战后也一度下达练兵设防的诏令，但都是徒托空言，更没有认真地从失败中总结出正确的经验教训，采取富有新时代精神的改革措施。他们在《南京条约》签订后，反而产生了可以苟安下去的想法，即认为英国“其所以兵犯顺者，非谋逆也，图复其通商也”（中国近代史料丛刊《鸦片战争》五，第435页），因而以为《南京条约》满足了英国的“通商”要求，中国就可以太平无事了。他们重新在醇酒美人中逍遥。“都门仍复恬嬉，大有雨过忘雷之意。海疆之事，转喉触讳，绝口不提，即茶房酒肆之中，亦大书‘免谈国事’四字，俨有‘诗书偶话’之禁”（中国近代史料丛刊《鸦片战争》五，第529页），什么改革与发展都是“多事”。割地赔款的剧痛很快忘却，对五口通商将给中国的重大影响更是麻木无知。在日本引起广泛关注的《海国图志》，在中国却被置若罔闻。中国又一次丧失机遇，跌入更加落后沉沦的深渊。然而这次惩罚来得更快：1851年爆发了空前的太平天国农民大起义，1856年开始又遭到了英法发动的第二次鸦片战争的侵略，北京的皇家园林圆明园被烧毁，清政府陷入更为险恶的惊涛骇浪之中，中华民族也蒙受了更大的耻辱。

中国近代第三次丧失机遇，是在十九世纪的六十年代末到九十年代初。

在这约30年时间中，由于第二次鸦片战争结束，外国列强一度对华采取“合作政策”，出现了“中外相安，十年无事”（曾国藩语）的暂时稳定局面，这局面除了后来的一些局部事件，基本上一直维持到甲午战争前；在国内，太平军与捻军等被镇压后，农民起义也相对沉寂了30年。这是中国近代史上一段难得的较长稳定时期，而且西方文明在中国的影响空前增强，所有这些都为中国的大发展提供了难得的机遇。在这时期，西方列强也加速发展，进入了钢铁时代与帝国主义时代；中国的东邻日本更迅速崛起，咄咄逼人。中国面临着更加严峻的挑战与更大的侵略危险。时代再一次要求中国抓住这宝贵的时机，进行改革与发展。

对当时的形势与机遇，中国一些有识见的政治家与思想家都程度不同地认识到了。曾国藩在私下与亲信幕僚赵烈文的谈话中，就意识到清王朝的深重危机与只有数十年的挽救时间。李鸿章更多次指出，当时的中国面临着“数千年未有之变局”与“数千年未有之劲敌”，急切地要求加速发展近代经济与建立近代海陆军，“过此以往，能自强者尽可自立，若不自强则事不可知”（《李文忠公全书》奏稿）。1880年，他在一封要求速购铁甲舰的信中，愤激地说：“机会一失，中国永无购铁甲之日，即永无自强之日”（《李文忠公全书》朋僚函稿）。在他们的推动下，中国终于发起了一场后来被称作“洋务运动”或“自强运动”的改革发展运动：一些新式厂矿、铁路与近代陆海军在中国兴建……

然而，洋务运动开展的步伐却极其沉重而艰难。当时中国的大多数官僚士大夫沉湎于虚幻的“同治中兴”中，吹嘘清王朝“削平僭伪，绥靖边陲，伟烈丰功，为书契以还所见”（陈弢辑：《同治中兴京外奏议约编》自叙，上海书店1985年版）。他们重新夜郎自大，看不到更不承认中国面临的新的更大的危机，甚至梦想将中国重新拉回到鸦片战争前的专制一统“盛世”中。因而他们借口“国情不同”，提出种种理由，反对洋务派的任何变革活动。1875年（光绪元年）9月，工科给事中陈彝给皇帝上了一道奏折，坚决反对架设电线，理由是电线可以“用于外国，不可用于中国”。另一位著名的顽固派官僚刘锡鸿居然说：“绝迹而奔，人喜其捷，而不知有颠陨之虞；缓步而行者，人苦其迟，而不知无倾跌之患”（《英轺私记》，湖南人民出版社1981年版），顽固昏愦到如此程度。但是他幻想的势力与能量很大。洋务派官僚改革发展中国的计划本来就不彻底与存在许多漏洞，面对顽固派的围攻更是胆战心惊，半途而止。中国改革发展的机遇又一次在无数的争论声中丧失了，约三十年的洋务运动成果尔尔。李鸿章等人费尽九牛二虎之力兴办的北洋水师与工矿企业迅速蜕化。中国终于在与日本的竞争中失败。甲午一战，中国竟惨败于为士大夫一直藐视的“小小三岛之国”日本之手。割台赔款之时，回想三十年时光白白虚掷，悔之晚矣。

中国近代第四次丧失机遇，是在甲午战败后的日子里。

康有为用如此急迫的语言，描绘甲午战败、中日《马关条约》签订后中国的危亡局势：“吾中国四万万人无贵无贱，当今日在覆屋之下、漏舟之中、薪火之上，如笼中之鸟、釜底之鱼、牢中之囚……”（中国近代史料丛刊《戊戌变法》四，神州国光社 1953 年版，第 407 页）。他急切地呼吁迅速实行彻底的维新变法，“能变则全，不变则亡；全变则强，小变仍亡”（中国近代史料丛刊《戊戌变法》二，第 197 页），不仅要改革经济，还要改革政治体制。中国当时虽处境艰危，但由于甲午战败刺激了全民族的觉醒，“家家言时务，人人谈西学”（中国近代史料丛刊《戊戌变法》三，第 156 页），改革力量增大，连光绪皇帝与帝党官僚也加入了改革者的行列。甲午战败暴露了洋务运动的严重弊病，政治体制改革被提上了议事日程，终于在1898年掀起了一场颇有声势的戊戌维新运动：裁冗官，改兵制，废八股，设“议郎”……中国一度出现了希望。

但是，以慈禧太后为首的顽固守旧势力敌视改革，仇恨维新，反对变法。他们势力强大，掌握着国家的核心权力，尤其是军权。在戊戌变法运动走向高潮时，他们发动了政变，囚禁了光绪，捕杀维新党人，废弃了一切改革计划与改革措施。中国改革腾飞的机遇又一次在血泊中被扼杀与葬送了，重新恢复古老而又陈腐的社会秩序。但麻烦与惩罚接踵而来，戊戌变法的机遇丧失后仅两年，在 1900 年，八国联军就打进了北京城，中华民族蒙受了新的巨大耻辱。清政府的威信也一落千丈，终于在辛亥革命的烈火中瓦解。

中国近代第五次失去机遇，是在辛亥革命之后。

1911 年 10 月 10 日武昌起义，各省响应；1912 年 1 月 1 日，中华民国临时政府在南京建立，中国人民经过十几年流血斗争，终于推翻了清王朝，结束了两千多年帝王专制，建立了民主共和制度。中国人民在政治与思想上都得到了一次空前的大解放，全国出现了前所未有的民主政治新气象：报纸风起云涌，政党社团如雨后春笋，“思想言论的自由，几达极点”（蔡元培：《中国新文学大系·总序》，上海良友图书公司 1935 年版），颁布国家宪法，成立参议院与责任内阁，选举国会议员与大总统……梁启超称之为“不啻若唐虞三代之盛”（《梁任公对报界之演说》，《东方杂志》14 卷 3 号）；在经济上，则宣告“破坏告成，建设伊始”，在全国掀起了兴办实业的热潮，人们欢呼：“所谓产业革命者，今也其时矣。”（中华民国工业建设会：《发起旨趣》，《申报》1912 年 2 月）据统计，在 1912 年、1913 年两年中，全国新设万元资本以上的大厂矿就有 93 家。中华民族出现了前所未有的希望。1912 年 8 月 28 日，孙中山在北京的一次讲演中，乐观地预测说：“以我五大族人民既庶且富，又能使人人受教育，与列强各文明国，并驾齐驱，又有强兵以为之盾，十年后当可为世界第一强国。”（《孙中山全集》第二册，中华书局 1982 年版，第 419 页）十年也许太短，但只要抓住这难得的机遇，进行经济建设与政治改革，中国富强进步可期。

但是，中华民族在辛亥革命后获得的这次难得的机遇，又一次被葬送了。作为国家最高统治者的袁世凯及其集团，置大好机遇与民族利益于不顾，热衷于揽权独裁，处心积虑地搞复辟称帝，为此，他们排斥与屠杀革命党人，有计划地扫荡了辛亥革命取得的一切民主成果。如孙中山于 1914 年 5 月《讨袁檄文》中所说：“今袁背弃前盟，暴行帝制，解散自治会，而闾阎无安民矣；解散国会，而国家无正伦矣；滥用公款，谋杀人才，而陷国家于危险之地位矣；假名党狱，而良儒多为无辜矣。有此四者，国无不亡，国亡则民奴……”（《孙中山全集》第三册，中华书局 1984 年版，第 90 页）。中华民族又陷入了军阀专制与内战的苦难之中，日本乘机提出了灭亡中国的“二十一条”……

（二）中国近代一再失去机遇的深层原因

在中国近代史上，外患内忧频仍，历史给予我们中华民族大发展的机遇并不多，而我们民族却一次又一次失去了这些机遇。失去机遇就要落后，落后就要挨打，这几乎成了中国近代史上一个令人痛心的“规律”。

中华民族是一个历史悠久的民族，在世界历史上曾长期处于领先的地位，为什么在近代一百多年历史中，却一次又一次失去机遇，越来越陷于落后、挨打的境地呢？

机遇是靠人抓的。因而能否抓住机遇，关键是人。机遇只垂青于能够认识机遇、抓紧机遇、成功地利用机遇的那些人与民族。然而，在近代中国，由于复杂的社会历史原因与认识原因，我们民族普遍缺乏机遇意识，狭隘保守的社会习惯势力广泛而又根深蒂固地存在。尤其是没有一个目光远大、性格坚毅，能够敏锐地、深刻地认识与及时地、有效地抓住机遇，能领导全民族战胜困难与阻力、敢于与善于改革发展的先进阶级力量与政治领导核心。无疑，这是中国近代一再失去机遇的最重要的原因。

一位外国学者在评论晚清改革时说：“中国失败的原因，的确应该归咎为缺乏能够引导经济发展的中央政府。”（兰比尔·沃拉：《中国：前现代化的阵痛》，辽宁人民出版社 1989 年版，第 121 页）

确实，自乾隆晚年以后，掌握中国国家最高权力的清政府，日益腐败昏庸，根本不能够认识形势与机遇、承担领导改革发展中国的历史重任。乾隆晚年养尊处优、穷奢极欲，英使马戛尔尼惊叹道：“亚洲皇帝自奉之奢，我们欧洲人万万赶不上的。”（[英]斯当东：《英使谒见乾隆纪实》）乾隆宠用的是“横、贪、奢”兼而有之的和珅等大臣。这样的政府岂能有改革进取之心？嘉庆是个鄙吝的庸主，当政 25 年，一无作为。在鸦片战争前 20 年上台执政的道光皇帝，被《清史稿》称之为“恭俭之德，宽仁之量，守成之令辟也”，他的致命弱点，就是像其父一样平庸。他在鸦片战争前，根本想不到去了解世界大势，也听不到龚自珍、包世臣等人呼吁变革的声音。他重用的是曹振镛、穆彰阿这样的佞臣。鸦片战争爆发，他就只能率领一个落后、腐败、愚昧的中国去迎战侵略者，在指挥作战中糊涂昏愦，首鼠两端，最后屈膝投降。战后，他虽下了些练兵设防的诏书，但没有一条是由战败所得的新启发，没有一条透露出新时代的气息。林则徐探询西事、魏源呼吁“师夷长技以制夷”，都未引起他的注意。他对中国在第一次鸦片战争后开始发生的社会巨变麻木无知。因而终其生前，甚至连后来洋务派那样的措施也没有采取一条。

道光死后，继承皇位的是他20岁的儿子咸丰帝。这位在位11年的皇帝，在登位之初，面临太平天国起义，看到了清王朝的一些腐败与危机，曾力图振作。他起用已告老还乡的林则徐，贬斥穆彰阿，甚至亲自为群臣讲经，训诫百官“午夜扪心”“痛加改悔”等等。但他依靠的仍是程朱理学，毫无近代气息。他也下诏求言，但结果，“或下所司核议，以‘毋庸议’三字了之；或通谕直省，则奉行一文之后，已复高阁束置，若风马牛不相及”（《曾文正公全集·书札》卷一，传忠书局版，第30页）。他对曾国藩这样忠心耿耿的汉族官僚都猜忌掣肘，在对外交往中更是顽固愚昧。后来国事愈棘，他索性懒管政事，沉湎女色，终于在内忧外患的惊涛骇浪中早早地死去。

继咸丰以后，在同治、光绪两朝掌握国家实际最高权力的，是慈禧太后。这个权力欲极强的女人，掌权长达47年之久。但她却是个“但知权力，绝无政见”（中国近代史料丛刊《戊戌变法》四，第359页）的女人。曾国藩说她“才地平常，见面无一要语”。她热衷与精通的，是维护清王朝皇权专制统治与个人独裁权力，以及最高的物质享受。她对世界潮流与中国近代化改革，既懵懂无知，也不感兴趣。她是一个典型的皇权专制的独裁者与权术家。她在改革与保守、洋务派与顽固派的斗争中，无所谓政见，只是以上述标准为转移。而一旦改革的锋芒超出了她容许的范围，她就会毫不犹豫地将改革者与改革事业扼杀。她一次次地扼杀了中国改革的机遇，但同时也扼杀了清王朝。

执掌清王朝最后三年最高权力的，是摄政王载沣，此人貌似精明，实际上“毫无布置，惟知任用亲贵……识者已知事不可为矣。”（《赵柏岩集》宣统大事录，卷八）中华民国建立后，袁世凯凭借军事实力，掌握了国家的最高权力。这是一个极端反动、极端凶残而又极端虚伪的新的独裁者。他曾标榜自己“通达时务”并鼓吹新政，但骨子里却百般留恋早已陈腐恶臭的帝王专制宝座，为了拾起早已被辛亥革命打翻在地的皇冠，他不惜搞政治暗杀与发动内战，屠杀革命党人与无辜百姓，出卖国家权益，废除民主宪政……从而，他一手葬送了辛亥革命后中国的发展机遇。

总之，从乾隆，到慈禧，再到袁世凯，这些执掌国家最高权力的统治者，或老朽昏庸，或阴险恶毒，或虚伪作态，但他们有一个共同的特点，即以本阶级、本集团与个人的私利为最高准则，而置民族、国家大局于不顾，死抱住专制政治不放。专制必然产生腐败与愚昧，在他们独揽大权下的中国，岂能不一次次失去机遇！

更为可怕的是，在这些专横而又愚昧的独裁者的身后，存在着一个广泛且根深蒂固的保守顽固的社会阶层与习惯势力。从鸦片战争前后的“官吏士民，狼艰狈蹶，不士不农不工不商之人，十将五六……四民之首，奔走下贱”（龚自珍：《西域置行省议》，《龚自珍全集》，上海人民出版社 1975 年版，第 106 页），“儒者著书，惟知九州以内，至塞外诸番，则若疑若昧，荒外诸服，则若有若无”，“苟有议翻夷书、刺夷事者，则必曰多事”（魏源：《圣武记》卷十二，中华书局 1984 年版，第 498 页）；到洋务运动时期的“立国之道，尚礼义不尚权谋；根本之图，在人心不在技艺”（《筹办夷务始末》同治朝卷四十七，第 15 页）；再到变法维新时期的“必核乎君为臣纲之实，则民主万不可设，民权万不可重，议院万不可变通”（王仁俊:《实学平议》《民主驳议》）；直到辛亥革命时期的宗社党、袁世凯复辟时期的筹安会……这些守旧保守势力源源不绝，力量深厚，关系广泛，顽固地坚持与维护旧体制，凶狠地敌视一切改革与进步力量，拼命地阻挠中国历史车轮的前进。他们的活动与影响是中国近代一再失去机遇的又一个重要原因。

与专制统治者及守旧顽固势力相比，中国近代要求抓住机遇、推动改革发展的社会进步力量就显得十分软弱无力了。他们一是人数少，力量小！二是始终不能掌握国家最高权力（这在“权力万能”与“神圣化”的中国传统社会中尤其重要），上受制于专制、猜忌的最高统治者，下遭到保守顽固势力的围攻。三是本身也有着种种根本的局限、弱点与矛盾。因而，他们在历史转折的关头，虽能认识到机遇的重要性与把握机遇的紧迫性，但由于他们自身地位、素质与水平的限制，却没有足够的权力与胆识去抓住机遇，促进改革与发展，而往往面对机遇的到来与迅速地丧失，只能发出无力的呐喊与无可奈何的叹息。

鸦片战争前后的经世致用派人物，人数少。龚自珍、魏源等人官卑职低，“因厄下僚”，人微言轻；林则徐虽位至封疆，但仕途坎坷，屡遭打击。他们的言论著作根本没有引起最高统治者的注意。而他们自身的思想仍受儒家思想的严重束缚，虽被后人誉为“最早睁眼看世界的中国人”，但对西方的了解也不深。他们提出的改革方案多是“药方只贩古时丹”（龚自珍：《己亥杂诗》，《龚自珍全集》，第513页），虽有些内容透露了一些新时代的气息，但主要关心的，是西方的船坚炮利，而没有认识到实现社会转型与建立大工业经济才是当时中国的历史要求。因而他们抓住机遇的呼吁，在当时社会上不可能产生重大影响。

洋务运动发展的过程中，以曾国藩、李鸿章为代表的洋务派官僚，虽一再要求抓住机遇进行改革与发展，手中也有相当的权力，并取得了一些实绩，但成果却是极其有限的，这是因为他们身上封建因袭负担太重。他们始终不敢冲决纲常名教，坚持“中学为体”。曾国藩、李鸿章手握重兵，一听到有人劝他们问鼎自代，都吓得“瞿然改容”；他们甚至不敢为了有限的洋务改革事业与清廷抗争，为了保住自己的前程、名节与集团私利，不惜常常牺牲改革事业而向慈禧与顽固派妥协，充满了自私、胆怯、敷衍与圆滑。依靠这班人主持中国改革大计，不仅不可能抓住机遇对中国进行全面的、彻底的改革，就是连有限的经济、军事等改革，也只能是外强中干、漏洞百出、一触即溃。

甲午战争后，以康有为为首的维新派与以孙中山为首的革命派先后登上了中国政治舞台。他们更加自觉地意识到历史机遇与历史责任，先后勇敢地发动了戊戌变法与辛亥革命，提出并力图实现君主立宪与三民主义的改革方案，振兴中华，赶上世界进步潮流。但是他们都太软弱了，缺乏动员、吸引与组织广大民众的魅力与手段。他们的政治力量与政治经验都不足，他们的改革方案更有许多不切实际的空想与本阶级的私利。他们的一切努力最终只能失败，面对着大好机遇的迅速丧失，痛心疾首，无可奈何。

这是中国近代史提供给后人的一个最重要的教训。深入地总结与铭记这个教训，将有利于我们今后能及时地抓住各种机遇、发展中国。

时代的呼吁，历史的重任，一个目光远大、性格坚毅，能够敏锐地、深刻地认识与及时地、有效地抓住机遇，能领导全民族战胜困难与阻力、敢于与善于改革发展的先进阶级力量与政治领导核心，终于在五四运动前后，登上了中国的政治舞台！

1921 年 7 月，中国共产党诞生了！

目 录

第二辑 为护卫民国而斗争

第一辑

走向革命，走向共和

一、“人间从是应平等，谁敢低头颂帝王”
——辛亥革命颂

1911 年的中国，正是清王朝的宣统三年。

中国的皇权专制社会已走过了 2000 多年的历程，进入了它的末世，处处显得更加腐败、黑暗、反动与残暴。已统治中国达 200 多年的清王朝，在经济上千方百计加重租税，进行敲骨吸髓的剥削。“农民头上三把刀，租重税多利息高。”在这重重搜刮下，广大人民已赤贫如洗，朝不保夕，过着牛马不如的悲惨生活；而皇亲、贵族与官府则层层盘剥，个个贪污，以人民的血汗过着花天酒地的腐朽生活；在政治上，清王朝高度专制独裁，把国家大权控制在皇帝、太后和少数皇族、亲贵、官僚的手中，广大人民被剥夺了一切政治权利与人身权利，不论是工人、农民还是商人，都是被歧视的贱民；在思想文化上，则厉行文化专制主义，“防民之口甚于防川”，钳制与镇压人民的思想、言论自由，层出不穷的“文字狱”不知屠杀了多少知识分子，终于使中国形成了“万马齐喑究可哀”的局面。政治黑暗，国防空虚，财政拮据，人民愤怒，社会矛盾加剧，全国各地的“民变”不绝。

专制制度造成了中国政治、经济、思想文化等全面的腐败与落后。而落后就要挨打。在近代世界资本主义向全世界扩张的形势下，落后的中国一次次受到外国列强的侵略、侮辱与掠夺。从 1840 年第一次鸦片战争爆发，外国侵略者用坚船利炮打开了中国的大门；以后数十年中，外患不断，烽火连天，强迫中国签订了一个接一个不平等条约，接着是经济的掠夺、土地的瓜分、商品的倾销、殖民文化的输入……中国社会陷入了屈辱、破败、贫穷、愚昧的深渊之中。特别是在 1894 年，新兴的日本军国主义挑起了甲午中日战争，将清政府的军队打得落花流水，被李鸿章等达官贵人大吹大擂、花费了国家巨额经费建立的北洋水师全军覆没，清政府被迫与日本签订了空前屈辱的《马关条约》，割地赔款，台湾被日本霸占，东北被推向虎口。1900 年义和团运动兴起，八国联军占领了中国首都北京，慈禧太后和光绪皇帝仓皇逃往西安，清政府被迫签订了更加屈辱的《辛丑条约》……各国的国旗在中国的土地上四处飘扬，各国的政客、商人、军官、水兵、间谍、传教士在中国昂首阔步。列强各国公然在中国划分势力范围：沙俄控制了长城以北，两广为法国所有，山东归德国，福建归日本，长江流域则是英国的势力范围。中国已是国将不国、行将沦亡了。

而可耻的清政府匍匐在洋人的脚下，卑躬屈膝、摇尾乞怜，皇帝、太后和少数皇族、亲贵、官僚们仰承洋人的鼻息，分得残羹剩饭，过着“高等华人”纸醉金迷、腐败不堪的生活，对国家前途与民族兴衰全然不顾，成为“洋人的朝廷”；广大的中国普通百姓劳苦终日，衣不蔽体，食不果腹，面黄肌瘦，被人贱视，过着屈辱、贫苦、牛马不如的生活……

面对这些情景，每一个有爱国心的中国人莫不伤心难过，痛心疾首，悲愤异常。“救救中国！救救中国！”救亡的呼声惊天动地。当时浙江一位著名的维新人物蒋智由在其所写的《书怀》诗中，概括地描述了当时中国的境况：

落落何人报大仇，
沉沉往事泪长流。
凄凉读尽“支那”史，
几个男儿非马牛！

清政府的权威一落千丈，专制统治陷入风雨飘摇之中，各地“民变”

不断。清朝专制政府再也不能照老样子统治下去了，不得不宣布进行“改革”，先是搞“新政”，裁科举，办学校，倡导工商，筹建新军，改革官制；到 1906 年 9 月 1 日，发布上谕，宣布“预备立宪”“仿行宪政”，但根本原则是“大权统于朝廷，庶政公诸舆论”，暴露了其“立宪”改革的专制本质。慈禧太后与光绪皇帝在 1908 年 11 月相继死去后，新上台的摄政王载沣为笼络人心，接过慈禧太后“预备立宪”的旗号，按照慈禧太后规定的“九年预备立宪”时间表，对待民众国会请愿运动施展“两面派”手法，堵塞民众和平改革之路，顽固地坚持皇室专制，在 1911 年 5 月炮制出一个更加专制、集权、腐败的“皇族内阁”；同时公然抛出掠夺民族资产阶级和广大民众财富的“铁路国有”政策。

社会各界民众对清政府的“政治改革”完全绝望了，对“铁路国有”政策更是充满了愤怒与仇恨。事实证明，清政府“改革”是迫于形势，不得已而为之，从一开始就充满了敷衍、推托、拖延、矛盾和欺骗，对抗一切真正的民主改革，社会各界民众日益看清了清政府假改革、真专制、欺骗全国民众的反动本质。鲁迅在《中国文坛上的鬼魅》一文中说：“蒙蔽是不能长久的，接着起来的又将是一场血腥的战斗”。英勇的中国人民不屈服于外国列强的侵略和中国专制主义的压迫与欺骗，抱着救国、强国的决心，在 19 世纪末 20 世纪初掀起了民主革命运动。

最早举起反清民主革命大旗的，是中国的民主革命先行者孙中山。他在 1894 年底就创立了兴中会，提出了“振兴中华”和“建立合众政府”的伟大号召，并在广州发动了第一次武装起义。此后，他的足迹遍及海内外，著书立说，发动民众，呼吁革命。在他的影响下，在时代的推动下，全国反清革命运动日益展开，越来越多的民众投身到革命运动中，各种革命组织联翩涌现。1905 年 8 月 20 日，各反清民主革命团体在孙中山、黄兴等的领导下，联合起来，在日本东京集会，成立了“中国同盟会”，将反清民主革命运动推向高潮。革命党人将宣传、暗杀、起义视为实现革命目标的三大途径。

他们一面组织武装起义与暗杀活动，一面展开广泛的革命宣传活动。

走在这场革命运动最前面的，是一批血气方刚、接受了新知识、新思想的知识青年，他们勇敢无畏地投入了革命斗争，不惜抛头颅、洒热血，贡献出自己的一切。请看看他们的年龄吧：

孙中山在 1894 年创立兴中会时，28 岁；

陆皓东在 1895 年广州起义中牺牲时，28 岁；

史坚如 1900 年在广州刺杀两广总督，被捕就义时，21 岁；

邹容在 1903 年写出气壮山河的《革命军》时，18 岁；

王汉在 1904 年行刺铁良不成，从容赴死时，22 岁；

刘道一在 1906 年领导同盟会成立后的第一次武装起义——萍浏醴起义，在长沙被捕杀害时，22 岁；

秋瑾 1907 年 7 月 15 日在绍兴壮烈就义时，33 岁，丢下一子一女；

扬州志士熊成基 1908 年领导安庆新军起义时，21 岁；1910 年在吉林被捕不屈，壮烈牺牲时，23 岁；

1911 年 4 月 27 日黄花岗起义七十二烈士中的林觉民死时，24 岁；俞培伦死时，25 岁；

领导黄花岗起义的总指挥赵声是镇江人，他在黄花岗起义失败后悲愤而死时，31 岁；

武昌起义三烈士在 1911 年 10 月 10 日凌晨被清廷杀害时，刘复基 27 岁，彭楚藩 24 岁，杨宏胜 25 岁；

在南京光复战斗中担任敢死队队长的江苏泗阳人韩恢，时年 24 岁……

再读读这些年轻的革命志士写下的诗文吧：

时局如斯危已甚，闺装愿尔换吴钩。（秋瑾）

人间从是应平等，谁敢低头颂帝王！（陈家鼎）

满珠王气今已无，君不革命非丈夫！（陈去病）

男儿自有男儿性，不到民权誓不休！（《革命军传奇》）
莫谓草庐无俊杰，须知山泽起英雄！（陈天华）
只教文章点点血，化作樱花一片红。（田桐）
拼将十万头颅血，须把乾坤力挽回！（秋瑾）
大好头颅拼一掷，太空追攫国民魂。（赵声）
纵使不成头被砍，也叫人间称好汉！（邹容喜爱的诗句）
若使断头成永诀，愿卿含笑贺孤魂！（王汉）
……

多么感人！充满了伟大的爱国主义精神和革命的豪情壮志，真正是感天动地泣鬼神！这是辛亥革命党人留给我们后人的宝贵精神财富与革命业绩，必将传诵千古，以至无穷！

经过十多年血与火的斗争，革命党人前赴后继，屡败屡战，愈挫愈奋，终于在1911年10月10日迎来了伟大的武昌起义。湘、陕、赣、晋、滇、黔诸省相继爆发革命，宣告独立，响应与支持武昌起义。辛亥革命的浪潮迅速席卷全国。但反动的清朝专制王朝绝不会自动退出历史舞台，北洋军阀头子袁世凯率领清廷大军猛攻武汉革命军。1911年11月2日汉口失守，11月27日汉阳失守，武汉革命军被迫退守长江以南的武昌，眼看不能招架，形势十分危急。就在这时，“同盟会中部总会”领导与策动的南京革命武装起义爆发了。南京，当时称江宁，地处长江下游，连接吴楚，地接南北，虎踞龙盘，形势险要，历来为兵家必争之地，是中国东南的军事重镇和政治中心。1911年11月8日，南京新军第九镇官兵向雨花台清军堡垒发动进攻。苏州、镇江、扬州等地先后宣告光复。1911年11月24日，由东南各地革命党人组成的“江浙联军”向南京联合发动猛攻：夜袭乌龙山，猛攻雨花台，血战天堡城，炮轰富贵山……经过七天七夜的浴血厮杀，终于在12月2日攻克南京，谱写了辛亥革命史上极其辉煌的一章。孙中山说：“汉阳一失，吾党又得南京以抵之，革命之大局因以益振”。南京的光复使长江以南全部为革命军所有，稳定了汉口、汉阳失守后的革命大局，使全国革命重心由武汉转移到南京、上海，为革命党人在南京建立中华民国临时政府奠定了坚实基础。1911 年 12 月 25 日，孙中山先生从海外回到上海。经过已独立的十七个省的代表进行民主的投票选举，孙中山当选为新生的中国第一个民主共和政权——中华民国的第一任临时大总统。孙中山席不暇暖，在 1912 年 1 月 1 日风尘仆仆地赶到南京，在原两江总督衙门改建的临时大总统府里，宣誓就任中华民国首任临时大总统。1912 年 2 月 12 日，清宣统帝被迫宣告退位。辛亥革命取得了伟大的胜利！

辛亥革命是中国历史上开天辟地的大事件，具有划时代的伟大意义：在政治上，推翻了 200 多年的清王朝，结束了统治中国 2000 多年的皇权专制社会，使中国的历史走上了民主共和的新时代，正如胡耀邦在 1981 年纪念辛亥革命 70 周年时所说："辛亥革命的功绩是不可磨灭的。……辛亥革命结束了统治中国几千年的君主专制制度，这是中国社会的一个巨大进步。从此以后，不但民国初年两次复辟帝制的丑剧迅速失败，而且任何形式的反动专制统治都不能不以失败告终"；在经济上，则进一步解放了生产力，迎来了中国资本主义经济发展的新高潮和黄金时代；在思想文化和社会生活上，强有力地冲击了以"三纲五常""三从四德"为代表的传统旧思想、旧文化，开辟了先进文化和先进生活方式广泛传播的道路。俄国的革命家列宁在 1913 年 5 月 7 日《真理报》上发表《亚洲的觉醒》一文，高度地评价和热情地赞扬中国的辛亥革命及其带来的巨大变化和巨大进步，说："中国不是早就被称为长期完全停滞的国家的典型吗？但是现在中国的政治生活沸腾起来了，社会运动和民主主义高潮正在汹涌澎湃地发展"。尤为重要的是，1911 年的辛亥革命，为数年后的新文化运动与 1919 年五四运动，为一个新时代的到来，准备了条件，奠定了基础。伟大的辛亥革命在中国的历史上永放光芒！

二、辛亥革命党人首次政治暗杀案

——史坚如炸两广总督衙门

（一）1900年10月28日：两广总督衙门地下响起惊天爆炸声

1900年10月28日（清光绪二十六年九月六日），凌晨。清政府统治下的南国广州城，夜色沉沉，笼罩在一片阴森恐怖的黑暗中，几盏昏黄的路灯照着狭窄肮脏的街道，行人绝迹，一队队全副武装的清兵在城内城外巡逻。在广州城中心的两广总督衙门更是戒备森严，岗哨密布，刀枪林立。

此时，以北京为中心的中国北部正被八国联军侵占蹂躏。慈禧太后与光绪皇帝于1900年8月14日仓皇逃离北京，于1900年10月26日逃至西安。中国南部形势也很不稳。在广东，经以孙中山为首的兴中会革命党人的策动与组织，于1900年10月8日，由郑士良在惠州一带再次发动武装起义。广州城里风声鹤唳。两广总督德寿风闻革命党人已有多人潜入广州城中，图谋暴动与暗杀清廷大员。他知道自己是革命党人在广州暗杀的首要目标，因而惶恐不安，千方百计地加强自身的戒备。他不出两广总督衙门一步，下令调来重兵把守总督衙门，进出人员严格审查；入夜后，更是紧闭衙门所有门户，断绝一切人员进出。

这天夜里，德寿批阅完公文后，又带领亲兵警卫到整个衙门前后巡视一番，认为确实防守严密、毫无空隙可钻，才放心地回到内室安歇。

小心而又颟顸的德寿自觉两广总督衙门防守得万无一失，但他万万没有想到，暗杀的危险正从他所居住的衙门房屋的地基下，向他逼近：总督衙门内宅的地底下，一条仅够一个人躬身进退的地道，已在神不知鬼不觉中挖成，自衙门外邻近的屋宇内伸来，直通到德寿卧室的下面。此时，地道的尽头，德寿卧室的下面，已安置好一个装满一百多斤炸药的洋铁桶。就在德寿睡下不久，1900 年 10 月 28 日凌晨，一条导火索“滋，滋……”地燃向炸药桶。映着导火索燃烧的星光，似地火，将要摧毁腐朽没落的专制统治机构。约一小时后，只听一声巨响：

“轰——”

地底下的爆炸冲天而起，两广总督衙门的八间房屋与两丈八尺长的后墙，被炸得瓦砾纷飞，墙垣皆塌。爆炸巨响震动了整个广州城。

然而，由于德寿的居室稍稍偏离爆炸中心，而没有被直接命中，德寿幸免于难。巨大的爆炸力把睡梦中的德寿从床上掀翻于地下，滚出数尺之远。从睡梦中惊醒的德寿吓得魂飞魄散，浑身哆嗦个不停。

（二）兴中会策划的广东第二次武装起义计划

两广总督衙门爆炸案发的第二天，一位体弱多病、貌若处女、举止文静的年轻书生被清军捕获。他就是这次炸两广总督衙门、谋刺两广总督德寿的“主犯”、著名革命党人、孙中山早期的亲密战友史坚如。

炸两广总督衙门、谋刺两广总督德寿，是以孙中山为首的广东革命党人为配合与支持郑士良在惠州一带发动的武装起义而精心策划的。这是辛亥革命准备时期革命党人进行的第一次暗杀活动。史坚如就是这次革命活动的主角。

史坚如，原名文纬，字经如，后改名坚如，广东番禺（今广州）人，1879 年（清光绪五年）生于一户殷富的人家。其祖父史澄做过清廷的翰林院编修，是个不小的官。其父在其六岁时早丧。他由母亲抚养长大，自小体弱多病，少年时最先接受传统儒家教育，喜欢浏览古今史册，讲求经世之术，富于大志。广州是中国的南方门户，是最早接受欧风美雨的地方。史坚如在这里较早地受到西方民主自由共和思潮的影响。他喜读新书，关心国事，思想敏锐，崇尚平等自由，向往民主共和，沉毅真挚，任侠好义。腐败的清廷在甲午中日战争中的惨败及其引起的空前严重的民族危机，极大地刺激了史坚如，激发起他改革旧中国、推翻专制、建立共和、振兴中华的强烈愿望。每和友人议论时政，他常常愤形于色，说道："大厦覆矣，孰尸其咎？""今日中国，正如数千年来破屋，败坏之不可收拾，非尽毁而更新之不为功。"其兄史古愚怕他惹祸，劝他少讲。他都感慨地说："多言固足贾祸，但国家危辱如此，虽虚生世上，亦有何益耶？"

1898 年（清光绪二十四年）秋，史坚如听到北京传来的戊戌变法失败的消息。他对残杀维新党人的清廷慈禧太后充满愤恨，说："此老妇可杀也！"他与友人"备述其事，相与嗟叹，决意摧陷廓清之举动"。史坚如确立起反清革命的志向，立志做"世界第一等事业人物"。（邹鲁：《中国国民党史稿》）为探求反清革命的道路与救国救民的真理，寻找志同道合的同志，史坚如先入广州一家美国人开设的格致书院学习；后于 1899 年（清光绪二十五年）初到香港，结识了革命党人陈少白与杨衢云等人，经他们引导，加入了孙中山领导的兴中会。

未久，史坚如奉兴中会命，赴长江流域考察与联络会党。他担心其母与其兄长不放心，乃请日本友人宫崎滔天出面，对其母与兄称携其赴日留学为名，乃"弃慈母而投身革命"。他到上海、武汉等地联络哥老会后，又东渡日本，拜望孙中山，共筹革命大计。他回到广州探望家人，细心的母亲觉察到儿子的行动异常，害怕他出事，就阻其外出，不让他离开家门半步。史坚如被禁家中，内心焦急，急中生智，乃佯装癫狂。这下急坏了老母，请来名医诊治。名医建议，让史坚如到香港治疗"气郁"之疾。母亲无奈，只得放行。

1899 年冬，史坚如到达香港后，与陈少白一道代表兴中会，与会党首领谈判实现大联合，共同组成一个反清革命团体——兴汉会。会后，史坚如留在香港，协助陈少白创办革命报纸《中国日报》，同时积极参加武装起义的准备工作。

1900 年（清光绪二十六年）夏，中国北方爆发义和团运动与八国联军侵华，一片大乱！7 月 17 日，兴中会领袖孙中山乘坐法国轮船“烟狄斯号”，抵达香港，秘密召集杨衢云、陈少白、邓荫南、史坚如等广东革命党骨干力量到船上，举行军事会议，商讨乘中国北方大乱、清廷西逃之机，在广东再次发动武装起义。最后决定，由郑士良赴惠州，在三洲田建立大营，召集会党，举起义旗，得手后向福建沿海进军；孙中山则坐镇台湾，供给饷械；另以邓荫南与史坚如到广州城内部署起义，其目的不是夺取广州，而是要在惠州起义发动时，牵制住尽可能多的清军，并组织暗杀机关，相机暗杀清廷在广州城的大员，以资策应。

（三）革命党人第一次暗杀清廷大员的行动

史坚如与邓荫南受命后，立即赶赴广州。

开始，史坚如按计划积极部署广州武装起义。他与其兄史古愚拍卖了各自名下的一部分家产，作为起义经费。为了实现议定的“腹背夹击，夺取广州”的计划，史坚如利用广东清军内部矛盾，交结了一批旗人，策动他们进行兵变；同时，他又联络了广州城外的一批会党与绿林，约定时间，在广州城内旗人发动兵变时，聚众向城内进攻，里应外合，一举拿下广州城。

史坚如将广州举义的日子定在夏历七月的某日。

但是，到了预定举义的日子，准备起义使用的军械，却因故还未运到广州，起义计划全被打乱。后经史坚如紧急到各方斡旋，方决定起义计划延期举行。

但是，在这时，惠州起义却因泄密而被迫先期发动了。原来，郑士良、黄福等人到惠州三洲田召集会党，部署起义。不料消息走漏，引起清官府注意。清两广总督德寿闻讯大惊，急忙调派大队清军前去弹压。郑士良、黄福等人只得于 10 月 8 日在惠州仓促起事，与前来镇压的清军鏖战多日，因准备不周，饷、弹两缺，渐渐不支。惠州起义军处境危急。

史坚如在广州听到惠州起义军处境危急的消息，忧心如焚，想方设法要解惠州起义军之危。他想，若等到预定日期再在广州发动起义，那时惠州起义军定已失败多时了。不如立即实施暗杀，将广州的几个清廷大员除掉，使敌人群龙无首，恐怖惊慌，造成广州城的混乱，打乱清方的部署，瓦解清军的军心，并鼓舞革命党人与起义军的士气，使得郑士良能在惠州站稳脚跟，从容发展。

史坚如将此意与邓荫南等人协商。他提议暗杀清廷派驻广州的三位最高军事负责人，即两广总督德寿、陆军提督郑润材和由满人担任的“广州将军”。这是清廷在广州最重要的三位大员。史坚如的建议得到了邓荫南等人的赞同与支持，取得共识，遂制订出周密的暗杀计划：由邓荫南率领苏焯南、黎礼等人，负责偷运炸药到广州城内的秘密机关，并购洋铁桶三个，作为装放炸药的盛具；一个炸药桶交给黄福，用来炸“广州将军”衙门；一个炸药桶交给李植生，用来炸陆军提督郑润材；第三个炸药桶交给史坚如，由他亲自来炸两广总督衙门，炸毙德寿。显然，两广总督德寿是清廷在广州的第一大员，是革命党人最重要的暗杀对象，因而史坚如的暗杀任务特别重要，也特别艰巨。

史坚如经过侦察调查，就以变卖家产所得钱，在两广总督衙门附近的后楼房街，租了一幢房子。他用远视测量法，测得德寿卧室的方位和距离后，就和三个同志从住宅内开挖地道，锹、铲并用，日夜奋战，终于挖成了一条直通到德寿卧室下面的地道，地道狭窄，仅够一个人躬身进退。接着，邓荫南从澳门运来一百多斤炸药，装入一个特制的洋铁桶中，乘夜搬运到租屋内，安放到地道的尽头，装好雷管与导火索。

1900年10月27日夜，史坚如第一次点燃导火线后，就锁上房门，与战友迅速撤离，分头避往香港。史坚如登上了开往香港的轮船上，等到预定的爆炸时间已过，却仍不见动静。他不知出了什么问题，但他绝不愿既定的计划与多日的辛劳毁于一旦。他毅然决定让其他同志避走香港，自己重新登岸，冒险独自返回居室，才发现炸药的导火索因受潮而熄灭。但这时天已大亮，估计德寿肯定已起床离开卧室，因而不能再引爆。

于是，史坚如忍着饥饿与疲累，守在屋内，一直等到第二天，即10月28日的凌晨，估计德寿已回到卧室安歇，才再次点燃了导火索。他眼看着导火索吐着火舌燃向地道的那一端，才迅速撤离租屋。他这次没有立即登船，而是到一位同志家中静候消息，终于等到了那惊天动地的爆炸之声。史坚如见事已成，十分高兴。

（四）史坚如的叔父向官府告密

10月28日，清晨，史坚如到街上打听消息。

这时，广州全城都在议论前所未见的两广总督衙门爆炸案。街人纷传德寿死里逃生，史坚如很是怀疑，冒险到出事现场观看，果见德寿正在气急败坏地吼叫，饬令其手下克日破案，捉拿凶手严办。

史坚如深以一击不中为憾。

这时，清廷缇骑四出，广州城内外的大街小巷，布满兵丁，形势十分紧张。在同志们的再三劝说下，史坚如准备先去香港避避风头，另图他法。他先在珠江南岸的培英书院住了一天，又回广州城内家中一次。

史坚如没有想到，他的叔父丧尽天良，发现史坚如的行踪后，就悄悄地向官府告了密。

就在史坚如离家赴珠江边的码头途中，被清廷截捕。清方官吏从史坚如身上搜得一份炸药配置单。

史坚如被捕后，南海县令裴景福立即开堂审问。史坚如镇定自若，毫无惧色地对清吏说："你们慢慢再问，我已两天没有吃饭了。你们给我买碗面来，等我食饱再说。"

史坚如吃过面条后，南海县令裴景福问谋炸德寿事，史坚如供认不讳。

裴景福问史坚如："为何要谋炸暗杀清廷大员？"

史坚如慨然回答道："清廷政治腐败，人民受苦，以至忍无可忍。这都是你们这些狗官干的！所以我要杀尽你们才心甘！"

裴景福问史坚如："是何人指使？"

史坚如答道："自己出钱，自己办事，以求达吾目的。此等事端，置身家性命于不顾。史某非愚，岂肯受人指使而冒昧如此之理？"

狡猾的裴景福为兴起大狱，以为史坚如年轻可欺，就对史坚如软硬兼施。裴景福先以甜言蜜语，"优礼相待"，伪言哄骗，百般笼络，企图诱使史坚如供出同党与平素相识、多往来者，加以逮捕迫害。敏锐的史坚如识破清吏用心，以其人之道，还治其人之身，故意在供词中列举出当时广州城内许多达官、显宦、巨绅多人，不是清吏的好友，就是他们的至亲。史坚如的戏弄把审问的清吏气得瞠目结舌、暴跳如雷。清吏不敢将史坚如的供词原稿送呈清廷，只得用墨汁进行涂抹，却谎称为史坚如所为，然后向上报送。

裴景福恼羞成怒，对史坚如转用酷刑逼供，竟残酷地施加了拔手足指甲、火铁烫烙体肤等。"惨酷无人理"，企图迫使他供出革命党内情。但史坚如"惟怒目不答，傲睨自若"，始终沉着冷静，睥睨清吏，没有出卖一个革命党人。

清廷无计可施，只得于 1900 年 11 月 9 日将史坚如杀害。

史坚如被押到刑场上时，感叹道："悔矣，恨矣！"刽子手问他"悔什么？恨什么？"史坚如答道："一击未中，悔恨终生！"他说他悔恨未能炸死德寿，未能完成革命党交给他的任务！

史坚如慷慨就义时，年仅 21 岁。

（五）“为共和殉难之第二健将”

史坚如的壮烈义举与英勇死难，引起革命党人的极大悲痛与高度崇敬。

孙中山称史坚如是继陆皓东以后，“为共和殉难之第二健将”。陆皓东是孙中山的同乡与革命战友，在 1895 年孙中山领导第一次反清武装起义时，英勇牺牲。孙中山说：“坚如聪明好学、真挚恳诚，与陆皓东相若，其才貌英姿亦与皓东相若，而二人皆能诗能画亦相若。皓东沉勇，坚如果毅，皆命世之英才，惜皆以事败而牺牲。元良沮丧，国士沦亡，诚革命前途之大不幸也！而二人死节之烈，浩气英风，实足为后死者之模范。每一念及，仰止无穷。二公虽死，其精灵之萦绕吾怀者，无日或间也”（《建国方略》，《孙中山全集》第六卷，中华书局 1985 年版，第 235 页）。民国建立后，孙中山以临时大总统的身份，追授史坚如为上将军。

日本志士宫崎滔天则赞扬史坚如是“中国革命之天使”。

史坚如这样一位英勇豪迈、令清吏丧胆的民主革命英雄，却并不是什么膀大腰圆、怒目金刚式的人物，而是一位体弱多病、貌若处女、举止文静的年轻书生。“貌美如玉，温柔如鸠”。他牺牲后，一位诗人写诗赞他：

容貌妇人风骨仙，
搏浪一击胆如天！

史坚如炸清两广督署、谋刺总督德寿是民国史上的第一次政治刺杀大案。虽然此案发生在 1900 年，中华民国还未建立，但它却是革命志士们为建立中华民国所进行的最早的英勇斗争之一。

三、“革命军中马前卒”的邹容

少年壮志扫胡尘，
叱咤风云革命军。
号角一声惊睡梦，
英雄四起挽沉沦。

这是曾参加过辛亥革命的中国共产党老一辈领导人之一的吴玉章，在1961年纪念辛亥革命五十周年时所作《从甲午战争前后到辛亥革命前后的回忆》中，撰写的一首诗。诗中歌颂与怀念的一位辛亥革命烈士，就是自称为“革命军中马前卒”的邹容。

辛亥革命是中国近代一场伟大的民族民主革命，它推翻了统治中国200多年的清王朝，结束了中国连续2000多年的帝王专制，开创了中国民主共和的新时代，具有划时代的伟大意义。

在辛亥革命中，中华大地上涌现了无数可歌可泣的优秀人物。邹容就是其中最年轻、最杰出、最令人感动与敬佩的革命英雄。

（一）在时代风雨中诞生

邹容，公元1885年（清光绪十一年）出生于四川巴县（今重庆）城中一个富商家庭，原名绍陶，谱名桂文，字蔚丹，亦作威丹。

重庆是川东门户与名城，四周万山重叠，万里长江与嘉陵江在此汇合，从它身边奔腾东去，地势险峻，附近物产富饶，人口众多，商业兴盛，文化发达。邹容的父亲邹子璠是一名典型的旧式商人，积累了很大一笔财富。他先娶刘氏夫人，生一子，名蕴丹，这就是邹容的大哥。刘氏早逝，邹子璠续娶邬氏夫人，就是邹容的生母。邬氏夫人生两女三男，邹容前面有个姐姐，邹容是邬氏头生男子，在男孩中排行第二。邬氏去世后，邹子璠又娶杨氏，生四男二女。因此，邹容和兄弟姐妹共 12 人。

邹容从小聪慧顽皮，爱好学习。他 6 岁就开始上私塾，经过几年努力，很快读完了封建教育规定要读的“四书”“五经”等中国传统文化基础课程，并阅读了司马迁的《史记》、班固的《汉书》等中国历史名著，打下了牢固的国学根基，还能写得一手好文章。他的父亲见邹容如此聪明好学，十分高兴，很希望邹容在当时中国传统的进身阶梯——科举考试上下功夫，一级一级考上去，取得功名，以光大邹家的门第，当然更希望邹容能在清王朝中讨得一官半职，改变邹家商人的轻贱地位。

但是，19 世纪末叶中国的时代风雨与急剧变化，以及邹容个人的思想性格，使得这个聪慧倔强的四川少年不能再沿着封建传统的道路走下去。

首先是中国的皇权专制社会走过了 2000 多年的历程后，进入了它的末世，处处显得更加腐败、黑暗、反动与残暴。清王朝千方百计加重租税，进行敲骨吸髓的剥削。“农民头上三把刀，租重税多利息高。”在这重重搜刮下，广大人民已赤贫如洗，朝不保夕，过着牛马不如的悲惨生活。而皇亲、贵族与官府则层层盘剥，个个贪污，以人民的血汗过着花天酒地的腐朽生活。在政治上，清王朝高度专制独裁，把国家大权控制在少数皇族、亲贵、官僚手中，广大人民被剥夺了一切政治权利与人身权利，不论是工人、农民还是商人，都是被歧视的贱民。政治黑暗，国防空虚，财政拮据，人民愤怒，社会矛盾加剧，全国各地的反抗与造反连绵不绝。仅在四川，1894 年和 1898 年就发生了余栋臣领导的两次声势浩大的起义，震动了重庆和大西南。所有这些，都给年幼的邹容强烈的刺激，在他脑中留下深刻的印象。

皇权专制社会的黑暗与腐败还表现在文化教育方面。统治者用一些三纲五常的封建教条束缚知识分子的思想，用一些“无用”“无实”的八股时文浪费年轻人的时间与精力，还用科举考试引诱与腐蚀中国人民的灵魂。清政府的科举考试制度规定：一切读书人都要先参加童子试，即童生考试，这是学做八股文章、参加科举考试的第一步，属于童生应试的一级。但是参加考试的人太多，就必然有许多人虽然多次参加这种考试，却都没有考取，考到胡子变白，仍然叫作童生，社会上给这种人添上一个“老”字，呼之为“老童生”。就算考得顺利，还要经过县试、府试、院试等多场考试，场场中试，才能考上秀才。秀才仍是布衣，即老百姓，然后再到省里考举人，到京城里考进士，都考取了，还得到皇帝面前殿试，才能得到一个小官，算是当官的开始。每次考试时，要对考生进行搜身、监督等种种侮辱行为。不知有多少读书人被这种无用的八股葬送了青春和生命，被种种陋规腐蚀了心灵和人格。

倔强而自尊的邹容，对这种腐败丑恶的科举考试十分反感。在 1896 年，邹容 12 岁那年，他奉父命跟着哥哥一同参加巴县的童子试。在临试时，有些考生见试题十分晦涩难懂，就要求主考官解释。主考官毫不理会。邹容忍不住站起来，同主考官辩论。主考官讲不过邹容，恼羞成怒，就胡说邹容违反考场规则，要差人打他手心 20 板。邹容又气又激动，对着主考官大声说：“我得罪的是你，为什么差人打我，要打你来打！”说完就愤而退出考场，不再参加考试，表示反抗。邹容回家后，被他大哥告发，被父亲打了一顿。邹容在第一次参加这种考试时，就和这种束缚思想的八股制度发生了冲突。

以后，邹容对科举制度、八股文章与贪官污吏越来越憎恨。有一次他看到《神童诗》，其中有这样四句：“少小须勤学，文章可立身。满朝朱紫贵，都是读书人。”不由得勃然大怒。邹容联想到现实社会中的那些穿朱着紫、贪污腐化的达官贵人，都是熟读封建教条、由八股科举步步爬上去的，就愤然挥笔对这四句诗做了圈改，成为这样的四句：

少小休勤学，文章误了身。贪官与污吏，尽是读书人！

邹容这一改，就与原诗的意思截然相反，表达了邹容对封建文化教育的清醒认识与鄙视厌恶。

邹容亲眼看到中国专制制度在政治、经济、思想文化方面全面的腐败与落后，而落后就要挨打。在近代世界资本主义向全世界扩张的形势下，落后的中国一次次受到外国列强的侵略、侮辱与掠夺。从1840年第一次鸦片战争爆发，外国侵略者用大炮打开了中国的大门，强迫中国签订了一个接一个的不平等条约，战争以后是经济的掠夺、土地的瓜分、商品的倾销、殖民文化的输入……中国社会陷入了屈辱、破败、贫穷、愚昧的深渊之中。

就在邹容出生的年月里，外国列强对华侵略愈演愈烈。外国的传教士早就进入四川这中国的腹心之地；外国的商品更像潮水似的在邹容的故乡到处泛滥，邹容出生的那年，即1885年（清光绪十一年），法国侵略者通过越南向中国发动侵略战争，清政府"不败而败"。仅仅过了九年，1894年（清光绪二十年），当邹容初识世事时，新兴的日本军国主义又挑起了甲午中日战争，将清政府的军队打得大败而逃，被李鸿章等达官贵人大吹大擂、花费了国家巨额经费建立的北洋水师全军覆没。中国政府被迫与日本签订了空前屈辱的《马关条约》，割地赔款，台湾被日本霸占，东北被推向虎口。

随着外国列强侵略的扩大，外国人可以在中国各地自由设厂，邹容的故乡重庆也被新辟为"对外通商口岸"，列强的军舰、商船，载着大批侵略分子和大量商品，耀武扬威地驶到重庆的江面上，把大炮对准了重庆人民，然后在重庆辟租界，派领事，开洋行，设工厂，盗矿产，测航道，勘铁路……各国的国旗在中国的土地上四处飘扬，各国的政客、商人、军官、水兵、间谍、传教士在重庆街头昂首阔步。紧接着，列强各国公然在中国划分势力范围：

沙俄占了长城以北，两广为法国所有，山东归德国，福建归日本，重庆所在的四川及整个长江流域则是英国的势力范围。古老的中国已是国将不国、行将沦亡了。面对这些情景，每一个有爱国心的中国人莫不痛心疾首。“救救中国！救救中国！”救亡的呼声惊天动地。这正如邹容少时特别喜爱与崇敬的爱国志士谭嗣同在《有感一首》中所描述的：“世间无物抵春愁，合向苍冥一哭休。四万万人齐下泪，天涯何处是神州？”

谭嗣同的爱国主义感情与忧国忧民的思想强烈感染了虽然年幼却已懂世事的邹容。外国列强对中国的侵略和签订《马关条约》的严重后果，后来在邹容的著作中有强烈的反映。

令少年邹容欣喜的是，他看到英勇的中国人民不屈服于外国列强的侵略和专制主义的压迫，抱着救国、强国的决心，在 19 世纪 90 年代掀起了变法改革运动，以康有为、梁启超、谭嗣同、严复为代表的改良派，办报纸、出书刊、立学校、建学会，大力介绍西方的自然科学知识与社会科学知识，批判中国传统的专制政治与封建思想文化，倡导在中国实行维新变法：在经济上大力发展工商业，在政治上设立议会，实行君主立宪政体，在思想文化上废除科举八股，设立新式学校，派人到西方国家留学等等，使中国发愤图强，自立于世界民族之林，与世界各列强竞争……

这股维新改革之风也吹到了巴山蜀水。各种维新书报在四川各地广为传播：四川的宋育人创办了《渝报》，刊出了他的《时务论》；接着，四川成立了蜀学会，发行《蜀学报》，与康、梁等遥相呼应。当 1898 年 6 月康有为等策动光绪皇帝在北京下诏变法，实行百日维新时，四川的两位著名人物杨锐与刘光第也成为北京维新运动的核心人物。这些消息传来，四川维新热潮更加高涨。

邹容这时虽然只有十三四岁，但他也深受这时代感染，为祖国的觉醒而欢呼。他如饥似渴地阅读梁启超主编的《时务报》、严复译述的《天演论》等著作，吸收新的知识与新的思想，认识大大提高与深化。时代的启示，新思潮的洗礼，使年轻的邹容逐步抛弃传统的旧看法，确立起新的民主与科学的世界观。他更加不愿去从事他本已很厌恶的八股科举了！据邹鲁主编的《中国国民党史稿》中的《邹容略传》所载，当邹容的父亲一再要他去继续赶考时，他直接明快回答道："臭八股儿不爱读，满场儿不爱入，衰世科名，得之又有何用！"邹容在思想上已与专制统治者开始决裂，并勇敢地向旧世界挑战。

邹容不满意旧学问，就必然要寻找新学问、新世界。他感到在专制政府统治之下，中国是那样的闭塞落后，中国要革新、要前进，就必须放眼世界，向一切先进的国家学习，向世界寻找新知。于是，他便约同一些青年，跑到重庆的几个日本人那里学习日语与英语，并学习"西学"——西方资本主义国家先进的自然科学与社会科学知识。这使他眼界大开。他还在课外认真阅读书报，关心国内外大事，尤其关心北京发生的维新变法运动，关心康有为、梁启超、谭嗣同等维新志士的斗争与命运。他还常常撰写文章，发表自己的看法。遇到一些思想顽固保守、反对变法改革的人，邹容总是不问其身份如何、年龄多大，常常当面争辩、训斥，不留情面。

1898 年（清光绪二十四年）6 月 11 日开始的"百日维新"虽然曾给少年的邹容带来希望与欢快，但很快，只经过短短的 103 天，这场变法改革运动就被以慈禧太后为核心的顽固派血腥镇压了。1898 年 9 月 21 日戊戌政变发生，康有为、梁启超仓皇逃往海外，谭嗣同、杨锐、刘光第等"六君子"被清政府残酷杀害，血洒菜市口。消息传到四川重庆，邹容悲愤异常。他沉痛哀悼主张流血变法、慷慨就义的谭嗣同，不顾危险，千方百计找到一张谭嗣同的遗像，郑重将它挂在自己的座位旁，朝夕瞻仰与思念，还在上面题了一首自己作的诗：

赫赫谭君故，湖湘士气衰。
惟冀后来者，继起志勿灰。

尽管这首诗很短，手法也还不十分成熟，但却充满着邹容对谭嗣同深深的敬意与怀念之情，以及他要继承谭嗣同改革大业的决心，读来令人十分感动。这个13岁的少年，鲜明地表示他将沿着谭嗣同的道路勇敢地走下去，为了中国的改革大业不怕坐牢、不怕杀头。

大约就在这期间，邹容进入重庆一家经学书院学习。这是一所旧式书院。已有强烈革新思想的邹容对这家书院的清规戒律十分不满，常常自由地发表自己各种惊世骇俗的新见解，并同那些顽固守旧的人激烈辩论。辩论时邹容肆无忌惮，指天画地，即使对中国几千年来被奉若神明的精神偶像尧、舜、周公、孔子等，也指名道姓地猛烈批判，无所回避。他激烈的言论常常使守旧的人们十分震惊与害怕。

1900年（清光绪二十六年），邹容因反对科场舞弊而导致了一次“楼外楼事件”。事情的经过是这样的：这年重庆举行府试，知府鄂芳的幕僚有个义子，品质恶劣，才学更差，但考后发榜时居然名列前茅，显然是当官的以权谋私，在其中舞弊。重庆各界人士议论纷纷，但谁也不敢去得罪官府。邹容听说这件事后，十分气愤，决心要伸张正义，为民出气。一天，他在重庆五福宫的楼外楼酒馆见到那个幕僚和他的义子正在喝酒，便隔窗对着大骂。那个幕僚已喝得醉眼蒙胧，听到骂声出来看，却没有认出人来。几天以后，邹容又找到那个义子的住址厉声问道：“那天在楼外楼骂你的，就是我姓邹的，你知道吗？赶快说出你干爸爸帮你干了些什么鬼花样！”那位义子因自己做了亏心事，因此挨了骂也不敢出来和邹容讲理，只得奔到义父那里哭诉。那幕僚听了义子的话后，就向知府鄂芳控告。鄂芳派衙役把邹容抓来。15岁的邹容面对知府大人，却毫不惧怕、直认不讳，并理直气壮地说：“你们徇私舞弊，我何以骂不得？”知府恼羞成怒，但对小邹容也没有什么办法，只得喝令衙役打了邹容20下手心。

不久，邹容又在经学书院中闹了“剪辫子”事件。邹容有了新思想，对顽固守旧、迫害改革派的清政府越来越不满。他自己不愿再留清政府规定所有男人都要蓄的长辫，还看不惯别人留长辫，有一次他竟然偷偷地将一个同学的辫子剪掉了，使得那同学的父亲又怕又急，找到邹家来论理。这自然使邹容的父亲大为生气，全家人也认为邹容闯了大祸，不只责骂他、打他，还威胁说要杀邹容的头向皇上谢罪。但邹容一点也不害怕，反而对清政府更加憎恨。他找来许多有关明末清初的历史书籍阅读，对民族英雄郑成功、张煌言等人充满尊敬，尤其对抗清复明的少年英雄夏完淳更是尊敬不已，视夏完淳为自己学习的楷模，时常背诵夏的一些悲壮感人的诗文以激励自己。这对培养邹容的民族气节起了重大作用。邹容日益成长为一个清朝专制政府的“叛逆者”。

1900 年（清光绪二十六年）爆发的义和团运动与八国联军侵华事件，猛烈地动摇了清王朝的专制统治。这个专制政权的腐败、落后、虚弱彻底暴露在全国人民面前。要求改革的呼声更加强烈。孙中山发动与领导的反清革命运动也日益展开。清王朝迫于大势，不得不于 1901 年（清光绪二十七年）1 月宣布改革，推行“新政”，发出“刷新政治”的诏书。其中一项重要内容就是改革中国的教育制度，兴办新式学堂，提倡到海外留学，特别是到日本留学。湖北、江苏等省首先派出留学人才。1901 年夏天，四川总督奎俊效法其他省份，也宣布要选派 22 名四川青年学生，以公费去日本留学，所派学生在四川各书院及中西学堂中选择“聪颖端谨，年在二十内外者”，招考地点在省城成都。

四川选派公费留日学生消息传到重庆，邹容听了高兴异常，因为他早就不满专制政治统治的闭塞、落后、沉闷，盼望到外国去探求新知和救国救民的真理。他立即跑去找父亲，请求让他去成都报考。他父亲邹子璠是个旧式商人，本不想让邹容去国外，但想到邹容在重庆连闯大祸，得罪不少人，特别是遭到官府中一些人的忌恨，不仅向上爬的希望很难实现，而且处境艰难，因此，就准备同意他去报考，让邹容到国外学习几年，一来可以避祸，二来可让他谋个前程。这时，邹容的舅父刘华廷听说了此事。刘华廷是邹子璠原配刘氏的弟弟，是重庆有名的富商，为人思想保守，不仅不愿从经济上支持邹容出国留学，而且从中阻挠。他先跑来对邹容讲了一通不能出国留学的“道理”，实际是不管国家命运、充满利己主义的谬论。邹容听了十分反感，针锋相对地加以驳斥。刘华廷见邹容不听，又跑去对邹子璠说，让年少倔强的邹容远离家门，跑到外国去，将会闯出大祸来。邹子璠犹豫了。邹容听说父亲因舅父的阻挠不准备让他去成都赴考了，不由大怒，拿起一把菜刀要去同舅父拼命。邹容的继母见他留学决心很大，就从中劝解，邹子璠终于同意他去成都赴考。

1901 年 7 月 1 日（阴历五月十六日），邹容高高兴兴地离开重庆。当时四川交通十分不便，邹容一路步行，爬山越岭，走了 1000 多里路，来到了省城成都。他经熟人推荐，参加了四川官费留日学生考试。聪慧异常的邹容各科考试成绩甚好，名列前茅，已被初定录取。考后他与其他考生由考试监督李立元引见总督奎俊，奎俊对他们讲了几句勉励的话，并要邹容回重庆老家整理好行装，准备去日本留学。

8 月初，邹容由成都锦江乘木船启程回家，船出岷江，到嘉定（今四川乐山）时，邹容中暑生病，在这里卧床治病十多天。在病中，他思前想后，挥笔给父母写了一封信，鲜明地表达了自己为国家为人民不怕坐牢杀头的抱负和决心：“人人俱畏死，则杀身成仁可无言，若谭（嗣同）者，可谓杀身成仁也。不然田横五百岂尽愚哉！”他说：“要之，仁义所在，虽粉身碎骨不计，乃人之义务也”，而那些“家居终古，足抵妻，怀抱子，守祖父田产而不失”的“孝子贤孙”，则应该受到鄙视。但当时中国，却是非混淆，贤愚颠倒，这就是中国衰弱败亡的原因。邹容在这里表述了他舍身求仁的人生观，后来他以自己的人生实践完完全全地做到了。

1901 年 8 月 20 日（阴历七月初七）邹容回到重庆家中，居家待命。不久，四川留日学生的正式名单公布了，然而却没有邹容的名字。原来，邹容愤世嫉俗、不满现实、思想激进，得罪了不少守旧的人。这些人就向四川官厅说他的坏话，其中一个就是后来颇有点名气的立宪派分子周善培。官厅便取消了邹容的录取资格，改派一个叫陈绍祖的人顶替。

年轻的邹容，虽然受到一次又一次的打击，但一点儿也不气馁，出国留学求取新知识的决心更加坚定，也更加强烈。官费留学没有录取，邹容决定自费去日本留学。他向父亲多次说理争取，几至决裂，最后终于得到父亲的允许。

1901 年 10 月，邹容多日的愿望终于实现了。他告别家人，带着行装，乘船东下，踏上了赴日留学的征途，同时也揭开了他人生壮丽的一页。轮船汽笛高鸣，顶风踏浪，穿过壮丽的三峡，一往无前。邹容看着奔腾湍急的长江后浪推着前浪，穿过峭壁与礁石，滔滔东去，奔向广阔的大海，他的心潮也像长江水一样逐浪高涨。他的思想张开了翅膀，迅速向遥远的天际飞去，飞向日本，飞向世界，飞向真理与光明的彼岸。

数日后，邹容来到了上海。他不仅要以此地作为赴日的港口，而且要在这里先学习一段时间的日语，这样到日本后可以减少语言上的障碍。邹容经亲戚介绍，进入上海著名的外语学校——江南制造局附设的广方言馆学习。邹容以前在重庆已跟日本人学过一段时间的日语，人又聪慧，再加上求学心切，学习认真，因此很快就能熟练运用日语了。

邹容到上海时，这里已成为拥有百万人口的繁华异常的工商业大都市。自从这里被列为最早的中外通商口岸，又加上这里地处中国交通要冲，经济繁荣，因此，只经过短短数十年，这座原本很小的县城便发展成为全国最大的城市与港口，在世界各城市中也名列前茅。英法美日等国在这里建立的租界区尤为繁华。中、西各种思想文化在这里撞击、交融、争鸣，中、西各种报刊书籍在这里百花齐放，一片欣欣向荣。邹容在这里看到高耸的楼房、兴盛的工商业、各种新奇的科学技术等，深深感到世界在飞速地前进，感到资本主义国家的先进，相比之下，他所熟悉的四川与中国是多么闭塞、落后、贫穷。邹容更加深切地认识到，中国若不立即改革，弃旧图新，奋起直追，中国将亡国无日了。

同时，邹容在上海又看到，十里洋场的租界上，外国巡捕趾高气扬，任意鞭打与侮辱中国民众；黄浦江上，挂着各式国旗的外国军舰与商船横冲直撞；一家家外国洋行、商号、工厂与银行吮吸着中国人民的血汗；而可耻的中国政府匍匐在洋人的脚下，卑躬屈膝、摇尾乞怜，官僚们仰承洋人的鼻息，分得残羹剩饭，过着“高等华人”的纸醉金迷、腐败不堪的生活，对国家前途与民族兴衰全然不顾，成为十足的洋人奴隶；广大的中国劳动人民劳苦终日，衣不蔽体，食不果腹，面黄肌瘦，被人贱视，过着屈辱、贫苦、牛马不如的生活……这一切使邹容伤心难过，悲愤异常。

在苦闷中，邹容感到无人交谈，无人可以倾诉与协商。人海茫茫，知音难寻！他更感到寂寞、孤独与悲凉。当时上海市面上已流行不少宣传新学的书报。戊戌政变后流亡日本的维新党人梁启超主编的《清议报》与《新民丛报》也在暗中传售，尤为受人欢迎。邹容在寂寞与苦闷中，寻找与阅读了不少这类书报，得到不少慰藉与启示。一天，他在阅读《新民丛报》第81册时，见到上面“诗文辞随录”栏内刊有浙江著名维新人物蒋智由的一首《书怀》诗，觉得诗的意境与思想感情同自己十分合拍，便拿来笔与纸，挥笔抄录，借以抒发自己的感慨，诗曰：

落落何人报大仇，
沉沉往事泪长流。
凄凉读尽“支那”史，
几个男儿非马牛！

他面对新的人生道路，在思索、在寻觅，在渴望迅速投入新的生活与战斗中去，为拯救中国而斗争。

邹容在上海生活与学习了约8个月的时间，1902年6月，他离开了上海，登轮东渡，前往日本，他在轮船上默想：“亲爱的祖国呀，我将去寻找真理，很快学成归国，为你的复兴与进步贡献力量！”

（二）留日学生运动的闯将

1902年（清光绪二十八年）6月，17岁的邹容怀抱寻求真理的强烈愿望，跨海东渡，来到与中国一衣带水的日本求学。

日本是一个岛国。自从1868年日本明治天皇宣布向西方资本主义国家学习，实行维新变法以后，这个落后的国家很快发生了重大的变化：经济上迅速发展，政治上实行内阁制，显得空前强盛；在思想文化方面也显得十分活跃，西方各种流派的思想与学说都被介绍到日本，介绍各种“新学”的书报杂志充斥街头……

年轻的邹容，离开专制黑暗的环境，踏上异国的土地，就像小鸟挣脱了樊笼，展开翅膀自由翱翔在蓝色的天空中，感到异常轻松与自在。他一到日本，就被种种资本主义社会的新气象吸引住了。他认真地观察和思考着所接触到的新鲜事物，并拿来与自己熟悉的中国事物相比较，深化自己的认识。这种认识与比较后来都反映在他的著作《革命军》中。

邹容到达日本的首都东京，进入同文学院学习。这所书院是日本政府于1902年1月开办，专门为初到日本的中国留学生和朝鲜留学生补习日语与普通课程，为他们以后考入各种专门学校进一步深造做准备。邹容入学后，一方面在学校里学习日语和普通课程；另一方面以更多的精力投身于当时如火如荼的留学生运动。他如饥似渴地寻找与阅读各种介绍新知识与革命道理的书籍、报刊，拼命吸取各种有用的知识营养充实提高自己；他广泛结交留学生中志同道合的朋友与革命志士，热烈地讨论各种革命问题与中国的社会问题，交流思想，发表演说……邹容的思想觉悟迅速提高。

邹容到日本时，中国的留日学生日益增多，形成一股浩浩荡荡的中国潮。

中国政府在甲午战争失败后，于1896年开始派遣13名中国留学生去日本学习，以后逐年增多。到20世纪初，由于清政府推行“新政”，沿袭1000多年的科举制度日趋没落，新式教育兴起，出国留学的人数猛增。这些留学生青年满怀救国热情，要向西方国家学习富强的真理，拿回来改造中国。但因欧美离中国太远，而日本明治维新后学习西方很有成效，离中国又近，于是他们便大批到日本留学。1900年（清光绪二十六年）中国留日学生还只有一百四五十人，到1902年（清光绪二十八年）邹容到达日本时，已经迅速增加到2000多人。辛亥革命的另一位重要领导人黄兴，还有宋教仁、陈天华等人，后来成为中国共产党创始人之一的陈由己（即陈独秀），以及伟大的文学家鲁迅等，都是在这期间，差不多与邹容同时或先后到达日本留学。到1905年（清光绪三十一年）时，留日学生总数已多达近万人。这些留学生年轻气盛，爱国情深，思想敏锐，感情强烈，痛恨专制与腐败，极易接受新思想，热心追求民主与自由，勇于反抗与牺牲。中国成千上万的留学生到日本后，因摆脱了专制政府的压制与束缚，接受了新思想，很快就陶醉于自由、民主、独立、平等的思想中。他们读书、谈论、集会、结社、发表演讲、创办杂志，学习与传播民主革命思想和先进科学知识，热火朝天。

年轻的邹容身为留日学生的一员，思想感情尤其丰富，更易为这股浩浩荡荡的革命潮流感染，很快就投身到这股潮流中，并以其激情与才能，成为最活跃的一员。

邹容在留学生中结识了很多志同道合的青年战友。其中交情最深的是张继。张继，字溥泉，比邹容年长3岁，直隶（今河北）沧州人，长得身高力大，性格豪爽热情。他早在1899年就到日本留学，并很早确立了反专制政府的民主革命思想。他当时在日本的早稻田大学学习政法，同时在留学生创办的《国民报》报社工作。邹容与他一结识，就因思想与性格的合拍而成为亲密的朋友。

邹容还与安徽籍的陈由己（陈独秀）等人十分接近。

陈由己，谱名庆同，官名乾生，字仲甫，号实庵，是安庆人，1879 年 10 月 9 日生于一个并不富裕的书香门第，从小接受传统教育，博闻强识，好学深思。在甲午战后国势危急的刺激下，他关心国家命运，思想敏锐，性格倔强，不满清廷的腐败与专制，厌恶科举，追求新知，于 1901 年 11 月（清光绪二十七年十月）第一次赴日本自费留学，曾参加留日学生最早的社团“励志社”，成为安徽最早的留日学生。1902 年（清光绪二十八年）春，他从日本回国，因传闻清政府和俄国签订密约，出卖东北，遂联合潘赞化以及安徽大学堂、安庆武备学堂的学生柏文蔚、郑赞丞等人，在安庆组织“青年励志学社”，借安庆北门大拐角头藏书楼，发起演说会，揭露清政府的卖国行径，宣传革命；并在藏书楼辟一阅览室，陈列他从东京、上海带回来的各种革命书报杂志，传播新思想。后人评价说：“清朝末叶，安徽的革命运动，发端于安庆藏书楼演说。”1902 年 9 月，他再次来到日本东京求学，入成城学校——日本士官学校的预备学校——学习陆军课程。在课余，他更积极参加留学生活动，加入了留日学生的第一个革命社团“青年会”，并取名陈由己（1914 年 11 月，他在《甲寅》杂志上发表文章时，开始取名“独秀”）。1902 年 6 月来到日本的邹容很快就与陈由己结为好友。

邹容在日本期间，除与留学生接触以外，还接触了许多在国内闻名已久、心向神往而无法见面的时代风云人物，如在戊戌变法中名震全国，反动政变发生后遭受专制政府通缉，被迫逃亡国外的维新志士梁启超与其他维新党人。他们在日本先后创办了《清议报》与《新民丛刊》，撰写发表了大量的文章和诗词，还发表了谭嗣同生前未曾发表过的反专制著作《仁学》，痛快淋漓地揭露了清政府的专制、腐败、残暴与黑暗，介绍了西方的自由民主思想学说与革命人物，使邹容读了十分感慨，深受启迪。从邹容后来的著作中，我们可以看到他大量引用和融合了《清议报》《新民丛刊》以及谭嗣同、梁启超文章著作中的精彩内容，如著名的“文字收工日，全球革命潮”等诗句以及《奴才歌》等等。

更使邹容振奋与深受教育的是，他在日本结识了孙中山与其他革命党人。孙中山，原名孙文，字逸仙，广东香山人。他早在1894年底就组织了第一个反清革命团体兴中会，主张在中国推翻专制帝王政府，建立美国式的民主共和国，并发动与领导了多次反清武装斗争。为此，清政府诬称他为“汪洋大盗”，改孙文之名为“孙汶”，通缉迫害。孙中山毫不畏惧，继续进行革命活动。恰在邹容到日本留学期间，孙中山也来到日本进行热情而艰苦的革命宣传工作，并亲自参与策划组织了留日学生的“支那亡国二百四十二年纪念会”，形成反清热潮，产生了很大的影响。邹容听到许多孙中山的革命事迹，瞻仰了孙中山的丰采，尤为孙中山新鲜而深刻的革命民主思想所吸引。

在这时期，还有许多和邹容年龄相近的留学生，创办了《开智录》《国民报》《译书汇编》等报纸杂志，发表的文章更是直接明快、鲜明地赞扬民主革命，猛烈地抨击封建专制与奴才教育，更给邹容极大的感染与鼓舞。这些杂志大量翻译介绍西方启蒙思想家卢梭、伏尔泰、孟德斯鸠、丹敦等人关于民主革命与民主国家的思想学说，更像熊熊烈火一样，照亮邹容前进的道路，燃起他胸中的革命激情。邹容后来在他的《革命军》一书中，大量引用了上述论著，公开宣称他“录达人名家言印于脑中”，热情赞扬卢梭等人的著作不仅是“法、美文明之胚胎”，也是中国“起死回生之灵药，反魄还魂之宝方”。他自比法国卢梭，一心想成为“法国大英雄卢梭后第二人”，将卢梭的民主革命思想介绍给中国人民，促进中国民主革命获得胜利。邹容后来果然以他的光辉著作《革命军》与他的英勇斗争实践实现了他的理想：他被中国人民尊称为“中国的卢梭”。

邹容到日本后的短短时间里，民主革命思想迅速成熟了。他成长为一位杰出的民主革命家和思想家。他虽小小年纪，却胸怀革命大志，具有火一样的革命热情，而且掌握了较为广博深刻的民主革命思想理论和社会历史知识。他更急切地希望中国迅速发动反封建专制的民主革命，在中国建立共和民主政府，实现人人平等、个个自由、繁荣昌盛、和平幸福的理想社会。他更加痛恨与不能容忍专制黑暗的清政府继续统治中国、压迫人民。他要行动！他要战斗！他要投入到革命斗争中去。他要以自己掌握的先进民主思想，去教育同胞，唤醒深受专制政府愚弄与毒害的中国人民，万众一心掀起伟大的反封建民主革命风暴。

1903年（清光绪二十九年）1月29日，中国农历春节。身处异国他乡的留学生们在春节来临时更加思念自己亲爱的祖国，思念故乡的亲人。但这些革命青年一想到祖国在专制政府统治下是那样的黑暗、落后，就悲愤难平。在孙中山的策动下，春节那天，当1000多名留学生来到东京骏河台留学生会馆举行新年团拜大会时，湖北籍留学生刘成禺、广西籍留学生马君武等人先后登台发表反清演说。他们刚说完，邹容就噔噔地跑到台上，以激昂的声调演讲起来，他沉痛地讲述了祖国的灾难与人民的痛苦，历数清政府专制统治的种种罪恶，声言不推翻清政府的统治，就不能挽救中国的危亡。"中国需要革命！中国必须革命！革命！革命！……"邹容热烈倡导革命的激昂声调，感染了与会的1000余人，不仅激发了到会人的斗志，也在没有到会的留学生中传开了。人们都知道有个年轻的四川志士邹容，都传诵着"革命"二字。这就是后来章太炎赞扬邹容"元旦演说，大倡排满主义"的事。

此后，只要留日学生们开会，邹容总是每会必到，到必慷慨陈词，成为留日学生中最年轻的革命激进分子与宣传鼓动家。

但是，邹容每当开会演说回来，激动的心情总是难以平静，他想到自己读过的许多革命著作，想到祖国在黑暗专制统治下的还未觉醒的广大人民，怎样让更多的中国人听到他的声音，怎样让更多的中国人民了解民主自由的道理与革命的道路呢？他感到像目前这样靠开会讲演宣传效果是有限的。他决定写一本书，写一本讲革命的书，揭露封建专制政府的黑暗、腐败、反动与广大人民受压迫的痛苦，阐发人类的自由、平等、独立等进步思想，唤起广大中国人民的警醒与觉悟，摆脱奴隶主义与愚昧麻木，勇敢地起来斗争，争自由、争平等、争民主，组成浩浩荡荡的革命大军，推翻封建暴政，建立自由、幸福的民主共和国。这将是一本中国自古未有的新书、奇书。书的名称，就是赫然三个大字：革命军。

1903年3月下旬，正当邹容热情冲动，四处搜集资料，聚精会神苦思冥想，夜以继日、全力以赴地写作他的《革命军》时，从他的留学生同伴那里传来一则令人气愤的消息，使他不得不放下笔。

原来，清政府为了监视广大留日学生，特地派一些官员充当留日学生的监督。其中有个叫姚文甫的监督特别坏，对留日学生盯得特别紧，经常像特务一样检查留学生们的言论行动，一旦抓到把柄就向上报告，对留学生们进行种种刁难与迫害。留学生们对他恨之入骨，视他为死对头。这个姚文甫是个道貌岸然的伪君子，满嘴的仁义道德，一肚子的男盗女娼，竟然在背地里与另一个留日学生监督钱某的小老婆有私通奸情。这事不知怎么被人发觉，一下子就沸沸扬扬传开了，留学生们听了又是气愤又是高兴。许多人就来找邹容商量。大家决定借这件事给姚文甫以惩罚，并以此来杀杀清政府的威风，警告那些甘为清政府做走狗的家伙。

1903年3月31日晚上，邹容约同留学生好友张继、陈由己（陈独秀）以及翁浩、王孝缜，共5个人，直奔姚文甫的住所，推门直闯进去，抓住姚文甫，厉声斥责姚干的种种丑事，声言要割掉姚的脑袋。姚文甫被吓得屁滚尿流，鬼哭狼嚎，苦苦哀求邹容宽大。邹容等人本来就是虚声恫吓他，于是邹容按预定计划，大声宣布说：“即使饶了你的头，也不能饶过你的头发！”由身高力大的张继从后面抱住姚文甫的腰，敏捷的邹容抓住姚文甫脑后的长辫子，陈由己从身上拿出早就准备好的剪刀，“嚓”的一声，将姚文甫的辫子齐根剪了下来，然后离开姚的住处。须知道，在清王朝统治中国的200多年间，所有的男人都必须蓄发留辫，作为清王朝臣民的象征。当官的更需如此，长辫简直是他们的命根子。邹容等人剪掉姚文甫的长辫，不仅使他颜面扫地，丑事四播，而且剪掉了他的命根子，他将被视为蔑视清王朝。因而，姚文甫这个清王朝的忠实走狗又急又怕，不禁号啕大哭起来。

邹容等人看到姚文甫的丑态，稍稍发抒了割发代首之恨。但他们仍然感到不满足，又一道来到留学生会馆大厅，将剪下的姚文甫的辫子用绳子高高挂在大厅上示众。邹容等人还特地用纸书写："东洋学生监督，留学生公敌姚某某辫"，张挂在姚文甫的长辫旁。东京的留学生们听到这消息，纷纷涌到留学生会馆观看，大家看到此情景，无不拍手称快！后来章太炎赠给邹容的诗，有"快剪刀除辫"一句，就是指这件事。这是中国近代史上有名的大快人心的事件。

然而，邹容等留学生剪掉"监督大人"的长辫，在那时却是件非同寻常的"大逆不道"的大事。事情传到清政府驻日公使蔡钧那里，气得这位顽固老朽的"公使大人"暴跳如雷。他不仅有"兔死狐悲""物伤其类"之感，更为恐慌的是，他认为这是"犯上作乱"的开端，照此闹下去，下一步剪刀就要剪到他的头上，他也将无容身之地，要是此事被政府的皇太后与皇上知道了，那还了得，自己的官运前途就完蛋了。想到这里，这位蔡公使赶忙派人照会日本外务省，要到同文书院捉拿邹容。他想到近来留日学生们革命气氛高涨，越来越难以管理，就将一腔仇恨与气愤都发泄到邹容身上，煽动地说："近来留学生之宗旨变坏，应推邹逆为祸首。"想借此制造舆论，制裁邹容，以达到破坏留日学生爱国民主运动的目的。

政治迫害的阴影向年轻的邹容袭来。可是邹容一点也不感到害怕。他照样读书、写作、参加留学生革命活动。朋友们听说日本警察当局要对邹容采取行动了，就一齐来劝倔强的邹容暂避一下。邹容这才离开东京，来到日本的另一个城市大阪。但日本警察继续调查他的行踪，企图加以迫害。邹容这才与张继、陈由己（陈独秀）等人一道，登轮离开日本，返回上海。

这时正是 1903 年（清光绪二十九年）4 月。

邹容在回国的轮船上，回首东望，看着渐渐远去的异国山水，心里念叨着："别了，日本！"他回顾留日学习的约10个月的时间，虽然短促，生活却十分丰富多彩，接触了那么多志士，读了那么多好书，参加了那么多有意义的革命活动。他感到自己成长起来了，眼界开阔了，知识增加了，思想深刻了，懂得了许多的革命道理。他感到在日本留学约十个月，并未虚度岁月。现在虽然受迫害中止留学，但他毫不丧气。他知道，世界是广阔的，道路是漫长的，眼前的斗争与曲折都不过是他人生道路的开端，更加艰巨更有意义的斗争在等待自己。他想到了自己已写成大部分、尚未完稿的著作《革命军》，决心到上海后早日写完，尽快出版。

汽笛长鸣，上海隐隐在望了。邹容的心情又激动起来。他想到了去年6月离开上海的情景，不觉过去快一年了。他又想到故乡四川，离开那里则有近两年了。他回顾自己走过的短促而曲折的人生道路，不由感慨万千。他后来在《革命军·自序》中回顾他的经历时，写道：

居于蜀十有六年；以辛丑（1901年）出扬子江，旅上海；以壬寅（1902年）游海外，留经年。

（三）奔忙呐喊于上海滩上

1903年（清光绪二十九年）4月，邹容与张继、陈由己（陈独秀）等人一道，从日本回到了离别将近一年的上海。陈由己赶回安徽从事革命运动，邹容与张继则留在上海。

1903年的上海已不同于一年前的上海了。上海市的工商业不仅在迅速发展，人口激增，市面更加繁华热闹，而且民族民主革命运动的风潮在这个中国最大的工商业都市日益高涨：各种文化团体与革命团体活跃异常，各种进步与革命的书报刊物如雨后春笋般涌现，上海及附近的江苏、浙江地区重大的革命事件一件接一件发生。

自从 1900 年（清光绪二十六年）维新党人发动的拥戴光绪皇帝重新上台的自立军起义失败以后，反清革命思想就在上海与东南地区发展起来。

1900 年，浙江的最高学府——求是学院，出现了一个颇为激进的团体“励志社”。这个学校的教师孙翼中在命题作文时，竟以“罪辫文”三字为题，许多学生在作文中借题发挥，痛斥作为清朝统治象征的辫子，揭露专制政府的罪恶。结果被人告发，惊动了巡抚、将军，成为轰动一时的“罪辫文”案。许多人从浙江逃来上海，有的去了日本。

随后，浙江另一所学校——养正书塾又发生了反对校方专制的学潮，有九名学生被校方开除。其中的马叙伦、汤尔和、叶澜、蒋方震等人，有的到上海参与创办革命书刊，有的去日本留学，成为学生革命运动中的积极分子。他们中一些人还与邹容十分熟识与要好。

浙江另一个著名的革命志士章炳麟（号太炎），早在 1900 年就毅然在上海一次集会上剪去自己脑后的长辫，脱掉身上的清朝服装，以示与清王朝的决裂，影响很大。后来他又写了《正仇满论》，寄到日本东京，在《国民报》上发表，公开猛烈地批判清朝专制统治，把矛头直指清王朝的掌权人慈禧太后与光绪皇帝，震动一时。后来章太炎到苏州的教会学校——东吴大学任教，又以“李自成胡林翼论”为题，命学生作文，激发革命情绪，轰动了苏州、上海等地，惊动了江苏巡抚。章太炎被迫逃往日本。

上海一带的革命气氛越来越浓了。

最为引人注目的是，从 1902 年（清光绪二十八年）到 1903 年（清光绪二十九年）上半年，在上海成立了中国教育会与爱国学社、爱国女学校等，更为热烈地开展革命活动；设在上海公共租界的《苏报》的宣传也被革命人士掌握。他们彼此呼应，互相支持，将上海地区的革命活动推向了更高潮。

早在 1902 年 4 月，在爱国民主思想的推动下，江、浙地区一些著名的文化教育界人士蔡元培、蒋观云（智由）、黄宗仰（乌目山僧）、叶瀚等人，在上海发起组织成立中国教育会，蔡元培被推举为事务长即会长。

蔡元培，字鹤卿，后又名孑民，浙江山阴（绍兴）人，1868年（清同治七年）生，1892 年（清光绪十八年）中进士，点过翰林，有民主进步思想。戊戌变法被慈禧太后血腥镇压后，他对清政府感到失望，从北京回到家乡任教。1901 年应聘为上海南洋公学特班总教习，思想日益倾向革命。

中国教育会不满封建传统的旧教育与旧教材，决心改良中国的教育。为适应当时各地新式学堂大量涌现，他们决定先行编印各种新式教材；以后，他们还打算自办学校，发行刊物，传播新思想，培养新式人才。中国教育会向全国各地发展会员，在许多重要城市建立支部。该会明确宣布，他们提倡教育，目的是为了改造中国的政治，给予中国青年以近代民主共和的国家思想，反对专制政治与奴化教育。随着时局的发展，该会积极主动投入民主运动，俨然成为一个革命团体。

就在中国教育会成立不久，1902 年 11 月，著名的上海南洋公学因压制学生，发生了一起所谓“墨水瓶”事件，激起了声势颇大的学潮。南洋公学是清朝大官僚盛宣怀创办，校中有一名教师名叫郭镇瀛，学识浅陋又顽固守旧，专以欺压学生为能事，长期为学生所不满。11 月 5 日他去教室上课，发现师座上放着一个空墨水瓶，认定是学生有意侮辱他。学校当局不问青红皂白，就应郭之请，开除无辜学生伍正钧。学生大哗，力争无效，决定集体退学。惊慌的学校当局请深受学生尊敬的教师蔡元培去调解。但当蔡元培去见督办盛宣怀时，盛却高卧不起。学生们十分气愤，高呼“祖国万岁！”整队离校。蔡元培同情学生，也毅然随之辞职。

南洋公学的学生集体退学事件轰动了上海滩与东南各地。其他许多学校也发生了激烈的学潮与学生退学事件，加剧了社会动荡与革命风潮。各种宣传革命的书刊在学校中广为流传。学生中还组织了许多秘密团体。南洋公学的退学学生们无处可依，便想自办一所“共和学校”，但没有经费，便请求中国教育会帮助。

中国教育会十分同情与支持南洋公学的退学学生。他们一同来到张园集议。

张园，原名叫味莼园，是上海一所新式的公园，因由一个姓张的人购置，所以一般都称张园。张园内有一个可以容纳数百人的大厅，名曰“安恺第”，社会各界议事、演说、集会，常借这里举行，因而也就成为当时上海举行爱国革命活动的著名场所。

在集议中，学生提出意见书，教育会为了解决这些退学学生的续学问题，同时为了实现建立民主教育的宏愿，决定创办“爱国学社”。蔡元培亲自向人借款，使学社于11月底正式开学。蔡被推为学校总理，吴稚晖为舍监，章太炎等任教师。

爱国学社把灌输民主革命思想作为首要任务，是一所从组织形式到整个活动都充满了强烈民主色彩、洋溢着时代新鲜气息的新式学校。学社在上课之余，每周举办一次时事讲演会，讲演内容主要是时事政治事件，主讲人大多是主张革命或倾向革命的积极分子，听讲的除爱国学社成员外，社会各界也有许多人前来聆听。不久，蔡元培等又创办了爱国女学校，宗旨相同。

爱国学社在蔡元培、章太炎等师长的启发下，师生们意气风发，议论时政，倡言革命，无所顾忌，也俨然成为一个革命团体。

爱国学社的活动，还与《苏报》互相配合，相得益彰。

《苏报》创刊于1896年（清光绪二十二年），报馆设在公共租界汉口路20号，在棋盘街的一家楼下。主持人原是胡铁梅，由其日籍妻子生悦驹出面，向日本驻上海总领事馆注册，成为一份以日本政府为背景的日报。到1898年（清光绪二十四年），该报因亏损太多，售于陈范。陈范，字叔畴，祖籍湖北衡山，生长于江苏阳湖（今常州），曾在江西铅山县任知县，后被弹劾罢官，寓居上海，不满现实，逐步滋生维新改革思想，后来倾向革命。他续办《苏报》，是想用报纸舆论的力量揭露官场的腐败，维护正义和公道，为中国的改革与进步做点贡献。

陈范的进步思想必然影响到《苏报》的倾向。当1902年冬南洋公学发生学潮时，《苏报》特专门增辟《学界风潮》一栏，报道与支持学生运动，发扬民主气氛，不仅政治倾向与爱国学生一致，而且与爱国学社师生关系密切，来往频繁。当时爱国学社刚刚成立，经费不足，就与《苏报》协商定约，每日由爱国学社的七名教师撰述论文一篇，而《苏报》报馆则每月补助爱国学社百元经费。于是，双方互受其利，而《苏报》遂成为爱国学社师生发表言论的又一块重要阵地，常常同张园的集会、演说相呼应，在社会上影响日益扩大。

此外，在上海出版的由陈介石主编的《新世界学报》，以戢翼翚为首的“作新社”刊行的《大陆》月刊等，都经常发表介绍新学、宣传革命的文章。

在1903年到来的时候，上海的革命民主风潮进一步高涨。这年年初，由于相继发生了法国与沙皇俄国对华的新侵略行为，上海的爱国民主人士在蔡元培等的倡导下，以爱国学社为中心，通过张园集会演说与《苏报》等文字宣传，连续组织了声势浩大的“拒法”“拒俄”运动……

就在这样的形势下，邹容等人回到了上海。张继住在一位友人处。邹容则干脆住到爱国学社，并迅速投身到上海革命运动中，由一个战场转到另一个战场。上海火热的战斗气氛与许多仁人志士的言论行动，使邹容激动异常，深受感染与教育。他再没有上次初来上海时那种“落落何人报大仇”的寂寞感了。

邹容一到爱国学社，首先和知名的革命志士与学问家章太炎结交。他们住在一室，很快以强烈的革命思想为基础，建立起同志与战友的亲密友谊。章太炎是浙江余杭人，名炳麟，字枚叔，太炎是他的号。他比邹容大18岁。如前所述，他很有学问，又有强烈的民族意识。他曾参加过康有为领导的戊戌维新运动。但是到1900年唐才常发动自立军勤王时，他毅然剪除辫发，与改良派决裂，也与清政府决裂，积极支持反清革命。1902年4月，他在日本与孙中山等人一道发起“支那亡国二百四十二周年纪念会”，产生了广泛的影响。章太炎成为一个著名的有学问的革命家。邹容在日本时就闻章太炎其名，现在与章太炎朝夕相处，经常听到章太炎的演说与讲课，对章的革命志向与道德学问更加钦佩，从章太炎那里得到很多的教益与帮助，思想与知识水平都大有提高。章太炎思想激进，个性强烈，也十分喜欢邹容这个小青年，亲热地称呼邹容为“小弟”，反映了他们不平常的友谊。这时，章太炎正把他以前出版的一本论政、论学的短篇文章结集《訄书》，进行修订。因原书中有不少赞成改良的文章，封面是请著名改良派人物梁启超题署书名。现在，章太炎将原书中赞成改良的文章加以剔除与批判，增加许多宣传革命的文章，强烈批判清王朝的专制主义，介绍西方的近代科学与民主思想。其中有一篇是与孙中山讨论改革中国土地制度的《定版籍》一文。全书篇幅内容增加了许多，思想性更大为提高。章太炎在重新出版此书时，仍定名《訄书》。他知道邹容年纪虽小，字却写得很好，特地请这位年轻无名的“小弟”为他题署书名。直到今天，我们还可以看到邹容那工整有力的墨宝。

邹容到上海不久，“拒俄”运动在留日学生界与全中国兴起，上海也轰轰烈烈地进行。原来，在1900年义和团兴起时，八国联军侵华，沙皇俄国参加帝国主义的联合行动，不仅出兵最多，践踏北京与华北地区，还单独出兵17万，强占了中国的东北三省。在1901年9月《辛丑条约》签订后，其他国家的军队都如约退出中国，只有沙皇的军队赖在东北不走。由于中国人民的坚决斗争与世界舆论的谴责，沙皇才被迫与中国政府在1902年4月8日正式签订中俄《东三省交收条约》，规定俄国军队分三期撤出中国东北，每期6个月，18个月内撤完。但沙俄签订这个条约只是个骗局。第一期撤兵的最后期限是在1902年10月6日，沙俄只把原驻奉天、牛庄等城市的部分俄军调至东省铁路两侧，就算完事。到1903年4月8日第二期撤兵期届，沙俄不但不撤兵，反而向中国东北各地增兵，重新占领营口。4月18日，沙俄政府又向清政府提出7项无理要求，企图长期控制东北，实行所谓“黄色俄罗斯”的殖民计划。沙俄的侵略野心与背信弃义激起了中国人民的极大愤慨。一场声势浩大的“拒俄”运动在全中国展开。在日本的留学生一马当先，于4月29日召开“拒俄”大会，发表演说，痛斥沙俄的狼子野心，协商对策，决心成立“义勇队”，与沙俄侵略者决一死战。义勇队后来改名为“学生军”。广大留学生纷纷签名参加。连女学生也含泪演说，签名参军。学生军推举学军事的蓝天蔚为队长，每日操练，还派出代表回国策动。他们与上海的教育会及爱国学社本来就联系密切，这时就打电报到上海，要求教育会与爱国学社尽力相助。

约在同时，上海的爱国民众运动也热烈地发展起来了。爱国学社是上海“拒俄”运动的中心与主要组织者。邹容跟随蔡元培、章太炎等人，积极参加这次革命活动。1903年4月27日，上海爱国学社会集各界爱国人士几百人，在张园召开“拒俄”大会，许多人在会上激昂慷慨地发表演说。大会致电清政府外务部表示：如果接受沙俄的无理要求，“内失国权，外遭大衅，我全国人民万难承认！”同时，又通电各国外交当局，表示“即使政府承允，我全国国民万不承认！”邹容参加了这次大会，并在分省区的签到簿上庄严地签上自己的姓名。会后，为了将广大爱国人士组织起来，共同战斗，由一个叫冯镜如的人带头发起组织——“中国四民总会”，邹容参加了这个组织。到4月30日，“四民总会”集会，各界1200多人参加。蔡元培、马君武等在会上发表演说，会议决定将“四民总会”改名为“国民总会”，宣布该会“以保全国土国权为目的”，有鲜明的爱国主义特征。邹容参加了这次大会，立即签名入会。在这段时间里，只要爱国民主人士在张园集会，邹容都与章太炎等好友一道，积极参加。

邹容在斗争中受到启发，越来越感到要进行更有力、更大规模的革命斗争，靠几个革命志士的呐喊已远远不够了，必须将革命同志与革命群众迅速组织起来，建立革命团体，斗争才更有力量，才能置敌人于死地。在广大群众中，青年学生是一支最有生气、最容易投身革命与接受民主共和思想的力量。因此，必须首先将青年学生组织起来。而当时，在轰轰烈烈的“拒俄”运动中，留学日本的学生与国内的学生正被共同的反帝爱国热情所鼓动，进行着共同的爱国御侮斗争，许多地方已有了学生组织的雏形，如留日学生的“拒俄义勇军”“学生军”以及上海的“学生义勇军”等。邹容感到有必要将这些学生组织联合起来，尽快将全国的学生力量集结起来，在革命民主思想指导下成立一个全国性的统一组织，更有力地开展革命斗争。他就在上海学生中活动起来，并与日本的留学生界取得联系，发起成立“中国学生同盟会”，这将是近代中国学生第一个全国性的革命团体，有非常重大的意义。邹容的号召得到了上海与留日学生中许多人的热烈响应。

后来，由于“《苏报》案”突然发生，邹容发起的“中国学生同盟会”在筹建中就流产了。但它却为两年后的中国同盟会的成立作了思想与舆论的准备。同时，它也表明，年轻的邹容已由单纯呐喊鼓动革命发展为要组织革命团体进行大规模的革命斗争了。

邹容在迅速成长。

革命形势也在迅猛发展。

1903 年（清光绪二十九年）4 月中旬，南京的江南陆师学堂有一批学生因反对校方专制闹学潮，校方反加以“聚众滋事”的罪名，并以禀明两江总督严加惩办相威胁。学生义无反顾，集体离校。为首的是湖南长沙籍的学生章士钊，此人字行严，号孤桐，生于 1881 年，这年 23 岁，具有民族民主革命思想，而且写得一手非常好的古文，后来也成为中国近现代史上的著名人物。消息传到上海，爱国学社马上发去电报，表示声援南京陆师的学生运动。南京陆师退学的学生就推出章士钊与另一个叫林砺的学生为代表，到上海爱国学社接洽。爱国学社表示欢迎全体退学学生到爱国学社学习，并且一切费用都免收。于是陆师退学学生 40 多人在 1903 年 5 月都来到上海，编入爱国学社学籍。爱国学社的规模与影响更加扩大。

当时正是“拒俄”运动在上海热火朝天开展的时候。爱国学社一下子增加了来自南京陆师学堂的 40 多名学生。这些学生本来都是学陆军课程的，有军事知识，于是就由章士钊、林砺发起，依靠蔡元培的支持，在爱国学社内成立“军国民教育会”，进行军事训练，准备上战场打击沙俄侵略者。全校有90多人志愿入会，连同学校负责人蔡元培、黄宗仰等在内，编为8个小队，早晚操练，校内革命热情更为高涨。

邹容与章士钊都生活在爱国学社里，相见甚密。二人年龄相近，思想志趣相同，又都喜欢挥笔著文立说，互相切磋，因此很快成为好友。这样，邹容在上海的最要好的战友除从日本一道回来的张继和爱国学社的章太炎，又多了一个章士钊。这四人亲密交往，共同战斗，思想与志趣相同，常常聚谈至夜深才散。有一天，四人谈得高兴，章太炎邀三人一同到四马路九华楼去饮酒。席间，大家天下古今，纵情谈论。话助酒兴，酒增谈趣。三杯酒下肚后，章太炎提议说：“诸位，我们四人既然同心努力革命运动，就应该不论年龄大小，结为兄弟。”三人齐声叫好。于是，四人举杯作誓，结为兄弟。四人当中，章太炎年纪最大，已是36岁的人了，社会地位也最高，是老大；章士钊23岁，行二；张继22岁，是老三；邹容只有18岁，为小弟。四人之中，章太炎与邹容尤为相得，邹容曾戏称章太炎为“东帝”，自称“西帝”。（见蒋维乔：《章太炎先生轶事》，刊《复兴月刊》第五十期。）

邹容除了和章太炎、章士钊、张继三位兄长亲密交往外，还结交了在这时期来上海的各地许多革命志士，特别是许多革命知识青年。这之中有江苏吴江籍的柳亚子，这年只有16岁，极富民主革命思想与诗文之才，他原名慰高，因仰慕法国的启蒙思想家卢梭，遂改名柳人权，又改名亚卢、亚子。这时他正在爱国学社读书，常给《苏报》撰写革命诗文。

另一位革命知识青年是江苏仪征籍的刘师培，比邹容长一岁，因立志要推翻清王朝，改名刘光汉。此人国学基础深厚，反满民族思想强烈。邹容与这些人经常交流思想，互相勉励和帮助。邹容曾以自己美观的隶书书写了七个大字：“中国自由神出现”，郑重地赠给刘师培，表达了他们希望在中国实现自由民主理想社会的共同愿望。

邹容在回到上海后的日子里，积极参加爱国学社的活动与张园的集会，又同章太炎、章士钊等有抱负、有学问的革命志士朝夕相处，不断得到帮助。这个年轻的战士在人生的道路上迅速成长，在革命的风浪中磨砺得更加坚强。他的革命观念更加强烈，旗帜更加鲜明了。因而，他对封建专制政府更加憎恨，对各种保皇派与改良派的斗争也更加坚定有力了。

在“拒俄”运动中刚刚诞生的“国民公会”，有一个康有为的学生龙泽厚，开始附从大家，参加活动，后来露出保皇派的面目，拉拢发起人冯镜如等人，要将国民公会改名为“国民议政会”，成为立宪改良团体，发起向清政府请愿，计划以这年 7 月 9 日为呈请慈禧太后归政光绪皇帝的日子。这显然是倒退，是放弃革命！冯镜如竟被龙泽厚拉下了水。

但是，狡猾的冯镜如与龙泽厚在 5 月 31 日邀请原国民公会的人来参加“国民议政会”的成立大会时，没有预先说明他们的“保皇立宪”宗旨，因此革命派人士也应邀前来参加。大会开始后，冯镜如登台演说，大谈“归政”保皇，人们才知道事情的真相。革命派人士十分气愤，纷纷发表声明脱会。邹容则以他火热的热情与疾恶如仇的性格，同龙泽厚等人展开正面交锋，带头质问冯镜如，表达对专制政府不存幻想、誓不两立的斗争决心。因为冯镜如已加入英国国籍，邹容巧妙地问他：“你是英国人，你今天要成立的，是中国的国民议政会，还是英国的国民议政会？”搞得冯镜如张口结舌，答不出话来。吴稚晖等人也齐声反对。在邹容等人斗争与抵制下，“国民议政会”没有能成立，国民公会不久也无形解散，保皇党人的阴谋破产了。

通过这场斗争，邹容对保皇党人的危害认识更深了。他拿起战斗的笔，向保皇党人散布的反对革命的各种谬论猛烈开火。1903 年 6 月 8 日至 9 日，上海《中外日报》上刊出了一篇保皇党人写的反对革命的文章，题为《革命驳议》，公开反对革命，提倡保皇，歌颂清王朝。章太炎、邹容等人怒火中烧，决定立即针锋相对地着文批驳，定名为《驳〈革命驳议〉》，由几名革命人士合写：章太炎先写了一个开头，由柳亚子与另一位爱国学社成员蔡寅（又叫蔡治民）接着写了中间部分，末尾则由邹容增写一段（柳亚子：《我和言论界的因缘》，刊《逸经》第一期，1936 年 3 月出版）。邹容写道：革命则主动权操在国民手中；而保皇改良是要人民向清朝皇帝乞求，放弃人民的神圣权利，因此最终也不能代替革命的。为了开辟“新中国”的前途，必须抛头颅，洒热血。流血牺牲是取得革命胜利的必要代价。邹容在全文最后写道：“勿再饶舌，图乱乃公意！”意思是说，你们这些保皇党人不要再唠唠叨叨，企图干扰我们了！邹容在这里鲜明地表明了对保皇党人毫不妥协的坚决态度。此文以“汉种之中一汉种”署名，在 1903 年 6 月 12 日、13 日《苏报》上连载。（《驳〈革命驳议〉》，《辛亥革命前十年间时论选集》第一卷下册，三联书店 1960 年版，第 691 ~ 692 页。）

邹容在斗争中越来越感到，要给保皇党人彻底的批判，要对中国清政府的封建专制主义进行全面地揭露，要系统介绍西方先进的法、美式的民主共和国政治，强有力地唤醒中国人民，团结一心投入反清革命斗争中去，在中国建立民主、幸福的“中华共和国”，必须尽快将他在日本已快写完的通俗革命著作《革命军》修订完毕，尽快出版，普及到国民中去。于是他在每天参加革命活动结束后，一回到住处，就紧张地继续写作与修改《革命军》。经过多天的夜以继日地艰苦写作与修改，到 1903 年 5 月中，终于把这篇伟大的著作完稿了。邹容将书名仍定名为《革命军》。“革命军”这三字在当时的上海，当时的中国，具有很强烈的战斗意义，它不只是将批判的矛头指向清朝专制统治者，而且也给反对革命、主张改良的保皇党人当头棒喝，否定了他们叫喊的“中国只可行立宪，不可行革命”的谬论。邹容的《革命军》与章太炎的《驳康有为论革命书》，是适应 20 世纪初中国革命形势发展的需要、最有力地批判保皇党人谬论的两篇雄文，为后来革命派的《民报》和改良派的《新民丛报》的大论战，打了头阵，为即将到来的革命斗争高潮作了舆论与理论的准备，在中国近代政治史与思想史上是划时代的丰碑。

（四）叱咤风云《革命军》

在那火热的革命年代里，年轻的邹容一方面投身社会实践斗争，到处奔波、讲演、号召……另一方面他又抓紧一切可供利用的时间进行理论研究，阅读进步书籍与时事报刊，搜集资料，苦学深思，辛勤笔耕，成长为一名优秀的革命理论战士。他从在日本留学时就开始精心撰写，1903 年 4 月回到上海后又续写月余，终于在 1903 年（清光绪二十九年）5 月完成了他一生中最光辉的著作——《革命军》。

《革命军》全书并不长，只有两万多字，但容量与意义却十分巨大。它是邹容数年来学习新思想、新知识的重大成果，是他投身社会实践斗争的理论总结，也是他日趋成熟的民主革命思想、充沛的革命激情与酣畅淋漓的笔墨完美结合的结晶，代表了那时期中国思想界的最高水平。《革命军》一书是邹容一生对中国民主革命最伟大的贡献。谈邹容就离不开《革命军》，谈《革命军》就更离不开它的作者邹容。邹容与《革命军》已完全融为一体，在中国民主革命史上闪耀着永不熄灭的光芒。（邹容：《革命军》，《辛亥革命前十年间时论选集》第一卷下册，三联书店 1960 年版，第 649 ~ 667 页。）

《革命军》全书分为七章，环环紧扣，步步深入，思想深刻，感情热烈，语言犀利，比较全面地论述了 20 世纪初中国民主革命的各种问题：

一、绪论
二、革命之原因
三、革命之教育
四、革命必剖清人种
五、革命必先去奴隶之根性
六、革命独立之大义
七、结论

《革命军》全书的思想内容，主要有以下几个方面：

第一，《革命军》一书以详尽确凿的事实，全面而系统地揭露了以清政府为代表的中国专制制度的反动、黑暗、腐败、野蛮及其给中国人民带来的极大祸害，读来使人触目惊心，愤懑异常，燃起对专制统治者的仇恨之火。

邹容说："中国人群，向分为士、农、工、商"，万恶的专制统治者为了自己的政治需要与奢靡享受，对广大的中国人民，不分职业与年龄，进行极其残酷的统治，政治迫害、经济盘剥与思想钳制无所不用其极。

书中揭露专制统治者对农民的残酷剥削与压迫，以极大的同情写道："今试游于穷乡原野之间，则见夫黧其面目，泥其手足，荷锄垅畔，终日劳劳，而无时或息者，是非我同胞之为农者乎？"邹容指出，广大农民"受田主、土豪之虐待不足"，还要受专制政府官吏的层层压榨，这就从租、税制度触及到了封建社会最根本的罪恶。接着，他进一步指出专制统治者一方面对人民拼命搜刮，另一方面却又拼命地美化自己，口称"薄赋""轻税""皇仁"，真是"盗贼之用心杀人而曰救人"，虚伪至极，无耻至极。邹容就是这样严峻地揭开了封建统治者假仁假义的画皮，露出他们吃人不吐骨头的残酷面目。

书中揭露了专制统治者对工人、对商人、对士兵的压迫与歧视；尤其深刻地揭露了专制统治者以种种卑劣的手段与方法，压迫、摧残、腐蚀知识分子的罪恶行径："多方困之，多方辱之，多方汩之，多方羁之，多方贼之，待其垂老气尽，阉然躯壳，而后鞭策指挥焉。"

邹容揭露了封建统治者的极端专制与野蛮残暴，剥夺了中国人民的一切人权，草菅人命，杀人如麻："不知今无灭族，何以移亲及疏？今无肉刑，何以毙人杖下？今无拷讯，何以苦打成招？今无滥苛，何以百毒备至？至若监牢之刻，狱吏之惨，犹非笔墨所能形容，即比以九幽十八狱，恐亦有过之无不及。"

邹容还以较多篇幅揭露批判了清朝贵族对广大人民实行压迫的种种罪行，揭露批判了清朝贵族官僚的种种世袭特权与骄奢淫逸，贪污腐败：

我同胞不见夫所谓八旗子弟、宗室人员、红带子、黄带子、贝子贝勒者乎？甫经成人，即有自然之禄俸，不必别营生计，以赡其身家，不必读书问道，以充其识力，由少爷而老爷而大老爷而大人而中堂，红顶花翎贯摇头上，尚书侍郎殆若天职。

开学堂则曰无钱矣，派学生则曰无钱矣，有丝毫利益于汉人之事，莫不曰无钱矣无钱矣。乃无端而谒陵修陵，则有钱若干；无端而修宫园，则有钱若干；无端而作万寿，则有钱若干。

更为可贵的是，该书有力地揭露了这个专制政府对国内人民施行种种残暴，但对外国侵略者却奴颜婢膝，干尽卖国的罪恶勾当，连清王朝权贵们自称为“祖宗发祥之地”的东北，也听任沙皇俄国恣意宰割蹂躏，甚至封建总头领慈禧太后公然无耻宣称：“量中华之物力，结友邦之欢心”，甘心做洋人的“儿皇帝”。邹容痛骂清朝皇帝是“独夫民贼”，不可一世的慈禧太后是“卖淫妇”。

邹容通过这一系列的揭露，有力地说明，正是专制统治者这种种罪恶，才造成“中国最不平伤心之事”，造成了中国的贫穷、落后、沦亡等惨剧。要改变这情况，只有先推翻万恶的封建专制统治，进行革命！这就是邹容宣布的“革命之原因”。

第二，高举革命大旗，热情地呼唤和赞扬革命，旗帜鲜明地宣布革命之宗旨，以革命推翻旧社会，创立新世界。

邹容在《革命军》一书的开头，就以赤诚的热情、气势磅礴的语言，大声赞颂革命，呼唤革命。他以所学到的各种知识说明和论证革命是“天演之公例”“世界之公理”，是“顺乎天而应乎人”的伟大行动。邹容进一步指出，在20世纪初的中国，专制黑暗、社会腐败、外敌入侵，风雨飘摇，革命尤为迫切需要。文中反复地说明一条真理，中国只有经过革命才能改革腐败的现状，才能走向美好的未来，才能打倒专制政府，开辟人民做主的新时代，才能走上“去腐败而存良善”“由野蛮而进文明”“除奴隶而为主人”的必由之路。革命是“牺牲个人而利天下，牺牲贵族以利平民”的崇高事业。因此，邹容激动地表示，他要“沿万里长城，登昆仑，游扬子江上下，溯黄河，竖独立之旗，撞自由之钟，呼天吁地，破颡裂喉，以鸣于我同胞前”，呼唤全中国人民，不分男女老少，不分职业性别，一齐迅速投入革命。

邹容还明确地指出：中国人民革命的矛头首先要指向万恶专制制度的总代表——清政府，以及“外来恶魔”。邹容号召全国人民迅速果断地组织起浩浩荡荡的革命大军，“群义群兴革命军”，向反动势力冲击，进行血与火的武装斗争。“作十年血战之期，磨吾刀，建吾旗，各出其九死一生之魄力”，效“法人三次，美洲七年”，“同敌人驰骋于枪林弹雨之中”。邹容大声号召，中国进行革命的时候已经到来了，一切中国人对革命都不能中立、徘徊、后退。

邹容，一个18岁的青年学生，面对祖国的黑暗危难，无比地忧伤、焦虑、激动，终于迸发出如此的爱国激情，毫无利己私心，一心为国为民，其精神足以惊天地泣鬼神，而使一切不愿做奴隶的中国人排除忧虑，走上革命战场。这就是《革命军》的感人之处，就是邹容的伟大之处。

第三，邹容在《革命军》中不仅呼吁要从政治上革专制政权的命，还颇有见地号召所有的中国人先要革掉自己身上的“奴隶之根性”，摆脱封建精神枷锁，进行思想文化革命，改造中国的国民性。他呼吁建立“革命之教育”，确立中国人民的独立人格与公民意识，从而为从专制政治转变为民主政治打下思想基础。

邹容在《革命军》一书中专门以两章的篇幅论述这个重要问题。在“革命必先去奴隶之根性”一章中，先从理论上对“国民”与“奴隶”这两种不同社会制度下的两种不同身份、不同人格的人，进行尖锐的对比与分析，然后指出，在中国数千年的专制统治下，广大中国人民一直没能争到做国家公民的民主权利，而一直是受压迫、无人格、无人权的可怜奴隶。“中国所谓二十四朝之史，实一部大奴隶史！”更为令人伤心的是，中国人数千年来做牛做马做奴隶，却不能正确地认识到自己的悲惨奴隶命运，反而一代代地以奴隶地位为安为荣，以奴隶哲学为教育子女的信条。邹容对这种奴隶哲学、忠孝信条深恶痛绝，蔑视嘲讽。他在书中，特地引用《清议报》第86册上刊载的一首《奴才歌》，惟妙惟肖地刻画这种“奴才哲学”与“奴才嘴脸”。这首长诗的开头几句是这样的：

奴才好！奴才好！
不管内政与外交，
大家鼓里且睡觉。
古今有句常言道：
臣当忠，子当孝，
大家且勿胡乱闹。

邹容对奴隶哲学的批判是正确而深刻的。中国的历史说明，专制统治者拼命向中国人民灌输与宣扬的这种“奴隶哲学”，犹如套在中国人民头上的精神枷锁，使人们不敢思考、不敢行动、更不敢反抗，如同木偶与僵尸，逆来顺受，安于甚至乐于做奴隶，任统治者摆布与愚弄，巩固与维护了封建的政治统治与经济剥削。中国人民要革命，要推翻专制制度，就必须首先革除这种“奴隶哲学”，来一次精神革命与观念革新。邹容在“革命之教育”一章中，热切地希望中国人民确立国家主人翁的思想、平等自由的人权思想、民主的政治法律制度思想，以及独立不羁之精神人格，冒险进取的气概，受群敬己、尽瘁义务之公德与个人自治、团体自治之精神，以适应民主新时代之需要。

邹容的批判奴隶主义、号召思想革命、确立独立人格的思想特点，直接继承了谭嗣同冲决封建网罗的思想，针对当时中国紧迫的现实问题，有着重要的现实意义与历史意义，其思想的深刻性超出了同时代的许多革命党人，可惜在辛亥革命时期未得到应有的重视，但到“五四”新文化运动时期，却得到新文化战士的普遍响应。邹容不愧是一个伟大的革命先驱——首先是思想界的先驱。

第四，对革命以后的中国将实现一种怎样的理想制度，邹容在《革命军》中作了详尽而鲜明的描述与说明。他全面、明确地宣告了民主革命的理论、纲领、政策、口号，把比较彻底的天赋人权说、主权在民说、民主共和国、三权分立、议会内阁以及卢梭、华盛顿、法国《人权宣言》、美国《独立宣言》……统统以明朗的语言、充沛的激情、深刻而集中地介绍给中国人民，显得朝气蓬勃，锋芒逼人，视野开阔，信心十足，具有极大的感染力与号召力。

邹容的上述思想贯穿在《革命军》全书中，尤集中反映在第六章“革命独立之大义”所提出的二十五条“革命建国纲领”中，其中最重要的是：

——中国为中国人之中国。

——先推翻满洲人（贵族）所立北京之野蛮政府。

——诛杀满洲人（贵族）所立皇帝，以儆万世不复有专制之君主。

——敌对干预我中国革命独立之外国与本国人。

——全国无论男女，皆为国民。

——凡为国人，男女一律平等，无上下贵贱之分。

——各人不可夺之权利，皆由天授。

——生命自由及一切利益之事，皆属天赋之权利。

——不得侵人自由，如言论、思想、出版等。

——各人权利必须保护。须经人民公许，建设政府，而各假以权，专掌保护人民权利之事。

——无论何时，政府所为，有干犯人民权利之事，人民即可革命，推翻旧日之政府，而求遂其安全康乐之心。

——定名中华共和国。

——中华共和国为自由独立之国。

——立宪法，悉照美国宪法，参照中国性质立定。

——自治之法律，悉照美国自治法律。

……

很显然，这是当时最完整、最深刻的民主革命纲领与民主建国理想方案。它深受法国《人权宣言》与美国《独立宣言》的影响，深受西方启蒙思想家“自由、平等、博爱、人权”的影响，鲜明地宣称：“吾人信卢骚、华盛顿、威曼诸大哲，于地下有灵，必哂之：‘孺子有知，吾道其东’”。这些曾在西方民主革命中发挥过很大作用的思想，被邹容拿到中国来，在当时的反封建专制斗争中仍闪耀着进步的光彩；同时，它又具有中国的特色，邹容用通俗生动的语言将它中国化了，适应了中国的社会环境与中国的普通民众。它是辛亥革命时期革命派最早、最响亮的革命号角，其民主色彩与社会影响大大超过了以前兴中会成立时期发布的宣言，而为两年后诞生的同盟会作了思想理论准备。特别是该书在中国第一次将“中华共和国”的名称公之于世，犹如春雷一声震动长空，唤来大地复苏，好比明灯燃起，照亮了中国数千年专制黑暗的历史，具有惊天动地的划时代伟大意义。

邹容在全书最后高呼：

革命独立万岁！

中华共和国万岁！

中华共和国四万万同胞的自由万岁！

这犹如吹响了民主自由的冲锋号，雷霆万钧，气吞山河，召唤着、鼓舞着万万千千的中国人民迅速觉醒，为在中国实现无限美好的民主政治制度而奋起斗争。

第五，由于时代的局限，邹容的这本伟大著作也不可避免有它的局限性。例如，它勇猛锐利地批判封建专制，在强烈的反清要求下，却没有把满洲贵族与满洲人民区分开来，全篇流露着浓烈的种族复仇主义与大汉族主义的气息，对少数民族说了不少侮辱性的话语；它号召反封建，较多注意封建的专制政治统治与奴才哲学，却忽略了更为重要的封建经济基础——地主土地所有制；它呼吁全国人民投身革命，却将社会底层人民的自发反抗清王朝暴政的斗争斥之为“野蛮革命”，显露了轻视与脱离人民的倾向。邹容与《革命军》的这些缺点与弱点，正是辛亥民主革命软弱性的具体反映。但是，正如毛泽东所说：“很多站在正面指导时代潮流的伟大历史人物大都有他们的缺点”，“这是要从历史条件加以说明，使人理解，不可以苛求于前人的。”（毛泽东：《纪念孙中山先生》）

1903年5月初，邹容写完《革命军》后，首先送给他特别敬重的战友与“大哥”章太炎审看。他对章太炎说：“我写这篇《革命军》，宣讲革命大义，希望坚定中国人民反清革命的志向，鼓励那些懦怯的人勇敢起来，因此通篇文辞写得任意放肆，无所回避，然而文采不足，思想浅露，请你不要嫌弃，帮我润色一下。”章太炎一直喜欢这个年轻聪慧而又倔强激烈的小弟弟，现在见他在这么短的时间内，在如此繁忙紧张的斗争中，竟能写出这两万多字的厚厚一沓的著作，又取名《革命军》，讲的是当前紧迫需要的道理，大喜过望，急忙认真展读全文，觉得内容充实，思想锐利，气势磅礴，极为赞赏。他认为该书虽然语言浅直，但是要震动与感染当时中国社会上的大多数人，就非这样写不可。他将这意思告诉邹容，说，不要修饰，就这样出版为好。

章太炎主动为《革命军》写了一篇文字古朴的《序》，《序》中说，中国人民由于多年封建专制统治的禁锢与愚弄，都显得糊涂愚昧，不懂得一般文章的真正含义，就是一些“讽切”的文字，他们看了也无动于衷，只有像邹容的《革命军》一书那样，“震以雷霆之声”，才能使他们猛醒，使他们羞愧愤懑、汗流浃背而彻底悔悟，使他们迅速认清清政府的反动面目，走上革命之路，从而收到文字宣传的最大效果。

章太炎在《序》中还谈到当时具有反清思想的人，在全中国也不多；而这些人写的文章又多温和含蓄，不敢慷慨激昂、尖锐大胆，就是他章太炎本人也不能脱此毛病，相比之下，邹容的《革命军》毫无顾忌地呼吁革命，讨伐清朝专制政府，就显得非常难能可贵了。如果以《革命军》作为"义师先声"，动员民众从事反清斗争，就会收到万众一心的效果，而对于缺少文化知识的一般中国人说来，其启蒙教育的作用，就更不可估量了。

章太炎在《序》中最后点明，邹容之所以把这本书的题名定为《革命军》，含义远大，"谅以其所规画，不仅驱除异族而已，虽政教、学术、礼俗、材性犹有当革者焉，故大言之曰'革命'也。"（章太炎：《〈革命军〉序》，《辛亥革命前十年间时论选集》第一卷下册，三联书店 1960 年版，第 650 页）确实，《革命军》可称得上是一部民主革命的百科全书。

《革命军》写成，若要请书局刊印，必须要有经费。但邹容一介书生，浪迹天涯，哪有钱去印书？幸好，他在爱国学社中的好友柳亚子在读了《革命军》原稿后，大为感动，认为像这样的好书岂能不快快印行传播以教育国人，就约同几位好友，四处筹集印刷费用，最后请大同书局刊印。

经过约半个月的时间，《革命军》于 1903 年 5 月底于上海出版问世了。该书强烈的革命内容、充沛激昂的革命激情与淋漓痛快的文字，立即吸引与震动了社会各界。从上海到中国各地，各界人士闻讯后，纷纷争购此书，以先睹为快，读后拍案叫绝，广为传诵。大同书局的第一版书籍很快就销售一空，各地纷纷翻印。

就像炸弹爆炸，就像春雷震响！邹容的《革命军》出版问世，预示着民主革命的风暴即将席卷中国的大地。

革命的高潮快来了！

（五）轰动全国的“《苏报》案”

邹容在《革命军》一书的自序中，自称他是“革命军中马前卒”。

邹容与他的《革命军》，犹如革命的先锋，一马当先地冲杀在中国民主革命大军的最前面。

邹容的斗争不是孤立的。紧靠在他的身前与身后，越来越多的革命志士也都投入了反清革命斗争中。

约在邹容写作《革命军》的同时，他的战友章太炎也写了一篇雄伟有力、气势磅礴的理论论战文章《驳康有为论革命书》。

在义和团运动失败后，越来越多的人认清了清朝专制政府的反动本质，从改良转向革命的道路，决心推翻清朝专制政府。可是在戊戌变法中曾起过进步作用的改良派领导人康有为，却始终抓住清朝的光绪皇帝不放，坚持走行之不通的保皇与改良道路，反对发动推翻清政府的民主革命，成为革命派的劲敌与革命道路上的障碍。1902 年他连续发表《与同学诸子梁启超等论印度亡国由于各省自立书》与《答南北美洲诸华商论中国只可立宪不可行革命书》，大肆攻击革命，鼓吹改良，歌颂光绪皇帝，散布对反清革命的恐惧情绪，认为当时只能靠清政府搞改革，实行君主立宪，而万万不能搞武装革命推翻清政府统治建立民主共和国。康有为在这些文章中，博引古今，旁征中外，制造理论，恫吓利诱，具有很大的欺骗性，在国内外产生了极为恶劣而又广泛的影响。

章太炎读到了康有为的这些文章，怒不可遏，认为不立即痛驳就不能消除其坏影响而教育唤醒人民，于是挥笔疾书，写下了《驳康有为论革命书》，针锋相对地批驳康有为的“中国只可立宪、不可行革命”的谬论，热情歌颂革命。他指出清朝政府专制、反动、腐败的本质与不可救药的前途，历数清朝统治者残害人民、反对改革、阻挠进步、镇压革命的种种罪行，痛斥慈禧太后，直呼改良派视为神圣的光绪皇帝为“载湉小丑，不辨菽麦”，同时用事实论证了幻想依靠清政府搞立宪改革，如同与虎谋皮，万难实现，指出中国唯一的前途就是革命，就是前赴后继流血牺牲，以革命推翻清朝专制政府。“公理之未明，即以革命明之，旧俗之俱在，即以革命去之，革命非天雄大黄之猛剂，而实补泻兼备之良药矣！”革命之后，中国应当建立合众共和政府，“以合众共和结人心者，事成之后，必为民主。民主之兴，实由时势迫之，而亦由竞争以生此智慧者也”。

章太炎的《驳康有为论革命书》是辛亥革命史上又一篇辉煌的革命文献。它与邹容的《革命军》堪称姊妹篇，但侧重点有所不同。它们互相补充，发挥了极大的作用。章太炎写成此篇后，托沙耳公带到香港，准备转交给康有为，结果没有带到。1903 年 6 月它也在香港刊行，“不及一月，数千册销行殆尽”（蒋维乔：《章太炎先生轶事》，刊《复兴月刊》第五十期）。

1903 年 5 月 27 日，《苏报》又正式聘请章士钊为该报主笔。从 6 月 1 日开始，在章士钊的主持下，《苏报》进一步“大改良”，更猛烈更集中地宣传反清革命，大声疾呼，指名道姓，嘲讽痛骂，惊世骇俗，空前未有。该报在改革宣言中宣布：“吾将大索天下之所谓健将者，相与鏖战公敌，以放一线光明于昏天暗地之中。”《苏报》改革的主要内容是在文章、消息的重要之处，夹印大号字，突出《学界风潮》栏，增设《舆论商榷》栏，减少一般新闻等，而改革的中心则在于“以单纯之议论，作时局之机关”，即用革命的舆论来影响中国政局的变化，推动与促进中国革命形势的迅速高涨。从 5 月底开始，《苏报》几乎每天都刊发大量宣传革命的文章、报道、书评，到 7 月 7 日该报被查封为止，一个多月的时间中，共刊发论说、来稿 40 多篇（其中有 5 篇是多天连载），几乎没有一篇不谈革命，有许多篇章对清政府与保皇党人的谴责揭露转变发展为对民众发动武装革命的号召，震撼人心，影响力极大。最重要的篇章有：

5 月 27 日，发表邹容所写的《革命军・自序》，宣布作者写作《革命军》的宗旨与意图：“文字收功日，全球革命潮。”

6月1日，发表政论《康有为》一文，毫无顾忌地倡言革命："革命之宣告殆已为全国之所公认，如铁案之不可移！"

6月6日，发表自然生（张继）写的《祝北京大学堂学生》，公然号召北京学生行动起来进行"中央革命"，杀皇帝，倒政府，宣称"那拉氏不足畏！满洲人不足畏！政府不足畏！"

6月7日、8日，发表韩天明（章士钊）的《论中国当道者皆革命党》，揭露清政府的种种罪恶："贪戾狠毒，横征暴敛，何在非酿成革命之药料？"中国人民投入革命完全是被统治者"逼上梁山"。

6月9日，发表章士钊化名"爱读'革命军'者"写的两篇评价与颂扬举荐《革命军》的文章，一是《读〈革命军〉》，阐发该书宗旨，"以国民主义为干，以仇满为用，扫撦往事，根极公理，驱以犀利之笔，达以浅直之词"，赞扬该书："卓哉！邹氏之《革命军》也……虽顽懦之夫，目睹其事，耳闻其语，则罔不面赤耳热心跳肺张，作拔剑砍地奋身入海之状"；推荐该书"诚今日国民教育之一教科书也"。另一篇是《介绍〈革命军〉》，赞扬该书"文极犀利，语极沉痛"，"读之当无不拔剑起舞，发冲眉竖，若能以此书普及四万万人之脑海，中国当兴也勃矣。"

6月10日，《苏报》又公开发表了章太炎写的《序〈革命军〉》，进一步扩大邹容与《革命军》的影响。《革命军》出版后本来就在社会上引起极大震动，而《苏报》的倾情介绍更吸引了广大群众。

在这以后的10多天中，《苏报》又连续发表了张继化名"自然生"的《读〈严拿留学生密谕〉有愤》（6月10日）、无名氏的《杂感》（6月11日）、章士钊与柳亚子合写、化名"汉种之中一汉种"的《驳〈革命驳议〉》（6月12日、13日）、申叔（刘师培）的《论留学生之非叛逆》（6月22日）以及《介绍〈驳康有为书〉》等文，谠论源源而来，反清革命声调越来越强烈。6月22日刊登出章士钊写的题为"杀人主义"的文章，揭露清朝专制政府"奴颜向外，鬼脸向内"的丑恶本质，鼓吹大杀反对革命的专制暴君与反动官吏，倾覆专制政府，扫除妖孽，大呼“壮哉杀人！”更是震动一时。

《苏报》的影响迅速扩大，成为上海滩最受人民欢迎的报刊。

这样，以邹容的《革命军》、章太炎的《驳康有为论革命书》与《苏报》为代表，在1903年的5、6月间掀起了一股革命的狂潮巨浪，席卷了上海，震动了全国。虽然邹容等革命者还只是口诛笔伐，但已给百孔千疮、万马齐喑的中国社会带来了天雷般的摇撼。尤其是青年学生们大受感染，如醉如狂，成天谈“排满革命”，革命之声震天响。专制统治者及其走狗则又惊又怕，如坐针毡，恨得咬牙切齿。

清政府的专制统治者们早就不能容忍了。他们一次次地举起祖传的带血屠刀，向上海滩上一群赤手空拳、手无寸铁的青年学生与知识分子的头上凶狠地砍去。

还是在1903年4月底，邹容的《革命军》尚未写成出版时，只因张园“抗法”“拒俄”演说的影响日益扩大，清政府派驻上海的商约大臣吕海寰，就敏感地嗅到了浓烈的革命气味，要求清政府的上海兵备道（上海地区最高军政长官）袁树勋进行镇压。但袁因张园地处租界，不敢轻举妄动。吕海寰不甘心，又向在苏州的江苏巡抚恩寿报告，说是“上海租界有所谓热心少年者，在张园聚众议事，名为抗法拒俄，实为希图作乱，请即将为首之人密拿严办。”（张篁溪：《苏报案实录》）吕海寰还先后开列了两次捕人的黑名单，第一次为蔡元培、吴稚晖、汤尔和、钮永建4人；第二次为蔡元培、陈范、冯镜如、章炳麟、吴稚晖、黄宗仰6人，要恩寿、袁树勋设法按此捉拿。恩寿得到吕海寰的报告后，急命袁树勋查拿抓人。但是，由于蔡元培等人与爱国学社都在公共租界里，属公共租界工部局管辖，清政府不能直接捉人，袁树勋只得向英国驻上海的领事交涉，还于5月5日公开出布告悬赏捉拿上述诸人。但驻上海的英国领事与公共租界当局的态度不一：英国领事古纳签字应准；公共租界的工部局却以不合租界章程为由，要求古纳收回签字。这样，清政府的阴谋暂未得逞。

公共租界工部局虽未答应清政府捉人，但还是于5、6月间先后六次传讯清政府要捉拿的蔡元培、吴稚晖、黄宗仰、章炳麟等人。工部局对他们说，只要爱国学社只是讲学，不藏武器弹药，如官厅来捕人，工部局将予以保护。蔡元培等人也都留下自己的住址，以示心地坦然与宣传革命的光明正大。

由于租界当局援引治外法权与西方法律，使革命活动暂时没有受到影响。

到了1903年6月，《革命军》与《驳康有为论革命书》同时出版，《苏报》改革，大倡革命，使得上海一带的革命热潮空前高涨。特别是邹容《革命军》的激烈言论与巨大影响更是惊天动地，使得清政府的专制统治者与官僚、爪牙们心惊胆战，暴跳如雷。他们决定加紧迫害上海的革命者们，而首先把矛头指向18岁的邹容，咬牙切齿地说："四川邹容所作《革命军》一书，章炳麟为之序，尤肆无忌惮。"远在湖北武汉的满洲贵族、担任署理湖广总督的端方谩骂邹容与《革命军》，说："此书逆乱，从古所无，竟敢谤及列祖列宗，且敢直书庙讳，劝动天下造反，皆非臣子所忍闻"，叫嚣对邹容"尤非拿办不可"，"尽情惩治"，"立正典刑"，必欲置之死地而后快。

1903年6月21日，在北京的慈禧太后发布"上谕"，发出了镇压上海革命者的总动员令。该上谕声称，上海的革命者们"猖狂驳谬，形如叛逆，将为风俗人心之害。着沿海沿江各省督抚，务将此等败类严密查拿，随时惩办"；同时斥责两江总督魏光焘查禁镇压不力，形同聋聩，要他立即采取行动捕杀革命者。

6月23日，端方也乘势从武昌给魏光焘打来一封电报，强调指出，《苏报》"悍谬横肆，为患非小，能设法收回自办至妙。否则，我办一事，彼发一议，害政惑人，终无了事。"

两江总督魏光焘作为清政府在东南地区的最高军政大员，再也不敢拖延，立即布置对上海革命者的镇压行动。他首先加派候补道、担任南京陆师学堂督办的俞明震前往上海，配合协助袁树勋，与租界当局谈判，说动租界工部局同意查封《苏报》，逮捕邹容、章太炎等人，然后引渡转押南京，加以严惩。但魏光焘又怕事情闹得太大，引起同僚对他的责难攻击，以及影响与外国列强的关系，危及自己的前程，因而暗示俞明震到上海后相机行事，设法不扩大事件的影响。

俞明震来到上海。这时蔡元培早因他事前往青岛。俞就于 6 月 25 日亲自来到设在公共租界汉口路 20 号的《苏报》报馆，拜会馆主陈范。陈范不愿和他见面，托故跑开了。第二天，俞用其儿子的名义召见吴稚晖，婉劝《苏报》改变声调，还出示了清政府下达的捉人命令与名单，暗示吴等暂时走避。俞明震的这种做法，是当时腐败官场办案的一种惯见手段: 表面上大张旗鼓，一丝不苟；背地里却暗走风声，放跑首要；最后不了了之，既可应付上司，又不使自己为难，并为自己留条后路。俞之所以敢这样做，当然也反映了魏光焘的态度。

岂知，上海的革命者们根本不买账。就在俞明震亲访《苏报》报馆的第二天，即 6 月 26 日，《苏报》就刊出《论江南陆师学堂指退学生为革命党事》，点名谴责俞明震。6 月 27 日、28 日，又刊出《论仇满生》，宣布“革命之事不可一日缓”。28 日的报上还以“是何言欤”为题，揭露清廷 6 月 21 日发出的镇压上海革命者的电旨内容。6 月 29 日更摘刊了章太炎《驳康有为论革命书》的精彩部分，以“康有为与觉罗君之关系”为题发表，矛头直刺清朝皇帝“载湉小丑”。真是“明知山有虎，偏向虎山行”，《苏报》与革命者们以更激烈的革命言论来“迎接”清朝当局的镇压行动。

然而，就在这几天，清政府代表与公共租界当局几经交涉，终获成功。起先，袁树勋与俞明震拿着清廷的“圣旨”，去请求外国领事们签字捉拿“钦犯”，查封《苏报》报馆，各领事仍然不肯答应；后来，袁树勋等纠缠不休，有的领事便泛泛表示，如作为租界之案，在租界审理，还可以考虑。袁树勋等表示同意照此办理，领事们便同意捕人。在正式签字时，英、美领事又明确告诉袁树勋，清方必须恪守这一定约：“照章，凡在租界办案者，应在公堂定罪，在租界受罪”。但领事们同意了，租界的工部局却仍不同意捕人。事情报告给南京魏光焘那里，魏求计于法律顾问英国人担文，担文要魏命在上海的袁树勋与俞明震向英租界会审公廨控告邹容、章太炎等人。既是正式控告，成为诉讼，租界工部局才不得不拘人待讯。

6月29日上午，大批外国巡捕与中国警探闯进《苏报》报馆，出示捉拿“钱允生、陈吉甫、陈叔畴、章炳麟、邹容、龙积之、陈范七人”的牌告。这七人中，除邹容与章炳麟（章太炎）外，陈范是《苏报》报馆的主人；陈叔畴是陈范的字，捕人名单误将一人当作两人；龙积之就是龙泽厚，因曾参加1900年自立军起义，被一同捉拿；陈吉甫应为程吉甫，是《苏报》报馆的账房；钱允生又名钱宝仁，系陈范的友人，在《苏报》报馆帮忙，也遭池鱼之灾。捕人的名单中没有章士钊与吴稚晖的名字，那是因为章士钊在陆师学堂是俞明震的学生，吴稚晖与俞明震较熟悉，俞有意庇护，删去此两人。巡捕们来报馆时，只有陈范与程吉甫在，巡捕将程吉甫当场捉走，对陈范却有意放过。陈范既脱险境，便连夜走避，不久登轮赴日本避难。

当天晚上，章太炎与吴稚晖听到捕人消息，就去《苏报》报馆向陈范打听情况，得知捕人名单中有章炳麟（章太炎）的名字。如果章太炎立即走避，完全可以脱险。但这位志士对被捕早作好思想准备，一点不怕，只说“小事扰扰”，回到爱国学社住处，依旧钻进自己的被窝里呼呼大睡。

第二天，即6月30日一早，友人叶瀚又来到爱国学社，劝章太炎等人及时走避，“留此身以待”。其他人纷纷走散，只有章仍不以为意，岿然不动。到上午，果然大批捕探蜂拥来到爱国学社，拿着拘票，对所在人员一一指名查问。章太炎正在学社的账房里。捕探们来到门口，章太炎不逃不避，不慌不忙，挺身上前，用手指着自己的鼻子高声说道：“余人俱不在，要拿章炳麟，就是我！”捕探们没想到他不但不逃，还自送前来，喜不自胜，手铐一套，捉将而去。章太炎要带点日用品，也被捕探们断然拒绝。（张篁溪：《苏报案实录》）

同一天，钱允生与陈范的儿子陈仲岐在《女学报》报馆被捕。他们与章太炎、程吉甫均被关押在公共租界巡捕房看守所里。

章太炎入狱后，写了一封信，劝邹容、龙泽厚主动投案，托人送去。龙泽厚当晚就到巡捕房自首。邹容前几天在听到捕人消息后，曾由张继掩护，藏到日租界一个英国教士家里。现在他接到章太炎信后，知章已被捕，觉得不能让章太炎一个人承担责任，而自己置身事外，于是，以生死与共的态度，在7月1日自动跑到巡捕房投案。巡捕见邹容年轻个子小，说："你还是个小孩子呢，跑来干什么？"邹容指着捕人牌告说："我就是清朝要捉的，写《革命军》的邹容。"巡捕当成是街上的小孩子跑来跟他们捣蛋开玩笑，就生气地骂道："你这个小混蛋，能认识几个字，还能写《革命军》！你是不是有神经病？快给我滚蛋！"邹容认真地说："我确是邹容！我写的书除《革命军》外，还有许多未刊行呢！不仅是这一本小册子。你们若不相信，就请去拿一本《革命军》来，我讲给你们听听，你们就相信了！"巡捕们听他这一讲，半信半疑，报告上司查明，果然是邹容。于是，他们立即将邹容也逮捕起来，与章太炎等人一道，关押在公共租界巡捕房的看守所里。

巡捕房共拘捕了邹容、章太炎、龙泽厚、钱允生、程吉甫以及陈仲岐（代替父亲陈范）共6名人犯。他们按租界章程，报告租界的会审公廨，到案候审。轰动全国的"《苏报》案"开始形成。

在巡捕、警探们来捉人时，陈范等人走避开去，在情理上是可以理解的。而章太炎、邹容不愿走避、有意迎上去从容就捕，借此把事情闹大，则更是英勇的献身行为。他们本来都可以像陈范一样从容逃走，但他们不愿这样做，而是自动投案，准备到法庭上同敌人斗争。因为他们深明这场斗争的意义。章太炎进牢房后不久，就写了一篇《狱中答〈新闻报〉》，反驳政敌的诬蔑，严正指出，这次"《苏报》案"乃是清政府与四万万中国人民的"大讼"，他们被捕的几个人是四万万中国人民的代表。他们之所以勇于被捕，乃是下定了牺牲自己的决心，准备以自己的鲜血和头颅扩大革命的影响，向全社会宣传反清革命事业的正义性，显示专制政府的凶残卑劣，从而推动全国人民更快地觉醒，使中国革命的高潮更快地到来。他们深信，革命必将因此而更快地取得胜利，50年后，为革命牺牲的烈士们的铜像将巍巍立于云表。

果然，邹容与章太炎等人被清政府勾结租界当局逮捕的消息立即轰动了上海。"《苏报》案"被各报竞相报道，成为全国人民视听的中心。一切革命人士与善良群众都将注意力投向上海公共租界，密切关注事态的发展，关注邹容、章太炎等被捕志士的命运。他们对专制统治者的凶残卑劣更加愤恨，对邹容、章太炎等志士的革命壮志与豪情侠胆由衷地钦佩与爱慕。邹容、章太炎的革命事迹不胫而走，二人成了最重要的新闻人物，而他们的著作更为人民搜寻与广为传诵。

邹容与章太炎被捕后，《苏报》仍不屈服，继续呼吁"革命排满"。章太炎写的《狱中答〈新闻报〉》就赫然刊登于7月6日的该报上。文章严厉谴责清政府制造"《苏报》案"的罪行。《苏报》还刊出了《哀心死》《说耻》等重要文章。在清政府的催逼下，租界工部局于7月7日在《苏报》出版了最后一张报后加以查封。名震一时的革命报纸就这样被扼杀了。

邹容与章太炎等人被捕后，清政府的专制统治者与官僚们弹冠相庆，高兴异常，恨不得立即将他们千刀万剐才解心头之恨。因此他们立即派出代表到租界拼命活动，力图将邹、章等人迅速引渡，押到南京由清方审判，加以严惩。那个远在武汉的反动大官僚端方特别仇恨革命者，一会儿电询南京的魏光焘，一会儿上奏北京清廷，一会儿派亲信到上海打听消息，急得像热锅上的蚂蚁，极力主张以"设法解宁为第一义"，宣称"此事关系太巨，非立正典刑，不能定国是而遏乱萌"。北京清政府的军机处也于7月4日与8日两次责令南京的魏光焘照端方的意见办，要千方百计将邹容等人引渡到南京，“尽法惩办，勿稍疏纵”。同时清廷正式给予端方干预此案的权力，以防魏光焘镇压不力。端方立即派遣湖北巡警局总办金鼎到上海参与办案。这些权势者们满心打算，对邹容与章太炎“一日逮上海，二日发苏州，三日解南京，四日处极刑”。

但是，上海租界当局却有自己的打算。他们要维护租界的权益与不受制于中国政府的独立地位，同时害怕引起中国人民的愤怒与反抗，因而坚持“租界事，当于租界治之”，坚决拒绝清政府引渡邹、章等人的要求，表示要在租界的会审公廨审判此案。魏光焘派遣的袁树勋、俞明震等人与租界当局几经交涉，都无效果，只得同意由租界会审公廨开庭审判。7 月 11 日，魏光焘、端方、恩寿联名向清廷报告此情况，清廷慈禧太后与光绪皇帝亲自出面，下达“圣旨”，声称“邹容等六犯既经拿获”，“乃著严饬速筹解宁惩办，勿任狡脱，以儆狂悖”，即一定要将邹容等人押到南京杀害。魏光焘只得给袁树勋等人一道命令，一定要将邹容等人引渡，否则便要降职问罪。袁树勋只得又硬着头皮去与上海的各国领事协商。但租界会审公廨的第一次会讯日期已确定在 7 月 15 日，无法更改了。

所谓“会审公廨”，是租界当局设立的审判机关，相当于法院，规定由一名中国法官担任审判官，由一位外国领事代表任陪审官，共同组成法庭，但实权操在外国人手里。这次审判邹容等人，由公共租界的会审委员孙建臣任审判官，陪审官为英领署的翻译迪理斯。当时因为中国尚没有律师，清政府方面聘请魏光焘的法律顾问担文的助手古柏为律师，后又加派了哈华托；监外的革命友人也为邹容与章太炎聘请了博易与琼斯两个外国人为辩护律师。

1903 年 7 月 15 日，租界会审公廨第一次开庭会讯邹容与章太炎等人。

那天清晨，邹容、章太炎等 6 人由几十名印度巡捕骑马持械，从狱中押上两辆马车，在森严的戒备中被提上公堂。上午 10 点，审讯开始，审判官孙建臣与迪理斯升堂。先由清政府方面的律师古柏代表清政府，指控邹容、章太炎及《苏报》，“故意诬蔑当今清朝皇帝，诽诋政府，大逆不道，企图使中国人民仇视清朝皇帝，痛恨政府，心怀叵测，谋为不轨”。他摘引了《革命军》一书与《苏报》上发表的章太炎等人的八篇文章中激烈的词句作为“罪证”，如“与满人九世深仇”“以四万万人杀一人”“排满”“反清”“贼清”及称光绪皇帝为“载湉小丑”等，“诋毁今上圣讳，呼为‘小丑’，立意犯上”等。

面对法庭，邹容与章太炎毫不畏惧，进行了英勇的斗争。先由章太炎回答，他直认：“我三十六岁，浙江余杭县人。《革命军》序文系我所作。”然后从容辩驳道：“今年2月我到上海爱国学社任教师，因看到康有为著书反对革命，袒护清政府，非常生气，就写文章驳斥。这文章我托广东人沙尔公带往香港，转寄新加坡交康有为，但没有得到回信。至于你们说我写的文章中有‘载湉小丑’四字，触犯‘清帝圣讳’，但我只知道载湉是一个清人，不知什么圣讳不圣讳的。”然后他从文字学的角度谈“小丑”二字，称“小丑”本作“类”字或作“小孩子”解，“小丑”即“小孩子”，并没有什么侮辱的意思。

会审官听了章太炎的这番答辩，面面相觑，不知如何应对。他们忽然想到章太炎是中国有名的学者，以为他必是科举正途出身，就想用纲常名教束缚住他的嘴巴，乃问章：“你得自何科？”章太炎一向看不起科举考试，他听到审问官问话后，向邹容会意地笑了笑，故作糊涂地回答道：“我本满天飞，何窠之有？”因为“科”与“窠”同音，把审判官嘲弄得哭笑不得。（张篁溪：《苏报案实录》）

接着邹容回答。他也毫无畏惧地说：“四川巴县人，《革命军》一书乃我所作。”接着他又从容陈述了写作《革命军》的缘由：“我前年第一次来到上海，入广方言馆学习，后来到日本东京留学。因愤恨少数满洲贵族实行专制统治，故写作了《革命军》。今年4、5月间，我从日本请假到上海来，听人家说租界会审公堂拘传我到庭审问，因此我就到巡捕房主动投案。”（张篁溪：《苏报案实录》）他在陈述中只承认写作《革命军》，而对该书的印刷出版等事却回避了。这是为了不使案件牵连更多的人，是适应法庭斗争的需要。

邹容回答完毕后，他们的辩护律师博易发问道：“这个案件的被告是邹容等六人，那么原告是谁？是北京清政府？还是江苏巡抚，还是上海道台？请明白宣布！”这一下，竟把审判官问住了，一时张口结舌，无言以对。因为只有原告律师出庭，却无原告出庭，岂不奇怪！窘到最后，孙建臣只得承认，他是奉清政府命令，担任原告。他说：“章、邹等犯系奉旨着江苏巡抚饬令捉拿，本分府唯有遵奉上宪札谕行事而已。”并当场出示了清政府的各种有关札文。这样，在中国的土地上，以章太炎和邹容为被告，以清政府为原告，以外国人为裁判，出现了国家政府和老百姓个人打官司的千古怪事。这是具有当时中国特色的事件，是专制政府腐败无耻的典型表现，也是中国的奇耻大辱。中国人民从这场官司中更加看清了清朝专制政府黑暗的本质。

因为是第一次开庭审讯，担任邹、章等人辩护律师的两名外国人宣布尚未准备好辩护词，法庭宣布该日休庭，到 7 月 21 日再审。邹容与章太炎等人被从法庭押上马车，送回牢房。

这时恰逢正午，来观看审案、声援邹容、章太炎的中国群众成千上万，拥挤在马路上，他们都想看一看邹容、章太炎等志士的丰采，发出声援的呼喊。在被押的 6 个人中，其余的 4 个人都穿着清朝的传统服装，长辫拖于脑后；只有邹容与章太炎因早就宣布与清政府决裂，改了清朝装束；邹容剪辫，留西式发式，身着西服，显得英俊潇洒，气宇不凡；章太炎则在剪掉辫子后，将长长的头发披在头后两肩之上，穿的衣服是不中不西，类似和尚袈裟之状，显示了对清政府的蔑视与嘲讽。邹容与章太炎在马车上看到满街的群众为他们鼓劲，非常高兴，章太炎遂将两句古诗改了几个字，风趣地吟道：

风吹枷锁满城香，
街市争看员外郎。

但7月21日的第二次开庭审讯却宣布改期了。这是因为清政府方面加紧与各国当局交涉，企图将邹容等人不再在租界审判，而是引渡到南京，由清政府定案，加以杀害。他们见在上海与租界当局交涉不成，就将此案移往北京，由清政府的外务部直接与各国驻华公使交涉，在上层活动引渡。清政府为达到其卑鄙目的，甚至答允向外国列强出卖更多的民族利益。但是，“《苏报》案”已轰动全国，舆论非常注意，一致反对租界当局将章太炎、邹容等解往南京。远在香港的孙中山领导的兴中会所办《中国日报》，宣布说：“外交团如若决定把‘罪犯’加以引渡，应予反抗”。这样，各国公使对引渡邹容、章太炎等人，就更有所顾虑了。

正当清政府与各国当局交涉紧张之际，在北京发生了政治犯沈荩在清政府的监狱中被残酷杀害的事件。沈荩是湖南长沙人，是一个赞同维新的知识分子，与谭嗣同交好，戊戌变法失败后东渡日本，后回国参加唐才常组织的自立军起义，任右军统领。自立军失败后，他到京、津一带秘密活动，曾在报上著文揭露清政府与沙俄签订密约，出卖东北的罪行。清政府恼羞成怒，于1903年7月19日将他秘密逮捕，这时正是“《苏报》案”发生后20天。清政府立即将沈荩判为死刑，但这时正值慈禧太后生辰，嫌在这时行刑会“破其庆典”，于是下令在狱中杖毙。7月31日，清朝官员用竹鞭捶击沈荩，连续4小时，血肉横飞，仍未绝命，最后用绳子勒毙。这个事件充分反映了清朝专制政府的野蛮残暴与践踏法律、草菅人命的罪行。8月间此事宣扬到社会上，立即广为流传，激起了全国舆论的极大愤慨。各国使领也以此为借口，拒绝引渡邹容等人给清政府。英、美政府还先后训令其驻华使节不得同意交人。在这种形势下，清政府只得放弃了引渡的要求，于 1903 年 11 月间，由外务部与英国驻华公使萨道义约定：将邹容与章太炎“免除”死罪，仍在租界会审定判。为此，上海租界会审公廨设立“额外公堂”，由两江总督魏光焘指定上海知县汪懋琨为主审官，会同中国法官邓鸣谦与英领事署的翻译迪比南，再次对邹容等 6 人审讯。

再次审讯从 1903 年 12 月 3 日开始，连续 3 天，至 5 日结束。为了集中迫害邹容与章太炎，“额外公堂”于 3 日当堂释放了程吉甫与钱宝仁；到 12 月 17 日，又将陈仲岐与龙泽厚分别交保、具结释放。在 3 日到 5 日的审判中，邹容与章太炎机智地配合辩护律师，声称只写作了《革命军》等著作，但印刷刊行全然不知。邹容在法庭上说：“我写成《革命军》一书后，底稿放在行李里。今年 4、5 月间，从日本请假来到上海，在马路上看到报贩手里持有《革命军》书出售，我没有来得及问是什么人所印刷刊行，也不知其书价是多少。至于章太炎，我是在日本东京留学生会馆里认识的，没有什么深交。后来我听人家讲巡捕房出票拘我，我就到巡捕房投案，用英语告诉巡捕我就是邹容，捕头就将我收押。”显然，邹容在这里说的话是欺骗敌人的话，这是法庭斗争中需要这样做的。

清政府的律师责问邹容：“你写的《革命军》现在还记得内容吗？”

邹容回答：“记不得了。现在我想写一篇《均贫富》的新书，使天下所有的人没有贫富差别。至于以前所作《革命军》，已弃而不用。市面上卖的《革命军》一书是被人将我底稿偷去印刷的，将来我到日本尚需查究。”邹容在欺骗敌人的同时，也透露出他正在研究并准备写作关于社会主义的书。邹容虽年轻，却总是走在时代的最前沿，可惜去世太早，未能写成关于社会主义的作品。

清政府律师又追问邹容：“你为何不禁止别人印刷《革命军》？”

邹容嘲讽地回答说：“我既非巡捕房，又不是上海知县，实在没有能力阻止人家印书出售。”

邹容巧妙地回答了敌人，使他们无计可施了。

到1903年12月24日，“额外公堂”的主审官汪懋琨秉承清政府旨意，宣布邹容与章太炎是“谋逆重犯”，本应立即处决，适逢皇太后万寿，为“广布皇仁”，援例减轻处理，将邹、章二人“永远监禁”，即无期徒刑。但英国方面不同意这个判决，因而它不能生效（张篁溪：《苏报案实录》）。

邹容与章太炎的案子又拖了下去。这样他们在巡捕房的监狱中度过了10个月的时间。“额外公堂”久拖不判，激起了社会各界的不满，舆论纷纷指责将章、邹长期关押而不判决有违法律和道德。租界工部局与清方有矛盾，也放出风来，称“额外公堂”再不宣判，他们就要将章、邹二人放掉。这样，清政府外务部怕前功尽弃，这才接受英使意见，同意缩短刑期。1904年5月21日，汪懋琨会同英国驻上海副领事德为门等复讯，宣布判章太炎监禁3年，邹容监禁2年，罚做苦工，自到案之日起算，刑满释放，驱逐出租界。“《苏报》案”至此才算收场。

邹容在敌人的眼中，是同章太炎一样可恶而危险的，为什么刑期却比章太炎少一年呢？原来敌人认为邹容在案发后不逃走，却主动到巡捕房投案，直认写作了《革命军》，言行“似若疯癫”，因而“可稍宽治”。其实，在反动派看来是不正常的行为，却正表现了邹容革命者的高贵品质。

清政府兴师动众镇压新生的革命运动，从清王朝的皇太后、皇帝到外务部、两江总督、湖广总督、江苏巡抚、上海兵备道、上海知县，直到他们的爪牙，各种手段无所不用其极，就只为杀害一个18岁的青年邹容与他的战友章太炎这两个手无寸铁的知识分子。结果他们花了九牛二虎之力，也只是将章、邹二人分别让外国人监禁三年和两年。而他们付出的政治代价却是无比的沉重：清政府的腐败、卑劣与凶残彻底暴露了，中国人民更觉醒了，革命思想更加广泛传播。邹容与章太炎成了家喻户晓的英雄人物，《革命军》成了人人想读、爱读的书。

反动派的镇压只会产生和锻炼出更多的革命者！民主革命的高潮快要

到来了。

（六）在铁窗中献出青春与生命

邹容与章太炎等人被捕后，一方面，他们在法庭上与敌人展开了英勇机智的斗争，另一方面，他们在敌人的监狱中也进行着艰苦的奋斗。

邹容等人刚被捕时，被押在公共租界巡捕房的看守所里。这里地处公共租界四马路（今上海福州路）。邹容和章太炎“相延入狱，志在流血”，抱着必死的决心，准备以自己的鲜血扩大革命的影响，唤醒沉睡的中国人民起来斗争，因此他们一点也不畏惧。他们从容地走上法庭，侃侃而谈，嬉笑怒骂，宣传革命。从会审公堂对簿而归，回到狱中，就吟歌唱和，赋诗明志，表达他们的共同革命志向，互相慰藉，充满了战友之爱。

1903 年 7 月 22 日，章太炎怀着对邹容的挚爱之情，写了一首《狱中赠邹容》：

邹容吾小弟，被发下瀛洲。
快剪刀除辫，干牛肉作糇。
英雄一入狱，天地亦悲秋。
临命须掺手，乾坤只两头。

这首诗感情深厚，明白如话，一反章太炎写诗好用典故的癖好。诗中亲切地称邹容为“小弟”，回顾与赞扬了邹容在几年来的为人传诵的革命业绩：年纪轻轻就远离家乡到日本留学，并成为留学生运动中的革命闯将，曾严惩清朝爪牙，用剪刀剪去留学生监督姚文甫的辫子，回到上海后又热心为革命奔走，忙得没有时间从容吃饭，常常吞几块牛肉干就算完事儿，终于因写作《革命军》被捕入狱，使普天之下都感到悲愁。诗的最后表达了他们宁死不屈、视死如归的豪迈气概和团结战斗、坚贞不渝的革命情谊:

今后上刑场时，二人要手挽手地从容就义，一起为革命献出自己的头颅。这首诗很快传到狱外，刊登在 1903 年 9 月在东京出版的《浙江潮》第七期上。

邹容读了章太炎的这首诗，十分感动，立即挥笔写了一首和诗，题曰：《狱中答西狩》：

我兄章枚叔，忧国心如焚。
并世无知己，吾生苦不文。
一朝沦地狱，何日扫妖氛？
昨夜梦和尔，同兴革命军。

诗中的章枚叔，是章太炎的字，西狩，是章的笔名。邹容在诗中称章太炎为“我兄”，赞扬他火热的爱国情感与革命思想，并表示在这个世界上再没有人比章太炎更了解自己了，只可惜自己缺少文才，不能和章太炎切磋学问，深入交谈。现在二人一道被关在狱中，过着地狱般的生活，但邹容全不计较个人的安危，脑中想的、念念不忘的，是什么时候打倒专制政府，扫除妖氛。邹容甚至在梦中还梦见他和章太炎一道，组织起浩浩荡荡的革命大军，向专制统治者发起猛烈的进攻。全诗充满了革命的激情。这首诗也传到狱外，刊登在 1906 年出版的《复报》第五号上。

到了 1903 年 8 月，北京清政府在狱中残酷鞭死著名报人、革命志士沈荩的消息也传到了狱中。章太炎在沉痛中写下了悼念亡友的诗篇《狱中闻沈禹希见杀》：

不见沈生久，江湖知隐沦。
萧萧悲壮士，今在易京门。
魑魅羞争焰，文章总断魂。
中阴当待我，南北几新坟。

章太炎在诗中高度评价了沈荩的革命斗争精神，表达了他对牺牲者的深厚感情与自己准备为革命献身的豪壮意气。这首诗刊登在1903年9月出版的《浙江潮》第七期上。

邹容读了章太炎的诗后，怀着同样的情感，并步章诗的原韵，写了《和西狩〈狱中闻沈禹希见杀〉》一诗：

中原久陆沉，英雄出隐沦。
举世呼不应，抉眼悬京门。
一瞑负多疚，长歌召国魂。
头颅当自抚，谁为墨新坟。

邹容在诗中表露他因听到沈荩被杀，想到中国苦难的境况与革命道路的艰巨，在赞美与悼念牺牲的战友的同时，想到自己也可能随时牺牲，不知自己死后谁来悼念自己了，不由感慨万端。才18岁的邹容，为了革命，为了改革中国，已承担起时代沉重的苦难。这首诗刊登在1903年9月出版的《国民日日报》上。

邹容虽身处狱中，他的心却在海内外翱翔，时时关心着祖国的命运与形势的发展。狱外的革命战友也时时关心着他和章太炎等人，不仅写文章发动舆论声援，聘请律师为他们辩护，还不顾危险常常来狱中看望他们。每逢监狱探监日，蔡元培、柳亚子、叶瀚、林白水、金松岑等革命友人就来与他们相会，带来消息，送来一些用品。邹容、章太炎就与他们交换信息，互赠答诗，配合斗争。今天，我们可以看到邹容在狱中写的《与蔡寅书》《与柳亚子书》，可以看到柳亚子感怀邹容、章太炎的诗篇：

祖国沉沦三百载，忍看民族日仳离。悲歌咤叱风云气，此是中原玛志尼。

柳亚子诗中的玛志尼是19世纪意大利民族独立运动中的英雄人物。他称邹容、章太炎就是“中国的玛志尼”。

1904年（清光绪三十年）初，蔡元培与狱中的章太炎联系后，共同发起在上海组织革命团体——光复会，联络江浙革命力量，发动反清武装斗争。邹容由章太炎介绍，也参加了光复会。

1904年5月，邹容与章太炎被“额外公堂”正式判刑后，被移押到会审公廨的监狱，俗称“西牢”，地址在上海提篮桥，是上海租界当局关押判刑犯人的正式监狱。

“西牢”每个犯人一间牢房，8尺深、4尺见方。犯人们被罚做苦工，每天8小时，工种多样，最苦的是敲石子。章太炎与邹容被罚做裁缝，算是“优待”，所缝多为袜底和犯人穿的粗布单衫单裤。犯人所吃食物极为粗粝，而且每顿饭量有限，邹容与章太炎顿顿都吃不饱。

在“西牢”，管理犯人的狱卒多为高大的印度人，由英国殖民当局从其殖民地印度招来。他们对待犯人凶狠残暴，肆意虐害，常常任意地把犯人拖出牢房，踢倒在地，照准犯人腰间腹下一顿重拳猛脚，或者手执大槌，照准犯人胸口乱打，打昏以后，拖回牢房。狱卒打死犯人，不负法律责任，既不会有人寻根究底，也没有人验尸具结。偶尔被医生发现，最多罚款四五元了事。狱卒还制造了一种叫作“软梏”的私刑折磨犯人，其法是帆布为梏，将犯人两手反接缚之，梏一时许，则血管麻木，两臂如针刺般剧痛。

邹容与章太炎二人都是性格刚烈，躁急如火，因此必然要与凶恶的狱卒发生尖锐的冲突。他们为了抗议监狱非人的虐待，抗议粗粝的伙食，抗议狱卒的侮辱与殴打，以拳对之，或夺过狱卒的刑具。但他们以一介书生，怎敌得过凶暴的狱卒，因而总是招到野蛮的毒打，或是遭到更严酷的刑罚。但他们想到“三军可夺帅，匹夫不可夺志”的话，觉得他们的斗争是值得的。

章太炎面对残暴的狱卒，无所畏惧。同时，他感到再也不能如此屈辱地生活下去了，决定以一死向反动势力抗议。他决定绝食而死。

邹容知道了心里十分难过，哽咽地说："那怎么可以呢！大哥你要是死了的话，我邹容也不愿再活在世上！"

章太炎劝告邹容要争取活着报仇："我们两人不能一起死掉，你要争取活着报仇。"

他们二人作了《绝命词》联句，你作一句，我跟一句，联成一首，表现二人互相慰勉、生死与共的精神。由邹容先写：

击石何须搏浪椎，（邹）
群儿甘自作湘累。（章）
要离祠墓今何在，（章）
愿借先生土一坯。（邹）

——之一

平生御寇御风志，（邹）
近死之心不复阳。（章）
愿力能生千猛士，（邹）
补牢未必恨亡羊。（章）

——之二

章太炎绝食开始了。邹容一直苦言劝他复食。有个送饭的也来对章说："靠绝食致死是很困难的事，有的人要40多天才能饿死，不要吃这份苦了吧！"章太炎这才接受劝告，停止绝食。

邹容的身体也越来越不行了，精神上更是痛苦烦躁。他有时思念起阔别数年的故乡四川重庆，思念重庆的涂山，想到自己自离家乡后至今近四年坎坷的命运，不由作七言绝句一首，题为《涂山》：

苍崖坠石连云走，
药叉戴荔修罗吼。

辛壬癸甲今何有，
且向东门牵黄狗。

这首诗的大意是：故乡苍翠的涂山，山石崩裂随云雾飞动，药叉披上薜荔，半人半鬼的修罗在吼叫，一片阴森恐怖的情况。回想自己自从辛丑年（1901 年）离开重庆家乡，壬寅年（1902 年）赴日，癸卯年（1903 年）回沪入狱，不觉已到了甲辰年（1904 年），四年过去了，一切都一去不复返了，就像古代那位秦始皇的宰相李斯在被押上刑场前，想再牵着黄狗到上蔡县东门走走，已不可得了。邹容在这首诗中，在怀念故乡时，寄托了对国家前途的忧愤，并借李斯的故事回想自己入狱前的斗争生活已成陈迹，现在却只待一死了，表露了他苍凉而悲壮的心情。

上述几首诗，后来以“狱中与威丹唱和诗”为题，刊登在 1907 年 1 月出版的《汉帜》第 2 期上。

章太炎为了解除狱中烦忧，经常研习佛典，在佛教的虚无世界中寻找心灵的平静。章太炎见邹容年少倔强，急躁烦闷，就劝邹容也来学佛经，曾为邹容讲解因明入正理论，说学了这些，可以减少苦恼。但是这些空虚无际的佛法，对性烈如火的邹容却不能发挥作用。邹容更加愤激，身体也迅速垮下来。

1905 年 2 月，邹容终于病倒。这主要是因为他经年累月地遭受折磨，饭食粗粝又吃不饱，身体虚弱还要做工，做不完就要遭受狱卒毒打，心情愤激郁闷。物质的与精神的折磨终于使这个才 20 岁的年轻知识分子得了在当时最可怕的“痨疾”——结核病。章太炎心急如焚，他懂得医道，一方面为邹容搭脉诊断，开出药方，托人从外面买来黄连、阿胶等中药，给邹容滋养，但不见效果；另一方面他再三向监狱当局交涉，要求保释邹容出狱就医，却一直遭到拒绝。直到邹容的病情十分危急，监狱当局才同意邹容保释出狱。

可是已经晚了，就在出狱就医前一天夜里，邹容服用了租界工部局医生开的药，就在凌晨口吐鲜血死去。人们都怀疑他可能是被反动派下药毒死的。邹容死时骨瘦如柴，《申报》报道他“脾肉尽消，空存皮骨”。一个生气勃勃的 20 岁青年在铁窗中献出了自己的生命。

邹容死的那天，是 1905 年（清光绪三十一年）4 月 3 日，离他刑满之日已不远了。时近清明，但春寒未尽，阴雨霏霏，积阴不开，寒气袭人，人们的心情也像天气一样阴沉。章太炎抚摸着邹容冰冷消瘦的遗体，悲愤莫名，口张目视，泪如泉涌，哀恸不能出声。按照监狱惯例，狱卒们将邹容的遗体从特设的牢洞中拖出狱外。当时邹容远离故乡，只身在沪，举目无亲，由任职于《中外日报》的友人备棺收殓，暂行停放于在上海四川北路的四川义庄里。为了怕惹麻烦，收殓人不敢列出邹容的真姓名，在棺上写“周容”二字，以备以后识别。

邹容在上海被捕与坐牢时，他在重庆的家人也大难临头，清政府的迫害接踵而至，全家只得逃到陕西避难。在邹容死后，他家中自然就无法派人来安葬了。

邹容的惨死在社会上引起极大的震动与哀伤。革命人士更是无比悲痛与义愤。4 月 5 日，中国教育会在上海愚园路为邹容召开了追悼会，有近百位革命友人出席，追悼会气氛悲壮低沉。人们沉痛悼念过早逝去的年轻战友，更代表千百万中国人民向封建专制政府与帝国主义分子发出强烈抗议。在上海与日本的革命刊物上，陆续刊登出邹容在狱中的诗作，并广为传播。同时，也刊登出不少邹容战友的诗文，悼念这个年轻的革命志士，抒发战友们的沉痛感情，号召中国人民继承烈士的遗志，勇敢积极地投身到革命斗争中去，把邹容未完成的革命事业进行到底。

1905 年 5 月 23 日，上海出版的《国粹学报》第四期上刊登出邹容的友人刘光汉写的《闻某君卒于狱中作诗以哭之》，回顾了他当年与邹容共同为自由而战的情景，想起邹容曾书写“中国自由神出现”七个隶书大字赠给他，给他以极大鼓舞，而现在字存人亡，无限悲愤。他写道：

七字凄凉墨迹新，
当年争说自由神！

在1905年9月于日本东京出版发行的《醒狮》杂志创刊号第一期上，刊登了署名“师姜”写的《祭邹容文》，写道：“谁敢登昆仑以吹法螺兮，以扬我大汉之天声。惟圣邹容，胆张大义兮，投身泥犁以供牺牲……《革命军》出世兮，张我大武。奋三寸管以哀告同胞兮，庶挽回我国步。不翼不胫而飞走海内兮，群捧读以当露布，提刀踊跃共唱从军乐兮，誓不崇朝而驱逐建虏……人固无不死兮，死亦有泰山鸿毛之不同。抱雄心而未得呈兮，知君虽死而犹为鬼雄！”

在1905年10月出版发行的《醒狮》杂志第二期上，刊登了柳亚子写的《哭邹威丹先生》和黄天（高燮）写的《吊邹威丹》。柳亚子诗有二首：

一

咄咄英风忆长乐，幽幽黑狱贮奇愁。
蜀中王气今何在，放眼乾坤少一头。

二

十五万重启罗格，哪堪人尽作天囚。
自由死矣公不死，三百年来第一流。

柳亚子的诗对邹容作了高度评价，感情真挚。

黄天（高燮）写的《吊邹威丹》：

狱死何为毒杀闻，仅留皮骨肉无存。
料知此鬼能为厉，去讼轩辕扫虏尘。

邹容的另一位好友金松岑以金一为笔名，作《哀邹容》祭文，也刊登在这期《醒狮》上，以磅礴的气势、文学的语言，描写了邹容火一般的革命热情、摧枯拉朽的革命一生和伟大的历史贡献。文中说：

> 江流出峡，一泻千里而至东瀛兮，乃以汉魂而吸欧粹耶。建共和、革命之两大旒兮，撞钟伐鼓满天地耶。

这几句话的意思是说，邹容从四川出发，奔向上海与日本，寻找革命真理，投入革命斗争，就像长江穿过三峡，一泻千里，直奔东海，以一个先进的中国人的身份向西方学习与寻找真理，揭起革命与共和两大旗帜，就像撞钟擂鼓般宣传于中国的大地，为中国民主革命建立了不朽的功勋。

1905 年（清光绪三十一年）8 月 20 日，即邹容逝世约 4 个多月后，各反清革命团体在孙中山、黄兴等的领导下，在日本东京成立了一个统一的反清革命组织——同盟会。同盟会的志士们都在思念与哀悼邹容，特派邹容的好友张继赶回上海调查邹容的死情与后事。张继到上海后，知道前些时间因连续出现镇压革命党人的事件，邹容的几个好友都离沪出走。他便到四川义庄，在许多棺木中寻找，直至见到一个“周容”，始知是邹容之棺。但当他要移葬时，却很难找到一片合适的墓地。没法，他只得回东京向同盟会总部复命。

直到 1906 年（清光绪三十二年）4 月初，同盟会会员、上海浦东华泾人刘季平为了安葬邹容遗骸，特地从日本回到家乡。刘季平行三，又豪侠仗义，喜龚自珍“刘三今义士”诗句，故别署“江南刘三”。他深为佩服邹容的革命思想与高尚品质，感到安葬邹容遗骸是他义不容辞的革命责任。他回故乡后，约同刘东海及几个乡亲，善葬邹容遗骸，计议已定，乃在自己家园黄叶楼旁先期挖好墓穴，砌好砖椁。在 4 月 2 日，即邹容逝世一周年忌日的前一天，雇一船到上海四川义庄中将邹容的灵柩运回。第二天，4 月 3 日，即邹容逝世周年忌日那天，将邹容灵柩安葬入土。刘季平的侠义行动得到革命志士与善良群众的赞扬与尊重。章太炎称他为“义士刘三”。

1906 年 5 月 12 日，上海的革命友人们又举办邹容墓落成典礼，许多人赶来参加。蔡元培发表了激动人心的演说，传诵一时。1906 年 7 月 3 日，革命友人又在邹容墓前建成了一座纪念碑，以表达对他的怀念。

邹容就这样悲壮地死去，过早地告别了他的战友，离开了他深深热爱的祖国与民主革命事业。但是，他火一般的革命热情与以《革命军》为代表的丰功伟业，将永远活在中国人民心中。

（七）“文字收功日，全球革命潮”

邹容在《革命军·自序》中引用了传诵一时的诗句：

文字收功日，
全球革命潮。

这两句诗原是《新民丛报》第三号上所刊蒋智由《卢骚诗》的最后两句。邹容引用这两句诗，是在说明革命的文章与书刊在广大人民群众中传播开以后，革命民主思想深入人心，就会很快形成反抗专制统治、争取民主自由的革命高潮，席卷全国，震动全球。这就是革命宣传文字收到功效的那一天到来了。

邹容与他的《革命军》所产生的巨大影响，在中国民主革命中所建立的丰功伟绩，就是极为生动的一个事例。

《革命军》在 1903 年 5 月初出版时，因是宣传革命的秘密小册子，发行与购买都要冒很大的风险，更不可能大张旗鼓地公开销售，因而很难迅速影响全国与海外的广大民众。邹容当时为此很感慨，说：“革命非公开昌言不为功”，有什么办法大大扩张《革命军》的影响呢？就在这时，清政府制造了“《苏报》案”，邹容与章太炎不害怕、不回避，有意冲上前去，与反动势力在法庭上及监狱中进行斗争。这样就使《革命军》的影响迅速扩展到全国与海外，人们都知道这本书，人们都在搜寻这本书，人们都在读这本书。《革命军》迅速吸引与震动了全国各界人士：先进者振奋，糊涂者猛醒，顽固者战栗，青年学子们更是奔走相告，争相传阅，百读不厌。而邹容作为这本书的年轻作者，并凭借在"《苏报》案"中的英勇悲壮的斗争，成为全国家喻户晓、人民敬仰、青年崇拜的革命英雄。

1903年5月，《革命军》在上海由大同书局第一次出版，书籍很快就销售一空。后来各地纷纷翻印。为避开反动政府的搜查，各地翻印时多半将书名改掉，换上别的书名，如上海翻印时名为《救世真言》，香港翻印时名为《革命先锋》，新加坡翻印时名为《图存篇》，在日本横滨则与章太炎的《驳康有为论革命书》一道辑印为《章邹合刊》，还有的地方将此书与《扬州十日记》等合刊。据统计，《革命军》一书在清末几年间翻印了二十几版，总印数达110万册，占当时革命书刊销售量的第一位。即使如此，此书仍在群众中供不应求。距上海遥远的地区，此书竟卖到10多两白银一本。携带《革命军》的人，常把他放在自己的衣鞋、杂物中，以防检查。

革命志士陈天华在日本读得此书，写了一部小说《狮子吼》，以"破迷馆报案"影射"《苏报》案"，其中一段说："那时有一个破迷报馆，专与政府为难，所登的论述，篇篇激烈，中有一篇革命论（指《革命军》），尤为痛快。此论一出，人人传诵，革命革命、排满排满之声，遍满全国。"

另一位著名的革命志士，后来因刺杀清政府出洋五大臣而壮烈牺牲的吴樾，在"《苏报》案"发生时，从友人处得到《革命军》，至"三读不至"（吴樾:《暗杀时代·自序》，《辛亥革命前十年间时论选集》第二卷下册），得到极大的鼓舞，革命意志益坚。

上海梅溪学堂的学生，借到一本《革命军》，竞相传阅，不忍归还，于是就在晚上学监查夜之后，偷偷起床，点燃蜡烛，轮流抄出一本《革命军》。这是一种手抄本，于是一抄再抄。

1903年夏天，邹容的家乡四川有一位名叫卞才的人，得到消息后，就自备款项，专程去上海买《革命军》，携回重庆等地，供人阅览。

1903年冬天，章士钊以黄藻的笔名，在上海编辑出版了《黄帝魂》一书，将《革命军》的重要章节《革命之原因》等，作为单稿，列入书内，以广流传。

1903年底到1904年初，黄兴从日本回到湖南，酝酿组织“华兴会”与发动反清武装起义，为了动员群众，特地将4000多本《革命军》散发到军、商、学各界。

1904年，湖北革命团体“日知会”成立后，立即派一位姓贺的会员，专程到上海购来几百本《革命军》，秘密携回武汉散发。

辛亥革命的领袖孙中山也高度重视《革命军》。1903年底他携此书到檀香山开展工作，在12月17日致某友人信中说：“此书……其功效真不可胜量。近者求索纷纷，而行箧已罄，欢迎如此，旅檀之人心可知。即昔日无国家种界观念者，亦因之而激动历史上民族之感慨矣。”（《孙中山全集》第一卷，中华书局1981年版，第28页。）

1904年孙中山到美国旧金山活动，为了向华侨宣传革命，特请致公堂与《中西日报》社帮助，刊印《革命军》1.1万册，分寄美洲与南洋各地。

1906年10月16日，孙中山写信给新加坡华侨首领、同盟会分会副会长张永福，要他们就河内同志所印《革命军》的版式，“从速印之，分派各处，必能大动人心，他日必收好果。”

孙中山后来在《建国方略》中，追述《革命军》的影响时说：“邹容著有《革命军》一书，为排满最激烈之言论，华侨极为欢迎。其开导华侨风气，为力甚大。”（《孙中山全集》第六卷，中华书局1985年版，第236页。）

很早就参加同盟会的吴玉章晚年在回顾他的一生革命道路时说：“至一九〇三年夏，邹容的《革命军》出版，革命的旗帜就更加鲜明了。邹容以无比的热情歌颂了革命，他那犀利沉痛的文章，一时脍炙人口，起了很大的鼓动作用……他这本书的出版，对人们从资产阶级改良主义跃进到资产阶级革命思想，起了很大的推动作用。”吴玉章还写诗赞颂邹容与《革命军》，其中的一首就是本篇开头所引。

曾经历辛亥革命的思想家与文学家鲁迅在《杂忆》一文中，回忆辛亥革命时期的宣传效果时，说：“便是悲壮淋漓的诗文，也不过是纸片上的东西，于后来的武昌起义怕没有什么大关系。倘说影响，则别的千言万语，大概都抵不过浅近直截的革命军中马前卒邹容所作的《革命军》。”

邹容的革命思想与革命斗争事迹激励了更多的人投入民主革命斗争。就在《苏报》被封后 32 天，1903 年 8 月 7 日，章士钊、张继、陈由己（陈独秀）等人又创办了《国民日日报》，继续高举民主与革命的大旗，猛烈批判专制政府与封建暴政，鼓动人民起来斗争，被人们称之为“《苏报》第二”。清政府见前波未平，后波又起，惊慌失措，急忙下令各地军政与警察机构查禁。直至 1903 年 12 月，该报被迫停刊。但随即《警钟日报》《民报》《神州日报》《民呼日报》《民吁日报》《民立报》等革命报刊相继出现，影响更大。可见，反动势力关押了邹容，却关不住革命思想的传播，革命潮流迅猛地向前奔腾。

邹容等人在“《苏报》案”中的勇敢斗争促进了革命大潮的到来。有人用“浴血生”为笔名，作《革命军传奇》杂剧，谱写邹容等人被捕入狱的悲壮斗争，假邹容之姓名为“周镕”，在剧中唱道：“男儿自有男儿性，不到民权誓不休。”说出了邹容的心声，也是鼓励全中国人民起来为争取民权自由、反抗专制暴政而斗争。

1904 年，蔡元培、陶成章等人联络狱中的章太炎，发起成立了反清革命团体“光复会”，在浙江、上海、江苏一带积极发展会员，秋瑾、徐锡麟等人先后加入。

同年，黄兴、宋教仁、陈天华等人在湖南建立了“华兴会”，以办矿为名义为掩护，提出“同心扑满，当面算清”两句口号，开展革命活动。

湖北的革命党人，在武汉组织了“日知会”；

安徽的革命党人，在安庆组织了“岳王会”与“武毅会”；

其他还有“江西自强会”“福建学生会”……革命团体如雨后春笋。

1905 年 8 月，各革命团体经过协商，建立了统一的革命组织 ——“中国同盟会”，举孙中山为总理，黄兴等担任重要领导工作，提出了“驱除鞑虏，恢复中华，创立民国，平均地权”的 16 字纲领，将反清革命斗争推向更大的高潮。经过数年前赴后继血与火的拼搏，终于在 1912 年初推翻了清政府，建立了邹容理想的共和国——中华民国。在这几年的斗争中，革命党人进行革命宣传的最重要的武器，仍是邹容的《革命军》与陈天华的《猛回头》等著作。邹容为中国人民推翻皇权专制王朝、建立民主共和国做出了无可比拟的伟大贡献。

革命党人与人民群众在辛亥革命胜利声中，没有忘记年轻的革命先驱者邹容。1912 年初，孙中山在南京就任中华民国的第一任临时大总统，追念“邹容当国民醉生梦死之时，独能著书立说，激发人心”，写出了石破天惊、振聋发聩的《革命军》，言人之欲言而未言，言人之所欲言而不敢言，功绩永垂天地，特赠予邹容“大将军”荣衔（《孙中山全集》第二卷，第 292 页）。章太炎作《赠大将军邹容墓表》，刻石于墓，纪念与弘扬这位伟大的牺牲者。

中国国民党在台湾期间的领导人蒋经国生前在自己的办公桌上，始终安放着三位他所敬仰的伟人照片，一位是他视之如父的导师吴稚晖，一位是第二次世界大战期间的亚太地区盟军司令麦克阿瑟，还有一位就是邹容。可见邹容在蒋经国心目中的地位之高。

1949 年以后，中国共产党与中华人民共和国政府对邹容及其所著《革命军》，也给予很高的评价。邹容在上海的墓地得到保护与整修，人民群众年年祭扫烈士墓。邹容家乡重庆的烈士纪念碑也整修一新。邹容的《革命军》与其他著作被整理出版。邹容的革命事迹被编进学校教科书与各种学习资料中，作为教育青少年的教材。电影界还拍摄了艺术故事片《革命军中马前卒》，再现了这位少年革命英雄的风姿，热情歌颂了邹容追求民主自由、同反动势力不屈不挠做斗争的革命精神。

当时担任中共中央主席的毛泽东，对邹容及其《革命军》始终十分喜爱与崇敬。他在担任党和国家领导人期间，万机之暇，多次阅读邹容与章太炎的文章，以及有关《苏报》的材料。他对"《苏报》案"的这段历史非常熟悉，对邹容与章太炎的英勇革命精神和笔锋犀利的文章深为赞佩。

1958年3月8日到26日，中共中央在四川成都举行政治局常委扩大会议，毛泽东特地将"《苏报》案"的材料印发，列为会议阅读材料，他在会上说："四川出了个邹容，他写了一本书叫《革命军》，我临从北京来还找这本书望了一下，他算是提出了一个民主革命的简单纲领"。他称赞邹容写的《革命军》把清朝帝制批得痛快淋漓和章太炎指名大骂光绪帝"载湉小丑，不辨菽麦"的气概。

成都会议结束后，1958年3月30日，毛泽东在乘江峡轮过长江三峡、前往武汉时，和其秘书田家英、《人民日报》总编辑吴冷西谈论四川历代人才辈出，又说到邹容及其《革命军》与"《苏报》案"，他问吴冷西："你们办报的人知道邹容吗？"他谈到在成都会议上印发的"《苏报》案"，说："邹容也是四川人，他的日文很好，而且是在四川学的"。他向田家英、吴冷西详细讲了"《苏报》案"，说"《苏报》案"是由邹容的《革命军》引起的，邹容写《革命军》这本小册子时只有18岁，署名"革命军中马前卒"。《革命军》一出，上海的《苏报》为之介绍宣传，章太炎为之作序，影响极大。于是，清政府大为恐慌，下令抓人并查封《苏报》。《苏报》是当时资产阶级革命派在上海的主要舆论机关，蔡元培、章太炎、邹容、章士钊、柳亚子等都在该报发表文章，倡导资产阶级民主共和国，并同康有为、梁启超等保皇派进行论战。毛泽东强调说，资产阶级革命派办报纸，都是不怕坐牢、不怕杀头的。当警察拿着黑名单来抓人时，章太炎挺身而出，说："别人都不在，要抓章太炎，我就是。"从容入狱。邹容本未被抓，待知道章太炎已被捕后，不忍自己敬重的大哥单独承担责任，毅然自行投案，终于病死狱中，年仅20岁。《苏报》当时的主编章士钊倒没有被捕。毛泽东称赞这些资产阶级革命家，说："邹容是青年革命家，他的文笔秉笔直书，热情洋溢，而且用的是浅近通俗的文言文，《革命军》就是好读，可惜英年早逝。章太炎活了60多岁，前半生正气凛然，尤以主笔《民报》时期所写的文章锋芒锐利，所向披靡，令人神往，不愧为革命政论家……"（吴冷西：《忆毛主席》，新华出版社1995年版，第61、160页）。

据毛泽东的图书管理员回忆，毛泽东在1958年2月、1961年7月、1963年3月和7月，五年间四次阅读了邹容与章太炎的文章，还在邹容的《革命军》一书扉页邹容像边，亲手书写了章太炎狱中赠邹容的那首诗："邹容吾小友（弟），被发下瀛洲。快剪刀除辫，干牛肉作糇。英雄一入狱，天地亦悲秋。临命当（须）掺手，乾坤只两头。"表达了他对这两位革命家的深深怀念（张贻玖：《毛泽东读史》，中国友谊出版公司1991年版，第114~118页）。

邹容的光辉革命思想，一直被广大中国人民继承与发扬光大。

邹容生前很喜欢这两句诗：

纵使不成头被砍，
也教人间称好汉。

邹容是20世纪中国人民的英雄、民族民主革命的好汉！

邹容为了推翻统治中国人民两千多年的万恶的专制政治制度，为了实现中国人民真正的人权与自由，实现国家的民主政治制度，为了中国人民的解放与进步，奋斗了一生，做出了伟大的贡献，直至献出年轻的生命。他是属于全体中国人民的！中国人民将世世代代尊重他，怀念他。

四、江苏反清革命与民主共和思想的源头及其发展

20 世纪初，自八国联军侵华、清政府签订《辛丑条约》后，清政府的专制丑恶、腐败无能与顽固反动暴露无遗，各地民变不断，清朝专制统治陷入风雨飘摇之中。穷则思变！面临中国空前的民族灾难与政治危机，像全国其他地区一样，江苏地区的先进人士思考着中国的命运与拯救的方法，形成了两股主要的思潮与运动：其一，反清革命与民主共和思想在江苏地区广泛传播，并逐步地“由鼓吹时代进于实行时代”，形成革命实践运动，于 1905 年底成立“同盟会江苏分会”，组织了一起起的反清革命武装斗争；其二，希望清政府幡然悔悟、毅然下决心向西方国家与日本学习、实行立宪改革的思想，也在江苏地区高涨，形成以张謇为首的立宪改革实践运动。这两股思潮与运动互相影响、互相斗争又互相支持，随着形势的发展与深化，到 1911 年武昌起义爆发后，迅速走到一起，形成伟大的辛亥革命风暴。本部分主要考察反清革命与民主共和思想在江苏地区的源头及其发展、传播。

（一）江苏反清民主革命思想的两个源头

20 世纪初，江苏地区反清民主革命思潮升腾、运动高涨，其源头有两个：一是当时属于江苏管辖、与江苏地区水土相连的上海，二是江苏的留日学生。

江苏建省是在清康熙年间，下辖江宁府、苏州府、徐州府、常州府、

镇江府、松江府、扬州府、淮安府，共8府，后又增3直隶州，即太仓直隶州、通州直隶州、海州直隶州，1直隶厅，即海门直隶厅。江苏位于中国大陆东部沿海地区的中心，总面积约为10万平方公里，长江从省境南部穿过，淮河从省境北部穿过，将全省天然地划分为苏南、淮南、淮北三部分，京杭大运河从中穿过，成为连接苏南、淮南、淮北的纽带。全省不仅经济、文化发达，一直是富庶的鱼米与诗书之乡，尤其是苏南的苏州府、松州府、常州府、镇州府4府和太仓直隶州，其应征的漕粮，就比浙江一省的漕粮多至一倍，较江西多三倍，比湖广更在十倍以上；其科举应试高中的状元、进士、举人，在全国更是遥遥领先；而且地扼南北，滨海临江，控制水陆，为东南军事重镇。清廷一直在江苏地区驻扎重兵，通过各级官僚系统，进行严密的政治、军事控制：八旗长期驻防江宁（南京）、京口（镇江），由江宁将军统率；绿营数万人，由两江总督、江苏巡抚指挥；在镇压太平天国后，湘、淮军驻江苏要冲，称勇营；1901年后，绿营与湘、淮军陆续改编为巡防军。

在1901年以前，当孙中山领导的兴中会在广东一带连续发动几次反清武装起义时，江苏地区的学界与思想界，却仍然主要为传统的儒家三纲五常统治着，这也是清王朝的官方意识形态，浸透全社会与各级官场；1898年戊戌变法前后一度兴起的维新思想遭到了打击与压制，只能在一些知识分子中传递，以为是中国的希望；而对孙中山倡导的民主共和思想与领导的反清武装起义，则认为是大逆不道，如当时无锡的一位青年学生秦毓鎏所言，当时江苏一带的人们，“意中之孙文，不过广州湾之一海贼也……在当时莫不以为狂”（中国史学会主编：《中国近代史资料丛刊——辛亥革命》第一册，上海人民出版社、上海书店出版社2000年版，第91页）。

但1900年的庚子事变与1901年《辛丑条约》的签订，前所未有的巨大国耻，清政府的腐败无能与丧权辱国，迅速促进了中国人民的觉醒，如孙中山所说，“前后相较，差若天渊”（中国史学会主编：《中国近代史资料丛刊——辛亥革命》第一册，第9页）。而走在全国最前面的，是上海。

20 世纪初，原属于江苏松江府的上海，由于其独特的条件，民族民主革命思想与运动的风潮，日益高涨，必然首先影响到与其紧密相连的江苏地区。

在 1902 年初，上海出现了一份突破改良派思想、公然批判君主专制政治、介绍近代民主思想的刊物《新世界学报》，主持人与主要撰稿人为陈介石、马叙伦、汤櫄等。在此刊物刊登的文章中，揭露君主专制政体是"以虎豹杀人者"，"魏晋以下之民如羊豕"；宣称"君主不得妄越界限，以济一己之欲"，如果"君主妄逞己见，而于民约之旨背迟，则君民之义既绝，应尽之责亦随之而灭"。这是中国最早宣传近代民约论思想的刊物。

几乎与此同时，1902 年 4 月 15 日，担任上海南洋公学特班总教习的蔡元培，和上海、江苏教育界一些进步人士叶瀚、蒋智由（观云）、林獬（少泉）、黄宗仰（乌目山僧）等，发起成立"中国教育会"，于 4 月 27 日正式成立，蔡元培被举为事务长即会长，积极开展思想启蒙与民主教育。

1902 年 6 月，清政府驻日公使蔡钧以"防范革命排满"为辞，禁止各省自费留日学生学习陆军，引起留日学生的抗议。江苏常州籍的留日学生吴敬恒等人，"入东京使馆与公使蔡钧争闹"，蔡钧嗾使日本警局将吴敬恒、孙道毅二人，"以扰乱治安罪名"，驱逐出日本，强行押解回国。这事激起了中国进步人士的强烈公愤。1902 年 8 月 13 日，吴敬恒等到达上海，中国教育会发起，在张园召开欢迎大会，到会 100 多人，情绪激烈，议决由中国教育会自行设立学校。不久，1902 年 11 月，上海南洋公学因压制学生，发生了一起所谓"墨水瓶"事件，激起了声势颇大的学潮。11 月 16 日，南洋公学的学生集体退学。"中国教育会"于 11 月 21 日在张园集议，为了解决这些退学学生的续学问题，同时为了实现建立民主教育的宏愿，决定创办"爱国学社"。1902 年 11 月底，爱国学社在上海正式成立，蔡元培被推为学校总理，吴稚晖（即吴敬恒）为舍监，章太炎等任教师。爱国学社把灌输民主革命思想作为首要任务，是一所从组织形式到整个活动都充满了强烈民主色彩、洋溢着时代新鲜气息的新式学校。爱国学社在上课之余，每周在张园举办一次时事讲演会，讲演内容主要是时事政治事件，主讲人大多是主张革命或倾向革命的积极分子，听讲的除爱国学社成员外，还有社会各界许多人。“爱国学社”的活动，与由江苏常州人陈范在上海开办的《苏报》互相配合。《苏报》成为爱国学社师生发表言论的重要阵地，在社会上影响日益扩大。在1903年到来的时候，上海以爱国学社为中心，连续发起组织了声势浩大的“拒法”“拒俄”运动。

1903年4月中，南京的江南陆师学堂一批学生，因反对校方专制，闹学潮，集体离校。为首的是湖南长沙籍的章士钊。消息传到上海，爱国学社马上发去电报，表示声援，并欢迎全体退学学生到爱国学社学习，一切费用都免收。于是陆师退学学生40多人，在1903年5月初来到上海，编入爱国学社学籍。爱国学社的规模与影响更加扩大。

1903年5月下旬，从日本归国、年方18岁的革命志士邹容写作《革命军》一书，在上海出版问世，全面深刻揭露清朝专制政府的罪恶，高呼：“革命独立万岁！中华共和国万岁！中华共和国四万万同胞的自由万岁！”；章太炎写作、发表了理论论战文章《驳康有为论革命书》，直指清廷最高当局，“载湉小丑，不辨菽麦”。1903年5月27日，《苏报》正式聘请章士钊为该报主笔，在报上更鲜明、猛烈地宣传反清革命。章士钊以“黄中黄”为笔名，将日本人宫崎寅藏的著作《三十三年之梦》翻译，定书名《孙逸仙》，作为“荡虏丛书”第一种，在上海刊行。这是最早介绍孙中山革命历史的著作，使读者第一次对孙中山，对他发动与领导的反清民主革命运动，有了较全面、准确的接触与了解。

上海滩反清革命民主思想的高涨，吸引了江苏省江南、江北各府县的许多敏感的知识分子与知识青年。在1902年底上海“爱国学社”成立后，1903年初，蔡元培邀请江苏苏州府吴江县教育界人士金松岑、陈去病等，赴沪参加中国教育会和爱国学社。江苏许多地方仿效爱国学社兴教办学：中国教育会常熟支部丁初我、徐觉我、殷次伊等人创办塔后小学；中国教育会吴江支部金松岑、林砺、柳弃疾（柳亚子）、陶赓雄等，创办同里自治学社，由林砺教授兵操，并附设明华女校；中国教育会会员在吴县（今苏州市）创办吴中公学社，“规模悉仿爱国（学社），是时东南学子，咸知振兴学务，为救国保种之唯一途径，此唱彼和，盛极一时，学生之趋向激烈论者，所在多有”（冯自由：《中国教育会与爱国学社》，《革命逸史》初集，第174页）。

在这同时，江苏各地有越来越多的人奔向上海，奔向海外，寻找救国救民的真理，接受民主革命思想的洗礼。1903年初，吴江县17岁的青年学生柳慰高，入爱国学社，受教于章太炎，结交邹容等，读卢梭《民约论》等论著，深受影响，改名人权，字亚卢、亚子，以表示他追慕卢梭，重视人权，走上反清民主革命道路。1903年4月，邹容写成《革命军》，苦于无钱刊印，柳亚子读《革命军》原稿后，大为感动，就约同几位好友，四处筹集费用，最后请大同书局刊印。苏北扬州府20岁的刘师培也来到上海，结识了章太炎、邹容等人，邹容特地书写了“中国自由神出现”7个隶书大字赠给他，给他以极大的激励与鼓舞。刘师培匆忙地走进了民主革命党人的行列，而且表现特别激烈，改名刘光汉。1902年至1903年间，南京水师学堂的学生赵声、秦毓鎏、郑权、杨韵珂等人，组织“知耻学社”，谈论反清革命，直到清廷镇压“拒俄”运动，该学社的成员才离散他去。

清政府对上海的民主革命运动早就不能容忍了。1903年6月21日，在北京的慈禧太后发布“上谕”，发出了镇压上海革命者的总动员令。两江总督魏光焘立即布置对上海革命者的镇压行动，于1903年6月底，勾结租界当局，查封《苏报》，逮捕邹容、章太炎，连续开庭审讯，最后对邹容、章太炎判刑，关入监狱，形成了轰动一时的“《苏报》案”。然而，革命者并没有屈服！就在《苏报》被封后32天，1903年8月7日，章士钊、张继、陈由己（陈独秀）、陈去病等人又创办了《国民日日报》，继续高举民主与革命的大旗，猛烈批判清朝专制政府与暴政，号召人民起来斗争，被人们称之为“《苏报》第二”。“《苏报》案”爆发前后，南京的两江总督魏光焘“严禁诸生阅看新书新报，以免思想发达，致肇祸端”，下令凡购阅新书新报者，要“以会党匪人例重治其罪”（《国民日日报》1903年8月16日）。南京各学堂颁布了对学生严苛管理的禁令：“一、禁外人擅自入堂会见学生密谈……二、禁往来书信中有骇人听闻之语……三、禁阅新书新报……四、禁学生聚众演说国政时事。有一于此，定即斥革严惩”（《国民日日报》1903年8月10日）。但这时，反清民主革命的思想洪流已是任何反动势力阻挡不住了！章太炎、邹容在法庭上坚决的斗争吸引与震动了江苏各地人民，特别是知识青年。吴江县的金松岑在家乡筹措经费，延请律师，为章太炎、邹容辩护，资助《革命军》出版。这期间，他以“金一”为笔名，翻译出版了《三十三年落花梦》等3本书籍，宣传孙中山的革命活动与反清革命民主思想。同时，他在吴江家乡继续全力投身学校教育事业。曾经受他教诲的学生后来成长为各界杰出英才的人很多，如柳亚子、王佩诤、王大隆、潘光旦、金国宝、严宝礼、费孝通、王绍鏊、蒋吟秋、范烟桥等。

原在爱国学社学习的吴江青年学生柳亚子，在“《苏报》案”发生后，回到家乡，于1905年创“自治学会”，创办《自治报》，后改名为《复报》，进行反清革命宣传。他说：“用钢笔蜡纸油印一种刊物，名叫《复报》，取光复中华的意思。这刊物是星期刊，主编是我，文章我写得最多，还要自己写蜡纸来油印，这工作也得由我担任，不过神州他帮帮我的忙罢了。每星期出版一次，上半天出版，下半天由会员们担任沿街分送的责任，居然搅得很起劲。”（柳亚子：《自传·年谱·日记》，上海人民出版社1986年办，第196页。）

1903年11月，江苏松江府金山县张堰镇人高旭（字天梅），与其叔高燮、其弟高增，在家乡组织“觉民社”，创办综合性杂志《觉民》月刊，意在唤起国民觉醒，宣传民主共和思想。1904年11月，他为寻找救国真理，赴日本留学。

从1902年到1904年间上海滩掀起的革命狂潮巨浪，震动了全国，更首先震动了与之紧密相连的江苏各地。

（二）江苏的留日学生及其在1903年7月的分化

江苏地区在20世纪初反清民主革命思潮高涨的另一个源头，是留日学生，特别是江苏籍的留日学生。

甲午战争失败后，清政府为图强，开始派遣学生赴日留学；1901年清政府实施“新政”，赴日留学的学生激增，有公费，亦有自费。在这股留学潮中，江苏走在前列：1898年，南京南洋武备学堂有学生14人赴日留学；1899年，上海南洋公学有江苏籍学生杨荫杭、雷奋、杨廷栋、章宗祥等6人赴日留学；1900年以后，江苏留日学生不断增加，从苏南，到苏中、苏北，各府、州皆有。这些留日学生，走出国门，一时摆脱中国专制政府的控制与牢笼，接触到自由民主的学说，眼界大开，振奋异常，如饥似渴地吸收，囫囵吞枣地消化，又急不可耐地传播，办起了一个接一个刊物，结成了一个接一个团体，掀起了一个接一个运动。

1900年，东京留日学生在上野精养轩聚会，成立了留日学生的第一个团体“励志会”。江苏籍留学生杨荫杭、雷奋、杨廷栋等参加。该组织没有什么明显的政治色彩，其宗旨只是“交换知识”，“联络感情”。1900年12月6日，杨荫杭、雷奋、杨廷栋等创办《译书汇编》。这是留日学生倡办的第一份刊物，虽不直接面对中国现实，而专以译介欧美与日本的政法学术名著为宗旨，“以政治一门为主”，如卢梭的《民约论》、孟德斯鸠的《万法精理》、约翰·穆勒的《自由原论》、斯宾塞的《代议政体》等，却介绍宣传了近代先进的个人自由与政治民主等思想，对闭塞落后的中国民众，有重大的启蒙意义。

1901年5月10日，江苏籍留日学生杨荫杭、雷奋、杨廷栋等又参与东京《国民报》的笔政。这是留日学生中第一份有着比较鲜明的反清革命色彩的刊物，由秦力山创办并任总编辑。该刊第四期发表《亡国篇》，大胆地提出，“一国可以无君，却不可以无民！”尖锐地号召，清政府对中国人民，“既奴之二百余年矣，则必荡涤其邪秽，斩绝其根性，斩之以刃，荡之以血，夫而后可以言治也”。该期还发表了章太炎著名的《正仇满论》，更鲜明地将尖锐的攻击矛头指向清政府。

1901 年夏，留日学生杨荫杭，在暑假期间，回到家乡无锡，聚集志同道合的同学友好，创设“励志学会”。当时正是清政府与外国列强即将签订空前丧权辱国的《辛丑条约》之时，“励志学会”借讲授新知识之名，揭露清廷腐败无能，宣传西方民主思想。由于无锡旧势力的攻击，杨荫杭无法立足，不久只得再次赴日。“励志学会”也随之中断，但它毕竟最早在江苏掀起了一点民主启蒙的波澜。

1902 年 6 月，清政府驻日公使蔡钧禁止各省自费学生学习陆军。如前所述，江苏常州籍的留日学生吴敬恒等人，“入东京使馆与公使蔡钧争闹”，蔡钧嗾使日本警局将吴敬恒等强行押解回国。这事激起了中国留日学生的强烈公愤。吴敬恒的常州府同乡、早稻田大学的留日学生秦毓鎏，“与诸同学诣公使馆诘问，再三往，拒不见，且使日警署加以逮捕，毓鎏愤焉……于是叹异族之压制，而时事日非也，乃与张继、叶澜等创青年会”（冒鹤亭：《秦毓鎏传》，《国史馆馆刊》第一期，1947 年 12 月版，第 75 页）。青年会是留日学生中第一个明确表明反清革命的激进学生组织，会章第一则中明确宣布：“以民族主义为宗旨，以破坏主义为目的”（冯自由：《革命逸史》初集，中华书局 1981 年版，第 123 ~ 130 页）。

1903 年，江苏籍的留日学生已有 100 多人。1903 年 1 月，江苏留日学生钮永建、史久光、秦毓鎏、叶澜、汪荣宝、张肇铜等人，与 10 多名来自横滨的江苏商人一起，在东京召开“中国留日学生江苏同乡会”成立大会，会上通过了《江苏同乡会公约》，决定由该会出版部编辑出版《江苏》杂志，由秦毓鎏、汪荣宝、张肇铜等人主持，秦毓鎏任总编辑。《江苏》是月刊，设有社说、学说、时论、译丛、小说、记言、记事等栏目，撰稿的先后有陈去病、金松岑、柳亚子、丁祖荫、刘师培等人。该刊除在日本东京、神户、横滨等地发行，还在上海设立总经销处，在江苏与国内其他一些城市设立分售处，在当时如雨后春笋般涌现的留日学生刊物中，独树一格。

1903 年 4 月 27 日，《江苏》杂志在东京创刊，第一期出版。该杂志摈弃清王朝的年号，使用黄帝纪元。在《发刊词》中，把刊物的宗旨概括为“谈腐败”，但它并不是单纯地、空泛地谈腐败，而是切中时弊，启发人们正视中国现实，认清造成中国腐败的症结所在，宣传反清革命，宣传民族主义和民主主义思想，提出建立民主共和国与地方自治等。该期刊登的署名“侯生”写的《哀江南》一文，带着浓烈的乡情，先写了江苏锦绣山河的富饶美丽，令人神往：“临长江，瞰天堑，流波汹涌，直趋东海，而环络江南十万迈当之面积者，此地势之足以称雄于大陆也。崇、淞天险，非江南之门户乎？狼、福横亘，非江南之咽喉乎？钟山龙踞，帝阙凤翔，非江南人物之枢纽乎？震泽万顷，土田肥美，金阊十里，阛阓绵连，非江南财产之腹心乎？”接着，带着无限的伤感，写了江苏地区在近代遭受的伤害与屈辱，发出痛苦的呼号：“而孰知欧美通道以来，沪滨、京口，首辟商埠，而金陵，而苏州，凡江南有地理关系之区，无不为泰东、西诸国强权所攫取……举目河山，苍凉落日，对此粉碎寸裂之余，谁不起洛水伊戎之痛哉！”作者强烈的爱国、爱乡之情与忧时伤心之语，催人泪下，发人深思。

在《江苏》创刊时，正逢“拒俄”运动掀起。1903 年 4 月 29 日，秦毓鎏与叶澜、钮永建等，在东京组织一些留学生，成立“拒俄义勇队”；5 月 2 日，将“拒俄义勇队”更名为“学生军”，拟以军事行动抗俄，推钮永建为区队队长。5 月 10 日，议决派遣钮永建、汤槱（汤尔和）为特派员，回国请见直隶总督、北洋大臣袁世凯，请其主战，推举秦毓鎏等 8 人起草特派员“北行公约”。5 月 10 日当天，钮永建、汤槱离开日本返国。5 月 11 日，秦毓鎏等人再将“学生军”更名为“军国民教育会”。

1903 年 7 月 5 日，钮永建、汤槱回到东京，向“军国民教育会”全体大会报告北洋之行。在大会上，主席叶澜宣读了由秦毓鎏起草的《发起军国民教育会意见书》，明确宣布将“军国民教育会”的原订宗旨“实行爱国主义”，改为“养成尚武精神，实行民族主义”，即反清民族民主革命，“宗旨既定之后，皆当坚守此旨，以维持本会于无穷。鼓吹此旨唤醒国人之迷梦，祖父世仇则报复之，文明大敌则抗拒之，事成为独立之公民，不成则为独立之雄鬼，凡吾同志，谅有同心”（冯自由：《革命逸史》初集，第 109 ~ 112 页）。叶澜宣布后，引起了会场上极大的震动与分化，“闻者震骇，多缴徽章离去”，多数人仍主张君主立宪，不能接受反清的民族民主革命；留下的，只有秦毓鎏、钮永建、叶澜，以及“程家柽、叶澜、王家驹、张继、周宏业、陈定保、贝镛礼、翁浩、郑宪成、胡景伊、董鸿祎、翁友巩、桂少伟、陶成章、卢少歧、萨韵坡、陈天华、黄轸、刘揆一诸人”（冯自由：《革命逸史》初集，第 123 ~ 130 页），显然，这是些确立了反清民主革命志向的人。

留日学生队伍不可避免地分化了，“留学生界中显分两派，各行其是，分途进行，后果各达目的，影响于中国前途甚大，此起彼扑，扰攘十余年”。从此时，留日学生中的反清民主革命者们，从爱国、启蒙、君主立宪，转向了反清、共和、民主革命，“始由鼓吹时代进于实行时代矣”（秦毓鎏：《天徒自述》，祁龙威、周新国主编：《辛亥革命江苏地区史料合集》，江苏人民出版社 2011 年版，第 524 页）。

可喜的是，《江苏》杂志一直掌握在江苏留日学生中的反清民主革命者手中，高举反清民主革命大旗。在 1903 年 6 月第三期以后的《江苏》杂志，列在卷首的图画，尽是宣扬汉族历史与反清的英雄人物，如“中国民族始祖黄帝像”“史公可法遗墨”“郑成功大破清兵图”“为民族流血阎公应元祠宇”“为民族流血黄公淳耀、渊耀兄弟像”等，并在这些像后，都附以鲜明的反清文字：“异日胡氛复靖，中华士庶，再见天日，论其世者，当知余心”。《江苏》第三期发表《政体进化论》，满怀信心地预言：中国在“二十世纪中，必现出一完全无缺之民族的共和国”。《江苏》第四期发表季子（陈去病）写的社说《革命其可免乎》，以种种事实，揭露清政府的内外反动政策，论证中国的革命不可避免：“彼獯族之待我黄胤，其刻毒残忍竟若是之烈哉！而其媚外政策，顾又若彼惑乎哉！革命其可免乎？”文章的结尾是两句气势磅礴、激动人心的诗句：“满珠王气今已无，君不革命非丈夫！”该期《江苏》还发表了杂剧《新中国传奇》，别出心裁，借在戊戌政变中被清廷杀害的谭嗣同之口，说：“革命，革命！自由，自由！”热情赞颂正在上海遭受迫害的反清革命志士邹容、章太炎，热烈赞扬反清民主革命。

1903年7、8月间，秦毓鎏、钮永建、陈去病等留学生，从日本回国，投入反清革命斗争。秦毓鎏后来回忆说：“是时，热心革命，无意留学，遂于七月间归国”（秦毓鎏：《天徒自述》）。在秦毓鎏等人回国后，《江苏》杂志继续高举反清民主革命大旗。1903年9月，《江苏》第六期发表亚卢（柳亚子）的《中国立宪问题》，批判流亡海外的康有为等人迷恋清廷的立宪改革，主张暴力反清革命，说：“吾敢正告我同胞曰：公等今日其勿言改革，唯言光复矣；公等今日其勿言温和，唯言破坏矣”。《江苏》一直到1904年3月17日停刊。它传播的民主革命思想在江苏各地发生广泛的影响。

（三）江苏反清革命民主思想的兴起与高涨

在上海与留日学生两股力量的影响与推动下，江苏越来越多的知识青年与人民大众逐步掌握了民主革命思想与知识，投入到反清革命的实际斗争中去。江苏地区的反清民主革命思想与风潮迅速高涨。

秦毓鎏回国后，先与张继在上海创办“国学社”，编译革命书籍。1903年10月，他为章士钊翻译的《孙逸仙》作序，再次出版此书，热情宣传，指出，“四年前，吾人意中之孙文，不过广州湾之一海贼也”，“而自今视之，举国熙熙皞皞，醉生梦死，彼独以一人图祖国之光复，担人种之竞争，且欲发现人权公理于东洋专制世界，得非天诱其衷、天赐之勇者乎？”（中国史学会主编：《中国近代史资料丛刊——辛亥革命》第一册，第91页）。秦毓鎏的论述，表明了江苏人民对孙中山认识的巨大变化，也反映了江苏人民反清民主革命思想的重要发展。1904年，他赴湖南，任长沙高等实业学堂教务监督，同时从事革命活动，参与“华兴会”的组建，当选为副会长，1904年11月，参与谋划黄兴领导的长沙起义，不幸事败，他逃离湖南，辗转各地，直到1907年，回家乡无锡养病，在城区暗中发展同盟会会员10余人。

陈去病回国后，则在上海，任爱国女学的教师；教学之余，1903年8月，他参与《国民日日报》的创办与编辑工作；1903年12月，与蔡元培、叶澜发起“对俄同志会”，发刊《俄事警闻》；1904年初，在周庄创办动江国民学校；6月下旬，回上海，担任由《俄事警闻》改版的《警钟日报》主笔；他利用业余时间，研究明清之际的历史，编辑《陆沉丛书》，出版了初集4种，即《建州女真考》《扬州十日记》《嘉定屠城记》《忠文殉节记》；编写《清秘史》，包括《满洲世系图》《二百四十年间中国旧族不服满人表》等，将“兴中会首领孙文谋起兵于广州”列入大事年表，宣传反清革命。陈去病认识到戏剧是一种有力的宣传工具，于1904年10月初发起出版《二十世纪大舞台》，提倡戏剧改革，反映现实，以戏剧宣传反清革命，造成很大的影响。1906年，陈去病赴徽州府中学任历史教员，路过芜湖时，经刘师培介绍，加入中国同盟会。

1903年9月，南京的三江师范学堂、江南水师学堂、江南陆师学堂的师生，为了响应“拒俄”运动，在赵声、章士钊的发动与组织下，在南京玄武湖畔的鸡鸣寺、北极阁举行集会，达数千人，要求在学校中编立民兵，增设武备功课，练习兵操，进行军事训练，组织义勇队，准备开赴东北，抗击俄国侵略军。更重要的是，他们借俄事演说革命，把矛头指向清政府，揭露和抨击清政府面对沙俄侵略者所表现的胆怯与腐败。赵声在演说中，直接、尖锐地痛斥帝俄侵略暴行及清廷昏庸无能，呼吁不做亡国奴，就只有挺身起而革命，救亡图存才有希望，听众无不义愤填膺。时人称北极阁集会与演说，“感人至深，而胆气之猛快，有令人以可惊可愕者”（祁龙威、周新国主编：《辛亥革命江苏地区史料》，第66页）。

赵声，字伯先，江苏镇江府丹徒县大港镇人，1881年生，先后入南京的江南水师学堂、江南陆师学堂就读。1903年2月，他东渡日本考察，得识黄兴、何香凝等，深信中国大有希望，革命贵在实行。1903年夏，赵声从日本回国，在家乡大港镇创办“阅书报社”，介绍民众阅读在上海、日本出版的革命书报杂志，宣传救国主张；又创办小学堂、体育会，吸引许多有志青年接受训练，学习军事，培养了冷遹、李竟成、宋建侯、阮德山等革命军事人才，后来，冷遹、李竟成成为江苏辛亥革命中的军事骨干；宋建侯、阮德山等则在广州黄花岗起义中成为烈士。1903年秋，赵声应聘担任南京三江师范学堂教员，撰写了七字唱本《保国歌》，痛斥清王朝的残暴罪行：“痛哭扬州十日记，嘉定屠城尤骇异。奸淫焚掠习为常，说来石人也堕泪”；号召人们团结起义，进行反清革命，建立民主共和国：“我今奋兴发大愿，先行革命后立宪。众志成城起义兵，要与普天雪仇怨。不为奴隶为国民，此是尚武真精神。野蛮政府真推倒，大陆有主归华人”（祁龙威、周新国主编：《辛亥革命江苏地区史料》，第72～73页）。《保国歌》写出后，“文辞肫至，读者莫不感泣”（邹鲁主编：《中国国民党史稿》第五册，列传，中华书局1961年版，第1388页）。

1905年秋，江苏组建新军第九镇，实行征兵。江苏、安徽、福建很多有革命思想倾向的知识青年报名从军。赵声以其杰出的军事才能，很快出任第九镇十七协第三十三标标统（团长）。他在本标，“首重军人精神教育，以养成兵士革命思想为第一要义”，成立官长与正副目（班长）讲堂，设立阅书报社与俱乐部，进行革命宣传。赵声常率领部下官兵，到南京明孝陵，痛叙朱明兴亡故事，揭露清军入关残杀汉人的罪行，“言至痛心处，常放声大哭，闻者无不坠泪。于是兵士皆知祖国之仇，恨异族窃据，切齿攘臂”，决心誓死跟从赵声起义，报仇雪恨，“不半年，军人革命思想即普及全镇”（佚名：《赵烈士事略》，祁龙威、周新国主编：《辛亥革命江苏地区史料合集》，第 68 页）。赵声先后吸收柏文蔚、冷遹、陶骏保、倪映典、熊成基、李竟成、伍崇仁、林述庆、林之夏、孙麟、韩金声、何遂等第九镇中下层军官及南京江南陆师学堂等校的师生数十人，加入同盟会，吸收的士兵更多。柏文蔚说，在第九镇，“学生、士兵闻风加入者，千人以上，构成后来革命之良好基础”（柏文蔚：《五十年经历》，《近代史资料》1979 年第三期）。

在这期间，江苏各地的革命志士与先进人士，始终关注着被关在上海狱中的邹容与章太炎。1905 年 4 月 3 日，20 岁的邹容在狱中被迫害病死，在江苏的社会上引起极大的震动与哀伤。革命人士更是无比悲痛与义愤。在 1905 年 10 月出版发行的《醒狮》杂志第二期上，刊登了柳亚子写的《哭邹威丹先生》和黄天（高燮）写的《吊邹威丹》。金松岑以“金一”为笔名，作《哀邹容》祭文，也刊登在这期《醒狮》上，以磅礴的气势、文学的语言，描写了邹容火一般的革命热情、摧枯拉朽的革命一生和伟大的历史贡献。文中说：“江流出峡，一泻千里而至东瀛兮，乃以汉魂而吸欧粹耶。建共和、革命之两大旐兮，撞钟伐鼓满天地耶。”在邹容精神的鼓舞下，江苏各地的反清民主革命运动进一步高涨。

（四）1905 年底“同盟会江苏分会”成立，标志着江苏反清革命斗争从自发转为自觉

形势在迅速发展！从 1904 年开始，江苏与各省的革命志士们，纷纷组织或参加秘密革命团体。正如俄国革命家列宁在 1908 年 7 月所指出：“‘新精神’和‘欧洲思潮’在中国的强有力的发展，特别是在日俄战争以后，

是用不着怀疑的，所以中国的旧式的骚动必然会转变为自觉的民主运动”（《列宁全集》第 15 卷，人民出版社 1963 年版，第 159 页）。

1904 年初，蔡元培、陶成章等人联络上海狱中的章太炎，发起成立了反清革命团体“光复会”，在浙江、上海、江苏一带积极发展会员。江苏参加光复会的有黄炎培、刘季平、刘师培、陈陶遗、鲍少颂、鲍少牧，以及无锡“开明会”的叶玉梁等人，还有南京、镇江新军第九镇中的官兵赵声、章梓、冷遹、顾忠琛、黄复生、陶骏保、林述庆等人。

1904年年中，黄兴、宋教仁、陈天华、章士钊等人，在湖南建立“华兴会”。江苏的秦毓鎏于 1904 年夏，赴湖南，任长沙高等实业学堂教务监督。他参加了“华兴会”，并被举为副会长，参与谋划黄兴领导的长沙起义。

1905 年 8 月 20 日（清光绪三十一年农历七月二十日），中国同盟会在东京赤阪区霞关子爵阪本金弥邸召开成立大会。江苏最早加入同盟会的，是高旭。他于 1904 年 11 月赴日本留学，入东京法政大学速成科，接触了卢梭的《社会契约论》、美国的《独立宣言》以及达尔文的进化论；年底，结识了陈天华、宋教仁等革命志士，进一步确立反清革命思想。他曾著文，将康有为、梁启超与吴三桂、洪承畴、曾国藩等，并列为“中国八大奴隶”。1905 年 8 月 6 日，他作为筹备人员，加入了尚未正式成立的“同盟会”。

同盟会成立后，将发展组织、广泛宣传与发动武装起义、配合暗杀，视为实现革命目标的三大途径。同盟会总部决定，其总部设东京，下设 9 个支部，其中，国内设 5 个支部，支部下面，按省设分会。东部支部设于上海，于右任为东部支部长，下辖上海、江苏、浙江、安徽等分会。在各省中，上海与江苏具有特殊重要的地位。上海由于有英、法租界作掩护，地理位置适中，联结海外与全国各地都很方便，经济、文化发达，有较好的通信、印刷设备等特殊条件，成为革命党人在国内进行革命联络的枢纽与宣传中心。江苏则紧邻上海，是上海的腹地与后院。

1905 年 9 月 29 日，同盟会上海分会成立，分会会长为蔡元培。高旭则任江苏主盟人。

在9月，高旭在东京创办《醒狮》杂志，作为于1904年3月停刊的《江苏》的继续。

清廷为加强对留日学生的监管与镇压，勾结日本当局，由日本文部省于1905年11月2日颁布《关于准许清国人入学之公私立学校之规程》，即俗称的《清国留学生取缔规则》。1905年年末，高旭与陈陶遗等大批留日学生被迫停学回国。为使这些留日归国学生能有地方继续读书，1906年初，于右任等人在上海发起组建"中国公学"，高旭、陈陶遗等人也参与其中。1906年2月，高旭、陈陶遗等人在上海老西门宁康里自行创办"健行公学"，招收学生，"实继承爱国学社之统绪"，以《黄帝魂》《法国革命史》《荡虏丛书》等为教材，进行教学，"学生颇感动。以是欢迎章炳麟出狱及赴华泾乡为邹容烈士墓纪念碑行开幕礼，均有健行学生参与焉"（冯自由:《革命逸史》第二集，中华书局1981年版，第81页）。

随后，由同盟会会员夏听渠（夏允麐）担任同盟会江苏分会主盟人，在健行公学近旁，设立同盟会江苏分会机关，号"夏寓"，因其屋初为夏听渠养病之所，而得名。朱少屏担任"夏寓"坐办，主持机关日常工作。"第一次会议莅会者：蔡元培、刘光汉、张昭汉（湘乡张通典之女公子）等三十余人。第二次会议则假座新闸路辛家花园，梁桥山、谭心休、龚炼百（字铁铮，庚子富有票案龙超之弟，湘乡人）等与焉"。不久，因同盟会上海分会会长蔡元培离沪赴德国留学，1906年3月28日，中国同盟会东京本部指示，"合上海、江苏二分会为一机关"，并指派高旭为新的江苏分会会长。该会机关部仍设于健行公学夏寓里，主要参与人有高旭、沈翏公、金葆濂、张家珍、李遂良、翁志清、庄正贵、张鲁、钱醒之、姚文莹、吴铸、朱铁侠、何东、朱任、朱光汉、夏大、陈陶遗、钟英、朱葆康、沈砺、陈去病、吴修源、夏听椠、张默君、梁乔山、谭心休、龚炼白、蔡元培、李衡、马和、倪时渡、王麟、陈嘉祐、邓恢宇、梁鍪、陈家鼎、谢寅杰、唐支厦、林贞干、张天宋等（冯自由：《革命逸史》第二集，第 81 页）。

“同盟会江苏分会”的成立，标志着江苏的反清革命斗争从自发转为自觉。

1906 年 5 月 8 日，高旭、柳亚子等人共同发刊《复报》，“发扬民族主义，传播革命思潮”，抨击皇权专制，揭露清政府的“预备立宪”是假立宪。1906 年 9 月，高旭等人曾以一夜之力，伪造“新发现的石达开遗诗”20 首，连同以前梁启超伪造的 5 首，辑成《太平天国翼王石达开遗诗》，署名“残山剩水楼主人刊”，印刷了 1000 册，以石达开的身份与口吻，宣传反清革命，激发鼓动民气，其中“只觉苍天方愦愦，欲凭赤手拯元元”“我志未酬人亦苦，东南到处有啼痕”等诗句，曾传诵一时。

1906 年秋，同盟会江苏分会机关迁到法租界鼎吉里，仍以“夏寓”为名。除此本部机关外，该会在上海还有两处秘密机关，即中国公学和健行公学。前者是革命志士归国、出国时，由上海进出的中转站，后者则是在日本出版的《民报》《洞庭波》《复报》《汉帜》等革命刊物，运回上海后的总存放处与发行所。

高旭还通过马君武等人，联系各地革命党，使得健行公学成为东南地区的革命活动中心，其中特别重要的是，与南京新军第九镇中的革命党人赵声等建立联系。

赵声等革命党人，在南京新军第九镇中积极地开展革命活动，已有一年多时间。他们在江宁城内鼓楼以东的一个地方，设立秘密机关，成立同盟会江宁支部（亦称同盟会江淮分会），后在第三十三标本部设俱乐部，选定玄武湖内神庙为会议地点，派遣卢镜寰、吴君等人为联络员，与同盟会总部孙中山联系，接受同盟会总部与孙中山的领导与指示，得到同盟会总部颁发的印信及委任状等。他们颁发了本组织的会章，公布了本组织的革命纲领为“驱逐鞑虏，恢复中华，建立民国，平均地权”，显然，他们是与同盟会总部的思想与纲领保持高度一致（柏文蔚：《五十年经历》，《近代史资料》1979 年第三期）。

1906 年 10 月 9 日（农历八月二十二日），孙中山从越南西贡前往日本。他所乘的法国“大东”兵轮在途经上海时，停泊吴淞口，乃委托法国总巡麦兰，邀请高旭等上船。高旭、陈陶遗、柳亚子等人至“大东”轮上，与孙中山相见，商谈反清革命。孙中山还派遣同情中国革命的法国武官布加卑与乔宜斋（即乔宜生）到南京、武汉，联络新军中的革命党人。在南京，赵声约同第九镇营长以上各军官，与他们秘密会议，策划革命。孙中山说：“时南京、武汉两处新军皆大欢迎。在南京有赵伯先接洽，约同营长以上各官相见，秘密会议，策划进行”（《建国方略》，《孙中山全集》第六卷，第 237 ~ 238 页）。

在同盟会江苏分会的领导与宣传鼓动下，江苏的江南、江北各府、州、县，民主革命的思想与活动，都有不同程度的发展。一些州、县的革命党人秘密建立了同盟会基层组织。日本与上海出版的革命书报刊物，在江苏各地得到广泛的传播。1906 年底、1907 年初，同盟会乘萍浏醴起义之机，在南京、扬州等地，组织了江苏最早的反清革命武装斗争，虽然很快失败，此后的道路更有曲折与起伏，但革命的洪流已不可阻挡。到 1911 年武昌起义爆发后，江苏的反清革命民主派，迅速与以张謇为首的立宪改革派走到一起，形成伟大的江苏辛亥革命风暴。

五、1904 年：甲辰三起暗杀未遂案

本部分所说的甲辰年，是指清光绪三十年，即辛亥革命还处于准备时期的 1904 年，在中国传统农历上是甲辰年。此时，经 1900 年“庚子国变”、1903 年“《苏报》案”等事件后，清王朝专制政府的反动与腐败暴露无遗，全国的反清民主革命运动迅速高涨。这年，各地革命党人为了清除革命道路上的障碍，推动革命形势的发展，策划了多起对清廷大吏的暗杀活动。这是辛亥革命党人最早实施的暗杀活动之一。

（一）南京下关预谋暗杀铁良案

1904 年 8 月，清廷户部侍郎兼兵部侍郎、练兵大臣铁良奉慈禧太后旨意，南下到各省视察巡察财政军事，搜刮钱财。

铁良是清廷亲贵重臣中的少壮派。他是满族镶白旗人，字宝臣。1863 年（清同治二年）生。1904 年他才四十出头。他原为慈禧头号亲信、直隶总督荣禄的幕僚，后任户部、兵部侍郎，1903 年（光绪二十九年）赴日本考察军事，归国后任练兵大臣，执掌军权，深得慈禧太后信任。他又是清廷亲贵重臣中最死硬的顽固派，强烈地反对民主改革，敌视革命，仇视汉人。因此他离京南下后，立即成为革命党人竞相暗杀的对象。

铁良从北京经山东南下，将先到浦口，然后渡过长江，到南京下关登岸，再进南京城。南京的一些革命党人准备在其到下关下船登岸之际，对其狙击，

实施暗杀。

南京的这几个革命党人，为首的是章士钊与万福华。

章士钊，字行严，号孤桐，湖南善化（今长沙）人，1881 年生，自幼入塾读书，后寄读于西湖书院与南京陆师学堂。1903 年春因闹学潮，离南京到上海入爱国学社，并受聘任《苏报》主编，发表大量革命言论，受到清廷与外国租界当局迫害，形成震动全国的“《苏报》案”。章士钊的挚友邹容与章太炎被捕。章士钊不为所屈，与陈仲甫（即陈独秀）、张继等续办《国民日日报》，继续宣传反清革命。不久此报又被查封。1904 年他回到南京，联络同志，策划革命活动，结识了万福华。

万福华，字绍武，安徽合肥人，1865 年（清同治四年）生。幼年家贫，刻苦求学，后到南京学医、在商店做学徒，成年后到滦州铁路筹办分局任总办十余年；1900 年到福建管理盐局事务；1903 年因发生沙俄图谋霸占中国东北事件，清廷腐败无能，国事日非，万福华慨然离职去上海，寻求救国途径，后又游历南方各省，登临山川城邑，结识英雄豪杰，渐受民主革命思想影响，决心投身反清革命。

1904 年，章士钊才二十三四岁，而万福华已是虚龄四十岁了。共同的革命思想与革命活动缩短了他们年龄的距离，使他们结下了同志的友谊。他们听到铁良南下的消息，遂秘密策划暗杀活动。

参加此次暗杀活动的，还有俞大纯。他是南京原陆师学堂总办俞明震的独子，曾与章士钊在陆师学堂同过学，故相识。后来他去日本留学，因参加“拒俄义勇队”，慨然回国，多次参加革命活动。

章士钊、万福华与俞大纯计议，待铁良在下关码头下船之时，派刺客用手枪将其击杀。万福华找来一位湖南革命青年易本羲，让其担任狙击铁良的射手。这易本羲长得短小精悍，机灵异常。章士钊与俞大纯负责资金调度、用品购置及射手之履帽服装的准备、潜伏地点的选择、出入路线之导行防卫，等等。

在侦知铁良到达南京的确切日期后，章士钊等人先二日潜入下关地区，设立机关，做好布置。他们让易本羲头戴红缨帽，腋夹皮护书，逡巡仪凤门外，化装为一位伺候上官的俊仆，在那天伺机接近铁良，下手暗杀。一切准备妥当，只等铁良到来。

就在铁良到达南京的前一日，章士钊在南京的好友李茂桢得知了此事，急急赶到下关找到了章士钊与俞大纯，极力劝阻。原来这李茂桢系当时担任两江总督的李兴锐长孙。李兴锐是湖南浏阳人，湘军出身，以军功起家，荐升两江总督，此时人已颓然老矣。他中年丧子，仅两孙随侍膝下。李茂桢是其长孙。李茂桢及其弟李春熙与章士钊年岁相近，又是湖南同乡，私交很好，以前曾在经济与其他方面多次资助与支持章士钊的革命活动。这次，李茂桢闻知章士钊等欲在下关行刺清廷亲贵大臣铁良，十分着急，极力劝阻章等在其祖父任地发此大难。因为如果暗杀事发后，清廷势必追究，定于其祖前程有碍。弄得不好，他祖父便要以耄耋之年遭撤职查办。李茂桢还向章士钊等指出，一旦李兴锐垮台，新调来一位两江总督，那么现在南京可以利用的一些有利条件，如筹款、交通等，也将一一丧失。

章士钊听了李茂桢之言，遂约万福华来讨论，争论了一夜，直到天快亮时，才不得不忍痛终止暗杀活动。

1904 年 8 月，南京下关暗杀铁良的计划未及实施，就半途流产了。

（二）上海“金谷香”菜馆暗杀案

南京下关暗杀铁良的计划放弃后不久，章士钊与万福华就离开南京到达上海。他们筹划了一个新的暗杀计划——暗杀前任广西巡抚王之春。这就是清末著名的“金谷香”菜馆暗杀案。

王之春，字爵堂，湖南清泉（今衡阳）人，1842 年（清道光二十二年）生，弱冠从戎，先后作为曾国藩、李鸿章和彭玉麟的部属，参与镇压太平天国起义，官至广东按察使，署理广东布政使、山西巡抚、安徽巡抚、广西巡抚；曾出访日本、俄罗斯、德国、法国，多次向清廷上书自强新政，著有《清朝柔远记》《谈瀛录》《使俄草》等传世。1902 年（清光绪二十八年），他任广西巡抚期间，为镇压当地会党反清起义，竟无耻地向越南法国殖民当局借法兵入境会剿，激起全国人民的极大愤怒，形成“拒法运动”。在国人皆曰可杀的呼声中，清廷不得不将王之春革职。在待罪京师约一年后，1904 年（清光绪三十年），62 岁的王之春来到上海游历，竟又发表不当言论，指责当时全国各地正兴起的“拒俄”运动，主张不要从沙俄手中收回东北，“割地联俄”，“联俄拒日”。他的言行激怒了革命党人。这时正逢章士钊与万福华从南京来到上海，于是他们与刘光汉（即刘师培）、林獬（即林白水）等人共同谋划，制订了一个刺杀王之春的计划。

章士钊、万福华等人得知王之春与上海的著名士绅、淮军名将吴长庆之子吴葆初相识并有友好的关系。他们就在 11 月中旬的一天，冒用吴葆初的名义，派人送一信给王之春，邀请他于 11 月 19 日晚到英租界四马路（今上海福州路）最繁华的“金谷香”菜馆赴宴。他们准备候王之春来赴宴时，由陈自新携章士钊新购之手枪，乔装为侍者，潜藏在餐馆楼上，俟机狙击；万福华携由刘光汉从张继处借来手枪，埋伏于餐馆楼下，望风接应。以两人共同狙击，可保万无一失。

1904 年 11 月 19 日傍晚，上海英租界华灯初上。四马路的“金谷香”菜馆是这里最豪华的菜馆，人来人往，菜香扑鼻，热闹非凡。约 7 时许，王之春果然依约乘马车来到。他将马车停于楼下，由侍者引导上了菜馆二楼，却见吴葆初并不在座，情知不妙，正犹疑间，忽有一人近身附耳，以日语要求笔谈。此人正是陈自新，他画蛇添足，欲接近王氏，逼之写出证据，然后诛之。然笔谈数语，不得要领，反令王之春大起疑心，乃回身疾走下楼，准备逃走。万福华与章士钊在楼下不闻枪声，正感犹疑，忽见王之春匆忙下得楼来，奔向屋外，知陈自新事未成，不容多想，万福华乃从隐蔽处腾身跃起，提着手枪站在楼梯处堵住王之春，执其臂厉声呵道："击死卖国贼！我代表四万万同胞对你执行枪决！"连开数枪。但万福华并不懂得手枪的用法，竟没有预先将枪上的保险拨开，以至枪弹不能发出。王之春乘势大叫，附近巡捕赶到，将万福华抓住。万福华被捕之时，仍高声历数王之春的卖国罪行，引起周围一片叫好之声。章士钊、陈自新等分头散去。

万福华被关进租界巡捕房的看守所。

万福华被捕后的第二天，章士钊到巡捕房看守所看望他，也以嫌疑犯被拘。西捕以此为线索，找到了革命党人设在余庆里的机关。原来其时华兴会新败于长沙，革命党人黄兴、宋教仁、张继、杨笃生、陈天华、刘揆一等人皆逃来上海，在余庆里设一秘密机关。巡捕房在这里一下子捕去黄兴、张继等 11 名革命党人，还搜出一份革命党人名册。幸好有一个捕房中的华人书记，同情革命党人，将搜出的党人名册伪称是日用小菜账簿，立刻丢弃，方使案情没有进一步牵扯扩大。

经租界会审公廨审判，万福华被判处 10 年徒刑，关押西牢。其余人因无证据，不久均获释。黄兴等立即赴日本，投入了新的斗争与创办同盟会的活动中。

万福华在上海西牢中，被关押八年，至辛亥革命后，1912 年 1 月 1 日南京中华民国临时政府成立，孙中山、黄兴、吴稚晖等人多次向英领馆交涉，沪军都督陈其美也正式照会英领馆与英美租界会审公廨，要求释放万福华。上海绅商名流及各界群众 2 万余人联名请愿。万福华终于在 1912 年 12 月 7 日重获自由。出狱当日，"拯华会"在上海豫园听雨楼召开欢迎万福华出狱大会；四日后，上海社会团体各界人士又在上海南市新舞台召开欢庆会。万福华登台演说，欢呼中华民国建立与民主政治之确立，表示中国之所以落后，实因经济不振，故必须实业救国，此番出狱，不愿从事案牍劳形之政府工作，愿献身边疆实业之发展。他的讲话赢得与会者的热烈掌声。

万福华于 1913 年到北京，被袁世凯聘为总统府经济实业顾问。又因他在狱中研究文字学的成就，又被各界推举为“五族语文共进会”的名誉会长。1914 年，袁世凯策动帝制自为，万福华发表文章《论帝制之害》，表示反对。为避祸，他移居远边，以“阅边委员”的身份，赴绥芬河边疆开办实业。1916 年袁世凯死后，他被黎元洪招至北京，仍为总统府顾问，主办实业。1919 年 10 月 15 日，以 56 岁壮年早逝。

（三）湖北革命党人王汉千里追杀铁良案

再说铁良顺利地巡视南京后，又经南方各省，于 1905 年 1 月下旬（农历甲辰年年底）从湖南来到了武汉。他的行踪引起了湖北革命党人的注视。湖北革命党人计议，决心继续南京同志的事业，对铁良实施暗杀。

湖北的反清革命运动早就兴起。1904 年（清光绪三十年）6、7 月间，吕大森、张难先、刘静庵、胡瑛等人在黄兴的支持下，发起成立了秘密革命团体“湖北科学补习所”，以“革命排满”为宗旨，借研究科学为名，在学校和新军中进行革命活动。不久，他们谋响应与配合湖南“华兴会”在长沙发动武装起义，不幸事泄，“科学补习所”被查封，刘静庵等被捕，党人四散藏匿，密谋再举。恰在这时，在留日学生中成立的革命团体“军国民教育会”会员张学济，奉派回国组织对铁良的暗杀。张学济邀请“军国民教育会暗杀团”成员苏鹏一同来到武汉，与当地的革命党人联络。湖北革命党人胡瑛、王汉等人参加了他们的行动密谋。经过研究，他们准备在铁良出入武汉必经的路上埋设炸弹，没有成功。当铁良乘火车离开武汉时，王汉与胡瑛携带手枪，前往汉口大智门车站，准备狙击。但当他们赶到车站时，火车已经开行，渐渐远去，他们只得失望而归。

王汉与胡瑛屡受失败刺激，非常气愤，发誓要除掉铁良。他们得知铁良从武汉北上后，要到河南省省会开封盘桓游乐些时日，就化装上道，对铁良实行千里追杀。

当时的王汉，只有22岁。他是湖北蕲水（今浠水）人，字竹庵，后名潮，号怒涛，1883年（清光绪九年）生，是一位热情敢为的青年。他早年受传统教育，在民族危机的刺激下，投身反清革命，研究军事，尤好剑术。1904年7月，他参与创建"湖北科学补习所"。后谋响应黄兴等将在湖南发动的起义，不幸事败，他与胡瑛藏枪械于鹦鹉洲，以备再起。他听到铁良南下各省搜刮钱财，切齿痛恨，决意暗杀之。在他离武汉北上暗杀时，新婚刚一月。为了完成暗杀铁良的任务，他下定了一去不复返的决心。临离武汉前，他赋诗向自己的新婚妻子诀别，诗中写道：

若使断头成永诀，
愿卿含笑贺孤魂。

表现了他准备献身成仁的决心、气魄与崇高品质。

王汉的同伴胡瑛，也是湖北著名的革命党人，他本名宗琬，字经琬，1884年（清光绪十年）生，比王汉还小一岁。早年肄业于长沙经正学校，是黄兴的学生；后赴武昌，入湖北新军第八镇工程营当兵。1904年7月参与发起组织"湖北科学补习所"，并任总干事。其为人热情聪慧，可惜坚韧不足。这次他与王汉二人暗携武器，乘火车离武汉到达河南。他们估计铁良离开封后，定会在河南名城彰德下车停留，就预先到彰德潜伏等候，住在一家旅店中。但数日后，胡瑛即动摇退缩了，借故离开彰德回武汉。王汉无奈，叹道："平日高谈革命，一旦临事，则畏死。"于是只身行事，潜入车站。

当铁良的专车到达车站时，王汉对准下车的铁良连发数枪。但因王汉乃一介书生，对手枪使用不熟练，连发数枪，无一命中。枪声响后，警笛大叫，铁良在官兵护卫下迅速避入安全地方。王汉见无法再次下手，只得趁混乱匆匆逃回旅店中。

行刺计划再度落空，年轻的王汉感到极大的失望与懊丧。这时因发生行刺铁良的事件，彰德全城岗哨密布，清吏搜捕很急。王汉见自己难以脱身，在愤激之余，在旅店中留下遗书与手枪，投井自杀。

至于胡瑛，后来继续参与湖北的革命活动，在辛亥武昌起义发生前被清廷逮捕，囚于武汉狱中。1911年10月10日武昌起义发生，武汉三镇光复，胡瑛被革命党人解救，得以出狱，并被推任新成立的湖北军政府的外交部部长。民国建立后，他一度出任青岛总督。1913年"二次革命"失败后，他公开变节，倒向袁世凯政府一边。1915年年底袁世凯策动帝制自为，他竟堕落为臭名昭著的"筹安会"六君子之一——王汉泉下有知，当会怒目叱之矣！

六、吴樾狙击出洋五大臣

（一）北京正阳门车站的爆炸声震动全国

1905 年（清光绪三十一年）9 月 24 日上午。北京城中心的正阳门火车站车水马龙，人流如潮。清廷慈禧太后亲自选派出洋考察西方国家宪政的五位大臣，镇国公载泽、户部侍郎戴鸿慈、兵部侍郎徐世昌、湖南巡抚端方、商部右丞绍英，将于这天乘火车离北京去上海，然后乘船出国。上午 10 时，五大臣带着众多的随从与侍卫进入车站，登上了火车包厢。来送行的朝官显贵挤满了站台。车站内外军警林立，岗哨密布。

正在这时，一位穿戴着无顶红缨官服的年轻仆从挤上了五大臣所在的火车包厢。

站在包厢门口的卫兵询问："你是哪位大人的随从？"

此人回答说："是泽公爷府里的。"其意是说他是镇国公载泽的门下。

卫兵觉得此人面生，说："怎么以前没有见过你啊？"

此人答道："新进府的。"说着就挤到了包厢前段之夹道中。因车上这样穿戴的随从与侍卫很多，因此多未加以注意。

谁也没想到，此人竟是一名怀揣炸弹的刺客。

此刺客挤到包厢前段之夹道中后，眼光飞快地捕捉到了五大臣的座位。在背向卫兵的一转身间，他的手悄然摸进怀中。正当此刺客欲掏出怀中的炸弹时，不料此时恰逢火车的机车与车厢接轴，车身被撞得猝然后退，车上人均为之倾侧。此刺客所携炸弹为撞针式，其撞针受到撞击，未及掏出抛掷，已自动引爆，轰然一声炸响，弹片四散，血肉横飞。此刺客的下半身被炸烂，肠腹崩裂，手足皆断，面孔血肉模糊，难以辨认。与此刺客紧靠着的三名仆役亦被炸死。五大臣因相距较远，仅绍英和载泽受了点轻伤，徐世昌的官帽及鞋带被弹片炸破，挤在包厢门口送行的官吏中也有人被炸伤。

正阳门火车站立时陷入了爆炸后的恐慌中。军警赶紧包围了现场，侍卫们疾进车中，保护着各自的主人。瑟瑟发抖的五大臣在侍卫的护卫与搀扶下，急急逃离车站。

正阳门车站的爆炸声震动了全国，清廷更大为震恐。因为此案发生在大白天，发生在在京师戒备森严的北京城中心正阳门车站，离皇宫近在咫尺；而且它是直接针对清廷正大肆宣扬的宪政改革。慈禧太后急忙下诏，严令京城巡警追查行刺之人及其党羽，查究刺客究系何人，主使人是谁。京城戒严，巡警四出。五大臣出洋日期被迫推迟，王公贵族与达官贵人们惶惶不可终日。

（二）清政府酝酿以立宪为中心的政制改革

以慈禧太后为首的清政府酝酿以立宪为中心的政治体制改革，已有很长一段时间了。

1900 年（清光绪二十六年）爆发的义和团运动与八国联军占领北京，逼迫慈禧太后与光绪皇帝仓皇逃往西安。这次事件严重地暴露了清朝专制政府的腐败无能，使得他们不能照旧统治下去了，不得不向全国臣民宣布要进行改革——实施“新政”。但从 1901 年到 1905 年这几年间的所谓“新政”，基本上都是在经济、军事、文教领域实施的一些改革，而基本不涉及政治制度。这些改革虽然取得了一些成绩，给当时的中国带来了一些新气象，但由于不实行政治改革，不仅使得这场关系中国命运的改革不彻底，而且使已经取得的经济、军事、文教领域的改革成果，发生了变质与得而复失的危险。这引起了越来越多的中国人的不满。尤其在1903年到1905年为争夺中国东北地区的日俄战争结束后，原来比较弱小而实行君主立宪的日本，一举战胜了号称强大而顽固实行君主专制的沙皇俄国，更给清王朝中一些有识者以强烈的震动。他们纷纷上书慈禧太后，要求清廷实行政治体制的改革，从速实行君主立宪，一来可以抵制革命，缓和或减弱民众的不满与反抗情绪，"永绝乱萌"；二来可以增强国力，加强政府的统治力量。

首先在1904年（清光绪三十年），清廷驻法公使孙宝琦首先上书清廷，要求仿效西方立宪政府，"以政务处为上议院，都察院为下议院"；1905年（清光绪三十一年）夏天，湖南巡抚端方入京陛见，再次向慈禧太后提出实现君主立宪，认为这样可确保皇上"世袭罔替"；接着，在1905年7月，直隶总督袁世凯、两江总督周馥、湖广总督张之洞联衔上奏，请行宪政，并要求派遣亲贵大臣分赴东、西洋各国考察政治，学习先进国家的经验。

在这种政治气氛的促使下，慈禧太后于1905年7月16日终于发布上谕，简派镇国公载泽、户部侍郎戴鸿慈、兵部侍郎徐世昌、湖南巡抚端方四位王公大臣"分赴东、西洋各国考求一切政治，以期择善而从"，摆出一副预备立宪的样子；7月27日，又下令加派绍英随同前往，成为五大臣出洋考察。

经过约一个月时间的准备，五大臣择定9月24日为离开北京的日期。

（三）"爆血同拼歼贼臣，男儿爱国已忘身"

就在清廷宣布派遣五大臣出洋考察宪政后不久，1905年8月20日，以孙中山为首的革命党人，经过一段时间的联络、协商、讨论，在日本东京召开大会，宣布成立同盟会。

同盟会革命党人认为清政府派遣五大臣出洋考察，是实施假立宪骗局，图谋扑灭革命烈火。因此，他们一方面发表大量文章对其揭露批判；另一方面则派遣成员回国，在各地积极进行武装斗争的准备。

但也有位反清革命志士认为上述二法实行起来太远太难，远水解不了近渴，只有施行暗杀方法，在五大臣出国之前消灭他们，才能粉碎清廷的假立宪阴谋。此人就是年方 27 岁的吴樾。

吴樾，原名越，字梦霞，一字孟侠。安徽桐城人，生于 1878 年（清光绪四年）。父吴尔康先官后商，常年在外。吴樾 7 岁丧母，靠二哥抚养长大。在戊戌变法前，他走的是当时一般旧式文人的道路：先进私塾读书；从 12 岁起，年年参加童子试，均落第。19 岁后他废弃八股，爱读古文辞，特别喜好历史，“每读明史，朗诵长吟，感叹唏嘘不能置”，晚明时期的抗清史事给了他很大的感染，使他萌生了最初的反清民族思想。1900 年（清光绪二十六年），他 22 岁那年，先到上海，试图进广方言馆，学习外语与西学，未成，遂北游直隶保定。1902 年（清光绪二十八年），他在乡前辈、保定莲池书院山长吴汝纶的帮助下，考入保定高等师范学堂读书。这时他所追求的目标仍然只是“得出身，派教习”，平素在学校中“寡言论，乏交游”，专心读书。但是，日益严重的民族危机逐步惊醒了他，“知国家危亡之在迩，举昔卑污之思想一变而新之”。他当时所追求的是康有为、梁启超提倡的君主立宪主张，他“日日言立宪，日日望立宪”。可是，全国的革命形势在迅速发展，当吴樾读到海外留学生编辑出版的《黄帝魂》《警世钟》《孙逸仙》等反清革命书籍，特别是邹容的《革命军》与章太炎鼓励革命排满的文章后，思想受到极大的震动与影响，“于是思想又一变，而主义随之，乃知前此康、梁之说几误我矣”，确立起反清民主革命思想。1903 年（清光绪二十九年）暑假，吴樾特地约了几位志同道合的同学来到上海，去狱中看望因“苏报案”被关押的邹容与章太炎，并结识了陈独秀、张继等革命志士，阅读了更多的反清革命书报。他的民主思想进一步发展与深入。

当时，在反清革命阵营中，暗杀之风大盛。此风也感染了吴樾。1904年（清光绪三十年）夏，著名的革命党人赵声由朋友介绍，来到保定，结识了吴樾。二人"倾谈数昼夜，志同道合"。赵声介绍吴樾加入了秘密革命组织"少年中国强学会"，策划暗杀行动。一次，他们在保定酒楼上谈论反清革命行动时，谈到军事行动与暗杀行动的难易问题，吴樾认为暗杀行动较为容易，且心向往之。他问赵声："舍生一拼与艰难缔造，哪个难易？"赵声答："当然是前者易而后者难。"吴樾便说："既然如此，兵革之事，请你担任。你为其难，我为其易。"慨然以暗杀自任，并表示了牺牲自己的决心。他对赵声说："为暗杀死去。希望你们将来率领革命大军北上灭清，为我兴问罪之师。"

赵声离开保定后，非常惦念吴樾，深知吴樾将为暗杀献身，特寄赠绝句四首，其中写道：

一腔热血千行泪，
慷慨淋漓为我言。
大好头颅拼一掷，
太空追攫国民魂。

吴樾收到赵声赠诗后，反复朗诵，感动不已。他复信赵声，写道："每诵之，则心为之一酸，泪为之一出。今在某为其易，君为其难……一日不达目的，即一日不得言其难。"

赵声又介绍湖南一位著名的革命党人杨笃生到保定来与吴樾联络。杨笃生是《新湖南》一书的作者，这时表面上在北京武学官书局工作，实际上正在秘密从事暗杀活动的准备工作。他来到保定后，与吴樾等革命同志刺血订盟，成立暗杀团体，筹划暗杀行动。杨笃生问吴樾有什么武器，吴樾示之以手枪，杨笃生笑着摇摇头说："这种东洋货，击狗都不中，何况刺人！我有一种新式武器，威力胜过手枪百倍。"杨笃生拿出他新研制成功的撞针式炸弹，只要将此种炸弹扔出去，撞针与硬物接触，就会接触火线而爆炸，既易于使用，又体积小而威力大。吴樾听后十分振奋，与杨笃生一起到北京郊区八大处的荒山中试验此炸弹，果然声如巨雷，灵验无比。

吴樾一边学习爆炸技术，一边寻找暗杀目标。1904 年，清廷兵部侍郎铁良奉旨到南方各省巡视，革命党人章士钊、万福华、王汉、胡瑛曾计划在南京与武昌刺杀他，均未成功。吴樾开始也将铁良作为自己的暗杀目标，特地走访胡瑛，了解情况，学习经验，并慨然以后继者自任。他发誓：不杀铁良，不足以言革命。他还为此专门写了一篇题为《暗杀时代》的文章，说明暗杀铁良的意义与决心，以备自己牺牲后留给后人。

1905 年（清光绪三十一年）夏天，吴樾在保定高等师范学校临近毕业时，未参加考试即离校去东三省，将欲有所作为。7 月中、下旬，他突然听说清政府将派载泽等五大臣出洋考察宪政，康、梁保皇党人兴高采烈，宣布宪政时代即将到来，对革命党人大肆打击。吴樾闻此十分气愤。他特地写了一篇《意见书》，表示他的态度和见解。这时距他去北京实施暗杀只有 10 天。

吴樾下定必死决心，以与出洋五大臣拼命。他以所抱愿望详告其未婚妻，希望未婚妻继承己志，继续投身反清革命，他日成为中国的罗兰夫人。然后他慷慨登车，潜赴北京，寄居前门外桐城会馆，多方侦探五大臣的出国日期，并写好给章太炎与致未婚妻的遗书数封，待机而动。

1905 年 9 月 24 日上午，考察宪政的五大臣到正阳门车站登车，准备启程。吴樾得知消息后，急忙怀揣炸弹，与同志张榕赶往正阳门车站。但车站内外，戒备森严，吴樾身穿学堂操衣，不得入内。他急忙到街上买了一套无缨官服穿在身上，得以进入车站，并挤上了五大臣的专车车厢。当他正准备投掷炸弹时，不料因火车震动而炸弹引爆，吴樾壮烈牺牲。

吴樾死后，因面目血污，模糊难辨，清廷当局陈其骨骸数日，也无人认领。后来清廷的侦探史某到桐城会馆，才查清这件震动全国的刺杀案的发难者是吴樾。

吴樾的壮烈牺牲极大地激励了革命党人。女革命志士秋瑾写诗赞道：

> 皖中志士名吴樾，
> 百炼钢肠如火热。
> ……
> 爆血同拼歼贼臣，
> 男儿爱国已忘身。

吴樾牺牲后一年多，1907年4月东京同盟会机关报《民报》临时增刊《天讨》，刊载了吴樾的遗文与纪念吴樾的文章。辛亥革命后，国人寻获到吴樾的遗骨，安葬于安庆平头山。

（四）新派五大臣出国考察及其结果

1905年（清光绪三十一年）年底，慈禧太后为了应付严重的国内政治危机，经过一番曲折，做出改革政治与预备立宪的姿态，除继续派镇国公载泽、户部侍郎戴鸿慈、湖南巡抚端方外，因徐世昌、绍英不能去了，改加派山东布政使尚其亨、顺天府府丞李盛铎，仍是五大臣，分赴东、西洋各国考察政治，以作本国政治改革的借鉴。

这五人有的是皇族亲贵，有的是朝廷高官。他们对民主宪政改革有的一窍不通，有的一知半解，情况各异，心态各有不同，但君命在身，自然要奉行，何况出国访问既能抬高自己的身价与名望，又能公费旅游、捞取外快，所以也就欣然打道出国了。

五大臣分作两起：以端方、戴鸿慈为第一路，于1905年（清光绪三十一年）12月中旬从上海出发，经日本，到美国，再到欧洲各国；以载泽、尚其亨、李盛铎为第二路，于1906年（清光绪三十二年）年初从上海出发，也是经日本，到美国，再到欧洲各国。历时半年多，在1906年7月，这两路人马先后回到上海（只有李盛铎留欧改任驻比利时公使）。这是一个典型的官方考察团，随员众多，开销奢靡。他们在东、西洋各国看了不少风景名胜与新奇异物，在巴黎看了几场芭蕾舞，在伦敦畅游了泰晤士河……吃了不少西餐，收了许多洋礼，买了不少洋货。游兴已过，便启程回国。至于各国宪政，也看了看，问了问，似有所得，似懂非懂，但说不清道不明。那么，回国怎么向朝廷汇报？

原来，他们早有准备。还在启程出国前，他们就让考察团的一名随员熊希龄通过关系，请当时正流亡日本、遭到清廷通缉的梁启超与另一位以精通宪政著称的留日学生杨度代笔，做两篇东、西洋各国宪政的文章，作为他们未来向朝廷呈交的出国考察报告的蓝本。可是，当各位考察大臣于1906年7月从国外到达上海时，杨度等人写的文章还未送来。考察大臣们这下着了慌。于是，他们又找了个借口，向朝廷报告，要“考察东南民气”。于是，他们逗留上海，游览苏、杭：去龙华观秀色，在西湖尝醋鱼，登虎丘饮酒赋诗。这期间他们再派熊希龄赶到日本，催促杨度交卷。终于由梁启超写了《东西各国宪政之比较》，由杨度写了《中国宪政大纲应吸收东西各国之所长》《和实施宪政程序》，共三篇文稿。考察大臣们以这三篇文稿为基础，让随员们拼凑成一篇出国考察报告。然后，他们才摆着架势回到北京，向朝廷“复命”。轰动一时、被时人视为关系中国国运的五大臣出国考察，费时近一年，费钱无数，就得到这样一个结果。当然，清廷的最高统治者慈禧太后又何尝对他们的出国考察报告真正感兴趣，又何尝对他们的出国考察报告有什么深刻而高明的认识？都只是装装样子，应付舆论，因此，五大臣奢靡而无果的出国考察就在一片皆大欢喜中完满收场了。

此后不久，清政府的宪政改革终于开场了。但是，在这种官僚腐败政治下的宪政改革，其结果也是可想而知了。

七、徐锡麟安庆暴动刺恩铭

（一）安徽巡抚大人中圈套

1907 年（清光绪三十三年）7 月 6 日。安徽省城安庆正是炎热的夏日。

这天是安徽巡警学堂甲班学生举行毕业典礼的日子，学堂内外，装点得焕然一新，喜气洋洋。省巡警处会办兼巡警学堂堂长徐锡麟在鼻梁上架着一副深度的近视圆眼镜，身穿黑羽警官制服，腰佩军刀，带着助手陈伯平、马宗汉二人，一早就在学校各处巡视察看。

此刻，徐锡麟心事沉重。因为他今天不仅要装模作样地迎接省里各大员，主持巡警学堂毕业典礼，更重要的是他要借此机会刺杀安徽巡抚恩铭，然后发动武装暴动，占领省会安庆，然后按计划联络浙江的秋瑾等光复会同志，一同举义，形成浙皖同时起事的形势，包抄南京，控制中国东南半壁。徐锡麟以为，“只要打死了他（恩铭），此外文武不怕不降顺了。我直下南京，可以势如破竹”。大局成败在此一举，岂能不使他格外感到责任重大。

但这时，徐锡麟发动起义所依靠的主要力量，只有他的助手陈伯平、马宗汉二人，以及已秘密参加革命的巡警学堂的少数学生。巡警学堂的大多数学生并不知情。为了动员巡警学堂的学生参加革命起义，在这天清晨，徐锡麟召集全体学生到大操场上集合，然后，他发表了慷慨激昂、含义深刻的讲话。他说：“我此次来安庆，专为救国，并不是为了功名富贵到此。

诸位也总要不忘‘救国’二字，行止坐卧，都不可忘。如忘‘救国’二字，便不成人格。”接着，他向大家暗示，他今天将要采取救国的特别行动，说：“我到巡警学堂工作，为时并不长，与诸位相处，感情可算是和洽。为了‘救国’二字，不敢自处于安全的地位，所以有特别意见，再有特别办法，打算从今天起开始实行。诸位应当体谅我的心，务请你们辅助我，量力而行。这是我对你们的殷切希望！”（陶成章：《浙案纪略》）徐锡麟的这些话，深深感动了许多学生，但只有那些已秘密参加革命的同志才深切地了解其中的深刻含义。

上午 8 时，安徽巡抚恩铭最先来到巡警学堂。恩铭平时多在午后，在别的官员到后，才到学堂，今天却来得这么早，不由不使徐锡麟感到吃惊。他只得急步出迎，举手行礼，说道：“叩见大帅！”

恩铭含笑对他说：“徐道台今日戎装，更有气概。”

徐锡麟答道：“今天是学生毕业大典，大帅又亲自驾临，应该这样穿着，以示隆重。”说完，他高度警惕地引导恩铭去检阅学生操练。

恩铭，字新甫，满族镶白旗人，内务府出身，是慈禧太后的心腹与亲信。权倾一时的庆亲王奕劻是他的岳父，杭州将军寿山是他的连襟。其人虽没有多少才能，却成为方面大员，到安庆任安徽巡抚，成为清廷的封疆大吏与安徽省的最高军政长官，位高权重，镇压革命不遗余力。擒贼先擒王，徐锡麟把他作为今日起事刺杀的第一个对象。

不一会儿，安徽藩司（布政使，主管全省民政）冯煦、臬司（按察使，主管全省司法）毓朗与抚幕张次山及各道等官员、来宾 50 多人都陆续到达。9 时整，徐锡麟请恩铭等众官员来宾进入礼堂考核毕业学生的内堂功课。学生排队站在堂外。恩铭坐在礼堂正中位置上，徐锡麟率学堂教员站立台前。与他一同密谋举事的同党陈伯平、马宗汉分站在他的两旁。

典礼开始。首先由学生代表进堂行谒见巡抚礼，恩铭还礼。这时徐锡麟突然回过身，向恩铭举手行礼，呈上学生名册，同时大声报告说：“回大帅，今日有革命党起事！”——这是徐锡麟同陈伯平、马宗汉事先约定的起事暗号。恩铭惊问：“徐会办从何得知这个消息？”话音未落，陈伯平已经跨上前来，把一颗炸弹朝恩铭猛力掷去。可惜炸弹没有爆炸，恩铭立即惊起。不等恩铭清醒过来，徐锡麟马上说：“大帅勿惊，这个革命党，我一定为大帅拿到！”同时以迅雷不及掩耳的速度从靴靿拔出手枪两把，左右开弓，连续向恩铭射击。陈伯平、马宗汉也向恩铭开枪。恩铭身中七弹，立即倒地。礼堂内顿时大乱，文武官员慌忙逃命，又有几人中弹。负伤的恩铭被部下趁乱抬走，陈伯平眼疾手快，追上来在后面放了一枪，从恩铭屁股上穿心部。藩司冯熙命部下将恩铭背到轿里，两脚拖在轿外，狼狈抬回抚署。不久，恩铭即死去。

据陶成章《浙案纪略》记载，徐锡麟在枪击恩铭后，见清吏作鸟兽散，遂拔出指挥刀，向学生们扑案大呼说：“抚台已被刺，我们去捉奸细，快从我革命！”众多的学生被这突发事件惊得目瞪口呆，一时不知所措。徐锡麟率陈伯平、马宗汉二人，左执刀，右持枪，横目虎视众学生，大呼：“立正！向左转！开步走！”带领学生冲出巡警学堂大门，打算先攻占巡抚衙门；后听说巡抚衙门已有了准备，不易攻克，乃奔向安庆军械所。徐锡麟领前，马宗汉居中，陈伯平殿后，带领学生打死守所清兵，占据了军械所。这时，众学生多趁乱弃枪逃走，跟着徐锡麟进入军械所的，只有30多名革命学生。

徐锡麟以为占领军械所后就可以获得充足的枪械子弹，他命陈伯平守前门，马宗汉守后门，他自己率领众学生搜寻武器，准备迎敌。但狡猾的军械所总办听到枪声，知发生事端。他见徐锡麟率众学生奔军械所而来，就悄悄地带着库房钥匙从后门溜走。由于枪械弹药库都是在地下室，入口的上面盖着很厚的钢板，并且以大洋锁锁牢，因此，徐锡麟等人在仓促间无法打开，也就无法获得足够的枪械子弹。不久，大队清兵赶到，包围了军械所。安徽藩司冯熙重金悬赏捕获徐锡麟。双方战斗近4小时，陈伯平中弹牺牲。下午4时，清军破墙而入，徐锡麟与马宗汉等二十余人被捕。

徐锡麟长期准备并精心组织的安庆武装起义，迅速而悲壮地失败了。

（二）“捐官学军”，实行“中央革命”的徐锡麟

徐锡麟，字伯荪，1873年（清同治十二年）12月17日出生在浙江绍兴山阴县东浦村一个封建守旧的家庭中。其父徐梅生经营商业，富有资产。其表伯俞廉三曾任山西巡抚，是清廷的大官僚。徐锡麟长得身材矮小，瘦削，长颈方口，眼睛深度近视，看上去是一副文质彬彬的书生样子，但秉性刚毅倔强。

1903年正是民主革命风潮激荡的一年。上海发生了震动全国的“《苏报》案”，邹容的《革命军》与章太炎的革命著作在各地秘密流行。被关押在上海西牢中的邹容与章太炎的命运更是牵动着全国一切有良知的人的心。徐锡麟受这股强大的革命时代潮流影响，开始觉醒。这年夏天，他有机会去日本参观大阪博览会，游览了东京，受到当地中国留学生革命风气的感染，思想更加激进。他在参加留日浙江学生营救章太炎的会议上，慷慨捐钱，热心赞助，赢得许多革命志士的钦佩。徐锡麟得以结识了陶成章、龚宝铨、钮永建等反清革命志士，听到了许多反清革命的道理，萌生了反清革命思想，乃号“光汉子”。

1904年，徐锡麟去上海加入了反清革命团体光复会。为物色同志，他在1905年春带几个学生游历诸暨、嵊县、东阳与义乌等地，联络会党，交结“奇才力士”。为准备革命起义，徐锡麟先后创办体育会与大通师范学校，集中革命同志，进行武装训练。

在这时，陶成章提议革命党人“捐官学军”，利用当时清政府可以捐纳数量不等的金钱换得不同官职的制度，到清政府中取得重要官职，尤其要掌握兵权，然后发动兵变，实行“中央革命”，夺取一省或数省地区。徐锡麟觉得此方法可以省去许多的麻烦事项，容易实行也容易成

功，故极表赞成，并身体力行。他经其表伯、曾任山西巡抚的俞廉三推荐，又花银3000两，经清廷批准，以官费生的身份送日本学习陆军。1905年冬，徐锡麟偕妻子王振汉、同志陈伯平（号光复子）、马宗汉（号宗汉子）等再去日本，先后准备进日本陆军联队、振武学校、警政学校等学习军事，因受清廷派驻日本的陆军留学生监督王克敏阻挠，再加上徐锡麟高度近视，均未得成。

1906年春徐锡麟回国，曾北游京师及辽、吉，察看形势。当年冬，他再捐了个道员，被分发到安庆候补。这时安徽巡抚是满人恩铭。当年俞廉三在任山西巡抚时，曾提携过在山西任知府的恩铭，二人结为师生关系。徐锡麟被分派到安庆候补后，经俞廉三向恩铭推荐，“称锡麟有才，务加重用”，再加上徐锡麟做事精明干练，很快得到恩铭的信任与重用，先在这年年底任安徽陆军小学堂会办，第二年，即1907年春，继任安徽巡警处会办兼任巡警学堂堂长。因巡警处总办长期空缺，徐锡麟实际上掌握了主管安徽全省的警务大权。他利用职务之便，与同志陈伯平、马宗汉等人积极开展活动。他结识了兵备处提调胡维栋、马营排长常桓芳、督练公所学员龚振鹏等人，引为革命同志，准备起义时引为奥援。在巡警学堂里，他白天亲自督课，晚上与将士或学生们饮宴谈心，以联络感情。只是历时太短，徐锡麟并未能在巡警学堂发展较多的忠实革命同志，更未能建立较坚固有力的革命组织。

1907年夏，徐锡麟与浙江的革命党人秋瑾等相约浙、皖同时起事，由陈伯平来往于两地进行联络。但在起义前夕，浙江有个革命党人叶仰高在上海被捕，转押南京后叛变，向两江总督端方供出所知党人的暗号、别名等，并说有个重要的浙江革命党人“光汉子”已混入安徽官府，待机起事。幸亏他只知徐锡麟的别号“光汉子”，却不知徐锡麟其人。两江总督端方立即密电恩铭侦缉查拿“光汉子”。恩铭因徐锡麟是巡警处会办，召去商议，并把端方密电给他看。徐见自己的别号“光汉子”赫然在上，却不动声色，假作侦缉部署，暂时骗过恩铭。但徐锡麟知事情紧迫，立即紧急部署起义。

当时安庆清兵防务空虚。徐锡麟与浙江秋瑾相约：浙江在7月6日起义，安庆在7月8日巡警学堂甲班学生举行毕业典礼起义。但不巧的是，恩铭在7月8日将去其总文案与结盟兄弟张次山家，为其母的八十寿辰祝寿，就下令改在7月6日举行毕业典礼。徐锡麟无奈，只得遵从，暗地里加紧准备。7月5日那天，徐锡麟特地身穿礼服，亲自到省城内各官署，邀请各重要官员次日到巡警学堂观礼——便于到时一网打尽。回到学堂后，他又召集部分骨干学生讲话，以暗示的语言做战前动员。由于徐讲的是绍兴话，而且语多隐晦，与会的学生多莫名其妙。

7月5日晚，徐锡麟又和陈伯平、马宗汉制订第二天的起事行动计划，约定暗号。

后来的事实证明，徐锡麟部署、发动与领导的这次安庆暴动，是有严重缺陷的。他看轻了武装起义的复杂性与严重性，他看低了省城中清廷官府的有组织地镇压革命的力量，他没有估计到起义发生后会发生的种种意想不到的困难与危险，他更没有在事前对民众，包括巡警学堂学生进行充分的发动、宣传、教育与组织工作，他过分注重个人或少数几个人的力量，过分依赖突然一击的暗杀活动，以为只要杀死恩铭一人，振臂一呼，大局就可定。整个暴动过程实际只有徐锡麟和陈伯平、马宗汉三个人在活动，是一场只有三个人参加的起义，形同儿戏。结果是，当恩铭被刺死后，安庆清廷官府迅速调动与组织起强有力的军事力量进行反扑与镇压，徐锡麟与他的两个战友显得异常势单力薄，没有民众，没有军队，没有枪械子弹，他们的迅速失败就是必然的了。

徐锡麟部署、发动与领导的这次安庆暴动迅速而悲壮的失败，为后来革命党人发动新的武装起义，提供了沉重而宝贵的经验与教训，是辛亥革命的宝贵财富。

（三）专制政府野蛮残忍地对徐锡麟斩首挖心

恩铭被刺死了。但安庆武装起义却迅速失败了。

徐锡麟被捕后，马上被押解到督练公所，由藩司冯煦、臬司毓朗与抚幕张次山会审。徐锡麟到庭，昂然挺立。

冯煦问："恩铭是你恩师，你初到省就让你充当陆军学堂会办，又让你当巡警处会办和巡警学堂堂长，有事依你，如同手足！你为什么这样的毫无心肝？"

徐锡麟严正回答："恩铭对我个人的确好，但那是私惠。而我杀他，是为天下的公愤。"

冯又问："你是革命党吗？"

徐锡麟自豪地说："是！可这次起义是我和光复子、宗汉子三人所做。此外附和我的学生都不知情，是我用枪逼迫他们随行的。我的罪一人承当，不要累及他人。"接着，他突然反问："恩铭死了吗？"毓朗诳骗说："没有死，他只受小伤，经西医诊治已愈，明天就可来亲自审你。"徐闻此言，一时低头无语。忽听堂上有人说："你知罪吗？明天要挖你心肝致祭！"徐锡麟一下恍然大悟，仰天大笑说："那么恩铭一定是死了。他死，我志已尝，就是粉碎我身，也心肝情愿，何惜一个心肝！"

略停片刻，徐锡麟以手指毓朗说："便宜你了，你幸得不死！……不过杀你也没有用，我的志愿是先杀恩铭，再杀端方、铁良、良弼！"

最后，徐锡麟挥笔疾书了一份数十字的绝命书：

> 为排满事，蓄志十几年，多方筹画，为我汉人复仇。故杀死满人恩铭后，欲杀端方、铁良、良弼等满贼，别无他为。……

当天晚上，在安庆抚院东辕门外刑场，专制政府下令将徐锡麟残酷杀害。徐锡麟临刑前神色自若，说："功名富贵，非所快意。今日得此，死且不憾矣！”刽子手们遵照专制统治者的命令，将徐锡麟先斩首，然后挖心剖肝，祭奠恩铭。恩铭的侍卫还惨无人道地将徐锡麟的心肝炒熟，作为他们的下酒菜。这充分表现了处于垂死状态的专制统治者的野蛮残暴。

数日后，1907 年 7 月 13 日，徐锡麟的战友秋瑾也在绍兴被捕，并迅速于 7 月 15 日被残暴地砍头示众。这又一次违反了皇权专制政府多年实施的对死刑女犯不砍头示众的“祖例”，再次显现了处于垂死状态的专制统治者的野蛮残暴。

消息传出，激起了革命党人与全国人民对清朝专制政府更加强烈的憎恨。专制统治者本希望以野蛮残暴的刑罚吓倒革命党人，但历史的发展与他们的愿望相反，被专制统治者的野蛮残暴激怒的革命党人与中国人民更勇敢地投入反抗专制暴政的斗争！革命党人隆重举行哀悼徐锡麟的集会。新加坡《中兴日报》1908 年 1 月 11 日刊登了这样一副挽联：

> 黑烟白刃，五步血流，问尔时党狱频兴，曾否能锄民气尽？
> 盛会无遮，万人膜拜，喜今日真容获接，应知相对感情多。

专制统治者在野蛮残暴地杀害徐锡麟时，还将参与起义的安徽巡警学堂的学生宋玉琳等四人绑到刑场上陪斩，意图借此恫吓青年学生与广大民众。但宋玉琳等丝毫未被他们亲眼看见的血腥屠杀所吓倒。当清廷迫于舆论压力不得不释放宋玉琳后，宋立即更义无反顾地投入革命斗争：先于 1908 年 11 月 19 日参加了熊成基、范传甲领导的安庆新军马炮营起义；后于 1911 年 4 月 27 日参加了广州黄花岗武装起义，重伤被俘，英勇不屈，厉声斥敌，说：“安庆之役吾应死而不死，将有以报吾死友范（传甲）君也，今日者可以死矣！”之后壮烈就义，成为著名的黄花岗七十二烈士之一。

而清朝专制政府的统治者们经此事件的打击，广泛地精神崩溃，草木皆兵。因为被刺杀的恩铭，是安徽巡抚，是清廷的封疆大吏，一省的最高军政长官；被刺杀的地方，是清廷军警密布的要地；而作为刺客的革命党人，竟是担任省巡警处会办兼巡警学堂堂长等重要职务的道员徐锡麟，这使得清廷官吏们，从北京到地方，从上到下，从大到小，都被吓得目瞪口呆，感到革命党人神秘莫测，无处不在，防不胜防，终日精神紧张，疑神疑鬼，陷入张皇失措的境地。当时有人记载说："皖事起后，京中惶惧异常，有草木皆兵之相"。甚至慈禧太后也常常痛哭，"从此心灰意懒，得乐且乐"。在南京的两江总督端方惊呼英勇不屈的徐锡麟"悍厉至此，实所罕见"。他致电清廷陆军部尚书铁良说："吾等自此以后，无安枕之一日"。

清朝专制政府的丧钟敲响了！

八、张謇与各省咨议局的立宪斗争

在南京城北的湖南路上，有一座醒目的仿法国古典建筑形式设计的西洋宫殿式建筑，建筑为二层围合式，平面呈正方形，中为会议厅。前进共10间，面阔73.6米，中间入口有门厅，孟莎式屋顶，并耸起钟塔楼。室内进深10.5米，前后有廊，廊深均为2.9米。后进亦为10间，面阔57米，室内进深8米，前后走廊深2.9米。高耸的钟塔，圆拱状的门窗框、墙线壁柱及深绿色陡峭的屋顶，配上突出的大门厅，既庄严肃穆质朴庄重，又不乏明快生气。

这就是建成于1909年、清末全国第一个省咨议局——江苏省咨议局的大楼。

看到这座建筑，就不能不谈到清末江苏著名的爱国企业家张謇先生。

（一）“中国民营企业家的先贤和楷模”

张謇，字季直，号啬庵，祖籍江苏常熟土竹山，1853年7月1日（清咸丰三年五月二十五日）出生于江苏省海门直隶厅长乐镇（今江苏省南通市海门区常乐镇），1873年（同治十二年）归籍通州；1869年（清同治八年）考中秀才；1876年（清光绪二年）夏，前往浦口，入吴长庆的“庆军”幕，任文书；1882年（清光绪八年），朝鲜发生“壬午兵变”，日本乘机派遣军舰进抵仁川，吴长庆奉命督师支援朝鲜平定叛乱，以阻止日本势力扩张。

张謇随“庆军”从海上奔赴汉城（今首尔），为吴长庆起草《条陈朝鲜事宜疏》，并撰写《壬午事略》《善后六策》等政论，主张对日采强硬政策，受到“清流”南派首领潘祖荫、翁同龢等的赏识。1884年吴长庆病故，张謇离开“庆军”回乡读书，准备应试。1885年（清光绪十一年）应顺天府乡试，考中举人。1894年（清光绪二十年，甲午年）慈禧太后60岁大寿辰，设恩科会试，虚岁42的张謇考中状元，授翰林院修撰。旋因父丧，循例回籍守制。

1895年（清光绪二十一年）初，署理两江总督的张之洞奏派张謇、陆润庠、丁立瀛分别在通州、苏州、镇江设立商务局。张謇与陆润庠商定，分别在南通和苏州创办大生纱厂与苏纶纱厂。

张謇痛感甲午惨败，决心走实业救国之路，在署理两江总督张之洞的委托和支持下，在南通招商集股，筹建南通大生纱厂。1898年（清光绪二十四年），大生纱厂正式在通州城西的唐家闸陶朱坝破土动工。次年，1899年，大生纱厂建成投产，正式出车。经过张謇数年的经营，大生纱厂日益壮大。

1901年起，为解决纱厂原料——棉花的问题，张謇在两江总督刘坤一的支持下，在吕泗、海门交界处，围垦沿海荒滩，于1901年12月2日举行古老的祭海仪式，正式成立“通海垦牧公司”，拥有10多万亩耕地，后范围扩大至苏北沿海，范公堤以东，南起通州吕四，北至响水陈家港，长350千米，宽数十千米，面积约1.2万平方千米的盐产区，招聘数万农工，种植棉花。史家称此为“中国农业近代化的里程碑”。

随着资本的不断积累，为了利用棉籽和多余的工厂动力，张謇又在唐闸创办了广生榨油公司、复新面粉厂、资生冶厂、大隆油皂公司等，逐渐形成唐闸镇工业区；同时，为了便于器材、机器和货物的运输，在唐闸西面沿江处，兴建了港口——天生港；1904年，创办了外江轮步公司，开辟了外江航线，使天生港成为重要的长江港口；以后又组成天生港轮步公司，在苏北内河开辟航线；在天生港兴建发电厂；在城与镇之间、镇与镇之间，开通公路，使南通成为中国早期的民族资本主义工业基地之一。他为了集聚资金，实施股份制，于 1897 年 9 月 26 日发行中国最早的股票——大生纱厂股票；后来还成立了淮海实业银行。

发展民族工业需要科学技术，张謇在南通努力兴办学堂，创办文化教育事业。他于 1902 年在南通创办通州师范学校，邀请王国维等著名学者来任教。这是中国第一家师范学校。为了向先进的国家学习，1903 年（清光绪二十九年），虚岁 51 岁的张謇赴日本考察。张謇的考察，有目的，有准备，随员少，日程紧，考察的重点放在教育和工业上，同时也兼顾农、商等其他方面。在日本考察的短短十数天中，他访问了学校 28 所，访求教科书 1 次，与日本枢密顾问官谈教育 1 次，访中国留学生 2 次，参观水族馆、博物馆 3 次，访报社及印刷厂 1 次，参观博览会 6 次，访工业 4 处、盐业 3 处、农牧 2 处、建港 2 处、凿井 1 处、银行 1 处。约谈的人数更多。真是日不暇食，舌敝唇焦。而且所有活动都与考察目的紧密相关。张謇在日本考察中，还特别注意学习与中国实际相近、对中国改革有用的东西。比如，他到日本学校参观，"学校形式不诱观大者，诱观小者"，"学风不诱询都城者，诱询市、町、村者"等等，因为后者更切合中国、特别是更切合南通当时的实际。在日本考察期间，张謇每天都写下考察日记与心得，对所见所闻所得进行分析与总结。最后，他整理成一本厚厚的《东游日记》。他得出的结论是："就所知者评其次第，则教育第一，工第二，兵第三，农第四，商最下"，"父教育而母实业"。这些考察成果后来对张謇的近代化事业产生了良好的影响。张謇从日本考察回国后，于 1905 年创办通州女子师范学校；在通海垦牧公司的农垦区，为农工子女建立多所小学；1922 年把医专、农专、纺专合并，建成了综合性的南通大学。他还在通州创办了中国第一家博物馆——南通博物苑、第一家育婴堂、第一家现代剧场——更俗剧场、第一家气象台、第一家图书馆、第一家慈善院等，开时代之先风，使通州被人们誉为"中国近代第一城"。

2020 年 11 月 12 日下午，正在江苏考察调研的习近平总书记来到南通博物苑，参观张謇生平展陈，了解张謇兴办实业救国、发展教育、从事社会公益事业情况。习近平指出，张謇在兴办实业的同时，积极兴办教育和社会公益事业，造福乡梓，帮助群众，影响深远，是中国民营企业家的先贤和楷模。张謇的事迹很有教育意义，要把这里作为爱国主义教育基地，让更多人特别是广大青少年受到教育，坚定“四个自信”（《人民日报》记者尚泽：《习近平赴江苏南通考察长江生态》，《人民日报》（北京）2020 年 11 月 13 日）。

（二）张謇与江苏的立宪运动

张謇尤其可贵的是，他始终有强烈的爱国热情，始终关心政治，关心国家的命运，为晚清的政治改革与辛亥革命做出了重要的贡献。

20 世纪初，在《辛丑条约》签订、清政府的专制、反动与腐败无能暴露无遗后，清政府不得不宣布实施“新政”。这时，有越来越多的人，要求除了进行军事、教育、经济等方面的改革，还要求清政府从根本上改革中国的皇权、官僚专制政治体制，实行立宪改革，实施西方欧美式的宪政体制，在中央开设国会，在地方开设省、府、县议会，颁布宪法，让民众有选举权、监督权、建言权、办报权等等，为此掀起了为时数年、轰轰烈烈的宪政运动。

在这次立宪运动中，以张謇为首的江苏立宪派，走在全国的最前面，活动十分活跃，产生了重大的影响。

张謇是 1894 年的甲午恩科状元，与清廷上层重要官员有密切的关系。他受时代的影响，在 1903 年赴日本考察时，除经济、教育等外，对日本实施宪政改革致国家强盛，十分关注与向往，回国后即在朋友中酝酿讨论有关宪政的问题。1904 年，清政府授予张謇三品官衔。这年 5 月，他替湖广总督张之洞、两江总督魏光焘草拟了《拟请立宪奏稿》。他与浙江名流汤寿潜一起见张之洞，商谈立宪事，张之洞要他们联系直隶总督袁世凯，使立宪问题在内外大臣中议论开来。

在1904年2月至1905年初的日俄战争中，实施过宪政改革的日本，一举打败了号称强大却拒不进行宪政改革的沙俄，随之，沙俄国内在1905年爆发了革命，使得中国国内立宪思潮高涨，也使得张謇更加热衷于在中国实现立宪改革，为此展开广泛的活动。

1905年7月初，两江总督周馥与直隶总督袁世凯、湖广总督张之洞联衔上奏，请定12年后实行宪政，并奏请派亲贵大臣分赴各国考察政治。清政府迫于社会与官场的压力，不得不做出要实施宪政的姿态，于7月16日发布上谕，直陈朝廷的难局，派出载泽等五大臣出国，考察东、西方一些国家的宪政政治。1905年底，五大臣兵分两路，在东、西方一些国家绕行一转，回到北京。1906年8月26日，载泽上奏《奏请以五年为期改行立宪政体折》，阐述了立宪之利，可使皇位永固、外患渐轻、内乱可弭。1906年9月1日，慈禧太后发布"预备仿行宪政"的上谕《宣示预备立宪先行厘定官制谕》，宣布从官制入手，次第更张，"妥议立宪实行期限，再行宣布天下"，其原则是"大权统于朝廷，庶政公诸舆论"。

张謇等江苏立宪派人士备受鼓舞，闻风而动，联合浙江立宪人士，于1906年12月16日，在上海成立"预备立宪公会"，推郑孝胥为会长，张謇与汤寿潜为副会长。不久郑孝胥辞职，张謇改任会长，会员大都为江、浙工商界代表及开明绅士，如张元济、夏曾佑、王清穆、雷奋、许鼎霖、沈云沛等。该组织出版《预备立宪公会报》《宪志日刊》以及多种宪政书籍，创办国会问题研究所，从事调查编纂商法，尤其是带头发动速开国会的请愿运动，要求速开国会、颁布宪法、缩短预备立宪期限等，在全国涌现的立宪团体中，领袖群伦，活动时间最长，举足轻重，影响最大。

随着立宪浪潮的蓬勃兴起，清廷不得不做出准备立宪的姿态，试图以改革官制来摆脱政治危机，于1907年9月20日发布上谕，宣布在中央筹设资政院，任命溥伦、孙家鼐为总裁，主持筹备；10月19日发布上谕《著各省速设咨议局谕》，命令各省筹设咨议局，"著各省督抚均在省会速设咨议局……有采取舆论之所，俾其指陈通省利弊，筹计地方治安，并为资政院储材之用”（故宫博物院明清档案部汇编:《清末筹备立宪档案史料》下册，第667页）。1908年7月22日，清廷发布上谕《咨议局及议员选举章程均照所议办理、着各省督抚限一年内办齐谕》，批准、颁布宪政编查馆拟定的《各省咨议局章程》与《咨议局议员选举章程》，谕令“即着各督抚迅速举办，实力奉行，自奉到章程之日起，限一年内一律办齐”（故宫博物院明清档案部汇编:《清末筹备立宪档案史料》下册，中华书局1979年版，第684页），并对各省咨议局的“宗旨”“议员”“权限”作了种种规定。接着，1908年8月27日，清政府颁布《钦定宪法大纲》，宣布9年为期，逐年筹备宪政，期满召开国会。

遵照清廷谕旨，江苏当局立即开始筹办咨议局。江苏省因为有两个布政使分治，原拟分设江苏咨议局、江宁咨议局，后经江苏人士要求，江苏、江宁两局乃合为一局，于1908年10月，在南京碑亭巷设立“江苏咨议局筹办处”，由江宁布政使樊增祥、提学使陈伯陶任总办，张謇任总理，在籍翰林院编修夏寅官、安徽候补道许鼎霖任协理。

张謇成为江苏咨议局筹设的核心人物。他特派南通师范学校毕业的孙支厦等人，专程去日本等国，参观各国国会建筑，取其图式，精心设计，在南京城内北部湖南路上，建江苏省咨议局大楼，历经约近一年，于1909年秋建成。

由于在1908年11月14日、15日，光绪皇帝与慈禧太后相继死去，年仅3岁的溥仪登基，是为宣统帝，由其父载沣摄政，因此，直到1909年初，各省咨议局的选举活动才开展起来。

1909年3月，在两江总督与江苏巡抚的监督下，江苏各县举行咨议局议员的选举。按照清廷《各省咨议局章程》与《咨议局议员选举章程》的规定，选举人的资格，须是本省籍贯的男子，年满25岁以上，具有以下条件之一者:（1）曾在当地办教育或其他公共事业三年以上并有显著成绩；（2）曾在本国或外国中学毕业或具有同等学历并有文凭；（3）有举贡生员以上出身；（4）曾任文官七品、武官五品以上并未被参革；（5）在本省地方有五千元以上之营业资本或不动产。这就剥夺了广大的妇女与无功名、无财产的穷苦劳动民众的选举权。当时江苏全省人口有32282781人，有选举权的选民只有162472人，约占总人口的0.50%。而被选举人，即咨议局议员，由各县推选，除规定须是本省籍贯的男子，年满30岁以上，其他条件更为严苛，如小学堂教员不得当选等。而各学堂在校学生，则一律没有选举权与被选举权。最后，江苏各县共选出125名咨议局议员。

1909年9月14日到16日，江苏省当选的部分咨议局议员，95名，到南京，举行咨议局筹备会议，选举张謇为议长，仇继恒、蒋炳章为副会长，总理全局事务，以下设办事处，处理日常工作；黄炎培等为常驻议员。

（三）张謇与江苏咨议局的三次国会请愿运动

1909年10月14日，江苏咨议局在两江总督与江苏巡抚的“监督”下，在南京湖南路新建成的江苏省咨议局大楼里宣布开幕，举行第一届常会，正、副议长主持会议。第一届常会历时56天，共收到议案184件，分为督抚交议案、议员提议案与人民请议案。按宪政编查馆的规定，咨议局必须先讨论督抚交议案，然后才能讨论议员提议案与人民请议案。由于会期有限，结果许多议员提议案与人民请议案，未及开议就闭会了。在共收到的议案184件中，讨论结果如下：

已经议决案：督抚交议案15件，议员提议案72件，人民请议案22件。

议而未决案：议员提议案16件，人民请议案4件。

未及提议案：议员提议案10件，人民请议案3件。

毋庸提议案：人民请议案37件。

未及审查案：人民请议案5件。

这个统计表明，在江苏咨议局第一届常会中，议员提议案达 98 件，人民请议案达 71 件，这说明议员与民众对宪政抱有很大的热情与希望。虽然咨议局的权力仅限于提议与咨询性质，议员们小心翼翼，不敢越雷池一步，气氛相当压抑与低迷；但作为议会政治的起步，在监督和评议上还是发挥了一定的作用，在一定程度上发出了社会各界的心声。而两江总督张人骏对宪政却仍然是冷漠、傲慢甚至压制，对咨议局的议决案多有不满，根本不予重视。1909 年 12 月 3 日，他札复咨议局所议 11 案，有两件交令复议，5 件予以驳回，仅通过 6 件，并在行文中，对咨议局横加指责，多有不敬。1909 年 12 月 7 日，上海《时报》发表《与客谈江苏咨议局》，抨击张人骏“以排斥咨议局为保持禄位之第一妙诀”，直言“肉食者鄙”！

各省咨议局成立后，就联合发起了要求在中央设立国会的大规模请愿运动，时间持续了整个 1910 年。而首先发难的，还是江苏咨议局。

1909 年 10 月 14 日江苏咨议局一成立，在忙于本省议案的提出与议决的同时，就发起成立“咨议局联合会”，先后派代表或致函全国各省咨议局，请推派代表，齐集上海，洽商进京请愿设立国会。1909 年 11 月 27 日，先后有苏、直、奉、吉、黑、晋、鲁、豫、鄂、湘、赣、皖、浙、闽、粤、桂等 16 省咨议局的代表 55 人，到达上海，聚于“预备立宪公会”事务所，举行“请愿国会代表团谈话会”，决定组成 33 人的代表团，取名“咨议局请愿联合会”，推举江苏的方还、湖南的罗杰、奉天的刘兴甲、福建的刘崇佑 4 人为干事，即时进京，向都察院呈递请愿书。代表临行时，张謇设宴送别，并致词说：

我中国神明之胄，而士大夫习于礼教之风，但探明乎匹夫有责之言，而鉴于亡国无形之祸，秩然秉礼，输诚而请。得请则国家之福，设不得请而至于三，至于四，至于无尽，诚不已，则请亦不已，未见朝廷之必忍负我人民也。即使诚终不达，不得请而至于不忍言之一日，亦足使天下后世知此时代人民固无负于国家，而传此意于将来，或尚有绝而

复苏之一日。（张謇：《送十六省议员诣阙上书序》，《国风报》1910年第二期）

1910年1月16日，“咨议局请愿联合会”33人，第一次向都察院递交请愿书。1910年6月16日，“咨议局请愿联合会”第二次向都察院递交请愿书，人数更多，言辞更加激烈。清廷顽固地一再加以拒绝与斥责。被激怒的立宪派人士立即组织第三次国会请愿。就在这时，1910年9月23日，资政院举行第一次开院礼。立宪派人士受到鼓舞，国会请愿运动进入最高潮。张謇打算亲自出马，发起组织并率领一个“议长清愿团”，联合进京请愿。张謇在发起书中说：

谨启者，国会请愿两次无效，群望三请。近日敝省公论，以为前次谕旨，既断再请之路，现资政院开，专达民隐，自不能援他奏事官之例，不为上达。此次请愿，拟向资政院陈情建议，以期必达，此第一步也。请愿之人就苏言，拟推謇以议长北上，此第二步也。请愿之期，以十月底成行，十一月到院陈情，适为毕本局之事，而尚在资政院开院之期，此第三步也。以议长名义北上，各省能否赞同？或不尽能去，亦当转托他省能去之议长为代表，略成一议长之请愿团，以结前二次代表团之局，而别开第三次请愿之新面目，此第四步也。公论如是，謇不敢违，用敢驰告同岑。（《江苏咨议局发起国会请愿》，《时报》1910年10月1日）

更大规模的国会请愿运动开始了。“咨议局请愿联合会”提前于1910年10月中，向资政院与监国摄政王载沣第三次递交请愿书。资政院于10月22日，除代奏请愿书外，并通过了陈请速开国会专折。直隶、山西、河南、四川、福建等省先后出现数千人集会，要求督抚代奏请愿呈稿。在声势浩大的请愿运动压力下，18个督抚、将军、都统，由东三省总督锡良领衔，联名奏请清廷，立即组织责任内阁，翌年开设国会。

清廷于震惊之下，在1910年11月14日发布谕旨，宣布缩短预备立宪期限，由9年改为5年，定宣统五年开设议院；国会开设之前先设责任内阁；同时下令各省请愿人士“即日散归”。在张謇的主使下，江苏咨议局于1910年11月7日致电资政院，接受并祝贺国会缩期召开。但多数省咨议局坚持在第二年，即1911年，即开国会；奉天省更在民众割指刺股写血书的激愤中，于1910年12月11日派出第四次国会请愿代表启程赴京。结果，清廷悍然下令镇压与驱赶。

立宪派寄以很大希望的国会请愿运动失败了。

接着，1911年5月8日，清廷颁布内阁官制十九条，废除军机处，任命总理、诸大臣，成员名单中竟有过半数为清宗室（皇族）与满人，被民众讥嘲为“皇族内阁”。“是时举国骚然”，张謇特地赶到上海，与赵凤昌、沈曾植、汤寿潜等立宪派人士，共同上书摄政王载沣，极力规劝他危途知返，“更引咸、同间故事，当重用汉大臣之有学问阅历者”（《张謇全集》第八卷，上海辞书出版社2012年版，第1026页）。随后，张謇还亲赴北京，对载沣等皇室贵胄当面提出忠告，但均未引起他们的重视与积极回应。

江苏立宪派与其他各省立宪派一样，对清廷越来越失望，甚至不满，认为清政府实无诚意推行宪政，乃逐渐同情、倾向革命事业。张謇最后也走上了这条道路。

因此，可以说，张謇等江苏立宪派人士及其领导的江苏省咨议局，自1909年10月14日成立，到1911年10月10日武昌起义爆发，历时约两年，尽管存在种种不足，但毕竟在清朝皇权官僚政治制度的铁幕上打开了一个缺口，在中国两千多年的专制黑暗中透露进一些民主的曙光。它虽与革命党人发起的武装反清革命斗争常有分歧，但也有许多配合与呼应。它多次发起的争取立宪与民众权力的斗争，逼迫清政府不断后退让步，得到社会舆论的广泛关注和支持，推动了全国民主思想的传播与高涨，为辛亥革命的思想准备做出了贡献，也为民国时期的民主政治建设做出了贡献。

九、京师石板桥下汪精卫谋炸摄政王

（一）在摄政王上朝必经的石板桥下发现炸弹

1908 年（清光绪三十四年）11 月，清廷的两位最高统治者光绪皇帝与慈禧太后在两天内相继死去。按照慈禧生前的安排，由醇亲王载沣三岁的儿子溥仪入继大统，是为宣统皇帝。国家大政由宣统皇帝的父亲载沣掌管，称监国摄政王。

载沣掌权后，为维持清廷摇摇欲坠的统治，一面继续残酷地镇压革命党人，一面欺骗与弹压立宪派人，妄图继续实行皇权专制统治。

自从 1905 年 9 月 24 日吴樾在北京正阳门车站以炸弹袭击出洋五大臣，1907 年 7 月 6 日徐锡麟在安庆刺杀安徽巡抚恩铭后，北京城内王公贵族、文武百官，无不人心惶惶，无时不严加防范。载沣当上摄政王后，更是严密布置自己的护卫工作。坐落在北京城北什刹海边的摄政王府，就是著名的醇亲王府，高墙深院，内外警备森严，有王府护卫、禁卫军、步军统领衙门及京师警察厅层层保护。每日上朝，摄政王的白色双马四轮轿顶车以大批的步兵与马队层层护卫，并由上朝路过的两个区的警察署署长亲自负责警卫。大队人马浩浩荡荡，前呼后拥，从王府出发，经甘水桥胡同，转鼓楼西斜街，至鼓楼，再转入鼓楼大街、地安门大街，直达紫禁城。1910 年（清宣统二年）年初，因鼓楼西斜街改筑马路，不能行走，摄政王上朝的路线暂时改为由王府跨一座无名石板桥，穿鸦儿胡同、烟袋斜街，再转入鼓楼大街、地安门大街，到达紫禁城。

1910 年（清宣统二年）4 月 2 日，摄政王忽然听到下面禀报：有刺客在他王府近旁、上朝必经的那座无名石板桥下埋设重磅炸弹，试图在他上朝路过那里时将他炸死。摄政王听了大吃一惊，又怕又恨，严令京师军警限期破案。

不几天，警察捕捉到三名刺客，为首的竟是一名文质彬彬的年轻书生，名叫汪精卫。

（二）汪精卫与暗杀团潜入北京

汪精卫，名兆铭，字季新，精卫是他的号。祖籍安徽，后迁浙江绍兴，其父到广东番禺（今广州）做师爷，娶妾吴氏，1883 年（清光绪九年）5 月 4 日生下汪精卫。

汪精卫是父母最小的儿子，长得眉清目秀，且又聪明好学，善承人意，很得父母钟爱。他十三四岁时，父母先后病故，随长兄汪兆镛生活。因家境困难，汪 17 岁就任塾师。1901 年（清光绪二十七年）他参加广州府试，得第一名。

当时中国正处于辛亥革命的前夜。在时代潮流的影响下，汪精卫不愿再走封建科举的老路，在 1904 年（清光绪三十年）考取广东留日官费生，与朱执信等人于这年 9 月漂洋过海，到日本留学。汪先入日本法政学校速成科，逐渐接受了西方先进的民主主义思想。1905 年（清光绪三十一年）7 月孙中山先生来到日本东京，联合各省革命人士，创立同盟会。汪精卫与几个广东同学拜会了孙中山，听孙中山演讲，深深被打动，很快加入民主革命行列，成为同盟会的最早成员。汪精卫参与起草同盟会会章，并当选为同盟会评议部部长，成为同盟会的主要干部。

1905 年 11 月 26 日，同盟会机关刊物《民报》创刊，汪精卫是主要撰稿人之一。他以“精卫”“朴满”等为笔名，根据孙中山的思想与意图，写作发表了一篇篇宣传革命、批判保皇派的振奋人心的文章，在当时产生了很大的影响。汪精卫成为革命党人中最受欢迎的宣传鼓动家。“精卫”这个笔名也就正式成为他的号。“精卫”原是中国古代神话中的鸟名，“精卫填海”表示按崇高的既定目标办事，不怕千难万险，坚持不懈。

汪精卫为了不连累家人，在 1906 年（清光绪三十二年）宣布与家人断绝关系。1907 年（清光绪三十三年）他奉孙中山之命，从日本到南洋各地宣传革命，发动群众，募集款项。汪精卫热烈的革命情绪，清秀的外表，潇洒的风度，雄辩的口才，生动的演讲，在南洋各地产生了广泛的影响。一位南洋富商的女儿陈璧君大受感动，竟从此追随汪精卫，参加同盟会，后来成为汪精卫的妻子。

在革命活动中，汪精卫本来对暗杀是不屑一顾的，他说过：革命是“何等事业，乃欲刺杀一二宵小而唾手得之？真小儿之见而已”。但是在 1907 年到 1908 年间，革命党人在中国南方各地多次发动的武装起义几乎全部失败，许多革命志士壮烈牺牲；在东京的《民报》也被日本当局封禁，一些人情绪沮丧，革命形势低落。这一切大大刺激了年轻脆弱的汪精卫，使他走上了极端的道路，决心孤注一掷，采取暗杀活动，杀敌酋而振奋人心，“藉炸弹之力，以为激动之方”，鼓舞士气，挽救革命。

1909 年（清宣统元年）初，汪精卫再次来到日本，与黄树中（后改名黄复生）、喻云纪（又名喻培伦）、黎仲实、陈璧君、方君瑛、曾醒等组成了一个暗杀小团体，筹款项，买炸药，学习爆炸技能，秘密进行暗杀准备工作。孙中山、胡汉民等人闻讯，对汪精卫加以劝阻。汪激动地给孙中山回信作别，表明心迹，说：“盖此时团体溃裂已甚，维持之法，非口舌所能弥缝，非手段可以挽回”，只有采取“直接激烈之行为”，即施行暗杀，才能使“灰心者复归于热，怀疑者复归于信”。因此，他要为进行暗杀而献身，只要求在“事发后，即为登之《中兴报》”。

汪精卫与暗杀团最初拟暗杀广东水师提督李准，后又计划在湖北狙击从两江移督直隶的端方。这是当时清廷中镇压革命力度最大的两位大官僚，被革命党人视为死敌，但均因故未成功。于是，汪精卫与暗杀团“思于京师根本之地，为振奋天下人心之举”，决定到清廷中心北京暗杀巨酋。

1909 年 10 月，汪精卫与暗杀团先派黄树中到北京筹设暗杀机关。随之，汪精卫与暗杀团准备启程北上。胡汉民再次劝阻，对汪精卫说：“你在同盟会中举足轻重，文才、口才、号召力无人可及。一时之激愤与虏酋拼命，损失太大！”但汪意已决，在临走时不敢与胡汉民告别，只留下血书，称：“我今为薪，兄当为釜！”胡汉民见到血书，当场哭昏过去。

1909 年年底，汪精卫等暗杀团成员全部潜入北京。汪精卫致书胡汉民与南洋革命党人，表示此行决心，说:“此行无论事之成否，皆必无生还之望”，“弟虽流血于菜市街头，犹张目以望革命军之入都门也”。火热的革命激情与必死的革命决心，感动了许多同志与民众。

（三）汪精卫与暗杀团谋炸摄政王的计划及其失败

汪精卫等暗杀团成员潜入北京后，先在琉璃厂火神庙西夹道开设了一家“守真照相馆”，作为掩护点；又在东北园租房作为住宿与活动场所。随后，他们便开始物色暗杀目标。他们先打算炸死清廷首席军机大臣、庆亲王奕劻，但奕劻侍从如云，警戒森严，难以下手。恰在这时，贝勒载涛、载洵从欧洲考察陆海军归国，乘火车到达北京，汪精卫与黄树中暗携炸弹赶到前门东车站，试图谋刺，但因天黑人挤，目标看不清，只得废然而归。最后，他们决定擒贼先擒王，暗杀摄政王载沣。

汪精卫等人侦察了摄政王府，考察了摄政王每天上朝的路线，决定在其上朝必经之路的一座无名石板桥下埋设重磅炸弹，以电线引爆的方法实施暗杀。这石板桥位于摄政王府和鸦儿胡同之间，由几块大石板架成，东西两侧各有一个小水潭，“仅一面有居民数家，甚僻静，距摄政王府最近，为出入必经之路”。桥北有一阴沟。这确实是一个比较理想的地点。他们计划在石板桥下埋设炸药罐，安装上雷管，接出一根电线，刺客则躲在北边阴沟里引爆。等载沣的马车过桥时，用电发火，电流一通，炸药罐爆炸，顷刻就可将载沣炸得血肉横飞。

计划既定，暗杀团立即紧张地行动起来。黄树中、喻云纪早已掌握制造炸弹的技术，他们找了一个西瓜般大的铁罐，到骡马市大街鸿泰永铁铺进一步加工成一个外形不像炸弹的弹壳。喻云纪把从日本带来的 50 磅炸药装进去，安上引爆装置，精心制成一个大型的效能极好的炸弹。汪精卫等人又到旧鼓楼大街清虚观内租了一间房子，作为腾挪的地方。商定先由黄树中与喻云纪去安放炸药铁罐，汪精卫在清虚观静候，到时负责引爆。

1910 年 3 月 31 日夜，黄树中与喻云纪二人来到那座无名石板桥下挖坑，忽听犬声四起，只好折回。次日，即 4 月 1 日深夜，他们又来到那座石板桥下，挖好坑，埋好炸药罐，不料因事前目测不准，敷设的电线太短，不够用，不能延伸到北边的阴沟里，他们只好隔晚再来。

4 月 2 日晚，黄、喻二人第三次来到那座石板桥下敷设电线，忽发现桥上有人偷看，两人大吃一惊，赶紧避开，由喻云纪去清虚观通知汪精卫，黄树中则躲到一棵树后监视。初见一人手持灯笼到桥下察看一回就走了，黄树中忙到桥下想取走炸药罐，但太重，只好草草用泥土盖上。待他听见沸腾的人声从远处而来，只得再次躲开时，就见警察来小石桥下搜索，很快就挖出了那个炸药罐。

原来，这天夜里，鸦儿胡同有一个居民到石板桥旁来解大便。按当时清政府新政时期的法规，北京的胡同已经设置了公共厕所，严禁随地大小便。否则就要罚款。但是，深夜上公共厕所，毕竟不方便，于是这个内急的北京居民，就来到这个僻静之处方便。没想到，他蹲下来之后，发现石板桥下面有俩人影晃动。此人觉得深夜在桥下活动者，非奸即盗。于是，他方便完之后，就大着胆子到石板桥上张望了一下，然后跑回大杂院嚷起来。

街坊们迅速报了警。警察随众人来到石板桥下一看，早就不见人影，但见桥下有一个新挖好的土坑，将上面的浮土扫去，坑里有一个西瓜状的大铁罐，里面装的是炸药，大铁罐盖子上有一螺丝，拧着一根电线，一直通到北边的一条阴沟里，连着一部电话机。这显然是意欲暗杀每日经由这里上下朝的摄政王！

汪精卫与暗杀团谋炸摄政王的计划完全暴露。

当夜，暗杀团成员在东北园召开紧急会议，重新筹划行动，决定由喻云纪去东京重购炸药，黎仲实、陈璧君往南洋筹款，汪精卫与黄树中留京观察形势，图谋再举。

（四）汪精卫等刺客的被捕及其影响

清廷大员们获悉革命党人用炸药谋刺摄政王的消息后，大为惶恐。处于风雨飘摇中的清政府为怕引起京城混乱，严令各报不得宣泄消息，并令警方尽快破案。

埋设炸药的石板桥边早已被京师军警当局派员暗中警戒控制。第二天黄树中与喻云纪到这里察看，被暗探们怀疑，跟踪盯梢。守真照相馆暴露。在这同时，警察们又拿了炸药铁罐，到北京城各铁铺查询，经过鸿泰永铁铺老板的指认，知道铁罐是守真照相馆定做的。4月6日上午，警察去守真照相馆拘捕了黄树中与罗世勋，又在东北园门口抓获了汪精卫，在室内搜出炸弹、手枪、电线等物。

汪精卫等被解送到内城巡警总厅，由厅丞章宗祥审讯。汪精卫与黄树中坦然承认谋炸事实。汪精卫在数千言的供词中，大书革命要义，痛斥清廷的政治改革骗局，指出“今虽称立宪，而其目的在于巩固君主之大权”，如此的立宪，只能是“醉虚名而忘实祸，其罪实通于天”。汪精卫宣称：“欲达民主之目的，舍与政府死战之外，实无他法”。汪精卫的这篇供词，连清廷民政部尚书善耆看后也暗叹不止。

按清廷刑律，汪精卫谋刺摄政王，是要被凌迟处死的。但当时全国革命形势高涨，人心浮动，清廷为标榜预备立宪，拉拢人心，又经善耆幕僚、革命党人程家柽鼎力周旋，最后只将汪精卫与黄树中判为永远监禁。1910年5月1日，汪精卫被移入监狱。在狱中，汪精卫写下了几首五言古诗《被逮口占》，其中尤以下列诗句更为脍炙人口：

慷慨歌燕市，
从容作楚囚；
引刀成一快，
不负少年头！

汪精卫因这次震动全国的谋杀摄政王事件而闻名天下，而他在此前后所作的诗文更是万口传诵，为他日后多年在中国政坛上翻云覆雨的活动争取到了资本。

谋刺摄政王事败后，喻云纪到南方参加革命活动，1911年4月27日参加广州起义，英勇牺牲，成为著名的黄花岗七十二烈士之一。汪精卫与黄树中、罗世勋在辛亥革命后获释。黄树中因自己是死里逃生，遂改名黄复生，曾到南京临时大总统府担任印铸局局长之职。1912年3月，他以四川革命党人的身份，向临时大总统孙中山呈文，称："四川前后起义死难者甚重，以邹容、谢奉琦、喻培伦、彭家珍四烈士功绩最为卓著，请照陆军大将军阵亡例赐恤，并请崇祀忠烈（祠）"，得到了孙中山的应允与支持。孙中山除令谢奉琦照陆军左将军阵亡例赐恤，邹容、喻培伦、彭家珍三烈士均照陆军大将军阵亡例赐恤。孙中山特地表彰了喻云纪掌握制造炸弹的技术，用于爆炸与暗杀敌酋，指出"喻培伦则阐明利器，以充发难军实"（《孙中山全集》第二卷，第292页）。

十、温生才大街枪击广州将军孚琦

（一）广州将军孚琦轿内毙命

1911年（清宣统三年）4月8日，下午4时许，广州城东门外燕塘地方举行的华侨飞行家冯如驾驶的飞机飞行表演结束了。前往观览的人们如潮水般地涌回城里。在人流的后尾，只见众多的清军亲兵簇拥着一乘八抬绿呢大轿，喝道而来，好不威风。轿中坐的就是当时的署理"广州将军"、清廷派驻广州的大员孚琦。

所谓"广州将军"，是清军于1644年入关，相继占领北京与全国广大地区，建立清王朝后，为了加强对全国各地的控制，特在一些重要的省会城市驻防八旗军队，并任命由满人担任的"将军"，为这些驻防八旗军队的统帅。驻防江宁（南京）的称"江宁将军"，驻防福州的称"福州将军"，驻防广州的称"广州将军"，等等。这些"将军"与各省的总督、巡抚地位相当，同为清廷驻各省的大员。

孚琦，满族正蓝旗人，西林觉罗氏，字朴孙，1869年（清同治八年）生。以工部笔帖式充军机章京；后历任郎中、内阁学士。1902年（清光绪二十八年）任刑部右侍郎。1906年（清光绪三十二年）任广州副都统。其人昏庸无能，但靠着是摄政王载沣内戚的这段裙带关系，在1908年（清光绪三十四年）与1911年（清宣统三年）两度署理广州将军职务。此人不学无术，却好游乐。

这天冯如飞机表演，他也特地带了儿子前往观看。飞机表演结束后，他又乘便去农林试验场察看旗地。等他们返回广州城内时，已近黄昏。

孚琦一行进广州城后，沿着大街来到省咨议局附近（今广州起义烈士陵园门口），经过麒麟阁商店门首时，突然从茶馆里冲出一个身材高大的人来，拨开卫队，直奔轿前。只见这位身着蓝衫的不速之客，抓住轿杠，左手掀开轿帘，右手举起手枪，照着坐在轿内的孚琦就是一枪。孚琦额头中弹，但未立即气绝，只是大声惨叫……

这一事件发生得这样迅速、这样仓促，以至孚琦的随从、警卫与轿夫等人都惊呆了，先是面面相觑，后来定了定神，方明白是刺客行刺，吓得扔下轿子，拔腿就跑，一下子都逃得无影无踪。孚琦的儿子乘小轿跟在后面，见势不妙，也从轿内奔进咨议局躲避。

在众人慌忙四逃之时，那位蓝衫刺客却从容不迫，又对着孚琦连开三枪，击中孚琦头部与腹部。刺客眼见这个平素不可一世的清廷将军倒在血泊之中，无存活的希望，方丢下手枪，向广州城的东门逃逸而去。

那孚琦之子逃到广东省咨议局内后，匆忙找到电话机，向两广总督张鸣岐报警。隔了一会儿，广州各衙门的清朝官吏才带着大量清军赶来，察看现场后，即派卫队护送孚琦尸体及其子返回衙署。

再说那刺客开枪之时，省咨议局的守卫巡警郑家森闻声出来察看。这个清廷的走狗刚好看见刺客向东门逃去，便尾随其后。他见到刺客来到一处竹林中，将身上蓝布衫脱下，丢在林中，继续往前急走。郑家森暗中盯梢不放。到了永胜街，前边有站岗巡警，郑家森才壮了胆，上前一把将刺客抱住，并鸣笛告警。大批巡警奔来，将刺客团团围住。刺客毫无惧色，大骂一声："丢那妈（广州骂人的土话）！"便与巡警搏斗起来。因寡不敌众，终被巡警们捕获。

这位刺客是谁？他就是华侨革命志士温生才。

（二）华侨志士温生才

温生才，字练生，原籍广东嘉应州（今广州梅县）人。1870 年（清同治九年）生。早年丧父，靠寡母抚养长大，家境十分贫困。他幼年时被人诱到南洋荷属殖民地去做童工，后归国，给人家做仆役；青年时期被迫当过清军步卒，不久，因目睹清廷政治腐败、社会黑暗，乃退出行伍。1903 年（清光绪二十九年），他再次赴南洋霹雳埠（今属马来西亚）锡矿做矿工。多年的苦难生活磨炼出了他刚烈的性格。他还练就了一身武功。某次，他受到矿上一位当地技师的无理鞭打，遂圆睁双目，对之怒斥说："你是人，我也是人！你凭什么打人？！瞧不起弱国国民吗？"他一拳把那个技师打得血流满面。

1907 年（清光绪三十三年）冬，革命党人到霹雳埠华侨中进行宣传组织活动，设立阅报书社，介绍反清革命作品。温生才在下工后，常去阅读。他读到《扬州十日记》等著作，反清思想因之勃发。他结识了一些革命党人，还亲自聆听过孙中山先生的演说。他向孙中山表示：情愿为革命牺牲。很快，温生才就加入了同盟会。1909 年（清宣统元年）秋，温生才与同志组织了广益学堂，白天汗流浃背地做工，晚上聚集在学堂里讨论国事，研究实行革命的方法。

1910 年（清宣统二年）前后，同盟会内部由于屡次武装起义失败，很多人转而从事暗杀活动，温生才深受影响。他与华侨李佐汉等组织了暗杀团。1910 年 2 月广州新军起义前，温生才回到广州，打算刺杀广州将军增祺，因无炸药而作罢。1911 年（清宣统三年）初，温生才在海外得知黄兴、赵声正密谋在广州大举起事，遂于 3 月底再次潜回国内，准备实施刺杀清廷大员，加以策应。他原拟北上京师，谋刺清廷中央大员，只因既无川资，又无人介绍，只得寄居广州，在广九铁路上做工，伺机行事。在这期间，他有一函致南洋怡宝同盟会李孝章、李源水、郑螺生等同志，充分表现了他此时的处境与思想。他写道：

三志兄鉴，自别后返省城（指广州），在朋友处暂住。想欲先寻头路栖身，然后缓图心事。看满贼种太无人道，恨火焚心，时刻不能耐。自从徐（锡麟）、汪（精卫）二君事失败后，继起无人。弟思欲步二君后尘，因手无寸铁，亦无鬼炮，莫奈何，暂忍。能得手有鬼炮时，一定有好戏看。弟心已决，死之日即生之年，从此永别矣。望君等尽力进行，达目的而后止，勿学我温某谋事，有头无尾也。顺请侠安。弟温生才额手。

不久，温生才终于设法搞到了“鬼炮”——一把手枪。4月8日，他见清廷在广州的大员孚琦出城观看飞机表演，就到东门外一家茶馆中候至傍晚，终于在大街上演出了一幕刺杀孚琦的“好戏”，用行动实践了他的诺言。

（三）“杀一儆百”寒敌胆

温生才被捕后，起初被押到番禺县受审，继在营务处受刑讯。

在审问中，清吏要温生才招供，温谈笑自若地说：“晚饭未吃，懒得说话。”

清吏送来饭菜，温生才随吃随谈，声言“与孚琦并无仇怨，不过近来苛细杂捐，抽剥已极，民不聊生，皆由满人专制，害我同胞，故欲先杀满官，……为四万万国民伸气”。

温生才又讲：“以我一人，手枪一支，便吓杀数十旗兵，如入无人之境，可见官兵无用，将来对待外人，必不可靠！”表示了对清朝官兵极大地轻蔑与嘲笑。

清吏要温生才交代同党，温答：“十八省皆有，以广东最多”。

清吏问温生才：“何人主使？”温生才答称：“出于自己。”

清吏再次追问温生才：“同党何在？”温生才答称：“遍地皆是，惟伊额头无字，故不能识。”嬉笑怒骂使清吏哭笑不得。

4 月 11 日，广东水师提督、革命党的死敌李准提讯温生才。当问到刺杀孚琦事，温生才直认不讳，眉飞色舞，双手拍腿，深深为自己的成功而陶醉。他声言放第一枪见各卫队逃散，心甚畅快，后连放三枪，见均中要害，更为欣慰。李准再讯同党及主谋姓名，温生才即闭目不言。李施用酷刑，用四人踩杠轧伤他的双脚，温镇定如故。

李准计穷，只得将温生才押往两广总督衙门，由两广总督张鸣岐亲自审讯。胆怯如鼠的清吏如临大敌，竟给双足受伤、不能行走的温生才加上脚镣。备受酷刑、创伤累累的温生才，气宇轩昂地来到了两广总督衙门的大堂上。他侃侃而谈，义正词严夹带着嬉笑怒骂回答了张鸣岐的审问。

张鸣岐问："为什么要暗杀？"

温生才答："不是暗杀，是明杀！"

"为什么要明杀？"

"清廷无道，政治腐败，民不聊生，都是此辈官吏造成的。只恨我没有车船费，不然到京师，可以成大事。"

张鸣岐想挫击温生才的锐气，故意揶揄道："一将军死，一将军来，于事何济？"

没想到温生才胸有成竹，正色答道："杀一个孚琦，固然无济于事，但借此以为天下倡，而且可以杀一儆百！"温生才的回答击中了清吏的要害。他在广州大街上成功地刺杀警卫森严的署理广州将军、清廷派驻广州的大员孚琦，形象而深刻地揭示了清王朝这一腐朽透顶的庞然大物行将崩溃的命运。温生才的这一惊天壮举，必将产生或已经产生了杀一儆百的政治影响，可以广泛唤起人民的革命热情，而足以使一切独夫民贼贪官污吏胆寒。

张鸣岐追问温生才："何人主使？"

温生才朗声回答："我的举动纯为救民族起见，既非与孚琦有私仇，更非有人主使！"

张鸣岐词穷了，只得露出凶恶的本相，进行威胁："此处刑罚厉害，你难道不怕？！”

温生才微露冷笑，说道：“何不拿来一试啊！”

……

张鸣岐无可奈何，只得飞奏入京，请旨将温生才处决。

1911 年 4 月 15 日，是温生才壮烈就义的日子。那天，温生才被押到番禺县公堂上。县令喝令捆绑，温生才伸直两手，刽子手居然无法使之弯曲。最后，身负严重刑伤的温生才被清军用箩筐抬着，押赴广州东郊刑场。一路上温生才神色自若，自言自笑。到了人多的地方，就放声大笑，高声呼喊："今日我代同胞复仇，各同胞务须发奋做人方好！”路旁围观群众人山人海，闻之无不落泪。在刑场上，温生才高呼：“许多事归我一身担任，快死快生，再来击贼！”遂从容就义，实现了他对孙中山先生立下的“情愿为革命牺牲”的誓言，终年 42 岁。

消息传出，1911 年 4 月 15 日，上海《民立报》“大陆春秋”栏，发表了著名的革命党人范鸿仙以“孤鸿”为笔名写的短评《呜呼四位大瘟神》，热情歌颂温生才刺杀孚琦的壮举：

> 温生才，八旗儿曹之对头也，轻抛四弹子，断送一将军，诚痛快矣！

温生才壮烈牺牲后约十二天，1911 年 4 月 27 日，广州革命党人在黄兴、赵声的领导下，发动了震撼全国的黄花岗起义。七十二位英烈的悲壮献身与温生才的革命牺牲精神一同在海内外传诵。南洋华侨还专门编演了《温生才新剧》在剧场上演，以志纪念，以广宣传。

1911 年 11 月 9 日广州光复后，革命党人捉住了逮捕温生才烈士的清廷走狗郑家森，为温生才报了仇，祭了温生才的在天之灵。温生才的遗体被革命党人隆重地安葬在广州红花岗。他与同葬在广州红花岗的林冠戎、陈敬岳、钟明光三烈士，被人们尊称为“红花岗四烈士”。

十一、“支那暗杀团”投向清水师提督李准的炸弹

（一）“支那暗杀团”在广州通衢的一次暗杀行动

1911 年（清宣统三年）8 月 13 日下午 1 时，炎热季节的广州城。

一支威风凛凛的仪仗队与大批护从、侍卫簇拥着一乘蓝呢大轿，浩浩荡荡地从大南门进了广州城。这是清廷广东水师提督李准的侍从仪仗队伍。李准去广州城南门外近珠江边的水师公所巡视结束后，从广州大南门进城，准备回到天平街广东水师提督衙门（广东海军司令部）。

李准是清廷的一员悍将。他是四川省邻水县人，1871 年（清同治十年）生，原名新业，亦名木，字直绳，又字志莱，号恒斋、默斋，别号任庵。1898 年任广东钱局提调，翌年兼任广东海防善后提调和厘金局总办，1901 年任广东巡防营统领兼巡各江水师，统领军队和巡海兵舰。因在 1902 年镇压广州洪全福起义以及剿灭西江和沿海巨股海盗有功，清政府特赏“头品顶戴”、颁赐“果勇巴图鲁”名号。1905 年（清光绪三十一年）5 月升任广东水师提督，6 月兼任闽粤、南澳镇总兵。

李准专与革命党人为敌，“日以拿捕党人为能事”，以凶狠残忍著称，曾亲自指挥镇压了 1907 年 6 月初的广东黄冈、七女湖起义、1910 年 2 月的广州倪映典新军起义、1911 年 4 月的广州黄花岗起义等。他知道革命党人

对他恨之入骨，早把他列为暗杀的重点对象，因此日常行动分外谨慎小心。特别是在 1911 年 4 月 8 日发生了温生才在广州大街上击毙广州将军孚琦的事件后，李准更是深居简出，加强护卫，以防不测。但他身为广东水师提督，为处理必要的军务，必须经常往来于广州城南门外近珠江边的水师公所与广州城内天平街的水师提督衙门之间。这天，他为了防备在来往路上遭革命党人暗杀，特地选定在中午时分，经繁华热闹的广州南门通衢大街入城，以为这样一来革命党人不便下手，危险可以减少。同时，他又选派了一大批手持短枪大刀的忠实卫兵，里三层外三层地簇拥护卫，料想可以万无一失。

李准一行进入广州大南门后，侍卫衙役们一路大声吆喝着静街，向双门底（今广州北京路）疾行而来。正当他们威风张扬地经过一家“怡兴缝衣店”门前时，突然从店里跳出一个约 30 岁的青年，双手从随身携带的藤茶箩里抓起两颗炸弹，一手一颗，奋力向李准的坐轿掷去，只听得“轰！轰！”两声巨响，炸弹在距离大轿约一丈远的地方炸开了，坚实的大轿立时被炸毁，李准从轿内摔出，扑倒在地，胸部与双手俱受重伤，肋骨折断两根，在血泊中呻吟打滚。轿前的卫兵及轿夫被炸倒了一大片，血肉横飞，死伤 20 多人，若不是他们在前面遮挡，李准早已被炸得粉身碎骨。

（二）“支那暗杀团”暗杀李准的计划

广东革命党人谋杀李准，确实由来已久了。

早在 1907 年（清光绪三十三年）5、6 月间，李准血腥镇压广东黄冈、七女湖起义后，革命党人便决心除去李准这个大敌，胡汉民、冯自由、汪精卫、朱执信、胡毅生等多人参与策划。广东香山籍的刘师复曾在日本向俄国的虚无党人学习过制造炸药的技术，这时便以炸李事自荐，得到革命党人同意，就积极准备起来。

刘师复是辛亥革命时期著名的暗杀主义者。他于 1884 年 6 月 27 日生于香山一个富裕的家庭；16岁中秀才；1904年留学日本，次年8月加入同盟会；1906年至香港主编《东方报》。1907年5、6月间他接受暗杀李准的任务后，就加紧试验水银炸药，不慎被炸伤了脸部，仍不稍息。6月初，李准从黄冈、七女湖班师回到广州，赴总督衙门参谒，刘师复闻讯，在6月11日晨配装好炸弹，准备实施暗杀。不料在出门时便发生爆炸，刘师复的面部再次受伤，左手五指全废。岗警闻声赶来，发现铁弹，抓捕了刘师复。审讯时，刘师复自称为广东三水人李德山，因试验化学药品受伤。清吏虽怀疑其为革命党，也查出了他的真名实姓，但因得不到确实证据，于同年9月判令解回香山原籍监禁。直到1909年冬，他才经同志营救获释，到达香港。

1910年2月，广州发生了倪映典领导的新军起义，遭到了清廷当局的血腥镇压。广东一些革命志士逃亡到了香港，对武装起义多次失败感到失望，转而热衷于暗杀；1910年4月又听到汪精卫、黄树中在北京因谋刺清摄政王而被捕的消息，他们更是大愤。于是，刘师复、谢英伯、朱述堂、高剑父等人筹商组织成立了一个专施秘密暗杀的组织——“支那暗杀团”，决心牺牲个人生命去诛杀那些手握重权而又罪大恶极的清廷大员，寒敌胆而鼓士气。他们推定刘师复草拟“支那暗杀团”的团章，并选定香港跑马地之愉园罗便臣寓所作为“支那暗杀团”的团址。旋因暴露，改迁到香港摩士忌街23号。加入“支那暗杀团”的宣誓仪式非常严肃隆重，在厅堂四周围以黑布，中间置一圆桌，围以白幔，上放一骷髅头，旁边燃着一支白蜡烛，宣誓者必须在烛影摇红中独对骷髅三分钟，以坚其意志，练其胆量；再由主盟者宣读“支那暗杀团”的宗旨和方略。入团者最少须经一个月以上的考察。先后加入“支那暗杀团”的共有12人，除前述刘师复、谢英伯、朱述堂、高剑父外，陈炯明、李熙斌、李应生、徐宗汉（女）、林冠戎等人陆续加入。

为了便于活动，“支那暗杀团”把成员分为三个行动小组，其中又有执行员与辅助员之分。他们首先选定的暗杀对象就是广东水师提督李准与两广总督张鸣岐。

在“支那暗杀团”成立后不久，另一个暗杀组织“东方暗杀团”也在黄兴的支持下，于香港成立。由于这两个组织同属同盟会领导，又属于同一性质的组织，因而二者很快取得了联系，互相配合，互相支持，力量得到了加强。

1911 年 4 月 27 日广州黄花岗起义惨遭失败，“支那暗杀团”的革命志士们悲愤难忍，更积极地筹划暗杀活动。他们特派李熙斌潜回广州了解了黄花岗起义的经过及失败教训，更加认定了李准是血腥镇压起义的罪魁祸首，认为不灭此贼，广州革命断难成功。当即议决，派暗杀团成员到广州对李准实施暗杀，执行死刑，既为死难烈士复仇，又为未来的广州革命扫清障碍。

然而李准狡猾异常，戒备森严，要诛杀他实非易事。在“支那暗杀团”的会议上，林冠戎首先挺身而出，主动请缨，愿担此重任。会议同意了他的要求。同时请求任务并被批准为暗杀执行员的，还有陈敬岳、潘赋西、赵灼文。会议另派李熙斌、高剑父等人先行回到广州，为林冠戎等人的暗杀行动做好一切必要准备，并配合林冠戎等人执行任务。由于在温生才枪杀孚琦后，广州的清廷大员加强了对自己的护卫，警卫人员前呼后拥，刺杀者很难持手枪接近大员，会议遂决定改为使用威力强大的炸弹，实行爆炸暗杀。

（三）“一击未中，愧对温生才！”

林冠戎，广东归善人，1882 年（清光绪八年）生，家世务农。少年时在乡间目睹催征租税的官吏横行霸道，欺压乡民，十分气愤，购置利刀一把，准备为乡亲复仇。及长，见识渐广，听人谈起俄国虚无党人用炸弹暗杀官僚贵族的情况，十分羡慕向往。他千方百计寻觅枪械而不可得，又想研习炸药制作的方法，但终未精其术。他听到孙中山为首的革命党人进行的种种斗争活动，大受鼓舞，遂只身走香港，多方寻访，终于得以加入了“支那暗杀团”。这次他主动请缨赴广州暗杀李准，临行前，团部为他设宴饯行。林冠戎深知自己将一去不返，慷慨陈词说："我以身许国，早视死如归。此行无所系念，老母在家，不及一面为憾耳！"言罢泪下。他为了纪念老母对他的养育之恩，同时为了避免自己牺牲后老母闻其噩耗而伤心，遂改名为林冠慈。这年他年方 29 岁。

另一位暗杀执行员陈敬岳，比林冠戎年长 13 岁，时年 42 岁。他是广东嘉应州（今广东梅县）丙村人，也是从小就产生了对清廷的不满。1903 年他 34 岁时出洋谋生，旅居马来半岛，一面从事教育，一面研讨革命。当 1911 年 4 月 27 日黄花岗起义失败的消息传到南洋后，他激愤不已，立即将衣物典尽，于 4 月底赶回香港，参加革命。这次他与林冠戎等战友一道，潜赴广州执行暗杀李准的任务。

李熙斌、高剑父先行回到广州后，首先选定广州东北郊区的一个农场"昌大公司"作为研制与储藏炸药的地点。接着，他们又通过关系，定铸了 38 具炸弹壳，然后秘密地在韬美医院的张清潭医生家装配成威力强大的炸弹。他们还查明了李准的行动规律，认为潜入李准的衙门内暗杀困难太大，而在他从城内天平街水师提督衙门到城外的水师公所的途中狙击，成功的把握较大，且行刺人员可迅速脱身。于是，暗杀的行动计划初步拟定，报香港"支那暗杀团"总部得到批准，就积极准备施行。

1911 年 7 月底，林冠戎、陈敬岳、赵灼文、潘赋西等暗杀执行员分别潜入广州，与李熙斌、高剑父会合。他们作了分工：林冠戎、赵灼文负责城内路段的伏击；陈敬岳、潘赋西负责城外路段的伏击；每段并有暗杀辅助员配合行动；整个暗杀行动的总指挥是高剑父。

1911 年 8 月 13 日上午，李熙斌在城外天字码头附近获得重要情报：李准将于是日午后由城外的水师公所进城回水师提督衙门。暗杀行动小组一声令下，各执行员与辅助员便立即出动，到预定地点埋伏。林冠戎将两颗炸弹藏于藤茶箩中，在大南门至城内双门底一段路上等候；陈敬岳则将两颗炸弹藏于一个吕宋烟箱内，匆忙地赶到大南门外的路段伏击。

下午1时许，陈敬岳手提沉重的吕宋烟箱从天字码头方向赶到大南门外时，李准一行已入城了。他马上提箱入城追赶。

林冠戎手提藤茶篓，在双门底一带静候。他见李准一行远远地来了，就机警地闪进路旁的“怡兴缝衣店”里假装选购衣料。待李准一行走近，说时迟，那时快，林冠戎从篓中抓出两颗炸弹，投向李准座轿。炸弹爆炸后，轿前的护卫死伤一片；跟在轿后的大队卫兵则一下被这突如其来的事件惊呆了，一会儿方才醒悟过来，立即向林冠戎乱枪射击，一颗子弹击中了林的头部，另一颗子弹射穿他的劲骨。林冠戎当场英勇地牺牲了。

就在林冠戎行动的同时，陈敬岳已手提炸弹追到城内。他突然听到两声爆炸声，知林冠戎已经动手，就改变方向，准备撤退。他折入一条横街。这时清军已在全城戒严，到处搜索。陈敬岳西服剪发的打扮，又手提一个沉重的吕宋烟箱，在走到育贤坊时就引起岗警的怀疑，被盘查。陈敬岳想从箱中取出炸弹投掷，但未及动手就被巡警扭住，遂遭逮捕。在狱中，陈敬岳多次受到清吏的严刑逼供，但他始终从容自若，毫无惧色，只说：“一击未中，愧对温生才！”始终不吐露一点关于革命党人的机密。1911年10月10日武昌起义爆发后，广州局势更加不稳，清廷当局于11月7日将陈敬岳杀害。

林冠戎、陈敬岳的炸弹，吓破了清廷大员的胆。此事发生后，广东官场人人胆战心惊、杯弓蛇影，认为护卫再多也无济于事，竟“发明跑马”以避祸。1911年8月25日《民立报》“大陆春秋”栏，范鸿仙以“孤鸿”为笔名，发表短评《跑马》，揭露嘲笑专制政府官场的丑态，彰显林冠戎、陈敬岳等革命党人刺杀行动产生的巨大威力：

自陈敬岳炸弹爆烈后，于是粤中官场，有发明跑马者，甚矣哉，吾官场之进化也。

初闻暗杀二字，则相戒不敢出；及暗杀真发现，而应酬公事，又迫之不得不出，于是乎多加护卫；今护卫复无效矣，乃异想天开，欲借马足以避祸，其事虽可哂，然较之不敢出门者，毕竟为胆大也。

文明进化，绝景而弛，安见彼暗杀党人，其手段不进化乎？假令该党乘一极快飞艇，以下投极大炸弹，试问官场又将何以避之也！曰：是不难，是不难，一行白马上青天，虽飞艇亦无奈何也。

就是以死硬与残忍著称的广东水师提督李准，在此次被炸后，反革命气焰完全被打下去了。他在病榻上不得不托人暗中向革命党人通款说情，摇尾乞怜，表示今后不再与革命党人为敌。果然在辛亥革命中广州光复前夕，李准脱离清廷，支持广东独立，搞得两广总督张鸣岐更加势单力薄，不得不将大权交给革命党人，自己逃之夭夭。

广州光复后，革命战友将林冠戎与陈敬岳二烈士的遗体葬于红花岗，与刺杀孚琦的温生才烈士、谋炸龙济光的钟明光烈士一道，并称为“红花岗四烈士”。

十二、青帮首领杜月笙暗助武昌起义

提起杜月笙，人们都知道他是上海滩著名的会党首领、“海上闻人”，一生干了不少坏事。但近年来据一些史料披露，此人在抗战期间发起成立了抗敌后援会；日军占领上海后，毅然离开生活多年的生养之地，寄居香港，并协助高宗武、陶希圣逃离汪伪的控制，发表揭露日汪勾结的文告，产生巨大的影响；后又参与策划暗杀伪上海市市长傅筱庵、汉奸张啸林，为民族做过一些好事。而他在辛亥革命前后，利用在上海滩上的特殊地位，秘密协助与支持同盟会革命党人，为革命出过一些力，应该书载于史，却鲜为人知。

那是1911年10月武昌起义爆发前夕，一批湖南的革命党人从国外回到上海，急着要赶往武汉参与起义。但这时他们盘缠用尽，陷于困境。几经周折，他们找到了杜月笙。这时杜月笙年方23岁，由黄金荣分派到上海法租界一家赌台担任保护与联络之责，并已与陈其美等革命党人暗中有联系。当湖北革命党人找到杜，要求他接济路费时，杜想到这是他在革命党人面前露一手的机会，便心生一计，让那几位革命党人在“夜局”时进入赌场，每人拿着一个香烟罐，分别站到几张赌桌旁边。这场面使赌场老板大吃一惊，心知有异，忙叫杜月笙去打听情况。杜月笙装模作样地到各赌桌前转了一圈，面带惊恐之色回到老板面前，说：“来者是革命党，他们手里的香烟罐都是改装的炸弹，准备炸赌台！”由于当时革命党人已在全国各地制造了多起暗杀、爆炸等事件，搞得社会上风声鹤唳、草木皆兵，清统治者把革命党人说成是洪水猛兽，社会上一般人对革命党人也谈虎色变，害怕异常，因此那赌场老板一听杜月笙之言，如五雷轰顶，吓得不知所措，好一阵才缓过神来，急忙问杜月笙："怎样才能将他们打发走？"杜月笙继续恐吓说："借路费！他们是要借路费！如果你不借，他们就要炸赌场！"那老板急忙派杜月笙去与革命党人谈判。杜月笙又去与几个革命党人假装讨价还价，回来告诉赌场老板："他们要价很高，我劝说了很久，才压低为 800 元，再也不肯让步！要你立即兑现。否则他们都是不要命的，要与这赌场同归于尽！"一席话吓得老板魂飞魄散。当时革命党人到处搞暗杀爆炸，这老板早被革命党人的声威震慑住，再加上杜月笙声色俱厉的恐吓，想了想，以区区 800 元能换得赌场的安全，还是合算的，立即拿出 800 元，让手下交给杜月笙。革命党人拿到了杜转交的钱，迅速撤离赌场，消失在灯红酒绿的上海夜色中。第二天，他们去买了轮船票，迅速前往武汉。

辛亥革命后不久，袁世凯以阴谋手段夺得中华民国大总统的宝座，并以阴谋手段暗杀宋教仁，加紧部署镇压革命党人，使国内局势呈现异常复杂的局面。在新旧两派的激烈斗争中，掌控南北咽喉要地扬州的军阀徐宝山倒向袁世凯一边，敌视革命党人，成为国民党发动讨袁的"二次革命"战争的重大威胁与障碍。上海革命党首领陈其美决计除去徐宝山，将任务交给扬州籍革命党人王柏龄去办。王柏龄几经设法，均未得手，遂与杜月笙商量。机灵异常的杜月笙又献巧计：用伪装的炸弹暗杀徐宝山。他们打听到徐宝山酷爱古物，就派人在上海各处搜购到一只"美人霁"花瓶，又找到曾与汪精卫一道在北京行刺清摄政王的黄复生，让他制成一个盒装的特制炸弹，派人护送这经过改装的"美人霁"花瓶到扬州，呈送给徐宝山。徐不知是计，在急着打开"美人霁"花瓶包装盒时，炸弹突然爆炸丧生。这事件发生后，世人多只知为陈其美指使，却不知花瓶炸弹案的策划人却是杜月笙！

十三、空中霹雳炸凤山
——“东方暗杀团”的一次成功暗杀

（一）新任“广州将军”凤山悄然到达广州

1911 年（清宣统三年）10 月 25 日。一艘从香港开来的名叫“宝璧号”的小型军舰靠拢了广州城南珠江边的天字码头。清廷新派来接任“广州将军”的凤山，轻装简从，从舰上走下来，看了看冷冷清清的接官亭，既有一丝得意，更有许多的酸楚。他想到从全国各地到广州地区的形势，一股茫然不知所措的情绪袭上了心头……

如前所述，所谓“广州将军”，是清军于 1644 年入关，相继占领北京与全国广大地区，建立清王朝后，为了加强对全国各地的控制，特在一些重要的省会城市驻防八旗军队，并任命由满人担任的“将军”为这些驻防八旗军队的统帅。驻防江宁（南京）的称“江宁将军”，驻防福州的称“福州将军”，驻防广州的则称“广州将军”，等等。这些“将军”与各省的总督、巡抚地位相当，同为清廷驻各省的大员。

自从 1911 年 10 月 10 日武昌起义的枪声打响以后，至今已半个月了。不久前，湖南长沙、陕西西安与江西九江也纷纷宣告独立。地处南国的广州更是一片风声鹤唳、草木皆兵的紧张景象。这里是革命党人的发源地，是孙中山的故乡。从 1895 年以来，革命党人曾在这里多次发动与组织了武装起义与暗杀清廷大员的事件。特别是在近几个月间，在1911年4月8日，温生才在广州大街上只身刺杀了“署理广州将军”孚琦；接着，在4月27日，同盟会首领黄兴、赵声在这里亲自领导了黄花岗起义；在8月13日，革命党人林冠戎在广州大街上用炸弹炸伤了清廷悍将、广东水师提督李准，这一次接一次的革命行动，搞得两广总督张鸣岐坐卧不安，倍感人单力孤。他多次奏报清廷，要求再派一名“广州将军”来接孚琦之职，坐镇广州，一来为自己壮胆分忧，二来震慑地方，弹压革命。清廷经过反复考虑与选择，最后任命了素以知兵自诩的凤山，指望由他与张鸣岐一道，来稳定南方局势。

凤山，汉军镶白旗人，刘氏，字禹门；初以翻译举人袭佐领，充骁骑营翼长、印务章京，累迁参领，总办北京东安巡捕分局；1900年（清光绪二十六年）升任副都统；后任近畿陆军第一镇统制；1907年（清光绪三十三年）升任西安将军；不久调回北京，任训练近畿各镇大臣；后调任荆州将军。这次他接到清廷新的任命，正准备雄心勃勃地来广州上任，突然霹雳一声，1911年10月10日武昌起义爆发了。广东局势更是如水将沸，十分不稳。老谋深算的凤山深知广东革命党人的厉害，尤其害怕各种难以预测、防不胜防的暗杀。前任署理广州将军孚琦于数月前在广州大街上被温生才枪击身亡，其血肉模糊的形象仿佛就在眼前。因而他踌躇多日不敢南下。后经清廷一再催促，才无可奈何地怏怏上路。因前途黯淡，命运难卜，凤山仅带一妾、一婢、一妪、二仆，随侍左右，这在历任广州将军的上任仪从中实属罕见。而且，诡计多端的凤山为了防止革命党人在他赴任途中行刺，行踪十分诡秘。他先南下到达香港，然后由香港乘上“宝璧号”军舰前往广州。他不把自己抵达广州的日期预先通知两广总督张鸣岐及广东布政使、按察使等人，以免张扬出去，革命党人会早做准备对其狙击。他只是在抵达广州前，派人悄悄地通知了一位关系亲近的广州清军协统，让他派人来码头接他。

此刻，凤山踏上了广州的土地。果然，两广总督张鸣岐及司、道官员因未接到通知，均未前往迎接，接官亭前冷冷清清。凤山既为自己的行踪诡秘与平安到达广州而感到一丝得意；又为清廷的没落与自己官威的不能显示而感到悲凉与茫然……

（二）“东方暗杀团”的暗杀准备

然而，出乎凤山预料的是，就在他从北方南下，经香港向广州进发时，广东的革命党人早就想方设法探明了他的情况与行踪，并做好了一切暗杀准备工作，恭候这位将军大人了。

自从1911年4月27日广州黄花岗起义失败后，黄兴等革命党人脱险逃到香港。他们眼见多次武装起义惨遭镇压，许多优秀的革命同志壮烈牺牲，因而悲愤异常。有些人痛不欲生，决心铤而走险，投身暗杀活动，以一死拼掉几个敌酋，为死难烈士复仇，振奋士气。拼命主义情绪与暗杀思想包围了许多革命党人。黄兴在香港多次表示：“革命与暗杀二者相辅而行，其收效至丰且速。”他闭门谢客，专事准备，拟一死拼杀多次血腥镇压革命武装起义的广东水师提督李准。消息为同志得知，孙中山等许多人纷纷函电劝阻，并有人愿代行暗杀之责。其后，黄兴得孙中山资助，组织了“东方暗杀团”，并拨出3000元作暗杀经费，选派南洋华侨周之贞、黄兴夫人徐宗汉的姨甥李应生、李沛基兄弟及黄悲汉等人，潜赴广州，专门谋划暗杀李准。年幼的李沛基机灵勇敢，当时只有17岁。

“东方暗杀团”的暗杀工作开始周密地部署与实施了。首先，由周之贞化名陈八，在广州城南关仓前街九号租赁了一间店铺，挂起“成记洋货号”商店的招牌，作为暗杀行动的秘密机关。这仓前街街头为广东水师公所，街尾为广州警察署，是李准经常来去的必经之路。可是自8月13日林冠戎、陈敬岳等“支那暗杀团”同志在大街上炸伤李准后，李准就如惊弓之鸟，谨慎异常，成天躲在家中养伤，再也不敢跨出大门一步，使周之贞、李应生等人无法下手。

就在这时，“东方暗杀团”获悉了凤山即将来广州上任的消息。于是，他们就将暗杀的对象改为凤山。

首先，周之贞、李应生等人查勘与研究了凤山到达广州后，从天字码头入城的几条可能路线。他们开设“成记洋货号”的仓前街，通过一条横街就可直达天字码头，是凤山入城时最有可能经过的街道，因此他们将“成记洋货号”商店作为设伏的重要地方。为了预防万一，他们又在其他几条凤山可能经过的街道上，开设了几家理发店、杂货店，作为新的伏击点。到时，凤山无论经过哪条街道，都难逃“东方暗杀团”革命党人设下的天罗地网。周之贞等吸取了林冠戎使用小炸弹炸不死李准的教训，决定试制重磅炸弹。他们听说“支那暗杀团”的梁绮神已请人铸造了一大二小三个弹壳，大者可装炸药 15 磅，小者可装炸药 7.5 磅，藏在一位同志家的菜园里，就与之商借，将三个弹壳取出，运入“成记洋货号”商店中。他们又设法弄来炸药及各种材料，由李应生躲在店内配制炸弹。为了加强炸弹的杀伤力，他们还在炸药中渗入毒剂。在配药过程中，李应生过度劳累，不慎被毒剂与炸药粉散发出来的气体熏倒。年轻的李沛基救醒哥哥，自己又代替他继续配制，终于制成三枚重磅炸弹。因这些炸弹太重，不可能再用手掷，李沛基等人想出一个方法，在商店楼檐处设一斜板，将三颗炸弹放在上面，到时只要扳动机关，炸弹便会滚将下去，爆炸开来。

一切准备就绪，只等凤山自投罗网。

（三）空中落弹炸毙凤山

1911 年 10 月 25 日早晨，革命党人朱还堂设法打听到了凤山将于该日乘轮船从香港到达广州，由天字码头登岸。他立即侦悉了凤山进城后所经的路线，直奔“成记洋货号”商店，伪装购物，把这项情报送给了周之贞。周之贞当即下令，只留下年纪最小、不太引人注意的李沛基在“成记洋货号”

商店楼上执行扳机投弹任务，其余人员迅速撤离。

再说那凤山由香港乘“宝璧号”军舰到达广州天字码头。接官亭前冷冷清清，总督及布政使、按察使因未接到通知，均未前往迎接，只有那个知道凤山抵穗日期的清军协统带了八名旗兵，以及一乘八抬绿呢大轿与轿夫人等，前来迎接。当时有人劝凤山最好微服入城，不事声张，免蹈孚琦覆辙。凤山嫌这样太失体面，又觉得自己已闯过沿途风浪，平安到达广州城中，危险已经过去，只要增加护卫人员，加意防范，不让生人接近自己，料想不会再有刺客举枪或投掷炸弹行刺他。因此他让那位清军协统悄悄招来许多衙役与护卫，照常乘上八抬绿呢大轿，向将军衙署进发。那位清军协统在绿呢大轿四周布置了许多荷枪实弹的卫兵，紧紧护卫；又派了许多衙役在前面早早清街，把路上行人驱之一空。

凤山一行来到了仓前街“成记洋货号”商店前。凤山坐在轿子里望着空荡荡的街道，不由增加了安全感。他哪里会想到炸弹将从天上向他飞来。

再说李沛基伏在“成记洋货号”商店楼上，看到凤山大轿到了店前，立即扳动机关，三颗重磅炸弹从楼檐斜板上迅速滚落下去，不偏不斜正好落在凤山一行的中间，轰然一声巨响，凤山及其座轿被炸翻，飞到半空中，轿前轿后的随从与旗兵被炸死炸伤多人。由于三颗重磅炸弹威力大，街石被炸得断裂，“成记洋货号”商店店铺也被震塌。李沛基被震倒在地，见事成，从灰砾中爬出来，往屋后出逃。由于他满身尘土，吓得小孩大叫，李沛基急中生智，马上抱起小孩，笑着说：“别叫，我们买糖果去。”说着就抱着小孩，一边扑打着身上的尘土，一边从容地离开。

爆炸事件发生后，广州城的清廷官吏带着大批官兵赶到出事现场。他们看到几十具尸体都是焦黑难辨。还是凤山的小妾根据凤山所佩戴的鼻烟壶，把凤山与别人的尸体区别开来。

爆炸事件后的第二天，广州各报纷纷出版号外，将革命党人设谋炸毙凤山的消息大肆报道与渲染，并将凤山被炸得模糊一团的尸体照片一同刊出。清廷官吏丧魂落魄，人人自危，时刻担心不测之祸从天而降。这次成功的暗杀行动，大大地促进了广东革命形势的发展与高涨。就在此事件后仅两个星期，1911 年 11 月 9 日，广东的清廷官吏全部逃走，广东革命党人夺得了广东政权，宣告广东独立，有力地支持了武汉的革命党人，促进了辛亥革命向全国迅速发展的大好形势。

十四、北方革命党首领吴禄贞死于“心腹”手

（一）北方革命党首领倒在“心腹”的枪口下

1911年（清宣统三年）11月7日，武昌起义爆发还不到一个月。南方烽火连天，清廷急调大军从北京南下镇压，京汉铁路线上清军兵运繁忙。

石家庄是京汉铁路线上的军事重镇与铁路交通枢纽，北近京师，南通湖广，东连津浦线的德州，西连山西咽喉娘子关，清廷以最精锐的北洋军第六镇（师）驻扎在这里防守。

这日凌晨一点半钟，夜幕沉沉。铁路车站站长室——第六镇的临时司令部里，仍然灯火通明。第六镇统制、清末著名军事将领、新任署理山西巡抚的吴禄贞，虽然紧张忙碌了一天，已经十分疲劳，但他一想到重任在身，形势逼人，立即感到全无睡意，精神振作地与他的参谋长张世膺、副官长周维桢一道，认真地批阅各种机要公文，处理应急事项。因为此时的吴禄贞，不仅表面上担任清廷的带兵大员，正受命去山西镇压革命党人的起义；更重要的，他还是革命党在北方的秘密的重要领导人。在武昌起义发生后，他已秘密地与第二十镇统制张绍曾、山西革命军都督阎锡山秘密联络协商，组织“燕晋联军”，制订了三路大军从西、南、东三面夹攻北京的作战计划，准备一举推翻清政府。昨天，已有两营山西义军开到石家庄。这日凌晨，

他召集全镇中级以上军官开会，宣布将采取革命手段，不日间就要三路夹攻北京。起义计划正在逐步付诸实现。会散后，吴禄贞想到三路大军会师北京，指日可待，“废宣统皇帝为庶民，通电全国，改国体为共和，请各省派代表到北京开会，选举孙中山先生为大总统”的宏图，即将变成现实，不由得兴奋异常，精神焕发。

北方深秋的夜晚，已有几分寒意。吴禄贞身披军大衣，伏案凝视他的战友、第二十镇统制张绍曾从滦州军中刚刚发来的复电……

正在这时，吴禄贞的卫队营营长马步周带领几个人，突然推门闯进了司令部。马步周此人，是吴禄贞一手提拔起来的军官，虽然年纪轻，却办事干练，精于骑射，更会逢迎拍马，吴禄贞对他十分宠信，多次为他偿还赌债，一直将他看作是自己的心腹。此刻，只见马步周高呼：“报告大人，听说统制升任山西巡抚，我们特来向大帅贺喜。”说罢，他按清朝礼节，双腿打躬下去，却猛然拔出手枪，向吴禄贞乱射。吴禄贞猝不及防，立即起身绕案躲避，可是胸口已中数弹。他强忍剧痛，拔刀迎战，想夺门逃走，不幸刚到门口，就被刺客击倒在地。马步周上前用军刀割下吴的首级。

在这同时，吴禄贞的参谋长张世膺、副官长周维桢也被刺客们枪杀。

就这样，一位名重一时的杰出军事将领，年仅 32 岁、肩负重任的北方革命党领袖，在几分钟之间，就惨死在几个刺客的枪口与屠刀下。他的死，给北方革命带来了重大损失：三路会攻北京的计划被迫取消，山西义军退回娘子关，清廷与袁世凯重新掌握了第六镇的领导权，控制了北方局势。北京与直隶（今河北省）成为辛亥革命浪潮难以到达的少数地区之一。

（二）吴禄贞三路夹攻北京的计划

吴禄贞，字绶卿，湖北云梦县人，1880 年（清光绪六年）3 月 6 日出生于一个贫苦教师家庭。幼年聪慧好学，喜好运动与武术。1897 年（清光绪二十三年）他 18 时岁考入湖北武备学堂，受到湖广总督张之洞的赏识，于次年被派往日本留学，入陆军士官学校骑兵科，为中国留日第一期士官生。

当时，孙中山正在日本宣传民主革命，吴禄贞曾与友人去拜访孙中山，听孙讲解时事与革命，民主思想开始产生。1900 年（清光绪二十六年）义和团运动中，吴禄贞秘密回国，参加唐才常领导的自立军起义，巷战数日，终至失败。他重新逃回日本。经此事件，吴更加倾向民主革命。

1902 年（清光绪二十八年）4 月，吴禄贞从日本士官学校毕业，回到湖北，在武昌普通中学堂担任教习，秘密从事革命活动。这时，适逢清廷在北京创设练兵处，编练新军，经留日时的同学、担任军学司副使的清廷新贵良弼推荐，练兵处调吴禄贞入京供职。吴初不愿去，后经革命党同志劝说，与其在外无所建树，不若投身清廷中央所在地，将来掌握北方军权，待机而动。吴于是在 1904 年（清光绪三十年）5 月去北京报到，被派充军学司训练科马队监督。

吴禄贞在练兵处任马队监督两年余，只是阅操与编辑军事教材而已。吴素怀大志，不愿在此虚度年华，便开始研究中国边防工作。1906 年（清光绪三十二年）10 月，他主动要求去新疆伊犁考察新军。但在路经兰州时出了事：他因穿便服谒见陕甘总督升允，“辞气之间未能谦和逊顺”，被升允扣留，奉旨查办撤职。经这次意外的打击与污辱，吴禄贞进一步看清了清廷的腐败昏庸，革命意志更坚。1907 年（清光绪三十三年）7 月，他随新任东三省总督徐世昌到奉天，充军事参议。当日本强立“间岛”名目，企图侵占中国延吉属地时，吴奉命“密往确查”，提出《延吉边务报告书》三册，据实严驳日本谬论，维护了中国的主权。

1909 年（清宣统元年）宣统继位后，摄政王载沣与清廷少壮亲贵铁良、良弼等人，罢免袁世凯，重用留日陆军学生，企图削弱北洋势力。1909 年，吴禄贞升任延吉边务督办，陆军协都统。1910 年（清宣统二年）初，吴禄贞被调到北京，任镶红旗蒙古副都统，派赴德、法两国阅操。吴禄贞回国后，为进一步掌握更大的军政权力以便发动革命，向友人黄恺借了两万两银子，馈送庆亲王奕劻，谋出任一省巡抚，结果在 1910 年（清宣统二年）12 月 23 日被任命为陆军第六镇统制。

第六镇当时驻防保定，是北洋军的精锐，装备精良，训练有素。这支部队更是袁世凯的嫡系部队。先后担任该镇统制的王士珍、段祺瑞、赵国贤，及所属第十一协协统李纯、第十二协协统周符麟与各标标统，都是袁世凯一手提拔扶植的小站旧人。他们对非北洋系统的吴禄贞来掌管第六镇自然心怀不满。吴禄贞接任后，想控制这支部队，着手进行整顿。他首先想通过人事调整，撤掉一些腐败军官，换上自己的人，但失之过于操切，未能如愿。他先任命同盟会会员、留日士官生张世膺为镇参谋长；接着就以第十二协协统周符麟"烟瘾甚重，行同盗贼"，向陆军部呈报予以撤换。周符麟确实是个老朽腐败的旧式军人，但他在军日久，在第六镇与清廷中有很多的人脉关系。陆军部大臣荫昌不同意撤换周符麟。吴禄贞盛怒之下，写信严厉指责荫昌"只知道做官，不尽职守，有负国家之委任"。周符麟虽得到荫昌的庇护，但由于吴禄贞一再坚持，不得不去职，离开了第六镇。这件事使荫昌大为恼怒，处处与吴禄贞为难。而第六镇的各级军官也都对吴怀有二心。吴禄贞感到在第六镇难有作为，十分苦恼。就在这时，武昌起义爆发了，吴禄贞一方面庆幸革命终于爆发了，另一方面为未能控制第六镇部队而担忧。他怀着这种喜忧参半的心情从北京赶回保定军中。

全国革命形势迅速发展，北方也开始动荡起来。1911 年 10 月中旬，当第六镇第十一协李纯部被调赴湖北镇压武昌起义时，吴禄贞请求随军南下，拟在前方倒戈，但为荫昌所拒，未能成行。10 月 29 日，吴禄贞的同学和好友、第十二镇统制张绍曾联合蓝天蔚、卢永祥等部，发动滦州兵谏，威胁北京。清廷大惊，于 11 月 2 日派吴禄贞赴滦州宣慰，企图利用吴禄贞在留日士官生中的威信与关系，弥平这场武装动乱。吴禄贞乘机到滦州与张绍曾等人密商联络。恰在这时，山西革命党人于 10 月 29 日发动武装起义，杀死巡抚陆钟琦，建立了以留日士官生阎锡山为都督的山西革命军政府。清政府慌作一团，急令第六镇第十二协从保定开赴石家庄，准备进攻山西咽喉娘子关。这时第十二协的原协统周符麟已被免职，由原标统吴鸿昌署理协统。吴鸿昌此人也是一个顽固的北洋军官。吴禄贞听到这个消息，急忙由滦州赶赴石家庄，令第十二协停止进攻山西，并于 11 月 4 日亲率心腹参谋官、革命党人何遂等人赴娘子关，与阎锡山密商，决定组织“燕晋联军”，以吴禄贞为大都督兼总司令，阎锡山、张绍曾为副都督兼副总司令，拟从石家庄、山西、滦州出兵，三路夹攻北京，一举推翻清政府。在这期间，吴禄贞还下令截留清军经京汉铁路运往湖北前线的军火；电奏清廷，要求下令停止进攻武汉，北洋军撤出汉口，严惩纵兵焚烧汉口的冯国璋等人。这一切都给清廷以巨大的威胁。

（三）袁世凯收买叛徒刺杀吴禄贞

吴禄贞的革命活动引起清廷与袁世凯的震动与惊慌。因为吴禄贞有杰出的军事才能，在北方军政界与留日士官生中有较高的声望与影响。现在他手握重兵，驻扎军事重镇石家庄，又联络了张绍曾与阎锡山，势力大增，随时都可以北上攻占北京，南下截断湖北境内袁世凯北洋军的退路，其严重后果可以想见。特别是袁世凯老谋深算，窃国阴谋早就在暗中酝酿。他于 1911 年 10 月 14 日被清廷任命为湖广总督；1911 年 10 月 27 日又被清廷任命为钦差大臣，接替荫昌，受命到湖北前线督师，指挥由冯国璋、段祺瑞分别统领的第一军、第二军，进攻武昌义军。10 月 30 日，袁世凯离开所居住的彰德南下，第二天抵达信阳，接任钦差大臣，部署对武汉的进攻。当荫昌向他交代前线军事事项时，曾嘱其对吴禄贞加意防范。1911 年 11 月 1 日，袁世凯又被清廷任命为内阁总理大臣，受命入京组织责任内阁。袁世凯深知，若不及时设法制止吴禄贞的行动，任吴禄贞、张绍曾与山西民军联合起来直捣北京，不仅清廷会被立时推翻，而且他北上京师夺权组阁的阴谋也不能实现，甚至他本人及在湖北的北洋军，亦将处于南北夹击的挨打地位，危险不可名状。必须尽快除去吴禄贞，这是清廷与袁世凯不谋而合的共同愿望。

因此，清廷一方面于 11 月 4 日假意发表上谕，任命吴禄贞为署理山西巡抚，企图暂时稳住吴，阻止他立即采取进攻北京的行动；另一方面，又秘密派遣奸细到石家庄第六镇部队中，收买叛徒对吴禄贞实施暗杀。在这同时，袁世凯也向石家庄派出了奸细。

北京清廷派到石家庄来的，是军咨府（总参谋部）第三厅厅长陈其彩。袁世凯派到石家庄来的，就是原任第六镇第十二协协统、被吴禄贞撤职的周符麟。周符麟离开第六镇后，对吴禄贞怀有切齿之恨，常于喝醉之后，执其手中之刀，恶毒咒骂吴，时刻想着报复。当荫昌奉命督师南下进攻武汉起义军时，周符麟随同前往。袁世凯知其人心毒手狠，且在第六镇中有许多亲信与死党，正可利用，遂派人将其召到驻地，与之密商，令其秘密赶赴石家庄第六镇，下手除去吴禄贞。

周符麟与陈其彩先后来到石家庄第六镇军中活动。他们通过旧关系，召集一些对吴禄贞心怀不满的军官举行秘密会议，拉拢与利诱他们举行兵变，刺杀吴禄贞及其亲信。他们特别对地位重要的吴禄贞卫队营长马步周狠下功夫，最后以 200 万元的重金收买成功，让其作为直接刺杀吴禄贞的凶手。

周符麟等在第六镇中拉拢中下级军官的活动，引起了吴禄贞的亲信军官、革命党人何遂的警觉。何遂立即向吴禄贞做了汇报，要吴提高警惕，免遭暗算，并建议吴更换住地及卫队，从山西义军中抽出一营做他的卫队。但吴禄贞志大气豪，满不在乎，认为大丈夫做事应正大光明，而把必要的谨慎与警备看成是怯懦的标示。他对何遂说：“不要紧！清廷派了一团禁卫军天天跟在我身后，我都不怕。这几个人怕什么！”他并告诉何遂：“我有卫队营长马步周担任警戒，他是我的心腹，靠得住！”何遂告诉他，马步周也被周符麟拉去密商，可能不稳。吴禄贞总是不信，他甚至把马步周传来问话：“听说你要杀我，那就杀吧！”马步周急跪在吴面前，说：“统制待我甚厚，我天胆也不敢。”吴说：“量你也不敢，起来去吧。”吴禄贞仍毫不戒备，像往常一样，常常单枪匹马，独来独往，想用自己的胆量与威风震慑住敌人。他的粗疏与麻痹终于铸成了千古之恨。11 月 7 日凌晨，他在召集中级以上军官开会，宣布将采取革命手段，不日间就要进攻北京后，继续在镇司令部办公。就在这时，刺客马步周闯了进来。

吴禄贞被暗杀的消息传出后，全国革命军民义愤填膺。何遂与山西义军设法找到吴禄贞、张世膺、周维桢三烈士的遗体，运往娘子关，由阎锡山派人赶做了木制头颅，安装到吴禄贞等人的遗体上，就地埋葬。武汉起义军民拔剑斫地，皆愿死战。吴禄贞曾工作过的东北延吉地区召开隆重的追悼大会，称吴“革命未成身先死，事虽失败亦英雄”。汉口大舞台上演《吴禄贞被刺》话剧，观众满座，哽咽抽噎。1912 年 1 月 1 日，中华民国临时政府在南京成立后，临时大总统孙中山于 1912 年 3 月 4 日发布命令，说：“吴禄贞、张世膺、周维桢三氏者，为同胞惨死，尤最凄怆，恤悼宜先抚恤者也。……吴、周、张三氏，当义师甫起之日，即阴图大举，绝彼南下之援，以张北伐之势。事机甫熟，遽毙凶刃。迭被重创，身首异处，死事至惨。”决定吴禄贞照陆军大将军例，赐一时恤金 1500 元，遗族每年恤金 800 元；张世膺、周维桢也赐予恤金及遗族恤金。（《孙中山全集》第二卷，第 173 页）上海、太原、石家庄等地都先后举行了纪念吴禄贞、张世膺、周维桢三烈士的大会。

与吴禄贞烈士死后备极哀荣相对照的是，叛徒与凶手马步周在辛亥革命后虽未受法律惩处，但举国痛骂，不久就得了瘫痪症，很快死去。

十五、辛亥南京光复之役与林纾小说《金陵秋》

（一）1911 年 11 月 8 日：南京新军第九镇官兵起义攻城失败

1911 年 10 月 10 日，武昌起义爆发；10 月 11 日，成立湖北军政府，推举黎元洪为都督；10 月 12 日，起义军占领汉阳、汉口，成立汉口军政分府。

在武昌起义的鼓舞下，各省革命党人迅速行动起来，先后在一些省份发动起义与独立：

1911 年 10 月 22 日，湖南革命党人率先响应，发动起义，宣布湖南独立，成立军政府。

1911 年 10 月 22 日，陕西革命党人发动起义；10 月 25 日，组织陕西军政府，宣布独立。

1911 年 10 月 23 日，江西九江革命党人发动起义，成立九江军政府。

1911 年 10 月 29 日，山西革命党人发动起义，击毙山西巡抚陆钟琦，成立军政府，宣布山西独立。

1911 年 10 月 30 日，云南昆明新军起义；11 月 1 日成立云南都督府，宣布云南独立。

1911 年 10 月 30 日，南昌新军起义；11 月 1 日，江西军政府成立，宣布独立。

清廷也紧张地部署指挥镇压武汉起义军。

1911 年 10 月 14 日，清廷任命袁世凯为湖广总督；

1911 年 10 月 27 日，清廷任命袁世凯为钦差大臣，接替荫昌，受命到湖北前线督师。

10 月 30 日，袁世凯离开所居住的彰德南下，第二天抵达信阳，接任钦差大臣，指挥由冯国璋、段祺瑞分别统领的第一军、第二军，部署、指挥对武汉三镇起义军的进攻。

1911 年 11 月 1 日，皇族内阁辞职，清廷任命袁世凯为内阁总理大臣。袁世凯受命入京组织责任内阁，重掌清廷军政大权。

袁世凯指挥北洋军向武汉猛烈进攻，于 11 月 2 日占领汉口。革命军被迫退向汉阳与武昌，形势危急。

全国革命与反革命的斗争，呈现前所未有的激烈与复杂。

当时上海属于江苏，与江苏各府县邻近而联系快捷方便。位于上海租界的各报刊，特别是《民立报》等革命报刊，迅速而及时地报道各地的武装起义与独立的消息，并发表鼓吹革命的评论，在江苏各地、各阶层民众与军队中，引起极大的震动。

以上海为中心的东南各省是革命党人力量较强、活动频繁的地区。在 1911 年 8 月在上海秘密成立的“同盟会中部总会”，成为长江中下游地区革命的领导核心。“同盟会中部总会”领导人陈其美、宋教仁、于右任、范鸿仙等，在获悉武昌起义爆发的消息后，立即召开紧急会议，研究商讨策动上海、南京、杭州等地的武装起义和长江各省的独立，响应与支持武昌起义。“同盟会中部总会”领导人对策动南京的武装起义尤为重视。

南京，当时称江宁，地处长江下游，连接吴楚，地接南北，虎踞龙盘，城池坚固，形势险要，是中国东南的军事重镇和政治中心，历来为兵家必争之地。如果光复此城，必将大大增强全国的反清革命力量，沉重打击清王朝的统治，造成极大的政治、军事影响，是东南地区其他城市所无法比拟的。

但清廷在南京的力量很强，也是东南地区其他城市所无法比拟的。清廷长期以两江总督、江宁将军、江宁布政使等军政大员，率重兵驻节于此。1911 年 10 月 10 日武昌起义发生时，江宁城内外，驻扎着 4 支军队：

（1）两江总督直辖的江南巡防军（由淮军改编）与总督署卫队，共 2000 多人，由王有宏、赵会鹏统领；

（2）江宁将军铁良辖制的一支旗营，1000 多人；

（3）由江南提督张勋率领的江防军，共计 18 营，内分步兵 14 营，炮兵 2 营，骑兵 1 营，探访 1 营，除分驻安徽、苏州两地各两营外，余 14 营皆驻南京，计有张文生统带 5 营，驻城内鼓楼；周干臣、殷恭先、李绍臣、陈德修、李辅亭各带 1 营，驻江北的浦口；炮兵 2 营、探访 1 营，分驻城内外；骑兵营，由管带苏锡麟率领，驻城内，守护粮台；共 10000 多人（苏锡麟：《辛亥南京战役前后的张勋江防营》，《辛亥革命回忆录》第六集，第 396 页）。张勋出身行伍，思想顽固，极端忠于清王朝，是一个凶残的悍将。

以上三支部队，共约 20000 人，统称旧军，大多无革命意识，盲目效忠清廷。

（4）新军第九镇（相当于师）。该镇司令部与直属部队，以及所辖第十七协（相当于旅），共 10000 多人，由统制徐绍桢率领，驻南京。该部于 1905 年创建，革命力量较强。

1900 年庚子事变后，清廷被迫推行新政，有一项重要的内容，即军事改革，逐步淘汰旧式的八旗、绿营与湘淮军，按西方欧美国家的军制与装备，实行征兵制，取代“兵籍”，创建新式陆军。江苏驻军的军事改革，起始于 1904 年，两江总督周馥在江宁设立督练公所，作为军事改革的指挥与参谋机构，奏请清廷，拟在江苏地区编练陆军新军 3 镇（师）：驻江宁、镇江的新军第九镇（师）、驻苏州的第十二镇、驻江北清江的第七镇。但结果，拟编驻苏州的第十二镇，因征兵应者寥寥，兵额不足，只编成第二十三混成协（旅）；拟编驻江北清江的第七镇，也只由从北洋调拨的部队为基础，编成第十三混成协（旅）；只有拟编驻江宁、镇江的新军第九镇（师），按计划顺利编成。

新军第九镇（师），由在苏北各县征兵3000名，合并部分巡防营，编练而成，成为清朝末年全国军队现代化改革的新军编制之一，相当于现在的师的规模，下辖步兵第十七、第十八两协（旅）、马队一标（团）、炮队一标（团）及工程队一营、辎重队一营、宪兵队三营，共10000多人。步兵第十七协辖第三十三标、第三十四标；步兵第十八协辖第三十五标、第三十六标。第九镇司令部与步兵第十七协及所辖第三十三标、第三十四标，以及马标、炮标、工程营、辎重营、宪兵队，均驻江宁（南京）城内；步兵第十八协及所辖第三十五标驻镇江，第三十六标驻江阴。清廷任命徐绍桢为第九镇统制（师长）。清廷当局对第九镇分外重视，除精选官兵、严格操练外，还装备大量购自西方国家的最先进、最新式的武器，所谓洋枪洋炮，在全国新军各部队中，仅次于北洋六镇。当时北洋六镇新军中，已开始引入与使用马克沁水冷式重机枪，这种机枪是当时世界上最先进的武器，杀伤力极大，曾在日俄战争中大显威力，有“杀人机器”之称。而南方各省的新军，包括后来发动武昌起义的湖北新军第八镇，大多没有这种机关枪，唯有第九镇第三十三标配有德制马克沁重机关枪4挺，日本造机关枪4挺，步兵炮6门。第九镇士兵多为征兵而来，多是新式知识青年；中下级军官多从军校毕业，或留学归国，思想与知识较新。新军第九镇成为清朝末年江苏地区最有战斗力的军队。

清廷没有想到的是，他们改革编练的新军，竟成为辛亥革命的温床。因为军事改革的前提，是政体的改革。自八国联军侵华、清政府签订《辛丑条约》后，清政府的专制丑恶、腐败无能与顽固反动暴露无遗，反清革命与民主共和思想在江苏地区广泛传播，并逐步地“由鼓吹时代进于实行时代”，形成革命实践运动。第九镇是晚清首先实行征兵制的新军，征兵时，江苏、安徽、福建等省很多有革命思想倾向的知识青年报名从军。赵声等革命党人，为了取得军权，纷纷参加。他们在新军部队里积极开展革命活动，先后吸收数十名第九镇中下层军官及南京江南陆师学堂等校的师生柏文蔚、冷遹、陶骏保、倪映典、熊成基、李竟成、伍崇仁、林述庆、林之夏、孙麟、韩金声、何遂等人，加入同盟会，吸收的士兵更多。

1906 年 9 月 2 日，端方接替周馥，任两江总督。这个精明而反动的大官僚侦悉到第九镇三十三标内的革命活动，严令统制徐绍桢对官兵实行甄别、整顿，并派亲信数十人下各营，任见习官，作为耳目。他撤了赵声三十三标标统职务。1906 年 12 月 4 日，在同盟会的策动与组织下，萍浏醴起义爆发。端方派徐绍桢率第九镇主力，以步、骑、炮、工、辎编成一混成协，赴江西会剿。徐绍桢为抚军心，保举赵声以随营军官身份一同前往。赵声等暗中派人与萍浏醴起义领袖联系，约以阵前接应，不料第九镇部队到达萍乡时，萍浏醴义军已败，他们的阵前起义计划未能实现。清廷在血腥镇压萍浏醴起义后，于 1906 年 12 月 22 日发布上谕，严令两江总督端方、湖广总督张之洞等，加强对长江沿岸各省的防范与镇压活动。端方在新军中清查革命党人。在严峻的形势下，赵声不得不离开部队，前往广东，柏文蔚前往东北吉林，林之夏“暗被端方钳束”，林述庆“留萍乡半载，仅获免”。其他人或云流星散，或隐身部队中，停止活动。但第九镇中的革命火种一直没有熄灭，革命的潜在力量日益增长。

当武昌起义的消息传来后，两江总督张人骏声言要“唯拼一死”，调原驻防浦口的张勋江防军，辖马步兵 23 营，过江驻防南京城内，再加上王有宏的缉私营，江宁将军铁良指挥旗营人马约千人，共两万多人。张人骏奏请清廷，提升张勋为两江军务帮办，还给旧军增发枪弹，企图依靠这些顽固的旧军，凭借险峻的地理优势，守住南京城，稳定东南大局，做垂死挣扎。

当武昌起义的消息传来后，第九镇的中下层官兵也图起事响应，但苦于无能人领导。同时，两江总督张人骏、江宁将军铁良加强了对新军第九镇的防范与控制，下令突然搜缴了该镇官兵的弹药，每人只留下演习用的 3

至5颗子弹，给新军官兵起义造成很大的困难。

在上海的“同盟会中部总会”经会议商讨，分工范鸿仙负责主持发动南京方面的起义事务，宋教仁答允以全力相助他。

范鸿仙是安徽合肥人，1906年加入同盟会，长期在上海从事革命报刊的宣传工作，曾先后参与或主持《神州日报》《民呼日报》《民吁日报》《民立报》的编务，发表了大量文章，鼓吹革命，产生了很大影响。他还积极参与各种革命实际斗争，对1908年11月19日熊成基领导的安庆新军马炮营举义，对1911年4月27日广州黄花岗起义，尽“筹策之功为多焉”（《故陆军上将范烈士（鸿仙）墓表》）。他接受“同盟会中部总会”的任务后，立即以全部身心投入光复南京的繁难工作中。不久，宋教仁应武汉革命党人的连电催请，要前往湖北，范鸿仙只能独当一面，只身承担起这副重担。范鸿仙考虑光复南京，主要是要策动驻防南京的新军第九镇官兵起义，必须选派合适的人员，前往该部队中去进行工作。他了解“第九镇军官兵士，最崇拜者为伯先（赵声），次则御秋（冷遹）、烈武（柏文蔚）”。赵声已在指挥黄花岗起义失败后，病逝于香港，冷遹在广西，柏文蔚在奉天。柏文蔚是范鸿仙的安徽同乡，早就熟悉的革命战友。于是，在武昌起义爆发后的第四天，10月13日，范鸿仙与另一位安徽籍的革命党人郑赞丞一道联名，一日三电，催柏文蔚迅速南下（范鸿仙：《宋先生遗事（一）》）。

柏文蔚，字烈武，曾在南京新军第九镇中任军官，与赵声等一道开展革命活动，与第九镇官兵有良好的关系，享有很高的威信。1907年初，为逃避清廷清查，柏文蔚避往吉林，利用关系，先任吉强军文帮带兼马步队总教习等职，后又到奉天（今沈阳），在参谋处任职。他在东北参加秘密革命活动，成为当地革命党人的骨干。

1911年10月12日，柏文蔚在沈阳看到了报载武昌起义的消息。他在《从辛亥革命到护国讨袁》一文中回忆说：在10月13日，他“得范鸿仙、郑赞丞急电，促余南下，一日三电”。10月14日，他又收到陈其美发来的急电，促其南下。柏文蔚在给范鸿仙等人回电后，从营口乘船，于10月22日到达上海。范鸿仙、宋教仁和柏文蔚在《民立报》报馆相见，“纵谈片时，三人合议，决定烈武担任南京司令，余（范鸿仙）担任筹款运动”。（范鸿仙：《宋先生遗事（一）》）

恰好黄兴于1911年10月24日也从香港到达上海，寓朱家木桥小楼中。他让其夫人徐宗汉到民立报馆，约宋教仁、范鸿仙去相见。宋教仁不在，范鸿仙独自前往，相谈片刻，宋教仁也赶来。第二天，10月25日，早7时，范鸿仙偕同柏文蔚到朱家木桥小楼，与黄兴相见。黄兴赠柏文蔚一把手枪。当日，黄兴、陈其美、宋教仁、柏文蔚、范鸿仙、郑赞丞等人在陈其美家召开紧急会议，研究在长江中下游地区各省发动起义事项。此时已定由陈其美负责领导上海地区的武装起义，会议“决定克强（黄兴）担任武汉，柏文蔚担任南京”（柏文蔚：《五十年经历》，《近代史资料》1979年第三期），宋教仁随黄兴去武汉；范鸿仙则协助柏文蔚策动南京新军第九镇起义，做后勤，筹集钱款枪械武器，接应支持南京起义部队。

1911年10月25日晚，黄兴、宋教仁乘船离上海，前往武汉；柏文蔚、范鸿仙则搭乘沪宁客车，前往南京。柏文蔚、范鸿仙到达南京后，利用柏文蔚旧日的老关系，与新军第九镇中受革命思想影响的官兵联系会合，研究制订武装起义计划。因为两江总督张人骏突然搜缴了该镇官兵的弹药，“皆以新军有枪无弹为虑”。柏文蔚、范鸿仙立即回到上海，和陈其美、郑赞丞等人协商解决。陈其美迅速拨款，范鸿仙则在上海牯岭路设立秘密机关，在三天内制成炸弹1200颗，购得手枪300把，运往南京作起义之用。

柏文蔚与第九镇官兵制订了起义军事计划，准备在10月31日举行起义。但就在这时，两江总督张人骏严令新军第九镇驻南京的官兵，约7000余人，于10月31日午前全部调出南京城，开往南京城南数十里的秣陵关驻扎。柏文蔚的起义军事计划被破坏了。新军第九镇官兵被迫开往秣陵关后，驻防南京城内的张勋的江防军，关闭城门，大肆搜捕、屠杀革命党人与一切可疑人员，形势紧张恶劣，给南京的武装起义造成更大的困难。

就在这时，武汉的革命军遭到袁世凯统率的清廷北洋军的猛烈进攻，于11月2日失守汉口，被迫退往汉阳与武昌，形势危急。南京成为革命党人与清廷顽固势力争夺的一个新的重要阵地，成为辛亥革命能否胜利发展的关键。在这危急之时，上海的“同盟会中部总会”陈其美等人，连续派遣陶逊、范鸿仙、柏文蔚等到第九镇，对徐绍桢等高级军官开展工作。

1911年10月31日，担任第九镇正军医官的同盟会会员陶逊，首先利用职务之便，入见徐绍桢，劝说道：“我公何不早自为计，尚欲尽力满朝耶？我此次在日本，见西乡隆盛铜像，心甚钦敬；若伊藤博文，则崇拜心減矣。我公若乘机起义，西乡非难至也”；“现在军心动摇，势必决裂，若一旦暴动，我公身名岂不俱裂！”“我将往说李平书、伍秩庸、马相伯、张季直诸君助公”。陶逊得到徐绍桢的首肯后，立即密告第九镇的高级军官沈同午、孙铭等人，让他们继续对徐绍桢进行说服（林述庆：《江左用兵记》）。

范鸿仙更是为南京新军举义事绞尽脑汁。他十分了解第九镇官兵的情况，早年经革命党人的活动，深受革命思想影响。武昌起义爆发后，该镇不被两江总督张人骏信任，被张勋的江防军排挤出南京城，驻扎秣陵关，军心动荡，跃跃欲试，准备乘时举事，只因组织未妥，迟迟未发动。而担任新军第九镇统制的徐绍桢，是广东番禺人，字固卿，举人出身，以幕僚起家，因博览群书，深研兵法，由文改武，先后任福建武备学堂总办、江西常备军统领；1905年，被任命为新军第九镇统制。此人系一开明官僚，曾引进赵声、柏文蔚、冷遹等革命党人或进步军官为第九镇的管带、标统。他在第九镇官兵中颇有威信。武昌起义爆发后，他得不到张人骏、铁良的信任，与张勋、王有宏统率的旧军江防营、缉私营矛盾很深。他暗中同情革命，但慑于张人骏、铁良与张勋的淫威，对发动起义犹豫不决。范鸿仙为了消除徐绍桢的疑虑，乃不顾个人安危，再次前往南京，毅然冒险秘密潜入秣陵关第九镇中，求见徐绍桢。他给徐分析革命形势，剀切劝谕：“‘满清’无道，百姓分崩。

今义师奋起，海内响应，此天亡之时。将军明德英才，总兹戎重，苟动枹鼓，扶义征伐，孰敢不从？以此诛锄胡虏，匡济华夏，诚千载一时之机会也”（刘文典：《范烈士鸿仙先生行状》）；他进而向徐绍桢说明利害关系，指出：“张勋兵临阵前，倘不奋起杀敌，必然被他宰割。当今之时，只有召将士，众擎协力，击败江防军，才能顺人心，振士气，而为天下之倡”。

第九镇官兵也不断派代表到镇司令部，要求徐绍桢“请速举事”。他们向徐绍桢进言，说：“今日是我汉族自立之一大好机会，统制万不可拘守臣节，盖种族之关系甚大，拘守臣节者，反为汉族之蟊贼也。武昌根据既立，吾人自必赞助”（祁龙威、周新国主编：《辛亥革命江苏地区史料合集》，第 286 页）。

11 月 3 日晨，第九镇炮标排长侯成、辎重营正目李朝栋，由秣陵关进南京城，邀请柏文蔚前往新军驻地。当日晚 6 时，柏文蔚与侯成、李朝栋乘小船，顶着月光，前往秣陵关，“舟至上方桥，见两岸已有多人来接，……全镇正副目均代表士兵在此欢迎也”。当晚，柏文蔚住第三十三标标统伍崇仁处。第二天，柏文蔚被徐绍桢约见，在座的有第九镇参谋官史久光、第十七协协统沈同午等，经过反复讨论，主张起义先由上海发动，以次攻南京，计划乃定，并由柏文蔚往上海运枪炮弹药。

1911 年 11 月 4 日、5 日，上海、杭州、苏州相继光复，宣告独立。

徐绍桢虽为清廷将领，但也早受到革命风气影响，曾做过一些维护革命的工作；后见武昌义旗一举，全国响应，心早为之动。武昌起义后，徐绍桢在日本明治大学留学的儿子徐承庶写信给他，说：“中国者，四万万人之中国，非一姓之中国也，与其忠于一姓一人，何如忠于四万万人。古之忠臣烈士，有杀身成仁者，其志在救国救民也，初非专为一姓计也”。儿子的信给予徐绍桢强烈的震动，徐绍桢“颇韪其言”（徐绍桢：《共和论》，上海 1917 年版，第 7 页）。在这时，徐绍桢及其统率的第九镇又遭到南京清廷官僚的排挤与歧视，心怀不满；今再听范鸿仙与部下官兵的一番劝说，见上海、苏州光复，大受鼓舞，决心起义。第九镇官兵被进一步发动起来。

在群情激奋、大势所趋的情况下，徐绍桢在镇司令部召开标以上代表会议，会上决定："以第九镇主兵力，经马家桥袭取雨花台炮台，使孙铭先占领镇江，分遣三十五标，经龙潭夹攻朝阳门；粮秣之购自里下河者，由下蜀、句容河道运送，购自芜湖者，由大胜关起陆；弹药则俟上海民军领有制造局后，由宁沪铁道越汤水密运补充。并约不得劫商民，不得侵外人，不得伤将军、总督。防营旗兵不为抵抗者，不得肆杀戮。令既下，军中为之肃然，无敢有异议者"（祁龙威、周新国主编：《辛亥革命江苏地区史料合集》，第 295 页）。会后，徐绍桢一面派遣第三十三标三营队官华彦云以及翟钧、史久寅，挑选、率领精壮机灵的士兵 150 人，化装成农民，乘船到南京下关，再经尧化门，上火车，赴上海，找沪军都督陈其美，请求接济子弹，陈其美立即筹措，但因为交通阻塞，未能按期运到；一面派人化装进入南京城，秘密联络旧军中的友人，动员他们做好起义的内应。城内守军，狮子山、富贵山炮台愿守中立；驻汉西门巡防营索到两万金，当新军攻城时，以开启西门；督辕卫队到时即先占领督署；守卫饷械局的机枪队亦表响应，并约城中炸弹队轰开通济门、聚宝门。部署既定，约期 11 月 8 日夜间起义。

1911 年 11 月 6 日，第九镇官兵得到驻防镇江的第九镇第十八协将于 11 月 7 日起义的消息，大受鼓舞，士气倍壮，纷纷请战。负责起义军事指挥责任的第十七协协统沈同午怕部下自行起义，便不顾上海的武器弹药尚未运到，催促徐绍桢提前行动。徐绍桢感到，"事急矣，机不可逸，不则守军将逆击我"，乃命令沈同午率混成协，于 7 日午后 1 时下移营命令，8 日"移屯曹家桥南方高地，乘夜袭取雨花台"，"伪作演习，至距南门外十里处之姑娘桥宿营，待晚上三点钟内应一起，即行进城"（上海《民立报》1911 年 11 月 13 日报道）。各部任务区分如下：

以步兵第三十六标第三营（缺一队）、马队第九标第一营（缺一队）为右路纵队，朱元岳指挥之，经曹家桥向通济门进击，进城后占领督署；

以步队第三十三标第三营、马队第九标第三营为左路纵队，傅鑫指挥之，经铁心桥、安德门向汉西门进击，进城后驱逐清凉山守兵，占领饷械局；

以步兵第三十四标等部队，为中央纵队，由沈同午亲自指挥，经姑娘桥、花神庙进击雨花台，进城后即分军，由下关渡江，占领浦口；

另约镇江第十八协统领孙铭派步队第三十五标进攻朝阳门，进城后占领将军署（祁龙威、周新国主编:《辛亥革命江苏地区史料合集》，第298页）。

由于上海方面应允接济的弹药未运到，而原有的弹药又被张人骏扣发、收回，部队所剩弹药寥寥无几，徐绍桢下令，将子弹全部集中，发给中路进击部队第三十四标，每人只发到了5颗子弹。

就在第九镇官兵决定于11月8日夜起义的前一天，11月7日夜，南京城内蓦然发生了苏良斌等人发动的起义，打乱了他们的计划。

苏良斌原是第九镇的一个排长，因故被撤职，后投奔武昌。武昌起义爆发后，苏良斌作为武昌革命军政府的联络员，于11月3日被派来南京，运动新军，响应武昌起义。苏良斌在南京城内，联络了巡防营与督署卫队的一部分人，企图“尝试奏功”，准备在11月7日晚上起义。这天下午，他派人送了一封信给城外秣陵关的第九镇新军，“云十七日晚三钟，伊等在城起（事），望大军即行开往，以便开城迎接”。第九镇官兵接到苏良斌函后，知事不好，“即着原人回信，约十八（11月8日）夜方起事”。然而，回信人当夜未能进城，无法通知苏良斌。

于是，在苏良斌的指挥下，城中起义照常在7日夜进行。是夜凌晨3点钟，苏良斌以纵火放炮为号，督署附近卫队及汉西门之巡防营中的起义官兵，约四五百人，误以为新军攻进城内，而同时响应。在南下广州参加黄花岗起义后的革命党人韩恢，正在南京隐居。他闻知新军起义，即率领一些革命党人，组织敢死队，被推为队长，在南京城内做内应，攻下模范监狱，释放囚徒，并亲自出城，接应新军到雨花台会合。

张勋已得到密报，作了准备与部署。他“派殷恭先营增援雨花台，加强张文生所部的力量；派李绍臣、陈德修二营作机动部队，随时待命增援各处；派周干臣、李辅亭连同王有宏的部队，防守总督衙门及子弹库、军械局、造币厂等重要处所。苏良斌率领的起义军被江防军迎头痛击，如狂风扫落叶一般，当时就杀伤了二三百人，死尸纵横，到处都是，余众溃散，潜藏民间”（苏锡麟：《辛亥南京战役前后的张勋江防营》，《辛亥革命回忆录》第六集）。起义官兵战死大半。《民立报》在 11 月 13 日报道说：苏良斌“放炮为号，探访队先变，各挂白布于胸，上书‘中华民国’字样。张人骏闻城内兵变，即行逸出。王有宏指挥卫队击探访队，卫队即反戈相向。王有宏亲自用机关炮击毙卫兵 20 余人后，以力不支，乃遁去。嗣巡防各营相继起事，打开城门，见（第九镇）大军未到，始各溃散”。苏良斌等人的起义迅速被镇压下去。

苏良斌的盲动，惊动南京当局。11 月 8 日天明时，张勋下令紧闭各城门，“江防军挨户搜索，见了形迹可疑的人便杀”，凡头上无辫、手缠白布者，就被抓，被杀，“良民百姓遭受池鱼之殃的不可胜数”（苏锡麟：《辛亥南京战役前后的张勋江防营》），总计被杀者有 700 余人。城内原来可作新军响应的军事力量，乃被各个击破，几乎被一网打尽。南京城清军进入全面戒备状态，增兵各要塞，固守雨花台等重地。“各城门遂紧闭，守兵皆以江防兵配布，雨花台之守备队，增步队三营、马队一营、机关枪四门。通济门、汉西门之城堞，亦配置山炮、机关枪，城内外之交通至是而绝”（祁龙威、周新国主编：《辛亥革命江苏地区史料合集》，第 298 页）。恐怖气氛笼罩全城。

新军第九镇混成协，不知南京城中风云突变，仍按原计划，于 11 月 7 日午后 1 时，下令开始移营行动；11 月 8 日黎明，在秣陵誓师，口号为“兴汉灭满”。8 日午前 11 时，各路进攻部队均到达南京雨花台南部的无名纬河南岸高地。第十七协司令部到达石马村。

8 日午后，中路军先遣骑兵队，在队长李铎率领下，到达花神庙北端，遇从城里起义而被击溃退出之督辕卫队，误以为内应军队已成功，即令扬起白旗，由大路一直北进，为张勋江防营雨花台守军发现，立遭重炮轰击，幸好敌射手将炮弹打到了牛首山，未造成重大伤亡。骑兵队退至花神庙西侧高地。但第三十三标、第三十四标官兵继续前进，从三面包围了雨花台清军炮台，展开战斗队形，脱离了总指挥，各自为战，猛烈进攻（祁龙威、周新国主编：《辛亥革命江苏地区史料合集》，第 299 页）。

“江防军率队据守雨花台的统领张文生，是个久经战阵的宿将。他先是以静待动，不作理会，等到徐军往前冲锋，前哨就要接触的时候，突然下令集中炮火，作正面射击，两侧又以机关枪左右扫射，密如雨点”（苏锡麟：《辛亥南京战役前后的张勋江防营》，《辛亥革命回忆录》第六集，第 397 页），给起义军官兵以很大的杀伤。

8 日午后 5 时，沈同午才得到城内已先发难和内应各防营溃亡的消息，即传令只能夜袭，将各标营所有枪弹，全部集中给中路军第三十四标，发给敢死队每人 8 颗子弹，战斗队每人 5 颗子弹。沈同午又命令各路军，集中攻击雨花台制高点清军炮台。起义官兵进至花神庙，天色已暮，兵士们整天只吃了一餐，但饥饿全忘。附近居民送给起义官兵饭菜，给钱都不要。入夜，中路军进抵雨花台下，发起冲击，遭清军猛烈炮火压制，全标官兵肉搏挺进，伤亡惨重，在弹尽援绝、牺牲严重的情况下，誓死不退，以血肉之躯奋夺雨花台炮台。前敌指挥官朱履先，挥动指挥刀，多次率众冲锋拼杀，均未成功。

至 11 月 9 日凌晨 1 时 30 分，第三十四标敢死队 100 多人，手持手掷弹，由金陵义冢，匍匐绕过敌堡后方；2 时 30 分，至雨花台南麓 200 米处，“顿发喊声，令不能禁”，遭守军机枪猛烈扫射，只好退伏在田埂后隐蔽处，“稍事整顿，复使强进”，如此反复三次，先锋队队长唐有泰中弹牺牲。最后，第三十四标左翼之一部韩恢等官兵，决心与敌人血战到底，“尽脱装具，袒而前，攀登东雨花台，徒手夺其机关枪二门，辄以友军失联络，不能守。队官汉铭等四十七人死之”。至 11 月 9 日凌晨 5 时 30 分，天将拂晓，中央纵队官兵已疲乏至极，不堪再战。总指挥沈同午见此情形，立即决定："不可为矣！弹药愆期，中必有变。兵力已不堪近战，久伏突击阵地，天明必陷于全灭，不如背进镇江以图再举"（祁龙威、周新国主编：《辛亥革命江苏地区史料合集》，第 299 页）。

于是，第十七协司令部与中央纵队官兵于 11 月 9 日凌晨，在大雾的掩护下，向后转移，于拂晓时退至曹家桥，中午 12 时退至秣陵关。其时，第九镇司令部与左路纵队傅鑫部已先行退往已于 11 月 7 日光复的镇江，第十七协司令部与中央纵队也随之退往镇江，少部分退往芜湖。《民立报》1911 年 11 月 13 日报道南京新军起义攻城，说：

> 计是役，马队伤亡十余名，三十四标死百余名，三十三标廿余名，炮标十余名，连工程、辎重，共计不下二百余名。而防军亦死亡一百余名。

清廷新任命的内阁总理大臣袁世凯获悉南京击败新军第九镇官兵发动起义的情况后，特地来电鼓励张人骏、铁良和张勋坚守南京，说："东南半壁，实赖我公"。

秣陵关新军起义虽然失败，但是他们响应武昌起义，高举义旗，敢于斗争的精神，揭开了南京光复的序幕，振奋了全国人心。

（二）1911 年 12 月 2 日："江浙联军"血战七日夜光复南京

第九镇第十七协官兵起义进攻南京城遇挫后，在徐绍桢的率领下，于 11 月 9 日退往已经于 1911 年 11 月 7 日光复的镇江，与原驻防镇江、现已起义的第十八协官兵会合。镇军都督林述庆派遣柏文蔚收容这些溃兵，整编为镇军第二支队，委柏文蔚为司令，下辖两旅，伍崇仁、端木藩为旅长。

徐绍桢则随即前往已光复的上海，寻求支持。

上海“同盟会中部总会”得知南京第九镇新军攻城失败的消息后，立即于11月11日，在长园召开紧急会议。当时武汉的革命军在11月2日失守汉口后，正全力阻截袁世凯北洋军对汉阳的猛烈进攻，眼看不能招架，形势十分危急。陈美其等认为，南京之得失，关系整个革命大局，不攻克南京，不足以完成江苏革命的任务，不足以巩固苏、沪、杭，从而无法挽救武汉起义军的颓势。而强攻南京，仅凭第九镇新军的兵力，包括镇江林述庆和柏文蔚的兵力，也不能和敌军抗衡。会议决定，联络江苏、浙江、上海各光复地区的力量，组建“江浙联军”，再次进攻南京。当日，上海都督陈其美分电苏州的江苏都督程德全、杭州的浙江都督汤寿潜，提议组织江苏、浙江、上海各光复地区的革命军，联合组成“江浙联军”，会攻南京，并推举第九镇统制徐绍桢为江浙联军总司令。程德全、汤寿潜两都督迅即复电赞同。

会议之后，范鸿仙给在武昌的宋教仁写了一封亲笔信，说明这里的紧急情况与组建“江浙联军”、再次进攻南京的意义，促宋教仁迅速东下。他请倪铁生持此函专程赴湖北武昌，交宋教仁。宋教仁正因为汉阳、武昌危急，要到上海一带来组建民国中央临时政府，因而迅速赶到镇江，与范鸿仙、柏文蔚、徐绍桢、林述庆等会面协商。宋教仁对范鸿仙说，因为汉阳危急，他必须先到上海、苏州、杭州，全力以赴投入组建民国中央临时政府事中去，因而疏通各地起义军队、组建“江浙联军”的事，要由范鸿仙主持。范鸿仙义不容辞地承担起联络各地起义军队、协调联军内部关系的重任。他以大义说服各方将帅，特别是说服镇军司令官林述庆，暂时缓和军权之争，推举徐绍桢为江浙联军总司令，统一指挥。徐绍桢在兵败之际，蒙范鸿仙如此信任，十分感动，意志更坚。

11月13日，徐绍桢在镇江设立“江浙联军”司令部，先后以陶骏保、顾忠琛为联军参谋部部长，林之夏为参谋部副部长，沈同午、史久光、于右任、范光启、陶逊、周应时、龚维疆、游捷、沈清、邓质彝、伍崇仁等为顾问，孙毓筠为军事参议，陈懋修为经理部部长，马良（即马相伯）为外交部部长，吴忠信为执法部部长，郑赞丞为交通部部长，沈缦云、于右任特别担任筹款，范鸿仙特别担任交通及筹款。联军司令部在上海设立总兵站。“江浙联军”所辖参战各军先在镇江集中，一时间军势大振。

先后加入“江浙联军”战斗序列的有：

镇军支队，三千人，支队司令官林述庆；

浙军支队，三千人，支队长朱瑞；

苏军支队，三千人，支队长刘之洁；

淞军支队，六百人，支队司令黎天才；

沪军先锋队，一千人，司令洪承典；

另有扬军及松江、江阴等地的巡防营若干人。

总兵力一万余人。

更应一提的是，还有自发组成的女子国民军 30 人，前来司令部报到。

11 月 15 日，江浙联军总司令部从镇江西移至高资，镇江都督府官兵及绅商各界均来送行，祝民军胜利。

11 月 16 日、20 日，徐绍桢在江浙联军总司令部里，两次召集各路将校开会，筹商进攻南京的方略，参会的有：镇军林述庆、柏文蔚，苏军刘之洁，浙军朱瑞，淞军黎天才等。

南京不仅建有高大坚固的明城墙，而且城外近郊，东有紫金山，南有雨花台，居高临下，建有天堡城等各种城堡、炮台等军事设施，为南京的要隘与屏障，关系南京的得失，为历来兵家攻夺南京的必争之地。

江浙联军总司令部根据会议研究，制订了进攻南京的计划，决定兵分四路，进攻南京：

中路：以镇军、浙军为主力，右翼镇军攻打天堡城、太平门，左翼浙军由东阳镇向麒麟门方面攻击，镇军一部与之同进，进占紫金山，再从孝陵卫攻朝阳门（今中山门）；

南路：苏军从汤水镇出发，进攻雨花台、聚宝门（今中华门），“佯攻以牵敌势”；

北路：淞军进攻沿长江南岸的军事要地乌龙山、幕府山等各炮台；

江北：由镇军组成江北支队，李竟成任支队长，郭叔完为支队参谋长，华彦云等人组成参谋科，下辖镇江巡防营张振发部1500人，扬军徐宝山部800人及舢板17艘、炮4门，瓜州镇统领赵春霆部500人及舢板50艘、炮5门，十二圩管带詹丙炎部步兵两队，扬州敢死队队官董开基部步兵1队及炮1门，从扬州出发，沿长江北岸，经六合，向浦口进攻，以截断南京清军退路，邀击从南京出逃的清军（李竟成：《镇军江北支队克复浦口战斗详报》）。后柏文蔚率先锋两营及学生队300余人，从镇江渡江来援，经六合县葛塘集，会攻浦口。

沪军，因要稍后开到，为总预备队。

起义的南洋海军舰艇，游弋高资一带长江中，“陆军兵力所到之处，海军随同前进”，掩护陆军前进（祁龙威、周新国主编：《辛亥革命江苏地区史料合集》，第302页）。

从11月19日开始，江浙联军所辖各军，陆续越过高资前哨。

这时，全国革命形势迅速发展，革命烈火已成燎原之势。11月10日，江苏咨议局议长、全国立宪派首领张謇在日记中感叹：“计自八月十九日至今三十二日，独立之省已十有四，何其速耶？”更为重要的是，当时中国人心所向，多是支持革命，向往共和。上海“各报馆生意甚形兴旺，望平街一带人山人海，皆急于探求消息者。闻革军胜，则无不欣欣然以为喜；有谓官军胜者，则必迁怒于此人。如前日望平街人丛中，有一无知者，闻革军大胜之言，微叹一声，后面之人遽饱以老拳。事虽可笑，观此亦可见人心已大去矣”（《辛亥革命史丛刊》第一辑，中华书局1980年版，第216页）。张謇是个有着清醒头脑并接触过民主共和思想的人，他看到时代潮流滚滚向前，革命趋势无法逆转，保留皇权与君主立宪已是不得人心，也无法实现，出于对国家命运的关心与发展实业、复兴民族的强烈愿望，就从效忠君王与君主立宪，改变为顺应共和与支持革命。他于 1911 年 11 月 21 日赶到已经光复的苏州，以江苏咨议局议长的名义，召集 58 名前江苏咨议局议员，在拙政园举行会议，宣布成立江苏临时议会，以原江苏咨议局议员充任议员，仍推张謇为议长。这是脱离了清政府后建立的江苏省第一届议会，是江苏省的第一个共和立法机构。他们宣布全力支持江浙联军光复南京。

1911 年 11 月 23 日，天气骤冷，秋雨寒气袭人。江浙联军进攻南京的战役全面展开。各路军队冒雨前进，官兵士气昂扬，向指定目标进击，“冒雨行师，分途猛进，士气踊跃，众志成城”。南京城内外民众热烈欢迎革命军的到来，说：“公等不至，我辈万无生理。”他们以各种方式支持革命军（祁龙威、周新国主编：《辛亥革命江苏地区史料合集》，第 304、370 页）。

11 月 24 日下午，江浙联军总司令部从高资进一步西移至龙潭。

1911 年 11 月 24 日夜，北路淞军首先打响，向乌龙山、幕府山两炮台进攻。

乌龙山要塞炮台位于南京城之东、长江下游约 30 千米处，监控着长江航运与宁沪铁路的龙潭段。“乌龙山离江宁城六十里许，前临长江，山上有二十一生的炮二尊，可以击我进攻兵舰，并由龙潭前进军队”（林述庆：《江左用兵记》）。

11 月 24 日夜，淞军司令官黎天才指挥淞军 600 人，及浙军一营，在长江上起义海军舰艇的支持和炮台守军内应官成鲲等人的配合下，先进攻乌龙山炮台。官成鲲是同盟会会员，曾任幕府山炮台官，与炮兵感情密切，事先经茅乃封介绍，来到江浙联军司令部，向江浙联军总司令徐绍桢密陈了袭取乌龙山炮台的计划，得到徐绍桢的首肯。徐向其“面授机宜”，并加派联军的徐朔做他的助手。官成鲲与徐朔秘密召集乌龙山、幕府山两炮台的炮兵，到镇江万全楼旅社聚会，晓以光复大义，炮兵们“无不感悟奋发，愿为民军效死”。因此，当联军发起攻击时，官成鲲随同黎天才部，乘坐兵舰，直抵乌龙山麓，涉达山巅，台兵竖起白旗，开栅欢迎（祁龙威、周新国主编：

《辛亥革命江苏地区史料合集》，第306页）。接着，淞军乘胜前进，连夜进攻幕府山炮台。“幕府山离江宁城约十里，可以炮击由尧化门前进军队”。

张勋得报江浙联军进攻乌龙山炮台，“派遣周干臣率领三营兵力驰往援救，甫经出城，便得着乌龙山已经失守的情报。周干臣无法，只好率队奔往幕府山扼守，拦堵黎天才部队的来路。黎天才乘胜进攻，利用天色昏暗，衔枚直上幕府山，进薄周军营地。周军疲乏未得喘息，黑夜之间又不知敌军多寡，勉强应战，渐感不支。又因敌军逼近，炮火已失其效用，无法施放，只得拼命突围，放弃了幕府山，所有的重炮全部抛弃，三营之众力战脱出的，不过半数，余众非死即降”（苏锡麟:《辛亥南京战役前后的张勋江防营》，《辛亥革命回忆录》第六集）。

11月25日晨，淞军攻克幕府山炮台。徐绍桢任命官成鲲为炮台司令，徐朔为参谋，留黎天才所部淞军镇守乌龙、幕府两山。乌龙山、幕府山两炮台官兵当即以炮台的重炮，向城内的清军北极阁司令部及狮子山炮台轰击，威胁城内清军据点。“张勋得到幕府山失守的情报，派遣赵会鹏、李辅亭率队反攻幕府山，与黎部在宝塔桥地方相遇，大战一昼夜，彼此势均力敌，成了拉锯战，各无进展”（苏锡麟:《辛亥南京战役前后的张勋江防营》，《辛亥革命回忆录》第六集）。

11月25日，朱瑞率浙军主力先锋队及镇军一标、苏军巡防队，由东阳镇出发，越麒麟门西向，进攻孝陵卫，在马群高地，与清军遭遇。清军悍将、巡防军缉私营统领王有宏率部300多人，驰出通济门，与联军恶战。王有宏“是记名的提督，赏穿黄马褂，平时红顶花翎黄马褂永不离身，战时也是这样打扮，不料成了敌军射击的目标”。浙军以望远镜观察，测知王有宏所在地点，乃集中火力，百枪、千枪齐发，子弹击中王有宏的左腹。王有宏连人带马中了百余弹，其人犹直立，督军士进击。其部下将其送往医院，很快死去。“张勋痛惜王有宏阵亡，捶胸大哭，张文生、殷恭光等骁将无不气沮”（苏锡麟:《辛亥南京战役前后的张勋江防营》，《辛亥革命回忆录》第六集）。

两江总督署以电报告北京清廷。清廷赠王有宏太子少保，谥壮武。经激战数小时，浙军终于突破清军防线，击溃七八千顽抗之敌，毙伤清军千余人，俘虏数百名，于当日下午，进占紫金山与孝陵卫一带高地，进薄朝阳门（今中山门）。但进攻天堡城的镇军、浙军，因城堡险峻，屡攻不下，伤亡甚重。

当日日暮时分，徐绍桢率江浙联军总司令部，移至麒麟门。

11 月 26 日，张勋亲率奋勇队 4000 人，旗兵 1000 余人，从南京城内，出朝阳门，向孝陵卫方向进行反扑。浙军、镇军、苏军与敌来回争夺阵地，苦战自晨至夕，终于逼迫清军退入城内，浙军直追至朝阳门外。朝阳门（今中山门）外清军全部肃清。

同日，南路苏军，由刘之洁指挥，扫清自淳化镇至上坊门之敌，占领了上坊镇；11 月 27 日，占领七桥瓮，与浙军成掎角之势，向雨花台、聚宝门（今中华门）进逼。

11 月 27 日，林述庆率镇军后续部队，进抵迈皋桥、尧化门、麒麟门一线，投入战斗。至此，对南京城形成了合围之势。

11 月 28 日，“江浙联军”司令部决定对南京城发动总攻，并令各军组织敢死队，决心只有生入而无生还。

当夜 12 时许开始，“江浙联军”总司令部移至马群。

11 月 28 日晚至 29 日凌晨，江浙联军各部分路向南京城发动猛攻：浙军埋炸药，爆破朝阳门（今中山门）不成，仰攻失败；苏军进攻雨花台也失利。尤其是防守南京城墙外之东的天堡城清军，居高临下，炮火狂烈，对江浙联军造成很大杀伤。联军苦战一昼夜，伤亡惨重，被迫后撤。

恰在这时，徐绍桢得到汉阳于 11 月 27 日失守求援的消息，顿时口吐鲜血，晕倒在地。他撑持着病体，会商各军。联军司令部总结了前次进攻失败的教训，决定集中兵力，先取城外制高点天堡城，然后俯攻南京。

天堡城雄踞朝阳门（今中山门）与太平门外的紫金山第三峰半山腰，紧靠城墙，建有坚固的城堡与工事，居高临下，俯瞰南京城内外，与城墙内富贵山的地堡城互成掎角，城堡下全为悬崖峭壁，地形险峻，易守难攻。此城堡是太平天国时期构筑，太平军以此为护卫天京城最重要的堡垒，曾国藩湘军进攻这里，数年而不可得。天堡城的战略位置极其重要，近代以来，南京地区一直流传着“要得南京城，先打天堡城”的民谚。张人骏、铁良、张勋知道天堡城对防守南京的极端重要性，在这里部署重兵把守，计有张勋江防军3营，旗兵1营，由顽固凶悍的成文均统率指挥，装备机枪60挺、大炮20余门，并装配了电话线，与城内张勋司令部直通信息（苏锡麟：《辛亥南京战役前后的张勋江防营》，《辛亥革命回忆录》第六集，第398页）。

江浙联军司令部下令，以镇军从紫金山北坡，浙军从紫金山南坡，夹攻天堡城；新开到的沪军先锋队约1000多人，由司令洪承典指挥，也投入战斗；另由淞军从幕府山、海军舰艇从长江上，发炮轰击，支援进攻部队。

11月29日，镇军各部领到大批枪弹，于当日下午2时，抵尧化门宿营；是夜，在一座寺庙里，镇军召开军事会议，与会者有江浙联军总参谋长顾忠琛、镇军都督林述庆、沪军先锋队司令洪承典、镇军第二标统带李玉昆、第一营管带谢时、第二营管带柳天质、第三营管带杨韵珂等。会议议决了从紫金山北坡进攻天堡城的军事方案。

浙军也进行了动员与谋划。浙军司令朱瑞接受队官张兆辰的建议，从各部队中挑选出约200人，组织敢死队，以张兆辰为指挥官，叶仰高为参谋官，分为两队，准备一队由张兆辰率领，从紫金山背后，攻击天堡城侧方；另一队由叶仰高率领，从紫金山主峰攻击天堡城东端。朱瑞并颁布赏赐抚恤办法，激励官兵。

11月30日中午12时，进攻天堡城的战斗正式打响。首先在前沿发生小规模的战斗。

下午3时许，浙军敢死队先行出发，主力随后跟上。约在同时，镇军第二标各营从尧化门越过沪宁铁路，向天堡城逼近。天堡城与南京城内清军的炮弹，纷如雨下。这时，沪军先锋队的炮兵赶到，与敌军展开激烈的炮战，掩护浙军、镇军进攻。

11月30日晚，月色皎洁，联军分数路，依照计划，镇军第二标从紫金山北坡，浙军敢死队从紫金山南坡，夹攻天堡城。沪军先锋队也投入战斗。官兵们爬山越坡，攀藤附葛，拼死前进，蜂拥直上。天堡城上清军弹雨如注，有的战士饮弹牺牲，还紧紧抱住小树不倒。“中华存亡，在此一役”“为共和而战”的喊杀声、口号声，此起彼伏。在激战中，浙军敢死队参谋官、光复会会员叶仰高与官兵多人中弹阵亡，负伤者更多。

30日夜11时，张勋派兵出太平门，增援天堡城清军，被联军埋伏在太平门外的便衣队袭击，死伤累累，被迫退回城内。

夜半12时后，突然刮起大风，继降雨雪。江浙联军司令部即令长江上的海军军舰，以探照灯打来多条光柱照明，协助联军官兵进攻。联军官兵向清军阵地猛力冲锋肉搏。经过一夜血战，清军不支，于凌晨5时前后，相继放下枪械求降。

12月1日晨6时45分，联军各部终于突进了天堡城。

就在这时，天堡城内的残余清军，竖起白旗，派人至联军阵地诈降，镇军第二标第三营管带杨韵珂不知其计，与之接洽，率数十人入清营，遭伏兵猝起，围数重击之。杨韵珂受伤十余处，仍奋呼力战，后枪中要害，当场牺牲，临终前高呼：“不夺此要塞，不要收殓我尸”；同时还有连长两人，排长五人，士兵百余人及沪军先锋队参谋一人，先后壮烈牺牲。

镇军第二标第三营及浙军敢死队两排官兵，死战不退，终于彻底消灭了这股顽固到底的清军。

天堡城之战，是江浙联军攻占南京最为关键、最为激烈的一场战斗。是役，击毙清方守军统领成文均及各级官长10多人，全歼700多守敌；联军伤亡160多人。在进攻天堡城之战中，镇军第二标全体官兵功劳最著，南京民国临时政府成立后，由孙中山奖给每个士兵银质奖章一枚，奖给校官金质奖章一枚。

在天堡城酣战之际，雨花台已为苏军攻克。其他各路革命军也都进逼南京城下。

天堡城一失，南京城全部暴露在革命军炮口之下，革命军从天堡城居高临下，向城内清军重要据点发炮轰击，用炮火控制全城。镇军占领天堡城时，夺获敌炮 8 门，炮弹 10 余箱，天亮时检视各炮，发现仅有德式山炮一门完好，即让第九镇炮标有名之神炮手于魁操此炮，向太平门内富贵山炮台轰击。于魁曾与德国炮兵顾问比试实弹射击，获得锦标。德国顾问称赞道："中国有于君，可以与德国相媲美"。于魁在天堡城上，以目测，先对太平门内富贵山清军炮台连发 20 余炮，均告命中，炮台营房先后塌倒，炮台之兵，纷纷溃奔下山；接着，又向北极阁张勋指挥所发炮，击中起火；炮火延伸向两江总督衙门等处，皆击中目标。

"张人骏、铁良登上北极阁，以望远镜四处瞭望，看出江防军渐趋溃败瓦解，已是心惊胆战。突然不知由何处又射来了一颗开花炮弹（有说是由幕府山炮台上打来的），打死了张、铁的随从卫队数人，血肉横飞，并把北极阁震塌了一角。张、铁二人虽幸而没有受伤，但袍服上都溅满了鲜血，惊怖不知所措。卫队便背他二人跑下北极阁，躲避到事先已经接洽好的日本领事馆里去"（苏锡麟：《辛亥南京战役前后的张勋江防营》，《辛亥革命回忆录》第六集，第 399 页）。

北极阁上的张勋眼看南京无法据守，遂于 12 月 1 日，派人分别向江浙联军总司令徐绍桢、镇军都督林述庆求和。在这同时，躲在日本领事馆的两江总督张人骏和江宁将军铁良，通过鼓楼医院院长、美籍传教士马林，向江浙联军求降。徐绍桢、林述庆允许清军投降，保证绝不杀降，但张勋所部并旗人须一律缴械，张勋在宁所掠公款 80 余万须全部交出；准张勋任住一宅，由民军派兵监护。

张勋、张人骏、铁良等见联军态度强硬，议和无望，便于 12 月 1 日晚，乘着混乱，逃出南京。张人骏、铁良乘日本军舰，转往上海；张勋则率1000多残兵，出汉西门，至大胜关渡江，到达浦口。这时，浦口于12月2日被李竟成指挥的江北支队攻占。张勋残兵受到柏文蔚率领的镇军先锋营和徐宝山扬军的截击，狼狈逃往徐州。“柏文蔚部在浦口车站截获一列准备逃走的火车，火车上是张勋爱妾小毛子。另缴获大皮箱八只，银子两箱”（华彦云：《辛亥前后回忆》，《辛亥革命回忆录》第八集）。

留在南京城内的江防军统领张联升、胡令宣、赵会鹏等，率残余清军，全部投降，打开各城门，欢迎联军进城。

12月2日（农历十月十二日）上午，镇军由太平门，苏军由聚宝门（今中华门），沪军、淞军由仪凤门，首先进入南京城。

江浙联军总司令部于当日午后2时30分，由马群出发，本准备直入朝阳门（今中山门）进城。因闻朝阳门内地雷颇多，经过孝陵卫，即改道缘城墙边小路西行，……入太平门。次日，即12月3日，浙军也由太平门入城。

当江浙联军各部队进城时，南京绅民各界“组织了欢迎团，手执白旗，出城迎接联军入城。城内各处都悬挂白旗表示欢迎。群情激昂，呈现了一片兴高采烈的气象”。南京各街巷，“居民安堵，欢声雷动”。“联军陆续入城，分别向驻地前进，军容整齐严肃，使人肃然起敬。同时，联军总司令部又用黄帝纪元出示安民，群众聚观，大有‘不图今日复见汉官威仪’之感”。联军总司令部的安民告示颁布了各项政策措施，特地标明“不杀满人”（《江苏文史资料选辑》第六辑，第120～121页）。

南京宣告光复。

江浙联军各部进入南京城时，满人居住区也“家家门口都标着‘欢迎大汉同胞’的字条”（钱化佛：《攻宁记》）。但有少数满人军民，不了解或不相信联军“不杀满人”的政策。“某日下午，皇城旗营内突发巨响，轰然一声，房屋震动。大家以为旗兵放炮轰炸了，就有些恐慌起来，后经打听，才知道旗营都统看到铁良等人已经逃走，剩下了他们这些残兵败将，城内外都是革命的军队，无法逃生，只得聚集家属和少数旗兵，在衙门里放了一个地雷，集体自杀了。他们无知，不了解革命的政策，也不看联军总司令的安民告示生有‘不杀旗人’这一条，就这样盲目地自杀了，还惊吓了居民，真是其愚不可及也”（《江苏文史资料选辑》第六辑，第 121 页）。

从 11 月 24 日到 12 月 1 日，江浙联军向南京发动联合猛攻：夜袭乌龙山，猛攻雨花台，血战天堡城，炮轰富贵山……经过 7 天 7 夜的浴血厮杀，终于在 12 月 2 日（农历十月十二日）攻克南京，谱写了辛亥革命史上极其辉煌的一章。

1911 年 12 月 7 日：江苏都督府经改组充实，在南京宣告成立，设在原两江总督衙门，主要成员是：

都督：程德全；

参谋处：总长由都督兼任，次长顾忠琛、钮永建、陶骏保；

政务厅：厅长宋教仁；

外务司：司长马良，次长杨廷栋；

内务司：司长张一麟，次长沈恩孚；

财政司：司长熊希龄，次长姚文枬；

通埠司：司长沈懋昭，次长陶逊；

军务司：司长陈懋修，次长张一爵；

参事会：会长范光启，副会长郑芳孙。

同时，张謇领导的江苏临时议会也随之从苏州迁往南京，仍设在湖南路原址。

（三）唯一的一部描述辛亥南京光复之役的小说《金陵秋》

光复南京之役是辛亥革命中最曲折、最壮烈的战斗，也是辛亥革命中最重要的历史事件。孙中山说：“后汉阳一失，吾党又得南京以抵之，革命之大局因以益振”（《建国方略》）。1911 年 12 月 2 日南京的光复和 1911 年 12 月 7 日江苏都督府的诞生，稳定了革命大局，使全国革命重心由湖北转移到南京、上海，为革命党人于 1912 年 1 月 1 日在南京建立中华民国临时政府奠定了坚实基础。

光复南京之役这样伟大的历史事件自应得到文艺作品史诗般的反映。然而，令人遗憾的是，迄今为止，描述辛亥革命南京光复之役的小说，只有唯一的一部——《金陵秋》。

《金陵秋》的作者是林纾。

提起林纾，很多人都很熟悉。他字琴南，号畏庐，福建闽侯（今福州市）人，1852 年（清咸丰二年）生，为中国近代著名的古文大师与译作奇才，曾用典雅的古文译述了一百多种欧美文学名著，风靡一时，影响极大。可惜其晚年思想落伍，在清亡后成为遗老，反对新文化运动。然而，正是此人，在 1913 年，即辛亥革命发生后约两年，却写成了一部反映南京辛亥革命的小说《金陵秋》。

《金陵秋》全书约两万字，主要反映“江浙联军”中的主力——镇江革命军（镇军）在参与南京进攻战中浴血奋斗与光辉业绩。书中的男主人公王仲英为镇军的参谋，在战斗中身先士卒，与清军血战天堡城，中弹负伤仍坚持冲锋陷阵，表现出年轻革命党人献身民主革命与大无畏的英雄气概。女主人公胡秋光为王仲英的妻子，才华过人，贤惠坚强，深明大义，支持革命。作者林纾用他一贯使用的典雅古文，以同情与赞扬的笔调，描绘这些舍生忘死、重义轻身的辛亥革命志士，比较真实地反映了革命军光复南京的战争实况，至今仍有一定的历史价值与文学价值。

在辛亥革命期间，林纾未到过南京，更没有参加过革命军进攻南京的战斗。这样一位人物何以能写出这本比较成功地反映南京辛亥革命的小说？

原来，这是由于林纾与辛亥革命时“镇军”中一些优秀的福建籍官兵有着非比寻常的关系。

当 1905 年（清光绪三十一年），江苏组建新军第九镇（师）时，一些福建籍知识青年，如林述庆、林之夏、杨韵珂等，先后加入进来，成为中下级军官，同时成为军中秘密的革命党骨干。他们在辛亥革命光复镇江与南京的战斗中都成为浴血奋战、功勋卓著、可歌可泣的英雄人物。

如林述庆，字翁亭，生于 1881 年（清光绪七年），字颂亭，福建闽侯人，出身农民家庭，当过兵勇。他与林纾不仅有同乡之谊，而且曾从林纾学古文。1905 年他从福建武备学堂毕业后，到江宁加入江苏新军第九镇，积极从事秘密革命活动，曾随军中著名的革命党人、镇江籍的赵声一道工作。武昌起义爆发时，他正任新军第九镇（师）第十八协（旅）第三十六标（团）一营管带（营长）。1911 年 11 月 7 日，他领导所部新军，联络巡防营、沿江炮台及镇江士绅，于下午 4 时宣布起义，很快光复镇江。林述庆被推为镇江军政府都督。后来“江浙联军”会攻南京时，林述庆任镇军司令官，在 11 月 30 日晚，会同浙军、沪军猛攻南京要隘紫金山上的天堡城，血战终日，终于在 12 月 1 日黎明攻克，取得胜利，立下赫赫战功。次日，镇军从太平门首先攻入南京城。林述庆以“临时江宁都督”的名义，出告示安民，遭到浙军和徐绍桢的反对，几乎发生火并。经宋教仁、范光启等人的调解，林述庆取消了“江宁临时都督”的称号，同时取消了镇江都督府，就任北伐军临淮总司令，率所部开赴浦口、临淮关。

至于林之夏，与林纾关系更为密切。他是林纾好友林松祈之子，原名知夏，字凉笙、凉生、亮生，别署复生、黄须，号秋叶，闽县人。其父林崧祁，有“闽海诗豪”之誉，不幸中年早逝，临终托孤于林纾。林纾古道热肠，深重友谊，将之夏带回自己家中，一住九年，抚育训导备至，情同父子。之夏于 1897 年（光绪二十三年）入庠，后入福州英华书院学习英文，与林森同学；后又投笔请缨，入福建武备学堂，1904 年（清光绪三十年）毕业，为第一期毕业生，成为兼资文武的英才。1905 年（清光绪三十一年），林之夏投军，任江宁新军第九镇的参谋，不久升任该镇第三十五标的标统（相当于团长）。在此期间，他先由赵声、刘光汉介绍，秘密参加芜湖兴中会，后由赵声、陈其美介绍，秘密加入了同盟会，成为革命党人。1906年（清光绪三十二年），同盟会发动萍浏醴起义。林之夏奉命率部前往镇压，军次萍乡，与所部管带（营长）林述庆密谋发难，但没有实现。第二年，林之夏调任江西新军统带，因宣传革命事，为两江总督端方探悉，筹划逮捕，幸得江宁藩司沈瑜庆（福州人，沈葆桢后人）透露消息，先行远避。端方抓不到林之夏的确凿证据，又复命之夏为江宁测绘学堂监督，不久调任第九镇第三十六标统带。之夏虽经坎坷，但雄心不减，干脆辞官专事革命工作。

林之夏还工诗善文，尤长书法，深得颜苏韵致，有儒将之称。1909年（清宣统元年）11月13日，柳亚子等人主持的革命文学团体“南社”在苏州虎丘成立，举行第一次雅集，林之夏应柳亚子、赵厚生等人之邀，参与盛会，成为南社十七位创始人之一。柳亚子谓其“任侠尚义，俨有父风，当世中可屈指数”，并诗称“老凤飞升雏凤健，龙门家世有迁谈”。

辛亥革命爆发后，林之夏秘密来往江宁、镇江、上海间，策划革命，促旧部林述庆在镇江响应，发动所部新军起义。镇军进攻天堡城时，他身先士卒，身中数弹、血流满身仍不下火线，坚持冲锋陷阵。孙中山曾高度评价他在光复南京中的功绩，说：“……镇江响应，如有旋转乾坤之力。而此役之从中策动，运筹帷幄，及亲临前线者则为之夏及其弟知渊等人事也。”

南京（江宁）光复后，林之夏出任中央第一师师长、军政部部长，授陆军中将加上将衔；福建军政府成立时，任参谋部及军务部部长。不久南北议和，部队改编，林之夏辞职回乡，在城门创办龙光两等小学。

林纾在《金陵秋》中写的男主人公王仲英，主要就是以林之夏为原型来塑造的。而书中女主人公胡秋光则是以林之夏夫人陈贞慧为原型来描绘的。陈贞慧字兰因，亦为南社诗人，柳亚子赞赏她博通文史、才华出众，誉为“女中豪杰”。她读书明理，深明大义，热心支持林之夏的革命活动。

杨韵珂则是镇军中另一位福建籍的革命青年军官。他字玉铿，闽县（今福州市区）人。1908 年（清光绪三十四年），肄业于南京江南水师学堂；闻镇江象山炮台将举义革命，遂弃业入炮台，从事革命活动；此后，又担任新军第九镇第三十三标督队官，结识了赵声、林述庆、柏文蔚等革命党人；继任镇军三营管带（营长）。辛亥革命爆发后，1911 年 11 月下旬，江浙联军进攻南京，与张勋战于孝陵卫，大败之。张勋退据城墙凭险而守，众议先争紫金山。杨韵珂任镇军营长，奋然请行，与管带余长清率众深夜度岔路口，登紫金山，激战一昼夜，遂于 12 月 1 日克天堡城，斩获无数。如前所述，敌军伪竖降旗，杨韵珂不知其计，率数十人入其营，遭伏兵猝起，围数重击之。杨韵珂受伤十余处，仍奋呼力战，后枪中要害，当场牺牲。民国肇建，定都南京，论克南京功，以杨韵珂为先，于是勒石纪功于天堡城。后人将其与林述庆、陈子范，并称为“辛亥福建三烈士”。

对上述这些福建籍青年革命军人以及他们在光复南京中的建树与功勋，林纾非常熟悉，并且怀着深厚的感情。无疑，这对他写作《金陵秋》时极有利的条件。

此外，还有一个重要的原因，林纾在辛亥革命后不久，得到了林述庆亲自记述光复南京的日记《江左用兵记》，因而进一步深入了解光复南京的这段史事及其各种内幕与细节。这对他写作《金陵秋》无疑又是一项极为有利的创作准备。

林述庆在光复南京后不久，由于革命军内部矛盾，被迫于 1912 年 1 月通电下野，回福建家乡闲居。1912 年（民国元年）9 月，担任临时大总统的袁世凯为拉拢他，授予他陆军中将加上将衔。林述庆于这年 10 月到达北京，复被袁世凯任命为总统府军事顾问，并被推为各团体联合国防会副会长、国民党名誉理事等。但到了 1913 年（民国二年）3 月发生了宋教仁被刺案，林述庆闻之十分气愤，公开表示要召集旧部，为宋教仁报仇。林述庆遂引起袁世凯的深深忌恨。这年 4 月 16 日，林述庆在北京暴卒，传为袁世凯派人下毒致死。林在被害前，曾回顾自己参加辛亥革命的历程，写下《江左用兵记》，详细地记述了他率所部光复镇江与参与进攻南京的经过，对福建的几个革命党人的事迹记述尤详。林述庆去世后，其夫人以此书稿交林纾，请林纾为亡夫撰写生平。林纾虽在辛亥革命后眷恋清朝，但他对袁世凯篡权窃国、屠杀异己的行径深恶之，对林述庆被害深表同情，对林之夏等几个福建籍革命青年的优秀品质、出色才华与卓越功勋，又十分熟悉与亲切，故他以《江左用兵记》为蓝本，在很短的时间内，用古文体写成《金陵秋》。

林纾写成《金陵秋》后，在 1914 年（民国三年）将此书出版。由于历史的原因，此书流传不广，知之者甚微。直到 20 世纪 80 年代，四川人民出版社出版了《林纾选集》，将《金陵秋》也收进书内。这不仅对研究林纾的文学创作有重要的意义，而且是研究南京、镇江等地光复与辛亥革命的重要参考资料。

十六、1912年元旦中华民国临时政府在南京建立

（一）“各省都督府代表联合会”选举孙中山为临时大总统

1911年12月2日南京光复后，12月4日，正在武汉召开的“各省都督府代表联合会”决定，以南京为中央临时政府所在地，并移会至南京。1911年12月12日，“各省都督府代表联合会”14个省份的代表，由武汉、上海齐集于南京，在14日的全体会议上，选出浙江代表汤尔和任议长，广东代表王宠惠任副议长，但在筹建中央临时政府时，已光复各省对中央权力的分配，发生了矛盾与僵持，多日难以解决。

就在这时，1911年12月25日，孙中山从海外，经香港，到达上海。这使得南方光复各省多日难产的中央临时政府得以迅速诞生。

由于孙中山在发动反清民主革命运动中的巨大功绩与崇高威望，江苏都督府以下各级军政长官，以及江苏各界民众，对他寄予重大的希望，表示了热烈的拥护与衷心的支持。江苏都督程德全早在1911年11月14日，就提议“恳请孙中山迅速回国组织临时政府”。12月29日，江浙联军总司令徐绍桢致电孙中山：“闻公莅沪，无任欢忭，东南略定，民国新成，我公艰难缔造，三十年如一日。黄帝降鉴，日月重光，公志大酬，民气复活，水源木本，全国镌思。北虏未歼，庶政无主，人自树兵各思专困，不谋统一，

必至攫饷无得，寖成流寇神州，前途可惧孰甚。我公雄略盖世，为华盛顿替人，祖国明灯，非公莫属。当有善策以靖横流”（《民立报》（上海）1911 年 12 月 29 日）。其他独立各省的军政机构、各社会团体，也对孙中山表示热烈的欢迎与拥护，纷纷致电南京各省代表会议，“请举孙中山先生为总统，以救国民。兆众一致，全体欢迎”（《民立报》（上海）1911 年 12 月 28 日）。

孙中山深虑“今之大患即在无政府”。他到上海后，即与同盟会的一些主要负责人紧张地讨论组织中央临时政府，反对向袁世凯妥协。

1911 年 12 月 29 日上午 10 时，“各省都督府代表联合会”江苏、浙江、安徽、江西、湖北、湖南、四川、广东、广西、福建、云南、直隶、山东、河南、山西、陕西、奉天等 17 省的 45 名代表（另有 2 名华侨代表列席），齐聚南京丁家桥原江苏咨议局会议厅，召开临时大总统选举会，推举议长汤尔和为大会主席，正式选举中华民国临时大总统，规定每省一票，并宣布改国号为中华民国，确定 1912 年为中华民国元年。17 省的 45 名代表名单如下：

江苏代表：袁希洛、陈陶遗

浙江代表：汤尔和、黄群、陈时夏、陈毅、屈映光

安徽代表：许冠尧、王竹怀、赵斌

江西代表：林森、赵士北、王有兰、俞应麓、汤漪

湖北代表：居正、王正廷、马伯援、杨时杰、胡瑛

湖南代表：谭人凤、邹代藩、廖名搢、宋教仁

四川代表：肖湘、周代本

广东代表：王宠惠、邓宪甫

广西代表：马君武、章勤士

福建代表：潘祖彝、林长民

云南代表：吕志伊、张一鹏、段宇清

直隶代表：谷钟秀、张铭勋

山东代表：谢鸿焘

河南代表：李鏊

山西代表：景耀月、李素、刘懋赏

陕西代表：张蔚森、马步云

奉天代表：吴景濂

当时计有临时大总统候选资格者3人；孙中山、黎元洪、黄兴。17省代表依次投票，孙中山得16票，黄兴得1票。孙中山获得绝对多数票，当选为首任临时大总统。

当临时大总统选举结果揭晓时，各省代表起立，“众呼中华共和万岁三声，是时音乐大作，在场代表及列席之军、学各界，互相祝贺，喜悦之情，达于极点”（《民立报》1911年12月30日）。各省代表一致认为，组织临时政府乃刻不容缓之事，大会致电孙中山：“乞即日移驾来宁，组织临时政府”，并派汤尔和、王宠惠与江苏省的陈陶遗为代表，去上海欢迎孙中山到南京就职。

在上海的孙中山得知他当选为中华民国临时大总统的消息，立即复电南京各省代表，表示接受，他说：“光复中华，皆我军民之力，文孑身归国，毫发无功，竟承选举，何以克当？惟念北方未靖，民国初基，宏济艰难，凡我国民，具有责任。诸公不计功能，加文重大之服务，文敢不黾勉从国民之后，当克日赴宁就职，先此敬复。”他还致电各独立省都督：“今日代表选举，乃认文为公仆，自顾材力，诚无意当”（《民立报》1912年1月1日）。孙中山以新当选之国家元首的身份，自称为人民的“公仆”，为中国数千年皇权历史所未见，开创中国历史新纪元！

南京各界民众得悉孙中山当选为中华民国临时大总统的消息后，喜笑颜开，热烈庆祝。“宁垣军学各界自悉各省代表举定孙大总统后，均色舞眉飞，互相庆祝，所有各商铺居民无不预备香花灯烛，以争迎迓。总统府内，均用五色电灯，排成花样，其光彩焕然一新，虽白叟黄童，无不共称中华民国万岁云”（《民立报》1912年1月3日）。1911年12月29日，孙中山当选为临时大总统之日，南京各界市民就一律自动剪去辫发，以示除旧迎新，迎接伟大的共和时代的到来！

（二）1912年1月1日：中华民国临时政府在南京成立

1912年1月1日上午，孙中山与赴沪欢迎的各省代表汤尔和、王宠惠，以及胡汉民、宋耀如、英文秘书宋霭龄和临时政府军事顾问荷马李等，从哈同花园乘马车，直驱上海北站。抵站，万余民众欢送孙中山赴宁。孙中山同沪军都督陈其美、民政长李平书以及前来送行的驻沪各军队、上海各团体的代表合影后，健步登上列车。11时，列车启动，鸣炮示庆，热烈欢送。

列车沿沪宁铁路西行，军民聚集各站热情迎送。“共和万岁”之声不绝于耳，热烈、简朴的迎送场面蔚为壮观。苏州、常州、镇江等站迎送者逾万，锣鼓喧天，欢声激荡，人们欢欣鼓舞，心花怒放。伫立列车窗口的孙中山，微笑着频频挥手向欢乐的人群致意。走走停停的火车，下午5时许驶抵南京下关车站。顿时，军乐队奏响铿锵雄壮的乐曲，长江江面的军舰、江岸炮台各鸣礼炮21响，江浙联军各部举枪致敬。各省代表、文武官员、绅商学子、工人市民等，约5万多人齐集车站，欢迎孙中山的到来。身穿水獭领大衣、头戴礼帽的孙中山信步走下火车，驻南京各国领事上前与孙中山握手、问候，表示欢迎。

孙中山一行转乘南京市内的小火车，驶往城中两江总督署箭道车站。沿途街面店铺张灯结彩，机关团体彩旗飘扬。市民夹道，争相一睹孙中山风采。

步出小火车的孙中山，向云集车站的民众频频挥手，点头致谢。他登上蓝色丝绸绣花马车，由军乐队前导，直驱两江总督署衙门。

这天，寒风凛凛，细雨蒙蒙。两江总督署门前搭起两座彩门，辕门上高悬九盏宫灯，门前广场上华灯高照，明光灿烂，红色彩绸与苍松翠柏交相辉映。手持礼帽，面含笑容的孙中山从容走下马车，向迎候的人们点头示谢。各省代表、各军将领涌上来与孙中山握手、寒暄。此刻，欢声四起，掌声雷动，广场一片欢腾。

简短热烈的欢迎仪式后，孙中山在黄兴、徐绍桢陪同下，健步跨进总督署大门。在这里，孙中山接见了前来欢迎的临时政府文武官员。

晚11时许，中华民国临时大总统就职典礼开始，仪式在总督署大堂西暖阁举行。各省代表、各军将领、各界人士、各国领事及外宾立于两侧。身着大总统礼服的孙中山笔挺地站立暖阁正中，表情庄重、严肃。胡汉民、陈其美、黄兴、徐绍桢分立于孙中山左右。江浙联军总司令徐绍桢担任司仪员，宣布："中华民国临时大总统莅位典礼开始"，雄壮的军乐曲奏响，全场肃静。乐曲声止，景耀月代表各省报告大总统选举经过。他说："今日之举，为五千年历史所未有。我国民所希望者，在共和政府之成立及推倒满洲专制政府，使人民得享自由幸福。孙先生为近代革命创始者，富有政治学识。各省公民选定后，今日任职。愿孙先生始终爱护国民自由，毋负国民期望。"随后，景耀月庄重洪亮地高呼："请大总统宣誓就职！"

46岁的孙中山在全场人员的注目下，信步上前，左手放于胸前，用他那洪亮的广东普通话，宣读了他亲自撰稿、亲自书写的《大总统誓词》：

倾覆满洲专制政府，巩固中华民国，图谋民生幸福，此国民之公意，文实遵之，以忠于国，为众服务。至专制政府既倒，国内无变乱，国民卓立于世界，为列邦公认，斯时文当辞临时大总统之职。谨以此誓于国民。

81字的短短誓词，充分表达了孙中山为国为民的精神和不恋权位的高尚品德。

孙中山宣誓毕，景耀月、汤尔和代表各省都督府，致颂词和欢迎词；江苏代表袁希洛代表各省，向孙中山授大总统印绶和玺绶，印文为"中华民国临时大总统印"，国号为"中华民国"。孙中山立正躬身敬授后，启印加盖于《中华民国大总统就职宣言书》等文告之页。

徐绍桢代表各省、陆海军，向孙中山致颂词。孙中山即以大总统名义，发布《通告海陆军将士文》，希望军人“共励初心，守之勿失”。

胡汉民代孙中山宣读临时大总统的《就职宣言书》。孙中山在就职宣言中，宣布中华民国临时政府的对内、对外施政方针，表示，一定要“尽扫专制之流毒，确定共和，普利民生，以达革命之宗旨，完国民之志愿”，强调“国家之本，在于人民。合汉、满、蒙、回、藏诸地为一国，即合汉、满、蒙、回、藏诸族为一人，是曰民族之统一”，“临时政府成立以后，当尽文明国应尽之义务，以期享文明国应享之权利”，对外要洗雪清政府的“辱国之举措”。孙中山最后表示：“当竭尽全力，勉负国民公意”。话音落下，全场欢声爆发，“中华共和万岁”“孙大总统万岁”的口号声，此伏彼起，经久不息。两阶军乐队再奏凯歌，把热烈气氛推向高潮。兴奋、激动的孙中山高举双手，向大家表示感谢，连声说：“大家辛苦了！”

这时，南京北极阁、狮子山炮台，各鸣炮21响，下关军舰、轮船汽笛齐鸣。标志着中国历史上第一个共和制国家政权诞生了！从这一天开始，中国结束了历时数千年的君主专制统治，开创了民主共和。

胡汉民宣读临时大总统的就职《宣言书》后，将玺绶佩戴于孙中山上装左侧胸前。

孙中山就职临时大总统的典礼的基调，“简单”“仓促”，甚至简陋。

据当时有幸参加了孙中山先生临时总统就职典礼的革命党人戢翼翘回忆，当晚的典礼仪式是这样的，在掌声里，“中山先生和胡汉民走进来，两人都穿着大礼服，戴大礼帽，胡汉民手拿文告，站在中山先生的身边。”在众人期盼的眼神中，孙中山先生开始了他的就职演说，可惜的是他用的是粤语，在场的绝大多数人听不懂。简短的仪式很快就结束，现场灯光很暗，现场也没有新闻记者采访、拍照。据同盟会会员袁希洛回忆，当时没有留下影像资料，是因为：“典礼在夜间的缘故，当时摄影记者未有镁光设备……”

就职典礼结束后，孙中山举行晚宴招待各省代表及来宾。宴会后不顾疲劳的孙中山，将客人一一送到大堂外天井。客人请他留步，他微笑着说："国民是国家的主人，总统是人民的公仆，理应送到阶下。"这样，孙中山坚持将客人送到辕门外，一一握手道别。聚集广场的数万民众见孙中山出门送客，倍受鼓舞，纵情高呼"孙大总统万岁！""共和万岁！"孙中山深情地注目着群众，频频向大家挥手致意。

在孙中山宣誓就任中华民国临时大总统的1月1日这天，津浦铁路全线贯通。南京成为连接北京、天津与上海的铁路枢纽，在全国的位置更加重要。

（三）南京临时政府艰难而伟大的工作

孙中山就职临时大总统之后，迅速开始了新政府的各项工作。临时大总统府设于原两江总督府西花园里的一座西式平房里。总统府里的办事机构为总统府秘书处，由秘书长胡汉民掌管，下设各科，分别担负各项工作：

总务科：冯自由、李肇甫、熊成章
军事科：耿觐文、石瑛、李书城等
财政科：秦毓鎏、唐支厦、王夏
民政科：张通典、程明超、郑宪武
文牍科：康宝忠、张炽章、王毓仁、黄藻、廖炎、林启一、彭素民、任鸿隽
英文科：马素、邓家彦
电报科：李骏、邵逸科、余森郎、刘式庵、谭熙鸿、李晓生

以上各科人员时有流动与增减。曾参加秘书处工作的，还有柳亚子、吴永珊（吴玉章）、张季鸾、杨铨（杨杏佛）、刘鞠可、黄芸苏、但焘、萧友梅、易廷熹等人。参加秘书处工作的这些人中，有许多后来成为民国史上杰出的名人。

1912年1月2日，孙中山以中华民国临时大总统名义，发布《改历改元通电》，通电各省："中华民国改用阳历，以黄帝纪元四千六百零九年十一月十三日为中华民国元年元旦。经各省代表团决议，由总统颁行……"

当日，孙中山发布中华民国临时政府第一号公告，提出中华民国的大政国策：临时政府的任务是"尽扫专制之流毒，确定共和，以达革命宗旨，完国民之志愿"，对内"民族之统一，领导之统一，军政之统一，内治之统一，财政之统一"；对外"持平和主义，与我友邦益增睦谊，将使中国见重于国际社会，且将使世界趋于大同"。

因临时参议院一时不能成立，乃议决，仍以原"各省都督府代表联合会"暂代理参议院职。当天，通过《修改中华民国临时政府组织大纲》的修正案。《中华民国临时政府组织大纲》原由"各省都督府代表联合会"于1911年12月3日通过，1912年1月2日修订，包括临时大总统、参议院、行政各部及附则等，共4章21条，其内容主要有两个方面：（1）采用总统制的政府组织形式，规定临时大总统集国家元首与政府首脑于一身，不另设国务总理。临时大总统有统治全国及统率海陆军等权力；行政各部对临时大总统负责，对临时大总统有服从的义务，没有对其监督或制约的权力。（2）仿效美国三权分立制度，规定行政与立法两权分立的政权组织原则。《大纲》设立专章规定了行政权和立法权，行政权由临时大总统、副总统及行政各部执掌，立法权由参议院行使。参议院作为立法机关，由各省都督府所派参议员组成；参议员每省以三人为限，其派遣方法由各省都督府自定。至于司法权，《大纲》并未设立专章予以规定。虽然《大纲》有设立临时中央审判所的内容，但它并不是与行政、立法机关平行的三权分立机构。由于原《中华民国临时政府组织大纲》只设大总统，而无副总统，行政各部只有外交、内务、财政、军务、交通五部，颇感不便，湖南省代表宋教仁提议增加副总统，行政各部则不加限制，亦获得通过。

1912年1月3日，代理参议院的"各省都督府代表联合会"召开会议，孙中山参加。会议选举临时副总统，结果，黎元洪以17票，当选为中华民国南京临时政府副总统；同时讨论并通过了孙中山交议的《中央行政各部组织及其权限案》和临时政府各部总长、次长名单，正式组成中华民国临时政府。临时政府下设10个部，各部总长如下：

陆军部总长：黄兴；次长蒋作宾。

海军部总长：黄钟英；次长汤芗铭。

外交部总长：王宠惠；次长魏宸祖。

内务部总长：程德全；次长居正。

财政部总长：陈锦涛；次长王鸿猷。

司法部总长（兼议和全权大使）：伍廷芳；次长吕志伊。

教育部总长：蔡元培；次长景耀月。

实业部总长：张謇；次长马君武。

交通部总长：汤寿潜；次长于右任。

此外，还设立了法制局，局长宋教仁；印铸局，局长黄复生；公报局，局长先后是冯自由、但焘；稽勋局，局长冯自由；铨叙局（有规划，而未及建立）等。

在孙中山组阁过程中，关于各部总长人选问题上，曾存在着颇多争议，经协商，孙中山决定采新旧并容，部长取名，次长取实，团结各方力量。原定的教育部总长章炳麟（章太炎）、内务部总长宋教仁被换下。从公布的内阁成员构成来看，在9名国务部长中，同盟会员3名，他们是陆军部总长黄兴，外交部总长王宠惠，教育部总长蔡元培，其余6名国务总长中，有旧官僚2名，立宪派2名，自由派专家2名，由上可见，虽然孙中山也吸收了一些旧官僚、立宪派参加临时政府，但是革命派占据了相对优势，尤其是在9个部中占有重要位置的陆军和外交两部总长，皆为同盟会会员。各部次长更多为同盟会会员。除教育总长蔡元培外，在各部总长多长期缺位的情况下，这些担任次长的同盟会会员实际上主持各部的工作，被人称为“次长内阁”。

1912 年 1 月 9 日，孙中山为准备北伐清廷，便利协商军情与下达军令，颁令在总统府内设立参谋部，任命黄兴兼任参谋总长，钮永建为参谋次长。钮永建是老同盟会会员，为光复上海的功臣，曾任沪军都督府军务部部长兼松江军政分府都督、南京临时大总统府秘书处军事科成员。参谋部于 2 月 6 日始正式建立。

1912 年 1 月 11 日，光复各省代表会议议决，中华民国临时政府定都江宁府，改江宁府为南京府，废上元、江宁 2 县；以原江浙联军攻克南京时用的红、黄、蓝、白、黑五色旗为中华民国国旗，象征汉、满、蒙、回、藏五族共和之意，体现了民族平等的思想，请临时大总统孙中山颁布各省。但因孙中山内心主张以兴中会会员陆皓东曾于 1895 年设计的青天白日旗为国旗，而未得实行。

1912 年 1 月 16 日，孙中山为建立一支近代化的国家军队，批准颁布陆军编制表，对陆军各建制单位及其兵力配置作了详细的规定，学习西方，除旧布新，将清末新军建制名称军、镇、协、标、营、队、大排、小排，改为军、师、旅、团、营、连、排、班；并采取“一长制”，在其下设立参谋机构；实行军衔制；等等。

1912 年 1 月 21 日下午，南京中华民国临时政府在孙中山的主持下，召开第一次由各部总长、次长参加的国务会议。

在南京中华民国临时政府建立与逐步完善的同时，就着手筹建临时参议院与制定国家临时宪法。因为总统、政府、国会、宪法，是新生的民主共和国的象征。1911 年 12 月底，在南京的已光复各省代表，分别致电各省都督府，称：“临时政府依次成立，代表责任已毕，立须组织参议院。据临时政府组织大纲，参议院由每省都督府派遣参议员三人组成，即请从速派遣参议员三人，付与正式委任状，克日来宁”（《民立报》1911 年 12 月

31 日）。民国临时政府建立后不久，各省都督府正式指派三名临时参议员，先后来到南京。

中华民国临时政府决定，将原江苏省咨议局局址，改为中华民国临时政府参议院。

1912 年 1 月 28 日，南京临时参议院正式举行开院大会，宣告临时参议院正式成立，由各省份都督府选派的参议员 30 人、参议员未及赶到而暂设代理员 12 人，共 42 人组成，推举林森为议长，陈陶遗、王正延为副议长。参议院组成人员名单如下：

江苏省参议员：陈陶遗、杨廷栋、凌文渊
湖北省参议员：时功玖、张伯烈、刘成禺
湖南省参议员：欧阳振声、彭光彝、刘彦
广东省参议员：赵士北、钱树芬、丘逢甲
广西省参议员：曾彦、邓家彦、朱文邵
浙江省参议员：王正廷、陈毓川、殷汝骊
安徽省参议员：常恒芳、凌毅、范光启
江西省参议员：汤漪、王有兰、文群
福建省参议员：潘祖彝、林森、陈承泽
山西省参议员：李素、景耀月（未到会）、刘懋赏
贵州省代理员：平刚、文崇高
云南省代理员：段宇清
陕西省代理员：张蔚森、赵世钰、马步云
四川省代理员：张懋隆、吴永珊（玉章）、周代本
奉天省代理员：吴景濂
直隶省代理员：谷钟秀
河南省代理员：李鎜

临时大总统孙中山率各部总长、次长莅参议院，并发表祝词。孙中山向议长林森、副议长陈陶遗、王正延等，颁发了委任状。

南京临时参议院的参议员中，革命党人占了四分之三，立宪派不到四分之一，因此可以说，和南京临时政府是一个革命政府一样，南京临时参议院也是一个革命的立法机构。

不久，一些省份所推派、因故未能及时赶到南京的参议员，陆续到达南京，参加临时参议院的工作。原暂设代理员退出。如成都蜀军都督府委派熊斐然、李肇甫、黄树中三人为参议员，到达南京，原四川省代理员张懋隆、吴永珊（玉章）、周代本则退出。

临时参议院在南京工作的约两个月的时间中，先后制定、通过与颁布了《国会组织法大纲》《选举法大纲》等一系列带有民主革命性质的法律法规，其中，最重要的就是于1912年3月8日经参议院三读通过，3月11日由临时大总统孙中山公布的《中华民国临时约法》，共有总纲、人民、参议院、临时大总统及副总统、国务员、法院、附则等，共7章56条，基本具备了比较完整的宪法结构及内容：

（1）首次确立“主权在民”的宪法原则和民主共和的国家性质。第一章“总纲”开篇即明确规定：“中华民国由中华人民组织之”“中华民国之主权，属于国民全体”。这从根本上否定了中国历代传统的“君权神授”“朕即国家”的主权在君原则和君主专制制度，也与改良派主张的君主立宪、开明专制划清了界限。

（2）采取列举主义原则，明确界定了中国的领土范围，“为二十二行省、内外蒙古、西藏、青海”。这在中国历史上第一次以国家根本法的形式，明文界定中国的领土疆域，有助于增强国人的国土意识。

（3）全面规定了人民平等、自由的民主权利和法定义务，第一次以国家根本法的形式，确认近代所倡导的“法律面前人人平等”原则。第六～十二条，具体规定了人民所享有的各项民主权利和自由；第十三～十四条，规定了人民依法纳税和服兵役的应尽义务。

（4）正式建立三权分立的政权组织形式。第一章“总纲”第四条，明确规定："中华民国以参议院、临时大总统、国务员、法院行使其统治权"；第三～六章，系统地规定了分别行使立法权、行政权与司法权的各种国家机关，正式建立了三权分立的政权组织形式。

（5）采取一院制的议会制度，规定了国家立法机关的组成与职权。第三章"参议院"规定："中华民国之立法权，以参议院行之"。

（6）以责任内阁制取代总统制。第五章，规定了国家行政机关的组成与职权，"国务总理及各部总长，均称为国务员"。

（7）确立司法独立原则。第六章，规定了国家司法机关的组成与职权。

《中华民国临时约法》，充分反映了近代的民主精神，是中国第一部带有民主革命性质的国家根本大法，对于促进中国人民的进一步觉醒，废除封建等级特权制度，有着极其重要的作用与划时代的进步意义。无疑，这是南京临时参议院与南京临时政府的巨大历史功绩，包含着无数革命志士的意志与努力，包含着他们的许多汗水与智慧。

南京民国临时政府在孙中山的领导下，制定与颁布了一系列废除专制恶法、铲除恶俗、改革陋风的政策法令，如建元改历、限期剪发辫、劝禁缠足、禁止刑讯、保障人权、禁止人口买卖、保护华侨、严禁鸦片、禁止赌博、改变称呼、废止跪拜、男女平等、民族平等……这些法规和政策，有力地推动了社会的改革和进步。

十七、孙中山临时大总统的秘密卫士王金发

1911 年 12 月 25 日，孙中山先生从海外回到上海。他席不暇暖，又在五天后，1912 年 1 月 1 日，乘坐沪宁铁路专列，风尘仆仆地赶到南京，当晚，在原两江总督衙门改建的临时大总统府里，宣誓就任中华民国首任临时大总统，开创了中国历史的新时代。

当时的南京城光复还不满一个月，战争刚过，秩序相当混乱，政情又特别复杂，各种公开的或暗藏的敌人随处皆有，散兵游勇更是常常在城厢内外寻衅闹事。孙中山先生一身既系革命之安危，又负全国人民之重望。对他的护卫工作是当时革命党人既特别重要又非常艰巨的一项任务。这项任务是由谁担负的呢?

在孙中山先生于 1912 年 1 月 1 日上午离开上海赴南京任职时，由上海沪军都督府都督陈其美负责筹划孙中山的护卫工作。他抽调了上海沪军都督府与上海商团中最精锐的卫队与谍报人员，由军务部部长李英石、卫队长郭汉章等率领，作为孙中山的卫队，随护孙中山来南京。在南京临时政府期间，他们始终担任孙中山的公开保卫工作。

忠于革命又精明细心的陈其美深知护卫孙中山的重要性与敌人在覆灭前的疯狂。为了加强孙中山的护卫工作，做到万无一失，他除了布置上述公开的一套保卫工作外，还有极秘密的一手，即密派著名的浙江革命党人、绍兴军政分府都督王金发化装成孙中山的总统随员，秘密保卫孙中山。此

事当时许多革命党人都不知道。事隔多年以后，由于陈其美、王金发等当事人都在讨袁斗争中先后牺牲，孙中山与临时大总统府的秘书长胡汉民也先后去世，此事就更鲜为人知了。

王金发是浙江嵊县（今浙江省嵊州市）人，1883年（清光绪九年）生，武艺高强，枪法百发百中，为人倜傥豪放，富于革命精神，是浙东会党的首领。1905年（清光绪三十一年），他同徐锡麟相识，经徐介绍加入了光复会。1907年（清光绪三十三年），他与秋瑾组织了光复军，设立秘密通讯社，训练团练，积极准备起义。后来徐锡麟在安庆举义失利，秋瑾又在绍兴被捕遇害，王金发只身逃走，受到清廷追缉，被迫遁入深山，栖身草泽，率领部众劫富济贫，除暴扶弱，成为名震浙江的“绿林英雄”。直到1908年（清光绪三十四年），同盟会江浙首领陈其美派人把他秘密接到上海租界，介绍他加入同盟会。王金发以更大的热情投身民主革命：他变卖自己所有家产资助革命；1909年（清宣统元年），北上安庆参加熊成基暴动；1911年（清宣统三年），南下广州加入黄花岗起义；惩办告发秋瑾的胡道南；剪除内奸汪公权；惩戒叛徒刘师培；击毙密探金琴荪；追回被变节分子侵吞的巨额革命经费……他神出鬼没，胆略超群，声震大江南北，成为辛亥革命前富于传奇色彩的革命英雄人物。辛亥革命爆发时，王金发先参与上海起义，又率敢死队光复杭州，后又赴绍兴组织军政分府，自任都督，打击土豪劣绅，救济贫困民众，厚恤烈士遗属，公祭徐锡麟、秋瑾。当然他在绍兴工作中亦犯有一些错误，后来受到鲁迅先生著文批评，但他的革命大节却是为鲁迅先生所肯定的。

当1911年年底孙中山先生自海外归国到达上海时，陈其美向孙中山报告了王金发的革命经历与革命精神，盛誉王金发是“今之聂政”，是个敢于为革命赴汤蹈火的人物。聂政是春秋战国时期一位仗义行侠的志士，传诵千古。陈其美将王金发比之为“今之聂政”，可见评价之高。陈其美在孙中山赴南京前夕，电招王金发来上海，引他谒见孙中山。孙中山获悉王金发不愿在上海与杭州任职而宁愿去绍兴，面询其故，王答称："为了北伐，必须编练军队。无论练军与北伐，都首先要有军费。绍郡地方虽小，锡箔与老酒却运销全球，这两项捐税可供练军与北伐的费用。"孙中山听了，高兴地称赞王的雄才大略。后来孙对人说："王金发了不起，可算是浙东的英杰"。

因此，当孙中山离上海赴南京就任临时大总统时，陈其美就把秘密护卫孙中山的千斤重担委派给王金发担任。当时陈其美曾对邵力子说："我们革命党惯用暗杀手段对付清政府的显要权贵，也要防止他们用暗杀手段来伤害中山先生。有王金发担任秘密保卫中山先生的工作，就可以放心了"。

王金发接受了这项重任后，就将绍兴军政分府的工作托交给战友负责，自己化装为孙中山"总统专列"的一名普通随员，身携双枪，随侍孙中山左右，寸步不离，秘密保卫孙中山。南京临时政府期间，王金发总是默默地跟着孙中山，高度警惕地进行保卫工作，为辛亥革命做出重大贡献。直到孙中山于 1912 年 4 月 1 日离职，王金发才恋恋不舍地告别孙中山，回到绍兴军政分府去。

多年以后，唯一深知内情的邵力子先生回忆说："当李英石以总统卫队长身份登上沪宁铁路专车，分享沿途民众对孙中山先生的敬意时，有一名无名英雄默默地为保卫孙中山先生的安全而通宵达旦，废寝忘食。此人就是王金发。王金发功成不居，自己从未提及。深知内情的陈其美、胡汉民早已逝世，故而此事不为外人所知。又因事关当年保卫中山先生的重大机密，我也不敢谈论。长期以来，这件事便几乎湮没无闻了"。

但是，历史是公正的。为革命做过贡献的人，人民是不会忘记他们的。

十八、广慈医院病房陶成章遇刺

（一）深夜，广慈医院病房中响起枪声……

1912 年（民国元年）1 月 14 日凌晨 2 时许，辛亥革命后光复的上海，夜深人静。

在法租界金神父路广慈医院（今上海瑞金二路瑞金医院）的二楼病房里，著名的浙江革命党人、光复会首领、光复军司令陶成章正在沉沉入睡。是的，他太疲倦了。这年他虽只有 34 岁，可由于为革命奔走劳累多年，身体渐渐不支。1911 年 10 月 10 日武昌起义爆发后，他从国外赶回，在浙江一带号召策动旧部起义。不久，上海、杭州等地光复，这里面有他多年努力的成果。浙江军政府成立，他被举为参议员。可就在此时，上海与浙江、江苏一带革命党内部的同盟会与光复会矛盾斗争愈演愈烈。光复会敌不过以陈其美为首的江浙同盟会势力，势渐不支，其握有兵权、较有影响的一些头面人物，如李燮和、林述庆、陶骏葆等，或被杀，或被逐。上海且谣传将要有人暗杀光复会首领陶成章。陶成章只得在同志与友人的帮助下，先后转移了几个住地藏匿。因其病久未愈，乃于 1912 年 1 月初入上海外国教会办的广慈医院治疗。

就在这夜深人静、陶成章沉沉入睡之际，有两个人来到了广慈医院门口，敲门而入。门卫发觉，询问他们来医院有什么事情。来人回答说，有要事需见陶成章先生，接着就上楼来到病房，见陶成章正躺在床上，面孔向里，沉睡未醒。来人大呼一声："陶先生！"陶成章惊醒，刚转过身子向外看时，来人早已拔出手枪，向陶成章头部打去。子弹从陶的左喉管旁边穿入脑部。陶当即死去。两个刺客见事成后，迅速逃离现场。

这天夜里，月色微明，刺客逃走时，医院里有人看见两个黑影逃得很快，转眼就不知去向了。

第二天，1912 年 1 月 15 日，上海《民立报》就此事报道如下：

> 会稽陶焕卿先生成章，心瘁革命事业，历有年所。此次浙省光复，功绩在人耳目。最近浙汤督改任交通总长，浙督颇有与公者，而公推让不退（按：应是"就"之误），其谦恭尤可钦佩。昨晚二时许，公在广慈医院静宿；忽有二人呼陶先生，公寤而外视，二人即出手枪，击中公太阳部……

陶成章是徐锡麟与秋瑾的战友，是光复会的创始人与首领，是江浙著名的革命党领导人。他被暗杀立即震动了全国。在南京刚刚就任中华民国临时大总统不久的孙中山在案发第二天，1912 年 1 月 15 日，就向沪军都督陈其美发去"万急"电报，对陶成章被暗杀，表示"不胜骇异"，称颂陶成章"抱革命宗旨十有余年，奔走运动，不遗余力，光复之际，陶君实有巨功"，要求陈其美"严速究缉，务令凶徒就获，明正其罪，以慰陶君之灵，泄天下之愤"（《孙中山全集》第二卷，第 23 页）。黄兴也发电给陈其美，要陈严缉凶手，并"设法保护章太炎"。章太炎也是光复会的创始人，是光复会的精神领袖，是陶成章的密友。

接到孙中山与黄兴的电示后，沪军都督陈其美向孙、黄与外界表示：已派遣都督府的全部暗探严密查拿刺杀陶成章的凶手；同时他又饬都督府交涉司，转饬法租界会审公廨委员，及函请法租界巡捕房，一起协缉刺客。陈其美还公开开出了 1000 元的价格，悬赏缉拿凶手。

然而，陶成章遇刺案，最终不了了之。陈其美所做的这一切只是表面文章而已，以求应付舆论与掩盖事实真相。因为暗杀陶成章的主使人与策划者，正是陈其美本人。

（二）光复会首领陶成章其人

陶成章，字焕卿，笔名汉恩、巽言，别号匋耳山人等。浙江绍兴会稽县陶堰乡人。1878 年 1 月 27 日（清光绪三年十二月二十五日）生于当地一个小乡绅家庭。

陶姓本是绍兴望族，可到陶成章父辈一代时已经衰败。陶成章 6 岁时入义学读书，资质聪慧，爱好学习。1893 年（清光绪十九年）他才 15 岁，就在家乡担任塾师。其为人豪侠仗义，爱打抱不平，曾挺身痛击村中一个欺压农民的土豪。在戊戌维新思潮的推动下，他逐渐读到一些新学书籍，思想发生了变化，对国家与民族的前途日益关心，对清廷的腐败与黑暗日益不满，萌发了反清民族革命思想。1900 年（清光绪二十六年）义和团运动期间，他激于一腔义愤，曾“欲效骆宾王讨武曌故事，以手刃那拉氏”，为此，他在这年先后两次到北京活动，未得机会下手，又赴奉天等地查看形势，为反清革命活动做准备。

1902 年（清光绪二十八年）春，陶成章到北京试图进入陆军学堂学习军事，未成功，只得赴日本，先后进东京清华学校、成城学校读书。他与龚宝铨等人纵谈时事，畅言革命，遭到留日学生监督汪大燮忌恨。但这使陶成章的革命意志更为坚定。1903 年（清光绪二十九年），他在东京积极参加留日学生的“拒俄”运动，后又与黄兴、龚宝铨等组织“军国民教育会”，并在宗旨上将“拒俄御侮”改为“革命排满”。

1904 年（清光绪三十年）初，陶成章回国发动革命。他积极奔走于长江南北各地，联络会党，组织起义，常常日行八九十里，用麻绳束腰，脚穿芒鞋，蓬首垢面，惨淡经营，至于废寝忘食。他曾四过杭州，与家乡会稽仅一江之隔，而没有回家。一次将近除夕，人们劝他回家度岁，他答说："幸老父犹健，家计无忧，一至故乡，恐被人情牵累，不能复出矣！"又说："既以身为国奔走，岂尚能以家系念耶！"表现了他献身革命的崇高精神，可与传说中的"大禹三过家门而不入"相媲美。

1904年11月20日，陶成章经与蔡元培、龚宝铨以及尚在狱中的章太炎等人酝酿发起，在上海成立了著名的革命团体——光复会，推蔡元培为会长，宗旨为"光复汉族，还我河山，以身许国，功成身退"；主张除文字宣传外，更以暗杀和暴动为主要革命手段。共计会员272人（一说560余人），其中妇女5人，多数为知识分子、青年学生、会党成员和商人，也有少数士绅和工匠。会员的徽章为中刻一"复"字篆文、旁刻正楷的金牌。

陶成章是光复会的中坚与核心人物。他担任联络苏、浙、皖、闽、赣五省会党工作的责任，深入各地，打进基层，收效显著，使他在会党群众中享有较大的名望与地位。1905年（清光绪三十一年）9月，陶又与徐锡麟、秋瑾等在绍兴创办大通师范学堂，召集会党人员到校进行军事训练，培训革命力量。陶并提倡捐官入北京，掌握一定的军政权力，进行"中央革命"。当秋瑾组织"光复军"时，陶被推为五省大都督，计划在杭州起义。事泄，徐锡麟、秋瑾等先后牺牲。陶再次东渡日本。

1907年（清光绪三十三年）1月4日，陶成章在东京加入中国同盟会。曾担任留日同盟会浙江分会会长，并一度主持《民报》。他自己著有《中国民族史》，编《浙案纪略》，宣传革命与徐锡麟、秋瑾二烈士的事迹，影响很大。

但是，陶成章具有浓厚的宗派情绪与排他性。他与章太炎一道，多次在同盟会中发动"倒孙"风潮，攻击诬陷孙中山吞噬巨款，要求罢免孙中山的同盟会总理职务，甚至散发《孙文罪状》的小册子，在海内外群众中造成很坏影响。1910年（清宣统二年）2月，章、陶二人公然在东京重新成立光复总会，以章太炎为会长，陶成章为副会长，与同盟会分庭抗礼，"以反对同盟会干部为号召”，并“骎骎有取同盟会而代之之势”。陶成章的这种表现是小生产者思想的反映，对当时的反清革命活动带来不利影响，并对辛亥革命后革命队伍的分裂产生了作用。

1911 年（清宣统三年）3 月，陶成章从南洋爪哇回国，准备再次举行反清起义，未能成功，只得再赴南洋，宣传革命，向华侨筹款。1911 年 10 月 10 日武昌起义爆发后，他赶回国中，在上海锐进学社设立总机关，主持光复会与光复军的领导工作，号召江浙旧部反清起义，为辛亥革命建立了功勋。

但是，在上海与浙江相继光复后，以陈其美为首的同盟会江浙势力与以陶成章为首的光复会势力，发生了争夺各地政治权力的矛盾与斗争。斗争越来越尖锐与激烈，竟发展到仇杀领导人的地步。

陈其美是同盟会在江浙一带的主要领导人，追随孙中山多年，在辛亥革命中做出了重大贡献。1911 年 11 月 6 日上海光复后，他被推举为上海军政府的都督。但他同样具有政治上的狭隘性与自私性。他作为同盟会在江浙地区的领导人，早就与陶成章及其领导的光复会有矛盾与斗争。1911 年 10 月 10 日武昌起义发生后，二派在发动上海、浙江、江苏等地的革命起义时曾一度合作，但在这过程中，革命党人在上海嵩山路开会，陈其美就曾因与陶成章发生争执，竟至拔出手枪，欲击杀陶成章。上海光复后，两派很快因争权夺利而形同水火。陶成章在上海设立光复义勇军练兵筹饷局，扩充军队，使陈其美十分忌恨。陈其美曾向陶成章要求分用陶从南洋带回的华侨捐款，陶不仅不给，反而讥讽说：“你好嫖妓，上海尽有够你用的钱！我的钱要给浙江革命同志用，不能供你嫖妓之用。”陈其美听后，当然十分愤怒。1911 年 12 月底，孙中山从国外回到上海；1912 年 1 月 1 日去南京就任中华民国临时大总统。陶成章多次指责孙中山从南洋筹来的款项使用不当。这些都使双方的矛盾进一步加剧。

小生产阶级的狭隘性与自私排他性，使得他们没有能力正确解决革命内部矛盾，而只能转向于暗杀。

陈其美先后派人在火车上狙击上海光复军司令李燮和，未成功；又设计诱杀了镇江都督府总参谋、光复会成员陶骏葆。对光复会首领陶成章，由于其声望与能力对陈其美是个巨大的威胁，陈其美更亟欲除之。

1911 年 11 月 5 日浙江军政府成立时，浙江都督一席为立宪党人汤寿潜所得，陶成章仅被举为没有实权的参议，因而“郁郁不得志”。到 1912 年 1 月 1 日南京临时政府成立，汤寿潜被孙中山任命为交通部总长，当浙江都督出缺，陶成章、章太炎与蒋尊簋三人成为浙江都督的继任人选，其中陶成章，由于他在辛亥革命中的功劳和在会党中的声望，及其卓越的活动组织能力，拥他为浙督的呼声最高。章太炎等人力推陶成章继任。当时，陈其美派蒋介石等人到杭州活动，也想自己移任此职。因陈其美担任的上海都督，非一省的权力机构，系暂设，即将被撤销。但陈其美、蒋介石等人在杭州的活动遭到冷遇。这就更引起了与陶成章矛盾已久的陈其美对陶成章的嫉妒与仇恨。

上海是陈其美控制的地方，陶成章在上海逃不过陈其美的耳目。一个杀陶计划形成了。

（三）刺杀陶成章的不良影响

陈其美将暗杀陶成章的任务交给其部下、时任沪军第五团团长的蒋介石。

陈其美与蒋介石有非同寻常的亲密关系。早在 1906 年（清光绪三十二年），19 岁的蒋介石东渡日本，想学习军事，在那里结识了陈其美。二人意气相投，结拜为兄弟。此后几年，蒋介石通过这位盟兄，不仅受到革命思想的熏陶，而且有了施展军事才能的机会。1911 年 10 月 10 日武昌起义爆发时，就读于东京振武学校的蒋介石已 24 岁，正在日本陆军第十三师团实习。一天，他收到陈其美从上海发来的加急密电，要他赶紧回国参加战斗。此时的陈其美是同盟会中部总会的核心领导人之一，正在策动新军起义与上海独立。军事人才的缺乏让他想到了远在日本的蒋介石。蒋介石接电后，放弃了即将到手的日本军校毕业证书，于1911年10月30日赶回上海。他立即到陈其美处报道，受命参加了上海光复与攻打杭州的战斗。在攻打杭州的战斗当中，蒋介石带领敢死团，作战英勇，指挥有方，一举攻占杭州城，生擒浙江巡抚，为辛亥革命立下了汗马之功。上海军政府成立后，陈其美任命蒋介石为沪军第五团团长。

陈其美与蒋介石的情谊进一步加深，并立下誓言："安危他日终须仗，甘苦来时要共尝。"后来陈其美还请孙中山将这一誓词写成条幅，专门送给蒋介石。蒋介石对其盟兄陈其美素怀感恩之心，言听计从，非常忠诚，从不敢怠慢。对光复会的陶成章等人与同盟会、陈其美之间的矛盾与斗争，蒋介石早看在眼里，记在心上。蒋介石认为，陶成章既与自己的盟兄陈其美为敌，又对大总统孙中山不敬，与同盟会争权夺利，这样的人物对革命极其有害，必须去除。因此，当陈其美向蒋介石授意设法暗杀陶成章时，蒋介石爽快地答应了。

经计议，蒋介石收买了光复会成员、湖州人王竹卿，让王做凶手击杀陶成章。

当时陶成章因听到将有暗杀他的消息，就在光复会同志的帮助下，先秘密转移到上海客利旅馆。但因应接工作繁忙，不能不外出，又移住到国民联合会。光复会同志看到这里人来人往，太复杂，又将陶成章转移到江西路光复会机关。第二天，又转移到江中旅馆。几天后，因陶成章患病未愈，又秘密地住进了广慈医院的病房中。

蒋介石通过王竹卿，四处侦询，终于打听到了陶成章的秘密藏身之处。1912年1月14日夜，王竹卿在蒋介石的陪同与监护下，以光复会成员的身份，假借与陶成章协商事宜，来到广慈医院，开枪打死了陶成章。

关于25岁的蒋介石参与刺杀陶成章这件事，许多年以后，蒋介石后来在其日记中毫无避讳地这样写道："余之诛陶，乃出于为革命为本党之大义，由余一人自任其责，毫无求功求知之意。然而总理最后信我与重我者，亦未始非由此事而起，但余与总理始终未提及此事也”。蒋介石自认为他做了一件孙中山想做而不能做的事，他在日记中写道：“总理信任我是有原因的。虽然我从未向总理报告，他也未和我提过，但我相信总理心中是有所感的”。蒋介石在其自述《中正自述事略》中则说：“陶之丧心病狂，已无救药，若不除之，无以保革命之精神，而全当时之大局也……故再三思索，公私相权，不能不除陶而全革命之局……余因此自承其罪，不愿牵累英士，乃辞职东游，以减少反对党之攻击本党与英士也。”

蒋介石的老师毛思诚在20世纪20年代后期所著的《民国十五年以前之蒋介石先生》一书中，为蒋介石参与刺杀陶成章这件事，做了如下开脱，称：“陶成章……蓄意破坏同盟会……抹杀孙、黄历史……（蒋介石）熟权公私利害，决先除陶，以安革命全局。事后自承其罪。盖其心出于至诚，绝非对人有所好恶于其间，此为辛亥革命成败最大关键，亦即公（蒋介石）革命重要历史之一也。”在1946年，南京国民政府国防部新闻局为庆贺蒋六十岁生日，由蒋介石的黄埔军校学生、担任国防部新闻局局长的邓文仪主编、由上海正气出版社出版的《伟大的蒋主席》一书中，则设专章陈述蒋介石刺陶一事，该章标题就为“刺杀陶成章”，十分醒目。其中对蒋刺陶一案是这样叙述的：“那时陶成章匿居上海租界某医院里面，主席便到医院去找他，先用严词质问他，哪晓得陶成章不但是恬不知耻，反而还侃侃而谈。主席怒不可遏，便掏出手枪，一枪把他打死。打死陶成章以后，主席并不掩饰这件事，反向党中表明心迹，自承其罪”。

然而，历史事实却与毛思诚等人所言相反。陶成章的被暗杀造成了严重的不良影响。陶案发生后，真相很快就披露出来。它不仅没能消除革命党内部的分歧，达到“以安革命全局”的目的，反而进一步加剧了同盟会与光复会的矛盾与斗争，而且开了革命党人内部用暗杀手段对待不同政见者的恶劣先例，造成了革命党内部人心涣散，团结瓦解，给北方的以袁世凯为代表的封建复辟势力以可乘之机。

光复会会长章太炎闻知陶成章被杀的噩耗，痛不欲生，几欲昏厥，断然拒绝孙中山的邀请，不愿担任南京临时政府的枢密顾问，还跑到南京，送给临时政府一副对联，将同盟会与孙中山骂了一顿："群盗鼠窃狗偷，死者难瞑目；此地龙盘虎踞，古人之虚言。"后来他终于另组统一党，倒向袁世凯，与同盟会对立。

广东光复会与同盟会"势成水火"；浙江两派更是纷争不已。不久，光复会成员星散，组织瓦解……

孙中山则说：陶成章"猝遭惨祸，可为我民国前途痛悼"。

事实证明，暗杀陶成章，是陈其美一生中所犯的一个最严重的错误。

陶案发生后不久，杀陶凶手王竹卿被光复军总司令部派人到嘉兴其住宅内开枪打死，作为对陶案的报复。而蒋介石"为免除反对党以此为攻击陈其美之口实，乃避往日本"。陈其美则对蒋介石更加看重，一再在孙中山面前夸耀蒋介石，称其"言语踏实""见解透辟"，且精通军事，一定能成为"革命实行家"，是同盟会里难得的人才。1913 年（民国二年），在陈其美的引见下，蒋介石第一次见到了仰慕已久的孙中山。当时，蒋介石一身士官制服，意气风发。在与孙中山的交谈中，蒋介石应答自如，且言谈之间有一番自己的见地。据蒋介石自己回忆说，第一次见面，中山先生跟他讲，你作为革命党的军人，就应该不计名利，应该为党国牺牲奉献。这给蒋介石留下了非常非常深刻的印象。临别之际，孙中山称赞蒋介石将来必会成为革命的栋梁，青年的英雄。如前所述，蒋介石甚至认为，他后来得到孙中山的信任与重用，跟他参与刺杀陶成章这件事情或多或少有些关系。只是孙中山后来再没提到过这件事情。

十九、辛亥岁末北京刺双凶

——袁世凯、良弼遇刺始末

（一）“暗杀部”选择了三个暗杀对象

1912 年 1 月，在中国农历，是辛亥年岁末年底。

辛亥年，是中国翻天覆地的一年！

辛亥年，清宣统三年八月十九，即公元 1911 年 10 月 10 日，武昌起义爆发；第二天，10 月 11 日，成立湖北军政府；第三天，10 月 12 日，占领汉阳、汉口；接着，各省风起云涌般地响应。这翻天覆地般的形势变化，给清王朝的都城北京带来了一片肃杀、萧条、凄惶的景象。昔日威风张扬、不可一世的专制王朝陷入风雨飘摇之中。

为了渡过危机，清廷不得不于 1911 年 10 月 14 日，即武昌起义爆发后四天，下诏起用在两年多前被摄政王载沣废黜的袁世凯为湖广总督，前往武汉镇压革命，“督办剿抚事宜”；10 月 27 日，又任命其为钦差大臣，接替荫昌，到湖北前线督师，指挥由冯国璋、段祺瑞分别统领的第一军、第二军，进攻武汉起义军。10 月 30 日，袁世凯离开所居住的彰德南下，第二天抵达信阳，接任钦差大臣，部署对武汉的进攻。11 月 1 日，清廷又让皇族内阁辞职，任命袁世凯为内阁总理大臣，入京组织责任内阁。

袁世凯是河南项城人，字慰庭，别号容庵，1859 年 9 月 16 日（清咸丰九年八月二十日）生于一个官宦土豪家庭。其叔祖袁甲三是淮军高级将领，官至漕运总督。袁世凯出生的那天，袁甲三恰好寄书到家，言与捻军作战得胜。袁世凯的父亲袁保中大喜过望，因此为这个新生的婴儿取名为“凯”，并按照袁氏家族“保世克家企文绍武”的排行，给婴儿命名“世凯”。但袁世凯参加科举考试，屡试不中，遂于1881年（清光绪七年）投身行伍，入淮军吴长庆军，逐步升迁，官至驻朝鲜的全权代表。甲午战败后，清廷开始编练新军。袁世凯于1895年12月奉命接管“定武军”十营，在天津与塘沽之间的小站练兵，扩充为“新建陆军”，聘德国军官十余人担任教习，又从天津武备学堂中挑选百余名学生任各级军官，并引用和培植一批私人亲信，如徐世昌、段祺瑞、冯国璋、王士珍、曹锟、段芝贵、张勋、王占元等，这些人以后大都成为清末民初的军政要人。小站练兵是中国新式军队发展的转折点，也奠定了袁世凯一生事业的基础。袁以“知兵”为清廷所重，声名鹊起。袁世凯关注时政，热心变革，曾加入维新人士主持的“强学会”。1897年（清光绪二十三年），擢直隶（今河北）按察使，仍主持练兵。1898年（清光绪二十四年）6月，再升任工部右侍郎。戊戌政变前，帝党人物曾寄望于袁世凯的新军，光绪帝将他召进京，多予嘉奖；谭嗣同夜访法华寺，面劝他支持变法，出兵围攻慈禧太后所居之颐和园。袁世凯未从，从北京赶会天津后，即向直隶总督荣禄告发。戊戌政变后，光绪帝遭软禁，谭嗣同等六君子被杀害，袁世凯却得到慈禧太后的宠信，从山东巡抚到直隶总督、北洋大臣，再到军机处大臣，不断升迁。直到1908年11月，光绪帝与慈禧太后在两日间先后死去，光绪帝的弟弟、宣统皇帝的父亲载沣任摄政王，才以“足疾”为借口，将其削职，赶出北京。袁世凯在河南彰德洹上村“闲居”，密切关注国内外动态，联络各方人士，特别是由他一手培植的北洋军，伺机而动。他终于等来了武昌起义的枪声，等来了辛亥革命，等来了清廷的风雨飘摇和他报仇雪恨、夺权窃国的机会。

袁世凯在指挥北洋军于11月2日攻占汉口、大肆焚掠，又于11月7日指派奸细到石家庄，成功刺杀北方革命党人首领吴禄贞，夺回北洋军第六镇的兵权后，于 11 月 13 日抵达北京，11 月 16 日组成了以他为首的责任内阁。接着，他就通过种种手段，攘夺了清廷的各项军政大权。狡猾的袁世凯早就与清廷同床异梦。他这时一方面凭借与利用全国的革命声势，逼迫清廷向他节节退让：清摄政王载沣被迫退位，庆亲王奕劻成了他的传声筒，隆裕太后被他玩弄于股掌之中；另一方面，他又暂时不将清廷立即推翻，而是以此为本钱，与南方革命党人议和谈判，讨价还价，要革命党人同意推举他为中华民国未来的大总统。

与此同时，袁世凯拼命扩充自己的实力，剪除异己，尤其残酷地镇压北方的革命党人，稳定他的根基。

袁世凯的政治阴谋活动吓退了一些腐败的清廷贵族，蒙蔽了一部分革命党人；但同时也引起了以良弼为首的清廷亲贵的警觉与反对，更激起了许多革命志士的愤怒与行动。

武昌起义后的北方中国，政治局势一度显得十分复杂而多变。

在这种形势下，北方的革命党人行动起来了。1911 年 11 月 6 日，清廷迫于全国形势，释放了因谋刺摄政王载沣而被捕入狱的汪精卫、黄复生等人。他们出狱后，来到天津，与北方的革命党人会合，协商，于 11 月中在天津意大利租界寓所中成立了“中国同盟会京津分会”。当时汪精卫名重一时，被推举任会长，李石曾为副会长，下分军事、文书、财政、司法、外交、交通等部。为了配合南方起义军，“京津同盟分会”首先集中力量策划在北方组织武装起义，在清廷后院放火，威胁与攻取清廷的根本重地北京。早在 11 月初，北方的革命党人曾联络了第六镇统制吴禄贞、第二十镇统制张绍曾与混成协协统蓝天蔚等清军高级军官，准备分三路夹击北京；但因清廷与袁世凯抢先派人于 11 月 7 日刺杀吴禄贞，接着罢免了张绍曾，使此计划流产。“京津同盟分会”成立后，又发动第二十镇的中下级军官王金铭、施从云、冯玉祥等人，在 1911 年 12 月 31 日举行滦州起义，企图袭占天津，又被袁世凯派重兵血腥镇压下去。王金铭、施从云及白雅雨等革命志士被袁世凯的爪牙残酷杀害……

清廷的顽固残暴、袁世凯的阴险毒辣与革命战友的淋漓鲜血，激怒了“京津同盟分会”中的革命党人。他们决议要加强对敌人首脑的暗杀行动，摧毁清廷的指挥中枢，激励与鼓舞北方军民投入革命运动，并为死难的烈士复仇。他们特地在“京津同盟分会”中增设一“暗杀部”，以彭家珍为部长，专门筹划暗杀，“以为诛除元凶巨憝之计”。

“京津同盟分会”暗杀部在彭家珍的领导下，对各项暗杀工作做了充分的准备：暗杀用的手枪、炸弹，派人从上海运来；参加暗杀的行动人员分批去京西门头沟、十三陵等地的荒山演习；至于暗杀的对象，经决议：清廷核心大员如袁世凯、良弼、载泽、荫昌、载洵、载涛等皆可杀，而前三人宜先除之，其中，“首先要对付的是袁世凯”，因为袁世凯这时实际上已成为北京清政权中的实际掌权者；而担任军咨府军咨使（总参谋长）的良弼与担任度支部大臣（财政部长）的载泽，则分掌清廷的军事与财政大权，同时是清廷宗室贵族中仇恨革命、反对共和、阻止清帝退位的顽固派首领，又是较有能力的清廷大员。除去这三人，势必影响整个大局。

（二）1912年1月16日：弹炸袁世凯车队功亏一篑

1912年1月初，“京津同盟分会”暗杀部的成员们紧张地行动起来。

他们首先侦察袁世凯的起居与活动规律。

袁世凯自1911年11月13日抵北京任内阁总理大臣后，一直居住在城北的铁狮子胡同，每天到紫禁城上朝，要经过王府井大街、东安市场，经丁字街转入东华门大街，入东华门。袁的府邸是深宅大院，警卫森严，常人根本无法入内，入内也无法下手行刺。只有袁每天上朝下朝路过街衢时，似有行刺的机会。因为这一路线虽然在袁世凯的车队经过时，街旁密布军警，但都不过是例行公事，态度悠闲，并不警惕；且车队多经闹市区，人群混杂，容易接近；加之街道不宽，在人行道上投弹，可达街心。因此，暗杀部决定在王府井大街转东华门大街的地段，截击袁世凯的车队，用炸弹暗杀袁世凯。刺杀时间选择在中午袁世凯下朝路过这里时。因为袁早晨上朝时，天还未大亮，街上人少，刺客容易被军警发觉，而在中午袁下朝时，正是街上人多混杂之时，刺客易于下手，行刺后也易于潜逃。

炸袁车队需要炸弹。为此，暗杀部部长彭家珍特地赶到上海学习装弹技术，回到北京后，与陈宪民等人昼夜赶装炸弹，不到十天，就装成了一百多枚。

刺袁的行动计划也制订出来：推举四个同志，布置三道关口。这四个人是：严伯勋，福建侯官人，时任清海军部军法司司长；黄芝萌，贵州贵筑人，为北京陆军测量学堂学生；张先培，贵州贵阳人，为北京客籍学堂学生；杨禹昌，四川资阳人，为北京清河陆军中学教师。这四人将在行刺那天，分别携炸弹守候在袁世凯出宫后乘马车所经过的街道上：由严伯勋守候在东华门外不远处路南“三义”茶叶店门外，为第一道关口；由黄芝萌、张先培二人守候在丁字街转弯处一座临街的酒楼上，为第二道关口；由杨禹昌守候在东安市场门口，为第三道关口。关关设伏，计划周密，满以为袁世凯难逃一死。

1912 年 1 月 16 日（农历辛亥年十一月二十八日）是预定的刺杀袁世凯的行动日。这天临近中午，四个暗杀成员早就暗携炸弹，分别守候在各自的位置上。这天正逢袁世凯进宫，向隆裕太后软硬皆施，威逼利诱清帝退位，讲了一个上午才结束。袁从宫内出来，乘上马车，在前呼后拥下，循例行路线回府。当袁世凯的车队驶离东华门不久，到达“三义”茶叶店门前，隐蔽在这里的严伯勋立即奋起，准确地将一颗炸弹投掷到袁世凯乘坐的马车下。可惜因车行甚快，当炸弹爆炸时，马车已过，只炸翻了车子，炸死了卫队长袁金镖等十余人。袁世凯却没有受伤。他从覆车中爬出，估计前面路上仍可能有刺客埋伏，遂骑马折入路南一胡同，绕道逃走。而投弹的严伯勋乘人声鼎沸、军警慌乱之际，暗退入茶叶店内将手枪插入茶叶桶中，从容出门逸去。

埋伏在丁字街酒楼上的黄芝萌、张先培听到炸弹爆炸声，即开窗持炸弹等候，准备再击。但因袁已改道逃走，未能实施，反被街上军警察觉，上楼捕去。在东安市场门口的杨禹昌，在场内休息时听到爆炸声，持弹奔出，行迹暴露，被捕。

革命党人投出的炸弹，对袁世凯无疑是当头一棒。袁本人虽侥幸逃脱，却受到极大的震动。从此后他再也不敢出门上朝了，并秘密派人向“京津同盟分会”中人打招呼，表示要响应革命，推翻清朝，希望革命党人不要再对他采取暗杀行动。但同时，他又加紧戒备，大肆搜捕革命党人，并下令军警执法处迅速杀害了被捕的黄芝萌、张先培、杨禹昌三位志士。

严伯勋行刺脱险后，避居天津，共和告成后搬到南京居住。因当时袁世凯掌权，严伯勋对刺袁一事不愿张扬，革命党组织上也故隐其名，只公布了黄、张、杨三同志姓名。其真相在多年后才广为人知。

（三）1912年1月26日：“彭家珍收功弹丸”

1912年1月16日袁世凯遇刺后，清廷更加恐惧慌乱。隆裕太后终于准备接受袁世凯意见，下诏退位。以庆亲王奕劻为首的一些胆小的宗室贵族酝酿提出各种善后要求。只有以良弼、铁良、溥伟、毓朗等人为首的满族亲贵顽固派极力加以反对。1月14日，他们发表宣言，宣布成立“君主立宪维持会”，俗称“宗社党”，反对清帝退位，顽固坚持清廷君主统治。“宗社党”成员胸前均刺有二龙图形，以满文刺写姓名为标志，在北京、天津等地开展秘密活动。1月18日，他们组织了三十多人，齐赴庆亲王府，围攻接受袁世凯意见、主张清帝退位的奕劻。他们暗中筹划，让袁世凯辞职，而由载泽、毓朗等组织新的皇族内阁，任“素以知兵名”的良弼为总司令，掌军权。当时担任军咨使（总参谋长）的良弼最为嚣张，自请督师南下，与革命军决一死战。

爱新觉罗·良弼，字赉臣，满族镶黄旗人，努尔哈赤幼弟巴雅拉之子巩阿岱七世孙，道光朝大学士伊里布之孙。1877 年（清光绪三年）生于四川成都，早年丧父，及长，寄籍湖北，1899 年（光绪二十五年）由该省选送赴日留学，先后入东京成城学校、陆军士官学校步兵科第二期；1903 年（光绪二十九年）毕业回国，入清廷练兵处；次年升该处军学司监督；1905 年（光绪三十一年）3 月补军学司副使；8 月，袁世凯延揽其为陆军第八标统带官。1906 年（光绪三十二年）4 月，良弼回任军学司副使，并主持保定陆军学堂校务；同年，新军在河南彰德举行会操，任北军审判长，其间充任考试陆军游学毕业生襄校官、提调官等职。1907 年（光绪三十三年）8 月，良弼任陆军部军学司司长，兼参议上行走。1908 年（光绪三十四年）10 月，良弼获选修订法律馆咨议官，参与编撰新律；同年年底，慈禧、光绪先后死去，摄政王载沣掌清廷大权，成立拱卫京师的禁卫军，良弼被授任禁卫军第一协统领，实际负责管理禁卫军。1909 年（宣统元年）7 月，清廷“从良君弼等之建议”，仿日本参谋本部设立军咨府，以统筹全国陆海军事宜，摄政王载沣的弟弟载涛任军咨大臣，不谙军事，凡事皆以良弼为“谋主”；10 月，良弼擢升任禁卫军训练大臣；1910 年（宣统二年），随载涛出国考察军政；同年秋参与组织滦州秋操。良弼素有大志，才情卓越，为清末旗员中少有的知兵人才，参与了清末一系列振武图强的军事活动，“改军制，练新军，立军学，良弼皆主其谋”；尤注意延揽军事人才，举凡吴禄贞、哈汉章、沈尚谦、卢静远、章递骏、陈其采、冯耿光、蒋百里等留日学军事的学生，无不延纳，与铁良等被称为清季旗员翘楚。然其自负而傲上，惜才而厌庸碌，改革过激而得罪奕劻等清朝权贵，“颇为时忌”，“常以不得行其志为恨”。

1911 年（宣统三年）10 月 10 日武昌起义爆发后，良弼既主张坚决镇压革命，又反对清廷起用袁世凯，力图“以立宪弥革命，图救大局”。1911

年 11 月，袁世凯进京出任内阁总理大臣，良弼被夺去统领禁卫军的实权，由袁世凯的亲信冯国璋继任。12 月 9 日，良弼改任军咨府军咨使，兼镶白旗汉军副都统。1912 年 1 月中旬，“宗社党”成立，反对南北议和与清帝逊位，良弼成为这个反动组织的核心与灵魂。

根据这种情况，“京津同盟分会”暗杀部决定将暗杀的重点放在良弼与铁良身上；尤其是良弼，更是暗杀的第一重点对象。暗杀部部长彭家珍说：“有军事知识，而极阴险者为良弼。此人不除，共和必难成立！”彭家珍还断定，1911 年 11 月 7 日吴禄贞在石家庄惨遭杀害，其主谋一定是良弼。因为良弼与吴禄贞既是日本士官同学，关系较密，又十分了解与忌恨吴禄贞的军事才能与革命倾向，故密谋暗杀之。为推动革命，促进共和，替死难战友报仇，彭家珍自告奋勇担任行刺良弼的重任。

彭家珍，字席儒，四川金堂县人，1888 年 4 月 9 日（清光绪十四年二月二十八日）生于一个小官僚家中。其父彭士勋深明大义，提倡新学。彭家珍自幼受其影响，读了许多进步书籍，产生了民族民主革命思想。1903 年（清光绪二十九年），彭家珍 16 岁时，从父命，考入四川成都陆军武备学堂炮科，学习军事；1905 年（清光绪三十一年）冬毕业，因成绩优异，为四川总督锡良赏识，被派赴日本考察军事。在日期间，彭家珍与留日学生中的革命党人结识，思想更趋激进。回国后，他充任四川新军排长、队官（连长）。1909 年（清宣统元年），调云南。1910 年（清宣统二年），随锡良到东三省，充任奉天讲武堂学兵营队官兼教习。1911 年（清宣统三年）9 月，他调任天津兵站司令部副官。在此期间，他秘密加入了同盟会，经常到“国光新闻社”参加革命活动。他常常把兵站司令部的票证与物资无私赠给革命党人。当 1911 年 11 月“京津同盟分会”成立时，彭家珍先在军事部任职，后任暗杀部部长。12 月初，彭到上海联络南方革命党人，并学习炸弹研制与爆炸技术。已光复的江苏都督程德全秘密任命彭为“北方招抚使”。彭亲运炸药与手枪等武器，从上海赶回天津，积极开展对清廷顽固派大臣的暗杀活动。

在 1912 年 1 月 16 日行刺袁世凯失败后，军警搜捕党人，彭家珍的居处被搜查。他一边到处搬迁，一边全力以赴地准备、谋划刺杀良弼。

彭家珍并不认识良弼。他接受刺杀良弼的任务后，从四川同乡徐某的家中找到一张良弼的照片，仔细观察、识别良弼的容貌。开始，他听说四川同乡张敬三、罗春山与良弼友好，便冒用张敬三的名义，诱良弼到张居处相会，准备乘机杀之。但这时良弼警惕性很高，轻易不去一般友人家中，彭的暗杀计划未能实现。后来，彭家珍又企图乘良弼外出时，在路途中狙击刺杀之，然而良弼出入陈重兵护卫，刺客根本无法接近。

彭家珍为此多日苦苦思索，忽然想到他以前任职的奉天讲武堂监督崇恭与良弼十分亲密，正可以借崇恭名义赴良弼府邸行刺。彭家珍身边还保存着几张崇恭的名片，可以利用。于是彭家珍派他的学生熊斌与刘升之赶到奉天沈阳，用崇恭的名义发了一封假电报给良弼，称东三省总督赵尔巽忧清廷将亡，举崇恭来京，与良弼密商共同挽救之策。这算是给良弼先打个招呼。接着，彭家珍设法探知到清室内廷将于农历腊月初八日（1912 年 1 月 26 日），假腊八赏赐喇嘛恩粥典礼，召集诸亲贵密议南北战事与和战大事。彭家珍决定在腊八宴那天冒充崇恭求见良弼，进行行刺。

彭家珍知道自己这次刺杀良弼，必将是一去不返，便怀着悲壮而又坦然的心情，为自己准备后事。他在居住的北京“中西旅馆”中写下了《绝命书》，其中写道：

共和成，虽死亦荣，共和不成，虽生亦辱，与其生受辱，不如死得荣。

然后，他唤来仆人伍焕章，托其将自己的金表转交老父，以为纪念，并对伍说：“我有事他往，能否回家，尚不能定，明晨早早将余衣服、用器运往天津，交《民意报》报馆，你也暂住在报馆。如果陈宪民诸先生来，请他们不要住宿在我房里。”彭家珍在自己牺牲前，犹不忘同志的安危。

1912 年 1 月 26 日（农历辛亥年腊月初八）傍晚，彭家珍按计划出发了。他穿着清军标统制服，腰佩军刀，乘马车来到豪华的金台旅馆，自称是因军务从奉天来京公干，并呈上崇恭名片，因得开第 13 号房间居住。休息一会儿后，彭家珍称自己有紧要公事要入内城，命旅馆替他准备好马车。彭乘马车入前门，先到军咨府，没有碰见良弼；再驱车到大红罗厂（今北京西四北大红罗场胡同）良弼府邸，投刺请见。门房告诉彭家珍，良弼到摄政王府未归，引彭家珍入座客房。

彭家珍等候良久，未见良弼回来。彭不愿再等，打算到别处寻找良弼。彭家珍刚离开良弼府邸，行到大街，恰好碰见良弼乘车回家。彭家珍忙转车尾随其后，复回到良弼府邸。良弼下车，正欲入内，门卫将崇恭的名片呈上。良弼回头见立于门左侧的来客却非崇恭，心知有异，忙向门内逃去。彭家珍立即扬手奋力将炸弹掷去，只听一声巨响，良弼被炸弹炸伤左腿，扑倒在地。弹片触石反弹，正中彭家珍头部，彭立即牺牲。同时殒命者有良弼卫兵八人，马弁一人。

良弼遇刺后在家养伤。第一个来慰问的是担任民政大臣的袁世凯心腹赵秉钧。这时良弼已经西医施行手术，情况尚好，1 月 29 日，赵秉钧又荐来一位中医替良弼除火毒。良弼服药后，伤处剧疼，辗转呼号，当日晚死去。外间传说是袁世凯忌良弼枭雄，故买嘱医生将其害死；甚至有人误认为彭家珍亦为袁世凯所派。因为当时袁世凯与良弼的矛盾十分尖锐，尽人皆知。而京津同盟分会暗杀部约定：在实施暗杀前，暗杀者倘不幸落入袁世凯之手，则供认为良弼所派遣；若落入清廷亲贵之手，则供认为袁世凯派遣，以加剧他们之间的猜疑与矛盾。这就使得辛亥岁末北京刺袁、刺良的事件长期众说纷纭，直至多日以后，革命党人才公布了事件真相。

1912 年 2 月 1 日，清廷赐良弼以副都统阵亡例，从优赐恤。

良弼死后，清廷顽固派失去了最能干的首领，喧嚣一时的宗社党顿时土崩瓦解。宗室亲贵如惊弓之鸟，闻风丧胆，纷纷逃离北京，远走天津、大连、青岛等地，匿身租界。清隆裕太后终于在1912年2月12日（农历辛亥年腊月二十五），以宣统帝的名义下退位诏书，授权袁世凯组织临时共和政府——统治中国260多年的清王朝与延续2000多年的封建帝制，终于被中国人民彻底推翻与永远抛弃了。

彭家珍牺牲后，1912年3月29日，南京临时政府孙中山临时大总统赞颂他"歼除大憝，以收统一速效"，下令追赠他大将军衔，谥曰义烈公（《孙中山全集》第二卷，第293页）。南北议和实现后，革命党人为彭家珍、黄芝萌、张先培、杨禹昌四烈士在北京万牲园（动物园）风景区营建墓地，供后人凭吊。1912年8月，孙中山到北京亲自参加了他们的葬礼。孙中山、黄兴撰文称赞彭家珍刺杀良弼的壮举，誉之为"彭家珍收功弹丸"。

在这同时，在彭家珍烈士的家乡四川省的成都与重庆，由当地的革命军政府主持，分别召开了隆重的追悼彭家珍烈士大会。彭家珍的未婚妻王清贞十分钦佩敬仰彭，立志不改嫁。她在泣不成声中参加了成都的追悼彭家珍大会后，立即坐上四川督军为她准备的一顶青纱大轿，行至成都昭忠祠，与彭家珍妹妹彭家惠手捧的彭家珍遗像成婚。礼毕，她即坐轿到彭家过门守节。这事是在当时特定的时代环境中发生的，在社会上产生了很大的影响，激起了千千万万人对彭家珍烈士的敬仰。

为中国的民主与进步而牺牲的先烈永远活在中国人民心中。

二十、孙中山与南京紫金山

在南京城风景如画的东郊风景区，在挺拔秀丽的紫金山第二峰小茅山的南坡，坐落着一片雄伟庄严的蓝色琉璃瓦屋顶的建筑群，这就是举世闻名的中山陵。伟大的中国民主革命先行者孙中山先生的遗体就安葬在这里。陵园前临平川，背拥青嶂，西邻明孝陵，东毗灵谷寺，景色秀丽，气势雄伟，面积约两千亩，主要建筑有牌坊、墓道、陵门、碑亭、祭堂和墓室等，其全部建筑轮廓巧妙地构成了一座“自由钟”式的平面结构，掩映在一片林海和花丛之中，象征着孙中山先生毕生致力于敲起自由钟、唤醒民族魂、反抗专制、拯救国家的崇高理想与辉煌业绩。建筑材料主要是苏州与福建产的花岗石以及云南产的大理石。陵墓入口处的高大的花岗石牌坊上，有中山先生手书的“博爱”两个鎏金大字。从牌坊开始上达祭堂，有石阶392级，8个平台，平面距离700米，上下高差70米。祭堂大门上方有“天地正气”直额一块。祭堂正中为4.6米高的用晶莹洁白的汉白玉雕塑的孙中山全身坐像，逼真生动，是世界著名雕塑家保罗·阿林斯基的杰作。祭堂四周用大理石镶嵌的壁上，刻着孙中山先生手书的《建国大纲》等文字。祭堂后是墓室，有两重铜制门，墓室正中是圆形大理石塘，上围以栏杆，塘正中央是长方形墓穴，下面安放着中山先生遗体，上面安放着仪态安详的中山先生大理石卧像。

雄伟秀丽的中山陵每天都吸引着世界各地数不清的瞻仰者与游客。人们在瞻仰与游览以后，常要问：“孙中山先生是广东人，一生奔走革命，足迹遍于海内外，生前到南京仅有三个月左右，何以独爱南京，要将遗体安葬于紫金山下呢？”

说起来这里还有一段历史佳话呢。

（一）孙中山生前独爱南京紫金山

孙中山生前很早就爱上了雄伟秀丽的南京山川胜景。

1912年年初，孙中山在南京就任中华民国临时大总统，历时三个月。在这期间，在1912年3月10日，他和总统府秘书长胡汉民等人骑马出朝阳门（今中山门），去东郊狩猎。他们从明孝陵转至紫金山第二峰小茅山南坡的半山寺，中山先生打下一只野鸭，就下马休息。当时他们站在现中山陵墓穴的地方，孙四面环顾，指着对面远处的方山和回环如带的秦淮河，说：“你们看，这里地势比明孝陵还要好，有山有水，气象雄伟。我真不懂当初明太祖为什么不葬在这里！”胡汉民说：“这里的确比明孝陵好。拿风水讲，前有照，背有靠，左右有沙环抱，加以秦淮河环绕着，真是一方大好墓地。”孙中山先生接着带笑说：“待我他日辞世后，愿向国民乞此一抔土，以安置躯壳尔。”其意是“在我将来死后，若能葬在这里，那就好了！”胡汉民立即阻止孙中山继续讲下去，说：“先生怎么想到这个上面？”众人听了也不觉凄然。

孙中山不仅钟爱南京的山水，更非常重视南京的重要的战略地位与独特、优越的地形地理，重视南京悠久灿烂的历史，期待着南京更加光辉的未来。他在1919年写的《建国方略》中称赞道：“南京为中国古都，在北京之前，而其位置乃在一美善之地区，其有高山，有深水，有平原，此三种天工，钟毓一处，在世界中之大都市，诚难觅如此佳境也。而又恰居长江下游两岸最丰富区域之中心，虽现在已残破荒凉，人口仍有一百万之四分之一以上。且曾为多种工业之原产地，其中丝绸特着，即在今日，最上等之绫及天鹅绒尚在此制出。当夫长江流域东区富源得有正当开发之时，南京将来之发达，未可限量也。”孙中山还以他的高瞻远瞩与浪漫主义情怀，提出了他的南京“新建设计划”，其主要内容有三项：

第一，整治南京长江水道，削去下关地区，拓宽南京长江江面。这是孙中山整治长江计划的重要部分。因为“浦口、下关间窄处”，江流不畅，江岸崩塌，为拓宽江流，“必以下关全市为牺牲，而容河流直洗狮子山脚，然后此处河流有一英里之阔”；同时整治南京上、下游的长江水道。

第二，建造新的南京码头与商业区。在“削去下关全市”后，在米子洲与南京外郭之间，新建一南京码头与泊船坞，“以容航洋巨舶”；“而在此计划之泊船坞与南京城间旷地，又可以新设一工商业总汇之区，大于下关数倍。即在米子洲，当商业兴隆之后，亦能成为城市用地，且为商业总汇之区。”

第三，建设南京长江对岸浦口为全国交通中心枢纽。“南京对岸之浦口，将来为大计划中长江以北一切铁路之大终点。在山西、河南煤铁最富之地，以此地为与长江下游地区交通之最近商埠，即其与海交通亦然。故浦口不能不为长江与北省间铁路载货之大中心，犹之镇江不能不为一内地河运中心也。且彼横贯大陆直达海滨之干线，不论其以上海为终点，抑以我计划港为终点，总须经过浦口。”在南京、浦口间建长江隧道，“所以当建市之时，同时在长江下面穿一隧道以铁路联结此双联之市，决非躁急之计。如此，则上海、北京间直通之车，立可见矣。现在浦口上下游之河岸，应以石建或用士敏土坚结，成为河堤。每边各数英里。河堤之内，应划分为新式街道，以备种种目的建筑所需。江之此一岸陆地，应由国家收用，一如前法，以为此国际发展计划中公共之用。”

无疑，孙中山的南京“新建设计划”是十分雄伟、宏大、美好的远景规划。它后来因条件变化，未完全实施，却鼓舞了无数热血志士为实现这规划而英勇奋斗，甚至流血牺牲。

（二）孙中山临终“欲葬紫金山”

想不到事隔十多年之后，孙中山先生于弥留之际仍想到了南京紫金山。

那是在 1925 年 3 月上旬的一天，故都北京城还未透露一丝春意。在城北铁狮子胡同一所古老宽大的宅院里，正在这里养疾的中国国民党总理、广东革命政府陆海军大元帅孙中山先生已处于生命的垂危状态。孙中山先生的家人宋庆龄、孙科，以及汪精卫、张静江、何香凝等国民党领导人看到孙中山似乎又要昏睡过去，就转到房间一角议论起孙中山的后事来。当谈起孙中山逝世后的归葬之地时，宋庆龄泣不成声。汪精卫深信风水之说，振振有词地讲起来：“人们都说孙总理是明朝崇祯皇帝的后身，一旦山陵崩，似宜葬北京景山为妙。”这景山就是位于北京城中间、故宫北侧的皇家园林，是北京城中地势最高的地方，明末崇祯皇帝于国破时在这里上吊自尽。没想到这话被昏睡中的孙中山听到了，他从病榻上一下子回过头来，连声说：“否！否！我欲葬紫金山也。”在场的人一时感到十分愕然，尤其对紫金山位于何处都感到茫然，但为了安慰孙中山，都连连答应。

（三）陈去病考证“紫金山就是南京的钟山”

1925 年 3 月 12 日上午 9 时 30 分，孙中山逝世。在北京的国民党上层人士聚会讨论孙中山的归葬之地。汪精卫就将孙中山的临终遗言告诉大家，说：“孙总理欲葬紫金山，但不稔山在何处耳。”于是大家纷纷议论起来，有的说在广西，有的说在广东，等等。这引起了当时在场的国民党元老陈去病的关注与深思。

陈去病（1874—1933）是江苏吴江同里人，原名庆林，字佩忍，号垂虹亭长。祖上以经营榨油业致富。因读“匈奴未灭，何以家为”，激发起强烈的民族民主革命思想，毅然易名为“去病”。他是著名的近代诗人，在清末曾与柳亚子等一道创办过革命文学团体“南社”；后参加同盟会，追随孙中山先生，宣传革命不遗余力，在推翻封建帝制的辛亥革命和讨伐袁世凯的护国运动中都做出了重要贡献。其诗多抒发爱国激情，风格苍健悲壮。民国后他曾在南京担任过江苏博物馆馆长；1923年担任国立东南大学（1928年改为中央大学，1949年改名南京大学）中文系教授。他是饱学的文史专家，对南京的历史名胜尤为熟悉。他见众人争执不下，遂站起来说：“总理欲葬的紫金山，就是南京明孝陵所在的钟山是也！”他向大家介绍了南京紫金山的历史地理情况与孙中山先生在南京任临时大总统时表现的对南京山水的热爱。这一说，大家顿时醒悟过来。汪精卫说：“对！对！你快写一篇文章考证一下。”于是陈去病写了一篇《紫金山考》，送到各家报刊发表。孙中山的葬地也就随之定了下来。

以上史事载于陈去病致柳亚子的一封信中，应该被当作信史。

但也有人回忆，孙中山临终前明确地嘱咐要葬于南京，说：“吾死之后，可葬于南京紫金山，因南京为临时政府成立之地，所以不可忘辛亥革命也。”

但在孙中山于1925年3月12日在北京逝世后，其灵柩并没有立即送到南京营葬，而是先将遗体移往北京中央公园（今中山公园）让民众瞻仰遗容，后将灵柩暂放在北京西山碧云寺石塔中。

1925年4月4日，国民党中央执行委员会推定张人杰、汪精卫、林森、于右任、戴传贤、杨庶堪、邵力子、宋子文、孔祥熙、叶楚伧、林叶明、陈去病等十二人组成“孙中山先生葬事筹备委员会”。4月18日，又于上海正式成立了“孙中山先生葬事筹备处”，指定杨杏佛为主任干事，孙科为家属代表，办理孙中山遗体丧葬的具体事宜。遵照孙中山归葬南京紫金山的遗愿，北京治丧活动结束后，国民党“葬事筹备委员会”即着手到南京兴建中山陵。

1925年4月中，宋庆龄、孙科与“葬事筹备委员会”的陈去病等人亲到南京东郊紫金山下踏勘。他们看到有一山峰隆然在紫霞洞左，气象雄伟，视景开阔，高兴地说："是佳城也。"墓穴遂选定于紫金山中部小茅山南坡，就是今天的南京中山陵所在地。

不久，"葬事筹备处"就在全国征求陵墓图案。在众多的应征者中，著名的建筑师吕彦直设计的自由钟式陵墓图案获首奖。筹备处即聘吕为陵墓设计建筑师，主持计划、建筑及监工事务。又登报征求陵墓工程建筑承包商，以姚新记获选。

建造中山陵从 1926 年 1 月开始兴工。当时南京还处于北洋军阀孙传芳的统治下，但由于孙中山的崇高威望与中国各界人民的热烈拥护，以及世界许多著名人士的支持，中山陵的建造还比较顺利。1927 年 4 月，国民政府定都南京后，中山陵的建造更受到前所未有的重视。前后历时三年多，至 1929 年年初，中山陵的陵墓主体工程次第落成。1929 年 6 月 1 日，南京国民政府举行隆重、盛大的奉安大典，将孙中山的灵柩从北京碧云寺运到南京安葬。以后几年，南京国民政府又在陵墓四周继续营造了一系列纪念建筑，直至 1933 年各项工程才先后竣工——这就是今天我们所见到的雄伟壮丽的中山陵建筑群。

二十一、民国初年的民主政治新气象

1911年10月10日爆发的武昌起义与1912年1月1日中华民国临时政府的建立，开辟了中国历史的新纪元，推翻了延续两千多年的皇权专制社会，开创了民主共和新时代。即使在孙中山辞去临时大总统，1912年3月10日袁世凯在北京宣誓就任中华民国临时大总统后，也只是南京民国临时政府的结束，而并非辛亥革命的失败。辛亥革命开辟的民主政治潮流仍在滚滚前行，被革命唤醒与鼓舞的自由、平等、博爱的风气仍在社会上张扬，作为民主政治标志的议会、责任内阁在继续运行与发挥作用，政党政治活动更是蓬勃发展。被革命推翻的清王朝与遗老遗少们，虽对新生的民主政权与自由、平等潮流恨之入骨，但他们经受革命的沉重打击后，望风溃败，一下子还不能进行有组织、有力量的反攻。而以袁世凯为核心的北洋军阀集团虽心怀叵测，但他们被革命浪潮推到了民国政府的各种宝座上，处于国内各派政治势力的矛盾与夹缝中，一时还不敢立即公然撕掉民主的外衣与摘掉民国的招牌，也不敢立即废除以《中华民国临时约法》为代表的种种体现民主、自由精神的法规制度。正是由于以上种种原因，在从1912年元月至1913年9月“二次革命”失败前后，这一年多时间中，在古老中国的大地上，特别是在一些政治中心地区与经济、文化比较开展发达的大中城市中，一度出现了前所未有的民主政治新气象。正如当时俄国的革命家列宁在1913年5月7日《真理报》上发表的《亚洲的觉醒》一文中所指出的那样：“中国不是早就被称为长期完全停滞的国家的典型吗？但是现在中国的政治生活沸腾起来了，社会运动和民主主义高潮正在汹涌澎湃地发展。”

（一）公民的言论自由与新闻自由得到充分的发展与较好的法律保障

中国是个有数千年皇权专制历史的国家。文化专制主义是皇权专制社会的重要内容之一。“防民之口甚于防川”“天下有道则庶人不议”等专制教条成为钳制与镇压人民思想、言论自由的国家法律，“腹诽”“文字狱”等不知屠杀了多少言论稍敢离经叛道的民众，终于使中国千百年形成了“万马齐喑究可哀”的政治、文化局面。

辛亥革命打碎了文化专制主义的枷锁。《中华民国临时约法》明文规定：“人民有言论、著作、刊行及集会、结社之自由”。思想自由、言论自由、新闻自由成为民国初年最引人注目、最激动人心、最有进步意义的社会景象。

其一是报纸多。“一时报纸，风起云涌，蔚为大观”。据戈公振的《中国报学史》第5章统计，在民国建立后的一年左右时间中，全国的报纸由清末的约一百种，迅速增加至约五百种，总销数达四千二百万份。这两个数字都是中国报刊史上前所未有的高峰。既有一部分是各级政府的机关报，又有一部分是各政党的党报，更多的则是民办报纸；既有政治色彩强烈的日报，也有偏重文艺与自然科学、社会生活的专业性报刊，还出现了以妇女等为特定读者对象的女报。黄远生在《北京之党会与报馆》中说，仅在1912年3月以后，向北京临时政府内务部登记要求创办的报纸就多达九十余种（《远生遗着》卷二，商务印书馆，1984年版）。新创办的报纸多集中在北京、天津、上海、广州、武汉等大城市中。其中，在北京出版的约有五十多种，在上海出版的有四十多种，在天津出版的三十五种，在广州出版的三十种，以下为浙江二十余种，湖南十一种，武汉九种。连僻处西南的四川省也一下子出版了二十三种报纸（方汉奇：《中国近代报刊史》）。

其二是专门从事新闻采访并向全国各报社发稿的通讯社激增。这是顺应各地报社增多、需稿量大以及新闻言论自由的社会环境而生的。据统计，在民国成立后的短短一年时间中，通讯领域就从几乎是一无所有的状态，一下子新成立了六家通讯社，其中有创办于广州的公民通讯社、展民通讯社，创办于上海的民国第一通讯社、上海新闻社，创办于武汉的湖北通讯社，创办于长沙的湖南通讯社等。

其三是报刊内容丰富、政见迥异、各抒己见、言论自由、争论激烈，在很大程度上摆脱了政治干预，体现了民初多元化与自由化的社会风气与舆论环境，与中国传统钳制言论、禁锢思想、舆论一律的文化专制主义形成鲜明的对比。

例如报刊，在政治倾向上，既有拥护袁世凯政府、反对南方革命党的；也有批判袁世凯政府、为革命党讲话的；还有标榜中间立场的，甚至宣传社会主义、共产主义、无政府主义、民主主义、自由主义、资本主义等各种思想学说的，这些都可以出版。上海的《民权报》、天津的《大中华报》等，“无日不骂项城”，天天痛责临时大总统袁世凯，并无人干涉与审查、封闭。

1912 年（民国元年）5 月 20 日，上海《民权报》发表该报记者、23 岁的革命党人戴天仇（即戴季陶）写的一篇时评短文《杀》：

熊希龄卖国，杀！唐绍仪愚民，杀！袁世凯专横，杀！章太炎阿权，杀！

这篇时评短文只有 24 个字，却一连用了四个“杀”字，时评的标题也是一个“杀”字，真的是杀气腾腾，表现了这位作者的极大义愤。这位作者要杀的这四个人却非普通人，在当时，熊希龄任职财政总长，唐绍仪是国务总理，袁世凯是临时大总统，章太炎是社会名流。而他要杀他们的理由是：说熊希龄“卖国”，是说他任民国财政总长时，仍然实行清政府与垄断对华借款的四国银行团签订的丧权辱国的财政政策；说唐绍仪“愚民”，是说他在被袁世凯委派任南北议和的北方总代表时，秉承袁世凯的旨意，迷惑民众，胁迫革命党人，最终使袁世凯的阴谋得逞；说袁世凯“专横”，是指他通过南北和谈，逼迫孙中山让位，窃取了辛亥革命的胜利果实，当上了民国临时大总统，大权在握，搞政治阴谋，一步步走向独裁专制；至于说章太炎“阿权”，则是因为他在辛亥革命后，一直与孙中山和同盟会作对，称赞与支持袁世凯，让袁世凯窃取了民国临时大总统。平心而论，这四人在当时的确都有欠缺，但罪不至死，要杀他们的理由并不充分，更不符合民国的法制。因此，戴天仇的这篇时评发表后，朝野上下为之震动。可是，当时的北京中央政府和上海地方政府，并没有下令封闭《民权报》报馆、收缴报纸，更没有追查和抓捕这个胆大包天的年轻记者，铸成新的“文字狱”。唐绍仪还以国务总理的名义致电上海地方当局，公开为戴天仇说话，称“言论自由，为约法所保障”。《中华民国临时约法》所规定的“公民言论自由”这一条款，在国务总理那里并没有成为一纸空文。1912 年 6 月 13 日，上海租界会审公廨就此事公开做出宣判：“共和国言论虽属自由”，但“该报措辞过激”，涉嫌“鼓吹杀人”，最后仅以“罚洋三十元”结案。这篇轰动全国的 24 个字短论时评，就此落幕。

在 1913 年 3 月 20 日刺杀“宋教仁案”发生后，革命党人控制的报刊更在头版头条大书“总统杀人”四个大字，揭露袁世凯政府的违法犯罪。身为临时大总统的袁世凯在镇压“二次革命”前，对这些报刊也只好听之任之，并不敢惩戒，更不能查禁，最多在其控制的报纸上，也在头版头条大书“元勋造反”四个大字，加以报复。

民初前所未有的思想自由与言论、新闻自由，是因为当时中国社会，从上到下，从政府到平民，从政界到商界，都认为思想自由与言论自由、新闻自由是民主国家、民主政治最首要的条件与最根本的基础。“共和时代，舆论为法律之母。无论为官为商，总须与报界联络”（《辛亥革命前后——盛宣怀档案资料选辑之一》，第 378 页）。蔡元培在《中国新文学大系总序》

中说：“当时思想言论的自由，几达极点。”

民初前所未有的思想自由与言论、新闻自由，不仅有力地监督了中央与地方各级政府与官吏，批判了各种腐败不正之风，宣传了各种新的思想学说，讨论了各种国家军政大事与社会问题，让人民真正与闻国政、发表意见，而且一扫中国数千年文化专制主义的传统风气，开创了尊重公民权利、实行言论自由、公民参政的时代新风气，让中国人民真正体验到“主权在民”、做国家主人的社会氛围。尽管它为时甚短，但无疑它是中国历史发展的巨大进步。

梁启超后来在《梁任公对报界之演说》中，带着十分赞誉的口气，回忆道：“回想民国元年、二年，不啻若唐虞三代之盛。两派各有极端之主张，争论不已，固相若也。然彼时为宪法问题、借款问题、财政问题，无论其意见何若，当各有一番之研究……”（《东方杂志》第16卷第8号）。这评价是符合当时历史事实的。

（二）公民自由结社结党、参与国家政治生活的风气与活动盛极一时

中国数千年皇权专制社会中，历来是严禁人民群众结社、结党和与过问国家政治的。即使偶有之，也会立时遭到残酷镇压。这是统治者为维护自己的专制统治、防止人民与政敌组织起来进行有力反抗的最重要政策与措施之一，也是皇权专制社会剥夺与压制人民基本人权的重要表现之一。这种情况到了清王朝时代更是严酷。清统治者屡兴大狱镇压士人结社。雍正帝还专门写了《朋党论》，对结社结党大张挞伐。“君子不党”、“士人以结党为畏途”、“莫谈国事”、万众鸦雀无声，成为中国传统社会的普遍风气与政治特征。辛亥革命前，只有同盟会等秘密革命团体在“非法”活动。

但民国建立以后，这禁区与风气被打破了。向往建立民主宪政国家的

先进人士与许多民众，都知道政党政治乃是民主宪政国家的政治基础，心向神往，充满热情，并积极活动起来。《中华民国临时约法》明文规定人民有“集会、结社之自由”。即使民国临时政府北迁、袁世凯任临时大总统后，他也不敢立即公然废弃临时约法，不得不承认与容忍各政党社团的合法地位与正常活动。1912 年 9 月，袁世凯特就此问题发布《大总统令》，也只是宣布取缔“秘密之集会结社”，而对公开的“结社集会之自由载约法”，还不敢反对（《政府公报》第 153 号）。

在这样的政治环境与社会风气下，从 1912 年 1 月民国建立，一直到 1913 年“二次革命”前后，中国的集会、结社、组党、建党和政党活动蓬勃开展起来。1913 年 5 月出版的《国是》杂志第 1 期所刊署名“善哉”写的《民国一年来之政党》一文，就指出“集会结社，犹如疯狂，而政党之名，如春草怒生，为数几至近百”。刚刚跨入民国新时代与民主新社会的中国人民，主要是城市中的知识分子，对结社组党表现了极大的政治热情。甚至几千年来一直被压在社会最底层的广大妇女，也出现一些激进人士，掀起了要求女子参政、组织女子政党，兴办女子实业与商店、银行、争取女子人生解放的颇有声势的运动，将女权运动推进到一个新阶段。

如作为首都与全国政治中心的北京，“党会既多，人人无不挂名一党籍。遇不相识者，问尊姓大名而外，往往有问及贵党者。”遇到有“不党”之人，即还没有加入党派的人，马上就有人主动热情地为之介绍，“吾当为君介绍入某党，不俟承诺，翌日则党券党证已送至矣。”有一些热心政党活动的人身跨数党。各党积极开展竞争，积极开展各项活动。据《时事新报》1913 年 1 月 3 日载记者冰心采写的《北京社会之面观》一文所记，在当时北京，“星期六、日，湖广会馆、织云公所等处无不开会，有身兼数会者匆匆画到即去，谓吾尚有数会须赴也”。

更为可贵与可喜的是，这许多政党与社团的宗旨多是“拥护共和”“巩固统一”和“谋国利民福”等，即积极参与国事、拥护民族民主革命、顺应时代潮流、推动中国进步、繁荣与政治近代化。因此，这时期的结社结党与党派活动，虽不可避免地具有幼稚、混乱等特征，甚至还有不少投机分子混迹其中，有些政党，如梁启超在《大中华发刊词》中批评的，“总是由几位爱出风头的人把持，或者借团体名义营些私利”等，但总的说来，在1912年至1913年的结社结党运动与政党活动，其大方向是正确的，其主流是应该肯定的。它是中国社会政治从专制暴政走向民主与近代化的十分可贵的一步。它不仅比“一夫为刚，万夫为柔”的封建专制政治进步了一个历史时代，而且也是后来的军阀独裁、一党专制、以党治国与御用党团的伪政党政治所不可比拟的。政治学家李剑农在《戊戌以后三十年中国政治史》一书中评价说：“我们虽不满意于民国初年的政党，比起后来的狐群狗党来，不能不承认前者还有政党的气味，还有受责备的价值。”

在1912年至1913年全国出现的社团政党，据谢彬《民国政党史》统计，“综其数目，殆达三百有余，是为民国初期政党林立时代”。据后来统计，在民初这两年间，全国号称党、团、会、社的新兴团体共682个，其中，基本具备近代政党性质的团体有312个，其余多为从属于某种行业或社会活动，诸如实业、学术、教育、慈善、宗教、妇女等的社会团体，政治色彩与政治功能较弱，不能算作政党。政党在北京临时政府成立前，都集中在上海、武汉、南京等革命党人控制的地区，尤以上海为中心；北京临时政府成立后，随着国家政治中心北移，许多政党的本部纷纷迁往北京。据台湾学者张玉法在《民初政党的调查与分析》一文说，北京有政党82个，上海有政党80个，广州有25个，南京有16个，其他城市均在10个以下，北京、上海成为全国政党活动的两大集中地。

全国政党名目虽多，但人数较多、规模较大、影响较广的政党，只有：(1)同盟会——国民党；(2)中华民国联合会——统一党——共和党——进步党；(3)统一共和党；(4)共和建设讨论会——民主党；(5)中国社会党。等等，共约十数个。而就政治倾向分野，只有同盟会派与非同盟会派两大势力。

同盟会。由于它的奋斗历史与发动、领导辛亥革命中的巨大功勋，因而在民国建立、政党公开后，成为最有力量与影响的政治团体。为适应民国建立后的新形势，同盟会内部经过一番争论，决定由原来的秘密革命团体改组为公开的政党，在1912年1月22日与3月3日两次在南京召开大会，终于宣布同盟会正式改组为政党，通过新的誓词与新的党章，选举孙中山为总理，黄兴、黎元洪为协理，汪精卫为总务部主任干事等。新的党章规定，“以巩固中华民国，实行民生主义为宗旨”。新党章与新政纲的内容与精神基本上继承了辛亥革命前老同盟会的革命民主传统。但改组后的同盟会为发展党势，让不少投机分子进入党内，造成组织不纯；而作为党领导人的孙中山、黄兴忙于政务与军务，不注重“党事”，汪精卫标榜清高，放洋出国，从而使党领导核心不能健全，全党组织涣散，思想分歧，战斗力严重削弱。直到数月后，临时政府已迁往北京，同盟会的主要领导人宋教仁等为了在议会斗争中取胜，为建立政党内阁作准备，经党内数度讨论，终于在1913年8月25日，与以吴景濂为首的统一共和党、以岑春煊为首的上海国民公党以及国民共进会、共和实进会两个小政团，在北京举行大会，合并组成国民党。会议推选孙中山为理事长，黄兴、宋教仁等八人为理事，但实际以宋教仁主持党务工作。党的宗旨是“巩固共和，实行平民政治”，其党纲是“保持政治统一，发展地方自治，励行种族同化，采取民生政策，保持国际平和”（邹鲁：《中国国民党史稿》）。虽然，其革命民主精神较之同盟会时代有所减弱，组织成分上也十分混杂，但总的说来，该党积极维护共和民主政治的大方向始终未变，而且力量加强，是全国第一大党，因而成为当时中国政治舞台上最进步、最重要的政治中心力量，当时被列宁在《中国各党派的斗争》一文中赞誉为是“为着唤醒人民，为着争取自由和彻底民主的制度积极斗争”的党。

在政治上与同盟会——国民党对抗并且力量旗鼓相当的，是一些由政界、学界立宪派、温和派与改良派人士以及一些旧官僚组成的政党团体，也几经分化组合。其中影响较大的有：（1）中华民国联合会，1912 年 1 月 3 日在上海成立，为首的是章炳麟、程德全、张謇等。该会常常把批判矛头指向以孙中山为首的南京临时政府，但它能维护共和体制。1912 年 3 月 1 日，该会改组为统一党。（2）民社，1912 年 1 月 16 日在上海成立，发起人为黎元洪、孙武等人。另有国民协进会、民国公会、国民党（非同盟会改组的国民党）。以上五党因政治倾向相同或相近，乃于 1912 年 5 月 9 日在上海合并成立共和党，实力大增，成为当时仅次于同盟会——国民党的第二大政党。该党在政治倾向上拥袁反孙，与同盟会对抗，因而得到袁世凯的支持。但该党成立仅 8 天，因内部分歧，章炳麟便率统一党与共和党脱离，重新独立。不久章又宣告脱党，统一党被袁世凯党羽王赓把持，成为袁世凯的御用党。而共和党则成为黎元洪、程德全、张謇等所谓温和派控制的一大政治势力。另一个由温和派立宪党人组建的党是民主党。其前身是 1912 年 4 月 13 日在上海成立的共和建设讨论会，发起人为孙洪伊、汤化龙等；后梁启超加入此会，并被奉为实际党魁。1912 年 10 月 27 日，共和建设讨论会与政治倾向相同的国民协会以及共和统一会、国民新政会、共和促进会等政团组合，正式成立民主党，成为民初政坛上又一重要政党。

以上所述共和党、统一党与民主党，在国民党成立、党势大张后，为了与国民党抗衡，乃谋联合。在梁启超的积极倡导与活动下，三党多次商谈，经过 1912 年底的国会选举与 1913 年 3 月 20 日宋教仁遇刺事件以及 1913 年 4 月 8 日第一届国会开幕的有力推动，共和、民主与统一三党终于在 1913 年 5 月合并成立进步党。可惜此时盛极一时的政党政治已严重衰颓并即将被袁世凯推上绝路。

此外，民国初年影响较大的政党还有中国社会党、中华民国自由党、中华民国工党、女子参政同盟会等。中国社会党于 1911 年 11 月 5 日在上海正式成立，主要发起者与领导人是江亢虎。这是中国第一个以社会主义为宗旨的政党，但带有浓重的无政府主义色彩与第二国际的影响。此党在当时对民主政治的建立与维护发挥过积极的作用。中华民国工党于1912年1月21日在上海成立，发起人为徐企文。该党对工人阶级的经济利益表现出一定程度的关心，而且在政治上拥护孙中山、反对袁世凯独裁统治，是当时的一个进步政党。

（三）立法、行政、司法三权分立的政权架构初步建立并开始运作

近代民主政治在各级政权机构上的最重要、最基本的标志，就是主权在民，由人民选举出议会成员与国家元首，建立责任内阁与独立的司法机构，实行三权分立，互相监督与互相牵制，以防止个人独裁、寡头政治、一党专制及官场腐败等现象的发生与蔓延。无疑，这在人类社会发展与政治制度完善中是一个巨大的进步，较之刚刚被辛亥革命推翻的中国数千年传统的皇权专制政治有着无可比拟的优越性。如同列宁在《论国家》中所说："资产阶级的共和制、议会和普选制，所有这一切，从全世界社会发展来看，是一种巨大的进步。"

自1912年1月1日中华民国建立，从南京临时政府到北京临时政府，以近代民主国家三权分立为原则的政权机构，在中央到地方各级逐步建立并开始运作。

北京临时政府第一届内阁——唐绍仪内阁，就是基本按照责任内阁的程序与责权建立的。唐内阁建立后，虽遇有种种困难与掣肘，但它力图按责任内阁的责权与要求运作，一度给民国政治带来生机与希望。

在这同时，立法机构也逐步建立与健全。1912年1月28日，临时参议院在南京建立，由全国各独立省份的都督府选派的议员或代理员共42人组成，推举林森为议长，陈陶遗、王正延为副议长。临时参议院从南京迁到北京后，其成员与机构都发生一些变化，但它仍基本发挥着立法机构的制

衡、审议与监督作用。袁世凯也不得不暂时对它表示出应有的尊重与遵从，至少在许多形式上是这样。随着时间的推移，正式国会的选举与建立提上了议事日程。1912 年 8 月先后公布了《国会组织法》《参议院议员选举法》《众议院议员选举法》等法令，为国会选举做了法律准备与思想准备。这些法令规定：民国国会采取两院制，即参议院与众议院，其设置与西方代议制国家的上、下院相仿，但在性质上无贵族、平民之分，在职权上也无轻重之别。参议院议员主要代表地区，由各行省、各地方分别选出，共 274 名；众议院议员 596 名主要按人口比例确定选额。众议院议员任期三年，参议院议员任期六年，每年改选三分之一，到期即须改选。全国选民有居住年限、性别、年龄、财产、文化程度、语言等的限制。参、众议院选出后，非两院各有总议员三分之二以上之出席不得开会，非出席议员四分之三以上之同意不得议决等。显然，这些法令体现了近代民主国家的普选制、代议制、多数原则等特点，虽然它带有幼稚性与许多缺陷，但总的精神是进步的。

根据上述法令精神，从 1912 年 12 月开始，全国进行第一届国会选举。这是民国史上第一次国会选举，也是中国有史以来第一次带有近代民主政治气息与民主精神的选举，尽管它免不了一些混乱与舞弊等缺陷，但取得了重大的成绩且具有重要的意义。它是近代民主政治在中国第一次也是比较成功的一次实践。选举结果，共选出参、众两院议员 870 席，其中国民党夺得 392 席，为议院第一大党；其他共和、统一、民主三党总约 169 席。1913 年 4 月 8 日，第一届国会开幕。参议院选出张继、王正廷两位国民党人分别为正、副议长；众议院选出民主党的汤化龙、共和党的陈国祥分别为正、副议长。在中央国会成立的前后，各省地方议会也相继建立。这些议会存在期间，都力图按照《中华民国临时约法》的规定运作，对政府的大政方针进行审议与监督，努力维护民主法制，与封建复辟势力进行各种形式的斗争。

在这期间，体现三权分立的司法机构也建立起来。司法独立的原则得到法律的确认与社会的尊重。《中华民国临时约法》规定，“法官独立审判，不受上级官厅之干涉”。全国司法机构分为法院系统与检察系统。法院系统中又分为普通法院与军事法院。普通法院分为大理院、高等审判厅、地方审判厅、初级审判厅四级，实行三审终审制。检察系统与之平行相配，设置四级检察机关。如中央分设大理院与总检察厅，分别为中央最高司法审判机关与最高检察机关；在省一级则分设高等审判厅与高等检察厅等。各级检察机关负责侦察、起诉和监督审判等。法院系统与检察系统二者的职权完全分开。整个司法机构与立法、行政机构并立，各司其职。司法审判也在形式上独立，不受政府干涉。如民国初年多起重大刑事、民事案件，包括 1913 年 3 月 20 日发生的刺杀宋教仁案件，都由司法机关独立审判。在“宋案”发生后，有关司法机构曾依法传讯当时担任国务总理的赵秉钧等政府大员到庭，震动一时。

以上所述在辛亥革命后的民国初期，即 1912 年 1 月—1913 年 7 月期间，中国出现的前所未有的民主政治新气象，是对中国数千年传统的“一人为刚，万夫为柔”（龚自珍语）的皇权专制政治的否定，是对强权制、天命制、独裁制、特权制、等级制、终身制、血统世袭制、寡头制、阴谋权术和血腥杀戮争夺最高权力制度的否定，是中国社会的划时代的伟大进步，是辛亥革命的最重要的成果。它给古老的中国带来了希望，对全世界产生了震动与影响。只可惜民初的民主政治在当时的中国缺乏必要的坚实社会基础，而它面临的旧政治势力与旧社会习惯势力又是那样强大、顽固与无孔不入，因此，它从诞生的那一天开始，就遭到越来越大的困难与压力，终于在艰难存在与运作了近两年时间后，就被以袁世凯为代表的专制复辟势力扼杀了。

二十二、民初女权运动珍闻

在旧中国，有一首描述妇女苦难的民谣：

咱中国好比是黑格洞洞的苦井万丈深，
井底下压着咱们老百姓，
妇女们在最底层。

确实，在中国两千多年的皇权专制社会里，广大妇女一直被压在全社会的最底层，毫无任何政治、经济与社会权利。封建的政权、神权、族权与夫权像四条绳索一样牢牢地捆绑着她们。

直到19世纪末20世纪初，随着中国近代大工业经济的发展与民主、自由、平等的启蒙思想的传播，近代意义的女权运动，也可称之为女子解放运动，才在中国逐步开展起来：

在戊戌变法时期，宣传“不缠足，兴女学”，但宣传赞扬者多为男性，如康有为等人；

在辛亥革命前夜，宣传妇女出洋留学、创办女子报刊、投身反清革命、参加武装斗争、杀身成仁，涌现了秋瑾、唐群英、何香凝、尹锐志、尹维峻等革命女杰；

到1912年1月中华民国成立以后，妇女界的一些激进人士则掀起了一个要求女子参政、兴办女子实业与商店、银行、争取女子人生解放的颇有声势的运动，将女权运动推进到一个新阶段。在这期间，出现了许多轰动全国、影响深远的巾帼英雄与奇事珍闻……

（一）为参政大闹南京参议院

民国初年的女权运动，最为首要、也最具特色与影响的一项内容，就是要求女子参政。

政权问题是革命的根本问题。在辛亥革命取得初步胜利以后，1912年1月1日，以孙中山为临时大总统的中华民国临时政府在南京宣告建立。接着，革命党人与独立各省代表为着健全与完善中华民国的政权机构，积极筹建临时参议院，讨论与制定《临时约法》，等等。在这时，女权运动的首要奋斗目标，就是要求女子参政，要求妇女有担任各级议会议员与政府各机构官员的权利，有与男子一样能参与国家政治生活、决定国家大事的权利。正如谈社英在其所著《中国妇女运动通史》中所说："女界为革命潮流所鼓荡，风气渐开，又以参加种种军事、救济、募饷等实际革命工作，益复认识国民身份与责任之所在，一若迷猛顿醒"。

当时领导女权运动的著名人士，都是在辛亥革命前后涌现出来的女界名人，其中有：湖南的唐群英、张汉英、王昌国、蔡惠（云南都督蔡锷将军之妹），武汉的吴淑卿，福建的林宗素，浙江的林宗雪、张馥珍、沈佩贞，广东的张昭汉（后改名张默君），徐慕兰（后改名徐宗汉，嫁黄兴为妻），江西的吴木兰，江苏的吴芝英等人。这些女界英杰多出自名门，受家庭熏陶，热衷于政治，颇有胆识，关系多，能力强；又多读书有学识，曾参加过辛亥革命前革命党人的活动，从事宣传、军事、救济、募饷等实际工作，受到民主、自由、女权等新思想的教育或影响，在社会上有一定影响与威信。1912年1月1日中华民国临时政府在南京建立后，她们立即四处联络女界同志，组织起各种妇女团体，发宣言，办报纸，上书，请愿……如醉如狂地掀起争取女子参政的运动。

第一个发起女子参政运动的妇女团体是“女子参政同志会”。

早在1911年11月，由原福建女留日学生、老同盟会会员、后又加入中国社会党的林宗素，在刚刚光复的上海，发起成立了“女子参政同志会”。参加这个组织的，有唐群英、张汉英、王昌国、蔡惠等女界同志。林宗素任会长。

林宗素，原名易，福建闽侯（今福州）人，1877年（清光绪三年）生。1902年（清光绪二十八年）初，随胞兄林白水赴杭州，寓居求是书院。林白水，初名林獬，又名林万里，字少泉，号宣樊、退室学者、白话道人，1874年（清同治十三年）生，是当时一位著名的民主革命宣传家与著名的报人。1901年（光绪二十七年）6月，他任中国最早的白话报纸《杭州白话报》主笔，宣扬新政，提倡社会变革，宣传禁烟，倡导破除迷信及妇女缠足等恶习。受其影响，杭州成立全国第一个“女子放足会”。林宗素深受林白水影响，协助其兄编辑《杭州白话报》。同年4月，林宗素随兄嫂，应蔡元培、章太炎邀请，到上海，创立“中国教育会”，又于11月间在登贤里兴办“爱国女校”，林宗素担任该校教员。不久，蔡元培等人创立“爱国学社”，林宗素兼任学社的教员。1903年（光绪二十九年）2月，林宗素东渡日本留学，参加“拒俄”运动；同年11月，回到上海，在其兄新创办的《中国白话报》任编辑主任，兼任《俄事警闻》《警钟日报》等报刊的编务，成为上海报界著名的女记者、女编辑。1905年（光绪三十一年）3月，林宗素再次到日本留学，入东京女子高等师范学校，并积极参加革命党人的活动。1905年8月20日，同盟会成立。同年秋，黄兴在横滨设立制造炸弹的机关，林宗素与秋瑾、方君瑛等参加，她被革命党人誉为“苏菲亚式女杰”。1905年12月16日，林宗素在东京加入中国同盟会。不久，日本文部省颁布《取缔清国留日学生规则》，林宗素愤而退学回国，继续从事革命工作。1911年10月10日辛亥革命爆发后，一部分同盟会会员在上海组织成立“中国社会党”，林宗素成为该党主要成员。不久，她发起成立“女子参政同志会”，并任会长。

“女子参政同志会”发表《宣言书》，向社会公开宣布：“共和后人民平等，女子参与政事要求，欧美已渐有效，中国女子何能后人？”（《民立报》，1911 年 12 月 28 日）她们结社的宗旨是：“普及女子之政治学识，养成女子之政治能力，期得国民完全参政权”，鲜明地表达了她们争取妇女参政的志向与热情。她们的活动办法，最主要的除改良女子教育外，就是“设立参政研究所，聘请讲师补习政法；加入各种政治集会结社；呈请临时政府要求参政权；联络各国同志共为声援”等。（《申报》，1911 年 11 月 29 日）这在当时的情况下可算是求得女子参政权的最“速成”的办法了。

到南京临时政府成立以后的第五天，即 1912 年 1 月 5 日，林宗素即代表“女子参政同志会”，来到南京临时大总统府，访问了临时大总统孙中山，当面表达了女子要求参政的愿望。孙中山在当时的革命党与临时政府领导人中，对男女平权的民主原则表现得最为理解与热情。他向林宗素表示：“男女原应一例平等参政”。林宗素大受鼓舞，认为女子的参政权已得到孙中山与临时政府的确认，就将她访孙的记录公诸报端。

不料此一举竟在社会上引起轩然大波。

由于辛亥革命是一次很不彻底的民主革命，社会上几千年历史的封建势力虽受到重大的打击，但还广泛而又强大地存在着。这种封建影响严重地反映到国家的政治生活中，甚至许多辛亥民主革命的先驱者与领导人，对女子参政也表示了不以为然甚至反对的态度。最先向女子参政运动公开发难的，是以章太炎、张謇为首的“中华民国联合会”。他们以林宗素的访孙记录为由，向孙中山大兴问罪之师，写信质问孙中山：“女子参政之说，果合社会良习惯否？虽未敢知，取舍之宜，必应待于众论。乃闻某女子以一语要求，大总统即片言许可，虽未明定法令，而当浮议嚣张之日，一得赞成，愈形恣肆。古人有言，慎而出话。愿大总统思此良箴也。”这不仅是给孙中山以难堪，更是对女子参政运动进行污蔑与攻击。在守旧势力咄咄逼人的攻势面前，孙中山被迫一再退让，不得不表示：“女子参政，自宜决之于众论。前日某女子来见，不过个人闲谈，而据以登报，谓如何赞成。此等处亦难一一纠正。慎言之箴，自当佩受。”孙中山收回了当初对林宗素讲的“男女原应一例平等参政”的诺言。气得林宗素特为此事发表声明。痛斥“中华民国联合会”章太炎等人借端阻挠女子参政，否认孙中山所称的“闲谈”之说。但是，“女子参政同志会”发起的第一次参政请愿就这样轻易地被击败了。

接着，另一个妇女团体“神州女界共和协济社”又向南京临时政府发出了女子参政的要求。

“神州女界共和协济社”是一个较温和的妇女团体，负责人是原“女界协赞会”的女志士张昭汉（后改名张默君）及伍廷芳夫人等。

张昭汉，原籍湖南省湘乡市人，后迁居广东，生于1884年（清光绪十年）。1902年到南京读书。1906年加入同盟会，参加革命活动，又名莎非亚。1911年10月武昌起义爆发后，她参与策动江苏巡抚程德全的工作，终使江苏苏州于1911年11月初宣布独立。1912年初民国建立后，她发起成立“神州女界共和协济社”，被选为会长，并出版《神州日报》，成立神州女校，自任校长。

“神州女界共和协济社”认为，女子参政“不应抱浮躁宗旨”，而应“行以郑重之动作”，即“首当创办女子法政学校及发刊《女子共和日报》，协力进行，勉为将来参政之预备”；而对于目前，她们仅仅要求“于参议院存案，俾国会议决时，为女界预留旁听及参政一席。数载后女子之政治知识既具，资格已满，乃可实行”（《民立报》，1912年3月3日）。

对“神州女界共和协济社”这种温和的“并不遽求参政的要求”，孙中山表示满意与赞赏，称她们“愿力宏大，志虑高远”，并应允拨款五千元为该社扩充公益之用。孙中山在复函中告诉她们：“女子将来之有参政权，盖所必至……至女子应否有参政权，定于何年实行，国会能否准女界设旁听席，皆当决诸公论，俟咨送参议院议决可也。”孙中山汲取了不久前接见林宗素谈话遭到章太炎等人质询的教训，在强大的守旧势力压力下，他只得以这种温和曲折的方法，表示对女子参政运动的同情与支持。

然而，守旧势力竟连如此温和、如此“遥远”的女子参政要求也不能容忍。就在孙中山对“神州女界共和协济社”的复函在《临时政府公报》第九号公布后不久，在《临时政府公报》第十一号就刊出了一个“正误”，声称孙中山的复函“系未经核定之稿，合亟取消”，轻轻几个字便勾销了孙中山的承诺，表现了守旧势力的强大影响力与对女子参政运动的冷漠和抵制。

但是，女权斗士们的参政热情并未因此减退。

1912年1月28日，临时参议院正式宣告成立，由全国各独立省份的都督府选派的议员或代理员共42人组成，推举林森为议长，陈陶遗、王正延为副议长。1912年2、3月间，南京临时参政院开会讨论制定《中华民国临时约法》，各妇女团体再一次上书参议院，要求将“女子与男子权利一律平等，女子有参政权”等条文明白规定于《临时约法》之中。然而，当时南京临时参议院，是由各省都督推派的人员组成的，其成员从革命派到立宪派、官僚、政客都有，守旧势力十分强大，即使是一些革命派成员，民主思想也很不彻底。这样一个临时参议院是不可能通过一个让妇女参政的议案的。果然，到1912年3月11日，该院正式公布了《中华民国临时约法》，就没有规定男女平权的条文，更没有提及女子参政的内容——实际上是继续漠视与排斥妇女的政治权利。

为此，各妇女团体的领导人士唐群英、张汉英、张昭汉、林宗素、吴木兰、沈佩贞等26人于3月19日联名上书临时大总统孙中山，指责《临时约法》对男女平权的漠视，要求加以修改。她们严正指出:《临时约法》对男女平等、女子参政“不独不为积极的规定，反为消极的取消。是参议院显与吾侪女子为意气之争而不暇求义理之正。”她们再次要求“以重法律，以申女权”（《时报》，1912年3月23日）。

在上书请愿的同时，以唐群英为首的数十名勇于斗争的女权斗士，从3月19日到21日连续三天，冲击南京临时参政院，向守旧势力示威挑战，大闹参议院，轰动一时。

唐群英，字希陶，号恭懿，湖南衡山县新桥镇人，1871年（清同治十年）12月8日生于一个湘军官僚家庭。她从小聪明好学，十几岁时就遍读四书、五经。1890年，唐群英的父亲去世。第二年，她从母命，嫁到湘乡荷叶（今双峰县），其丈夫是曾国藩的一位堂弟。但未过几年，其丈夫病逝。按照当时的封建传统和曾家族规，她应在婆家守节。但唐群英生性豪放，蔑视旧礼教，毅然"大归"，回到娘家定居。唐群英在家中日习诗文，博览群书，深受维新思想的影响。在这期间，她结识了秋瑾。1904年春，秋瑾赴日本留学。唐群英得知后，立即追随而去。到日本后，她先自费进入青山实践女校，成为秋瑾的同学。两年后，她又转入成女高等学校师范科。因成绩优异，她由湖南当局改为官费生。在东京求学期间，唐群英结识了刘揆一、刘道一、黄兴、赵恒惕等湘籍革命人士，思想倾向民主革命。1905年5月，经赵恒惕介绍，她加入黄兴等人发起的华兴会，并经黄兴介绍，会见了孙中山。唐群英积极参加留日学生的各种革命活动，担任"留日女学生会"的书记，后被选为会长。1905年8月20日，兴中会与华兴会等革命团体合并，成立了中国同盟会。唐群英作为华兴会唯一的女会员转入同盟会，成为同盟会中第一个女会员。由于唐群英比相继加入同盟会的何香凝大3岁，比秋瑾大6岁，更比一般留日学生年长，所以，同盟会的会员都尊称她为"唐大姐"。

1907年12月，唐群英在成女高等学校师范科毕业。归国后，她"执教鞭于赣宁诸省"，并联络革命同志，积极从事革命活动。不久，她又去日本学习音乐。1911年4月，她在东京创办《留日女学生会杂志》，旨在"发起女子爱国之热忱，以尽后援之义务"。1911年10月武昌起义后，唐群英回国"奔走于长江流域，尽力革命事务"。是年12月，她与湘籍女同盟会员张汉英等发起建立"女子后援队""女子北伐队"等，被推为队长，支持革命军作战。

1912年1月1日南京中华民国临时政府成立时，唐群英作为"女界协赞会”的代表，受到临时大总统孙中山的接见，被孙中山誉为“巾帼英雄”，并荣获总统府颁发的“二等嘉禾勋章”。在这前后，唐群英积极参加女子参政运动，先后加入“女子参政同志会”等团体。

从 1912 年 3 月 19 日到 21 日，她更成为女界代表大闹参议院的带头人。

临时参议院院址位于南京市中心湖南路上，是清末新建的一座庄严肃穆的西欧式建筑，原为江苏省咨议局所在地，民国建立后改为国家最高立法机关——临时参议院的院址。临时参议院于 1912 年 1 月 28 日正式宣告成立后，各省参议员每天定时到这里举行各种会议，曾做了不少有益的工作，但是对于女子参政却采取了反对与漠视的态度。

3 月 19 日上午 8 时，参议院刚开会，唐群英率 20 余名女将赶来，冲进会场，提出要求讨论女子参政案。议长林森令招待员引导她们入座旁听席，唐群英等不予理睬，直入议事厅，与诸议员杂坐，展开激烈辩论。据当时报纸报道，这些女将们“咆哮抗激，几至不能开会”。直至 11 时，经议员再三婉劝，方才离去。但到午后，唐群英等接踵而来，时正逢议长摇铃召议员入席，女将们拉住议员衣襟在门口辩论，不令入内。议长无奈，只得命军士将她们拉入旁听席。女将们继续据理力争，言辞激愤。最后，参议院议决，以“候国会成立，然后解决此问题”为托词，否决了唐群英等提出的女子参政要求。

女将们怒火万丈。第二天，即 3 月 20 日，她们结队再次拥入参议院。这天正逢参议院休会，女将们寻议长、议员们不见，愤怒之下，“遂将玻璃窗片捣毁，警兵稍有微言，女子等以足踢，立扑。”她们又将各议员藏于抽屉中的议案文件搜寻一空而去。

3 月 21 日，女将们增至 60 余人，且都佩带武器，前呼后拥前往议院。议员们听到这消息，竟有一些人惧而逃走。议长林森惊恐，一方面令军士紧闭议院大门，严加防守，如临大敌；另一方面打电话到临时大总统府，请求孙中山派兵来保护。

唐群英等人不得入参议院，愈加愤激，即至总统府谒见孙中山，再次递呈女子参政请愿书。孙中山婉劝她们“毋为无意识之暴举，受人指摘”，同时亲向参议院斡旋。参议院于 3 月下旬议决通过允许女子到参议院旁听。事情方暂告平息。

当女权斗士们愤然大闹议院时，参议院的议长与议员们很快招架不住、败下阵来。然而，到 4 月 1 日，南京临时参议院公布了《参议院法》，仍明文规定：“中华民国之男子，年满二十五岁以上者，得为参议员。”女子的参政权利继续被无理剥夺。

（二）反歧视掌打宋教仁

1912 年 4 月初，孙中山辞去临时大总统，中华民国临时政府迁往北京，袁世凯窃取了国家大权。辛亥革命迅速退潮，女子参政运动遇到了更大的阻力与困难。但是，女界英杰们继续为她们的崇高目标而艰苦奋斗着。

为了统一领导与扩大女子参政运动，动员与团结更多的妇女参加到这个运动中来，上海“女子参政同志会”的唐群英、张汉英等人联合其他一些妇女组织，如“女子后援会”“女子尚武会”“金陵女子同盟会”“湖南女国民会”等，于 1912 年 4 月 8 日在南京四象桥湘军公所召开大会，共同组成了“女子参政同盟会”，选举唐群英为会长。这个妇女组织人数更多，范围更广，因而力量更大。她们在向全国发布的《宣言书》中，历数中国妇女在伦常、社会、教育、财产和法律等方面的不平等地位，号召以首先实现妇女的政治权利为斗争目的：“吾女子即居全国公民之半，则吾党今日冲决网罗，扫除障碍，其第一步之事业，即在争取公民之地位耳。盖公民者，组织议会之分子；议会者，发生政治之源泉也。社会上应兴应革之端，凡为议员者，均有提案请求之权利。吾党欲破除诸障碍，如就其所发见者，枝枝节节而为之，则百孔千疮，随得随失，宁有济乎？……政治上之不平等，即吾女子最先受病之处也。吾今日之进行，惟先求得此政治上之地位，庶几登高一呼，众山响应，数千年层叠之魔障，不难次第推翻于语言文字之余。今请宣言于吾女界同胞曰：吾党日所争者在此，而所最难达目的者亦在此。道高一尺，魔高一丈。吾党当挟雷霆万钧之力以趋之，苟有障碍吾党之进行者，即吾党之公敌，吾党当共图之”，表现了她们争取女子参政权利的高远志向和同仇敌忾、斗争到底的决心。

“女子参政同盟会”成立后，即分派代表到各省建立分会，其中，声势较大的有上海、北京、长沙、武昌、苏州、杭州及河南等地的分会。女子参政运动推向全国。

中华民国临时政府与参议院迁到北京后，“女子参政同盟会”的总部及其领导人唐群英等人不久也从南京迁往北京办公。该会继续向临时参议院与大总统上书请愿，要求参政。每当临时参议院开会时，该会的女将们就十多人一伙，赶到参议院旁听。听到不满意或激愤时，她们就从旁听席上扔香烟盒打议员。她们还经常到各地组织集会，发表演说，宣传男女平权与女子参政，一时倒也搞得如火如荼，引人注目。

1912 年 8 月 25 日，原同盟会联合四个小政党，合并成立了国民党。该党进一步向右蜕变，竟在守旧势力的影响下，于新党纲中删去了原同盟会纲领中本来就有的“主张男女平权”这一条内容。这样，妇女参政权不仅在国家法律《临时约法》中受到漠视，而且在革命党的党章中也得不到承认。这不能不说是一个严重的倒退。当时报刊舆论戏称之为：“五党合并，累及女界”。唐群英等“女子参政同盟会”的会员们闻之怒不可遏，结队冲进北京参政院，找到刚当选为国民党代理事长的宋教仁，进行责问。

宋教仁是湖南人，是唐群英的同乡，具有杰出的政治活动才能。他当时正以国民党代理事长的身份，在参议院中忙于政务与党派活动。唐群英等人找到他，责问为何在国民党的新党纲中，删去原同盟会纲领中本来就有的“主张男女平权”的条文，宋教仁不以为意，对唐群英等人的责问仅敷衍几句，不愿多作解释。话不投机半句多，宋教仁的傲慢态度使唐群英怒火中烧。这位身材魁梧的湖南女将伸手一巴掌就打了宋教仁一个耳光。其他女将们也呼啸而上，将参议院办公室内的墨水瓶等文具杂物乱扔一气。宋教仁等人不便与女将争执，急忙避走。参议院被闹得不得安宁。

当时，已解临时大总统职、担任国民党理事长的孙中山，正应袁世凯邀来到北京。他闻知上述事件后，再次亲自进行调节，召集在北京的“女子参政同盟会”的唐群英等人到湖广会馆协商。孙中山最后提出“女子参政同盟会”不归并于国民党、独立进行活动的方案，事态方告平息。1912 年 9 月 2 日，孙中山写信给这些“女子参政同盟会”的会员，向她们指出，反对女子参政的是颇为强大的社会势力，只责难宋教仁等个别人是不当的。“党纲删去男女平权之条，乃多数男人之公意，非少数人可能挽回，君等专以一二理事人为难，无益也。”孙中山再次要求“今日女界宜专由女子发起女子之团体，提倡教育，使女界知识普及，力量乃宏，然后始可与男子争权，则必能得胜也”。很显然，这是眼见女子参政运动遭重重阻拦，濒临失败之际，孙中山不得已而为女界设想的迂回曲折的方法。

然而，这时袁世凯已窃取了中华民国的国家政权。随着袁封建复辟活动的加剧，辛亥革命取得的民主成果纷纷遭到摧残。作为民主新气象之一的女子参政运动更是首当其冲，很快走向了它的末路。1912 年 8 月 11 日，袁世凯以临时大总统的身份，正式公布了参、众两院选举法，明文规定“中华民国国籍之男子”才有选举权与被选举权，从而堵塞了妇女参政的一切道路。在中央级政府是这样，在地方级政府也是这样。在全国各省议会的选举中，除了广东一度选出庄汉翘、李佩兰等 10 名女议员外，其他各省一个也没有。

对于民国初年的女子参政运动，当时一位守旧者在上海《东方杂志》第 8 卷第 11 号上发表题为“美国前大总统罗斯福夫人参政平议”的文章，描述说：“女子参政者不过数十人而已。其趾高气扬，不过上海、南京间而已”。确实，从1911年年底到1912年，女子参政运动闹腾了一年多，积极参加运动的仅只有几十人，没有广大的群众参与，没有社会基础。而且，这几十个人的队伍也保不住。在袁世凯露出反动面目、残酷镇压“二次革命”、疯狂进行封建复辟活动以后，于1913年9月正式下令取缔“女子参政同盟会”。各种女子参政团体都如过眼云烟，迅速消散了。而那些活跃一时的女权运动斗士们，在封建势力的压迫与腐蚀下，迅速分化瓦解：有的继续坚持革命，遭受迫害逃往海外；有的悲观失望，自杀者有之，遁入空门者有之，林宗雪、张汉英等人都过早地抑郁而死；还有的生活无着，沦落风尘，为妓为娼；更有少数人叛变堕落，投靠袁世凯等反动势力，如浙江的沈佩贞成为著名的“洪宪女臣”，武汉的吴淑卿蜕变为扑杀革命党人的鹰犬……民初女子参政运动如昙花一现，迅速失败了。

（三）学经商首创女子公司

在女子参政运动横遭阻挠濒临失败之时，一部分女权运动人士把主要精力转到妇女经济事业上来。她们开办女子商店、女子公司，兴办女子实业、女子工厂，力图在经济方面打开局面，有所建树，为女权运动开辟一条新的出路。

首先，女权运动人士在报上发表声明，愤怒地揭露封建守旧势力阻挠女子参政的罪恶，沉痛地陈述了妇女们不得以转而从事经济活动的苦心与志向。1912年11月14日，她们在上海《时报》上发表文章，表明心迹，写道：“民国肇始，共和成立，二三敏达，跳出闺中，奔走国事，死者死，生者生，赫赫与男子并驾矣。梗于伧父之私议，参与政权，力争未得，亦吾辈恨事也……不获慷慨伸眉于政界，或可蹒跚学步于商场……爰集同人，组织成此，将此提倡女界专用国货，尽吾辈一分子之天职。”——不能参政，转而经商，提倡国货，发展经济，从而提高妇女地位，为国家贡献力量。

这就是她们的心情与愿望。

在这些女权运动人士的努力下，从1912年下半年到1913年间，一批女子商店、女子公司、女子工厂乃至女子银行等，在上海与南京等地诞生了。其中较著名的有在上海的女子兴业公司、爱体公司、女子植权物产公司、女子振兴国货公司以及在南京的中央女子工艺厂等，影响所及，吸引了许多人的视听。

第一家诞生的女子商店，可能是在1912年年底在上海开张的“女子兴业公司”。发起人是浙江吴兴人俞佳钿与王树芳、马翠英、徐曼仙等人。由于她们多是些没有资财的青年妇女，于是，她们先于1912年9月16日在《时报》等上公开刊登《招股简章》，准备招足股本1万元。在这份《招股简章》中，她们宣布创办“女子兴业公司”的宗旨是：“中华女子从无独立营业者，同人等誓发宏愿，提倡此事，以树立女子自立之基础”，表现了民国初年部分进步妇女追求经济独立、从事工商活动的思想与志向。她们学习经商的心情与愿望还集中表现在她们为自己公司拟定的一副对联里：

初学经商，愿维国货；
未能参政，聊隐市廛。

这则对联于1912年11月14日刊登在上海《时报》上，传诵一时。这说明她们不仅限于追求女子自立的意义，还有支持国家民族经济发展的抱负；同时，也表达了她们对女子不能参政的不满与无奈。

由于许多妇女的支持与赞助，“女子兴业公司”的资本很快就招足了。1912年年底，该公司正式开张，其经营业务主要是购销国货与兼办寄售，可见这只是一家小规模的以提倡国货为主的女子商店。据《申报》1913年3月20日报道，“女子兴业公司”由于全店上下的共同努力，商店“营业日形发达”，生意兴隆，顾客常常挤满店堂内外，以致使原店址“不敷布置”，不得不于1913年年初又搬迁到新址，“大加扩张”，增添门面，成为当时繁华的上海滩上最引人注目的商店之一。

继“女子兴业公司”之后，1913年年初，“女子振兴国货公司”“女子植权物产公司”等一批女子商店陆续在上海开张营业。尤其是“女子植权物产公司”，其创办人是浙江著名的女权运动领导人林宗雪与其妹张馥真（妹随母姓）。这姐妹俩很有活动能力，辛亥革命时曾在浙江组织了“女子国民军北伐队”，开到南京，参加攻城斗争，后又参加女子参政运动，名噪一时。该公司在她们主持下，艰苦奋斗，开始仅募得资本四千元，在上海公共租界的福州路青莲阁茶社楼下租两间，就进行营业了，主要推销国货，后为维持营业起见，也兼销一部分洋货。“女子植权物产公司”的女同仁可贵之处在于：她们经商始终不忘政治，不忘与封建复辟势力斗争。1913年10月10日，在袁世凯镇压了“二次革命”、在全国实行白色恐怖之时，“女子植权物产公司”乘着庆祝双十国庆之时，勇敢地在本店门口张贴出一方横额与一副对联。横额文为：

国庆纪念日

其联语云：

请看今日之中国，
竟是袁家之天下！

真是妙语如剑，对袁世凯的专制与横暴进行了公开的抨击与嘲讽。上海《时报》1913年10月11日对此对联作了报道，一时轰动了全上海，产生了深广的宣传影响。

但是，民国初年的女子经商活动，也如同女子参政运动一样，被强大的封建守旧势力谩骂为“谬妄”。封建卫道士们于1913年10月11日在上海《时报》上公开发表文章，指责女子经商是“以女子充市侩，为我国商界别开生面”，进行恶意的嘲弄与污蔑。而许多女子企业本身，由于资金短缺，在业务交往上处处碰壁，很快陷入困境。如有的女子企业只经过一场风雨，房屋倒塌，无力修复，便被迫宣告歇业。著名的“女子植权物产公司”在林宗雪、张馥真姐妹的苦心经营下，坚持近两年，终因“在租界内房租捐税浩大，每月开支三百元，捐税占十分之六……终不免歇业”（《辛亥革命回忆录》第 6 集第 71 页）。

更有一些女子银行，还在筹建中便告破灭。谈社英在《中国妇女运动通史》中指出，这些女子银行的筹建者多是些只有热情而无资金的年轻妇女，她们筹集银行资金的办法是“二万万女子（指一般妇女），每人有银二两；九百万人（指富有妇女），平均每人有金二两，积金一千八百万两；尚有男子及幼孩之金银布物保存于女子手中者，统计不下二万余兆……外足以清偿外债，内足以资建设”。这真是可笑的异想天开！且不谈广大贫苦妇女是否每人有二两银子，即使是富有妇女的金银饰物，但她们哪里有权自行处置？女权运动家们空有计划，无力实行，所谓“女子银行”只能是永远无法实现的梦想。

到 1913 年 9 月“二次革命”失败以后，封建复辟活动加剧，女子商店纷纷倒闭。那些女子商店与女子公司的发起者与组织者，更是受到封建守旧势力的种种攻击与压迫，落得凄切与悲惨的下场。如“女子植权物产公司”的创办者林宗雪过早地抑郁而死后，她的妹妹张馥真竟被逼出家，到杭州紫阳山祇园庵削发为尼，法名耀真，黄卷青灯伴随着痛苦与叹息，度过了一生（《辛亥革命回忆录》第 6 集第 71 页）。

（四）争人格，力倡女子自身解放

民初女权运动还有一项重要的内容，就是争取女子自身的个人社会权利，争取女子自身的解放，即要求女子放足、剪发、入学与婚姻自由等等，比较起来，民初女权运动在这方面取得了比女子参政、女子经商要多一些的成绩。

例如女子放足，在辛亥革命后曾盛行一时。广大幼龄女孩从此不再经受缠足之害；青年妇女们由于缠足时间过久，在放足后不能完全恢复天足，就形成了不大不小的“黄瓜脚”。

再如女子教育，在辛亥革命后普遍得到发展：小学教育允许男女同校，中学、师范、职业各类学校都可以为女生独立设校。

女子的婚姻自由也不是所有家庭都能阻挡的了。还出现了像徐宗汉这样的富室孀妇勇敢地与辛亥革命元勋黄兴再婚，引起社会的很大震动。

当然，由于封建守旧势力的强大与辛亥革命本身的软弱，民初女权运动争取到的女子自身社会权利也是十分有限的。

例如，女子虽放足了，但女子剪发却受到了政府、社会与家庭的普遍阻止。湖南长沙衡粹女中有个年轻女学生周永祺，在辛亥革命后自行剪掉自己的长发，并联络几位志同道合的妇女组织了“妇女剪发会”，呈请湖南省政府立案推行。湖南省民政长（相当于省长）刘人熙闻之大怒，斥之为“不中不西不男不女之怪现象”，不但不准立案，而且勒令周永祺蓄发，恢复本来面目。所以民国建立后多年，中国各地广大妇女仍顶着长长的发髻，直到1926年，北伐军兴、大革命运动高涨，女子剪发才从中国南方逐步向北方推开。

再如女子入学，政府教育部虽规定初等教育男女同校，中学、师范与职业各类学校可以为女生独立设校，但全国设立女子中学与女子职业学校的地方只有京师与苏、闽、鄂、黑等少数几个省会城市，为数很少；女子学校数目、女子学生人数更少；而各大学则明文规定不允许招收女生，继续剥夺广大妇女接受高等教育的权利。女子入学直到五四运动以后才得以实现。至于民国初年办理女子教育的宗旨，在中央政府颁布的《教育宗旨》

里，仍是“勉为贤妻良母，以竞争于家政”。

至于女子的婚姻自主权，民国初年，除少数先进妇女外，全国绝大多数妇女并未争取到。家庭、家族专制的权威仍沉重地压在广大妇女身上。广东著名女革命党人、曾参加过“女子北伐队”的黄扶庸，原出身于一个清廷官吏家庭，辛亥革命前为反抗家庭给她指定的婚姻，毅然逃离家中，参加同盟会，投身革命。但辛亥革命后，她回到家中，封建专制家庭仍然强迫她与原指定的未婚夫成婚。黄扶庸失望地告诉友人：“家庭专制，无可革命，只可远离，以避其锋。”她被迫再次逃离家庭。“二次革命”失败后，她在内地不能存身，流落香港、澳门，无家可归。1914年底，她在悲观失望中竟和一位“女子北伐队”队员邓慕芬一道携手跳湖自杀（《辛亥革命回忆录》，第2集，第195页）。女革命党人尚无法挣脱封建家庭的枷锁，其他广大妇女更无论矣。

历史证明，辛亥革命建立了中华民国，给中国带来了很大的进步，因而也给中国妇女带来了一些解放与进步。但这些解放与进步是有限的，因为这是由辛亥革命本身的性质与整个社会的解放程度所决定的。中国妇女的彻底解放，此后还有漫长的道路。

二十三、云南都督蔡锷整顿政府机关作风

提起蔡锷，人们都知道他是辛亥革命时期一位杰出的留日士官生，一位杰出的军事家，一位发动领导云南辛亥革命“重九”起义（旧历九月九日，公历10月30日）与反对袁世凯称帝的共和英雄。然而，鲜为人知的是，他还是一位勇于革除皇权专制衙门弊政、改革政府机关作风并卓有建树的政治改革家。

蔡锷，原名艮寅，字松坡，湖南宝庆（即今邵阳市）人。1882年12月18日（清光绪八年十一月初九）生于一个贫寒农家。幼年在私塾读书。1898年考入长沙时务学堂，师从梁启超、谭嗣同，接受了梁启超等人维新思想。后入上海南洋公学。1899年赴日本留学，先后就读于东京大同高等学校、横滨东亚商业学校。1900年随唐才常回国参加自立军起义。失败后改名“锷”，立志“流血救民”。复去日本，学习军事，从此开始了“军事救国”的生涯。他先入成城学校；1902年11月，考入东京著名的陆军士官学校。他思想活跃，成绩突出，与同学蒋方震、张孝准，同被称为“中国士官三杰”。1903年，他参与组织留日学生的“拒俄义勇队”。1904年初，蔡锷从日本士官学校毕业归国。先后应聘任江西随军学堂监督、湖南教练处帮办、广西新军总参谋官兼总教练官、广西测绘学堂堂长、陆军小学总办等职。年轻英俊的蔡锷，脚穿长筒靴，腰挎指挥刀，每天扬鞭跃马，威风凛凛，指挥练兵。他讲解精辟，技艺娴熟，要求严格，深受官兵敬佩，被赞誉为“人中吕布，马中赤兔”。不久，云贵总督李经羲慕名聘请他到

云南担任军职。1911 年（宣统三年）2 月蔡锷抵达昆明。1911 年 7 月，蔡锷受命任新军第十九镇第三十七协协统（旅长）。

当时，云南和全国一样，正处在“山雨欲来风满楼”民主革命运动前夕。许多革命党人和思想激进的青年军官分布在云南陆军讲武堂和新军第十九镇中。他们活动频繁，积极策划和组织反清革命斗争。蔡锷虽未参加同盟会，却受到日益高涨的革命形势的影响，暗中与同盟会保持联系，对革命党人的活动给予同情和协助。他向同盟会员保证：一旦发生革命，一定给予“绝对同情支持”（詹秉忠、孙天霖：《忆蔡锷》，《辛亥革命回忆录》第 3 集第 432 页）。

1911 年 10 月 10 日，武昌起义爆发。起义成功的消息传到云南后的第三天，蔡锷秘密约集同志刘云峰、刘存厚、唐继尧、韩凤楼、沈汪度、殷承献、雷飚、黄永社等计划响应，预定于 11 月 2 日（农历九月十二日）发动，推蔡锷为总指挥，以新军为骨干。不料事机泄露，10 月 30 日（旧历九月初九日）云贵总督衙门的总文案熊范舆、刘显冶把新军不稳的消息，密告云贵总督李经羲和统制钟麟，李、钟会商后，拟下令解散新军以杜绝乱源。蔡锷等知道事机迫切，千钧一发，遂约同云南讲武堂监督、革命党人李根源，提前于当日，即 10 月 30 日（旧历九月九日）发动起义。李根源率讲武堂学生自西北攻昆明城，蔡锷自己率卅（三十）七协一部攻昆明东南门。蔡被推为临时革命总司令。蔡是个有中国传统道德的军人，他深感云贵总督李经羲对他恩深义厚，不忍迫以炮火，所以在发动攻势的同时，即函请熊范舆火速请李经羲迁赴法国领事馆避难。

第二天，革命军攻占了昆明全城，军、政、学、商各界集会，公推蔡锷为“大汉军政府云南都督”，设都督府于昆明城内的五华山，都督府下设军政部、参政部、军务部，掌管全省的军政大计。这年，蔡锷年仅 29 岁。

云南独立后，11 月 5 日，蔡锷特派雷飚和彭新民礼送李经羲出滇。为了支持西南各省起义独立，蔡锷派遣谢汝冀和李鸿祥率一军赴四川，迫川督赵尔丰独立；令罗佩金、庾恩旸率一军南征；令李根源率一军西巡；派唐继尧率一军进军贵州。

蔡锷在任云南都督的两年时间中，对云南省各级军政机构，特别是对省政府机关长期存在的人浮于事、办事拖拉、节奏缓慢、不讲行政效率以及任人唯亲、以权谋私等等腐败官僚作风，大刀阔斧地进行了改革，采取了一系列兴利除弊的改革措施，并取得了可观的成绩。

首先，蔡锷在机关中力倡用人唯贤，提拔新生力量，坚决淘汰那些对国家对人民不负责任的不称职的官吏。据当时在云南任职的朱德回忆，蔡锷任都督后，就“撤换了一批只想升官发财的县知事，任用克己奉公的青年知识分子代替他们，在军队中也任用一批青年军官来代替旧军官，从而在政府机关和军队中注入了新的民主血液”。

同时，蔡锷在机关中提倡节俭，克服官场传统的吃喝奢靡与贪污、特权等坏风气。云南地瘠民贫，财政困难，本赖中央协饷，云南独立后，协饷来源断绝，所以革命军政府成立后，第一要务是财政上的节约。蔡锷带头降低自己的俸禄，自定都督月薪60元。他身为一省之长，却与营级军官拿同样的薪水，这在全国没有先例。朱德回忆说：“在财政上他极力提倡节省，并且以身作则，营长以上的军官，每月只领月薪六十元。”云南都督府全体官兵月饷3300余元。蔡锷并设立富滇银行，以维持全省金融。

为了整顿军政府机关相沿成习的散漫拖拉作风，革除“前清官员敷衍因循之习”，提高机关作风效率，保证行政事务得到及时处理，蔡锷严格规定了机关作息制度：所有公务人员，不管官职大小，都要按时上下班，不得迟到早退。制度实行数天后，蔡锷亲自进行调查，发现有些官员仍常常迟到。为此，蔡锷重申，对这些迟到者，“应行罚则，以期一律遵守”。他又让军政府机关全体公务人员讨论，对机关办公时间制订了更为严格明确的规定：“每日午前七时半，由兵工厂再放汽笛一次，以为信号，如过八时十分不到者，罚月薪百分之一，过二十分不到者罚月薪百分之二，每过十分以次递推。”蔡锷本人更是身体力行，每天比规定时间提前上班，对各部门检查督促。由于规定明确而又严格，都督又以身作则，其他公职人员也就不敢含糊。云南省政府机关多年的散漫拖拉作风一扫而空。

为了提高军政府机关行政工作效率，蔡锷除严抓作息制度外，还严格规定公务人员在上班时间内不得串门答拜、随便会客、相互闲谈、拉拉扯扯、对正经公事却敷衍塞责等，以保证上班时全神贯注处理公务。蔡锷对军政府机关公务人员的会客时间做出明文规定：“府（指军政府）内人员，以午前十时至十一时，午后一时至三时为会客时间。如有紧急事件，随时会商，由秘书处拟令。”蔡锷本人上班时更是始终严肃认真，一丝不苟，从不浪费一点时间。他为了防止别人以闲事来打扰他，特地在自己办公桌背后贴上一张醒目的字条，上书：“鄙人事冗，除公务外，请勿涉及闲谈。”蔡锷的一些亲友与部下来找他议事，一见此字条，肃然起敬，赶紧谈完公事离开，不敢扯半句废话。在蔡锷的影响下，军政府其他官员也相继效法。全机关面貌焕然一新。

在蔡锷的努力整顿与改革下，当时云南省军政府的机关行政效率与社会秩序都有很大的改观，在民国初年，“实为南北各省之冠”。朱德评价说：“由于蔡锷的这些新的建树，当时的云南已呈现出一种新的面貌。”蔡锷的革新精神与行政建树，对我们今天进行政治体制改革仍有重要的借鉴意义。

1913年（民国二年）10月，孙中山、黄兴等革命党人发动的“二次革命”被镇压以后，蔡锷与云南省虽未参与其事，仍引起袁世凯的疑惧，蔡锷被袁世凯解除云南都督之职，调到北京，任全国经界局督办的闲职。

第二辑

为护卫民国而斗争

一、袁世凯成了民国第二任临时大总统

（一）北京石大人胡同的临时大总统就职仪式

1912 年 3 月 10 日，袁世凯在北京宣誓正式就任中华民国临时大总统。

袁世凯的就职仪式于 3 月 10 日下午在北京石大人胡同前清外务部公署举行。参加仪式的约有一百多人，多为北京的军事长官与政界官僚，且多是袁世凯的亲信与部属。只有南京临时政府派来北京的“迎袁专使”蔡元培作为临时参议院的代表，率随员到会。英国驻华公使朱尔典“亦亲至观礼”。据《申报》1912 年 3 月 18 日所刊《袁总统受任余记》报道，就职仪式“光景甚为寂寥”，没有群众代表，也没有喜庆气氛，与会人员，“内有洋服者，有中服者，有有辫者，有无辫者，有红衣之喇嘛，有新剃之光头，五光十色，不一而足”。衣色装扮之不同，身份与思想、愿望则更为复杂。它从一个侧面反映了袁世凯所代表的北京临时政府的纷乱与复杂。

53 岁的袁世凯带着胜利者的得意心情，参加了就职仪式。他在 1911 年 10 月 10 日武昌起义后，利用全国混乱的形势，以北洋武力为后盾，左右开弓，不仅控制了清廷，而且驾驭了革命党人，被推为继孙中山之后的第二任中华民国临时大总统。与孙中山不同的是，他是一个有着巨大军政权力与广泛外交影响的实权大总统。约一个月前，即 2 月 12 日，清帝宣告退位的当晚，他剪去了拖在脑后的发辫。这天，袁着军服，佩长剑，由侍卫与随从簇拥着，来到会场。下午3时，仪式宣告开始。袁世凯首先宣读就职誓词。此誓词由叶恭绰起草，梁士诒修正，已于3月8日先以电文形式传至南京临时参议院并获得认可。袁世凯照本宣科复诵一遍，其主要内容如下：

民国建设肇端，百凡待治。世凯深愿竭其能力，发扬共和之精神，涤荡专制之瑕秽，谨守宪法，依国民之愿望，祈达国家于安全强固之域，俾五大民族同臻乐利。凡兹志愿，率履勿渝！俟召集国会，选定第一期大总统，世凯即行解职。谨掬诚悃，誓告同胞。

蔡元培代表临时参议院接受袁世凯的誓文，并代表孙中山致祝词。袁世凯在答词中，再次表示："世凯衰朽，不能胜总统之任，猥承孙大总统推荐，五大族推戴，重以参议院公举，固辞不获，勉承斯乏，愿竭心力，为五大民族造幸福，使中华民国成强大之国家"（《民立报》1912年3月12日）。袁世凯在答词中列举了"孙大总统推荐，五大族推戴，参议院公举"这三个要素，巧妙地论证了他担任中华民国临时大总统的合法性。

袁世凯宣誓就任中华民国临时大总统的仪式，标志着武昌起义后，经历数月激烈、复杂的军事、政治斗争，终于南北统一，新的中央政权建立；同时，它也标志着以袁世凯为核心的北洋军阀集团以军政实力与权术手腕，终于取得了国家的最高权力。它为袁世凯集权政治与个人独裁奠定了基础。

（二）袁世凯组织"责任内阁"的"原则"

袁世凯在就任中华民国临时大总统的仪式上表现得谦恭的姿态、民主的誓言，使他获得了革命党人的好感与舆论的信任。但这一切在袁世凯来说，只不过是一场政治表演。他在参加临时大总统就职仪式后，就私下对一位亲信吐露真言："吾生五十三年，今日为妄举。"这才是袁世凯真实的内心世界。

果然，袁世凯从就任临时大总统开始，就展开了破坏民主共和、加强个人集权专制的活动。

据《正宗爱国报》1912 年 3 月 12 日报道，袁世凯在宣誓就任临时大总统的当天，就以新任临时大总统的名义，向全国颁布了“大赦令”“豁免钱粮令”与其他几道命令，其中心意思就是要求全国人民，特别是掌握南方各省省政的革命党人，“服从中央命令”，“以期实行统一”，即都要服从他的命令与统治；而对敢于不服从他的命令、敢于向他的统治挑战的人，袁则宣布“所有从前施行之法律及新刑律，除与民国国体抵触各条应失效力外，余均暂行援用”。意即他将沿用清王朝的专制法律加以惩处与镇压。

接着，袁世凯着手组织“责任政府”，提名内阁总理，拟定各部总长名单。政治经验丰富而又寸权不让的袁世凯深知此事的极端重要性，尤其是他得知孙中山在自己宣誓就任临时大总统的第二天，即 3 月 11 日，在南京正式颁布了经临时参议院议决通过的《中华民国临时约法》，其最重要的内容之一，就是规定中央政府由总统制改为内阁制，其意十分明显，就是要用责任内阁来限制大总统袁世凯专权，如宋教仁当时所明言：“改总统制为内阁制，则总统政治上之权力至微，虽有野心者，亦不得不就范”（《胡汉民自传》）。袁当然不愿意就范与受内阁限制，但他又不能立即就推翻《中华民国临时约法》与废除内阁制，因而他就必须让一个忠于他的人担任内阁总理，建立一个他能控制的责任内阁，而绝不能让革命党人组阁。

因此，袁世凯在就任临时大总统后，以其惯用的两面手法，一方面于 3 月 11 日致电孙中山，虚伪地表示：“建造伊始，予才短年衰，非赖群策群力，匡其不逮，难以膺此重任。南京政府幕僚济济，良材之多，盛称一时，概行留用，借资臂助，请代于挽驾”，显示出一副求才若渴并要重用南方革命党人的心胸与愿望；但另一方面，他则在内阁人选上，尤其在总理与重要部门总长人选上，竭力排斥革命党人，坚持任用亲信与党徒，机关算尽，绝不让步。

关于总理人选，早在南北议和期间，袁世凯就与革命党人争执多时。

袁世凯提出由唐绍仪担任。因为唐绍仪以幼童身份赴美留学，于 1881 年（清光绪七年）回国后，长期在袁世凯手下工作，多次得到袁的提拔重用与种种恩惠，被袁视为心腹；辛亥革命后，他又作为袁世凯派出的北方总代表，与南方革命党人议和。袁世凯认为让唐任内阁总理，既可为其所用，能代表与保护袁世凯北洋集团的种种利益，又能取得国人的好感与缓和革命党人的对立情绪。但南方革命党方面提出国务总理必须由同盟会会员担任。双方相持不下。最后由南北议和调停人、被称为“民国产婆”的赵凤昌提出一个“双方兼顾”的建议：让唐绍仪参加同盟会，同时让唐绍仪任内阁总理（刘厚生：《张謇传记》）。此建议得到南、北双方的认可。1912 年 3 月 13 日，经南京临时参议院同意，袁世凯正式任命唐绍仪为第一任内阁总理。

关于内阁成员即各部总长人选，袁世凯与南京临时政府间更经历了激烈的争执。1912 年 3 月 25 日，唐绍仪以责任内阁总理的身份赶到南京组阁，向临时参议院提出十二名内阁成员的名单。这名单是根据袁世凯内定的意见提出的，除蔡元培、王宠惠属革命党人，被分任两个不重要的部职，其余十人均是前清旧官僚与北洋要人，且都是袁的部属、党徒或同僚。这理所当然地遭到了南京临时参议院中革命党人的反对与社会舆论的谴责。后来，袁虽作了一些变动与让步，但对把持军警实权的陆军部、海军部、内政部与掌管对外事务的外交部的总长人选，袁则始终坚持以其所定亲信人员担任，绝不让步。

如至关重要的陆军总长一职，革命党人强烈要求以德高望重的革命元勋、在南京临时政府中担任陆军总长的黄兴担任；甚至内阁总理唐绍仪也赞成此意见，并一再致电袁世凯“磋商”，要袁同意。但袁世凯丝毫不为所动，始终坚持由其头号亲信段祺瑞任陆军总长。袁还故技重演，让北洋将领以“军界统一会”名义致电南京临时参议院，声称如不以段为陆军总长，即“要求大总统另行组织政府”（《新政府成立之种种》，《正宗爱国报》1912 年 4 月 1 日），即要解散与搞垮唐绍仪内阁。最后，又是由赵凤昌等人出面调解，提出以段祺瑞为陆军总长，黄兴为参谋总长；袁并答应在南京成立留守处，由黄兴任留守，统率南方军队，另任命由南方革命党人推荐的王芝祥为直隶都督等，终于使南京临时参议院让步，同意由段祺瑞任陆军总长。

再如财政总长一职，革命党人希图获得，也遭到袁世凯的坚决反对而未能实现，最后这一要职落到了当时在政治上与革命党人对立而与北洋派靠拢的立宪党人熊希龄手中。

经过多日的争执、磋商与调停，“难产”的第一届责任内阁终于呱呱坠地。3 月 29 日，唐绍仪再次向南京临时参议院提出内阁各部总长人选名单，除交通总长梁如浩外，均获通过。唐绍仪乃决定由自己暂时兼任交通总长。于是，在 3 月 30 日，袁世凯以临时大总统的身份，正式任命内阁各部总长：

外交总长：陆征祥（未到任前由胡惟德暂署）

内务总长：赵秉钧

财政总长：熊希龄

陆军总长：段祺瑞

海军总长：刘冠雄

教育总长：蔡元培

司法总长：王宠惠

农林总长：宋教仁

工商总长：陈其美（后以次长王正廷署理）

交通总长：唐绍仪兼任（后以施肇基充任）

同时，任命黄兴为参谋总长兼南京留守，统辖两江军队。后因黄兴拒不受命，袁世凯在 4 月 13 日任命黎元洪领参谋总长事。

从上述内阁成员的名单中可以看出，在十个总长中，革命党人只有四人担任教育、司法、农林、工商等非要害部门的职务；而掌控军警、财政、外交实权的强力部门的总长，都为袁世凯的亲信、党徒或接近北洋集团的人担任。北京临时政府的实权基本上为袁世凯控制。但当时政界与社会舆论却将此届内阁称之为“同盟会中心内阁”或“混合内阁”，因为他们认为内阁总理唐绍仪与四个阁员都为同盟会会员，是内阁中心，而内阁中又同时包含了革命党人、立宪派、北洋派以及超然于党派之外的人士。

（三）民国临时政府北迁后的退化与危机

以唐绍仪为总理的责任内阁产生后，1912年4月1日，孙中山依照南北议和所订内容，宣布解除临时大总统职务。南京临时政府也随之解体。以孙中山为首的、以革命党人为主体的南京临时政府，在存在与活动了整整三个月后，结束了自己的历史使命，从中国政治舞台上退出与消失了。它说明辛亥革命党人力量弱小，政治经验不足，还不可能建立强有力的、稳固持久的国家政权。国家权力中心转向北京，转向以袁世凯为核心的北洋军阀与旧官僚手中。

1912年4月2日，南京临时参议院议决临时政府迁往北京。唐绍仪以新任北京临时政府内阁总理的身份，来往奔走于南京、上海间，说服与邀请同盟会的各位阁员北上入京，共同组阁。经过约二十天的活动，南方同盟会阁员中，除担任工商总长的陈其美因尚未解除沪军都督职，事务繁忙，以及他对袁世凯的始终不信任，未能随行北上外，新任教育总长蔡元培、司法总长王宠惠、农林总长宋教仁等同盟会阁员，于4月20日，随唐绍仪一同到达北京。

1912年4月21日，唐绍仪在总统府主持召开第一次内阁会议，宣告唐内阁正式成立。会议决定，各部人员“新旧参用”，以示“南北合作”。内阁设于北京铁狮子胡同前陆军部所在地，规定每周一、周三、周五召开国务会议，周二、周四、周六国务员谒见袁世凯，进行报告与请示。内阁除所辖各部外，又设秘书厅，以魏宸组为秘书长；另设新闻记者招待所，每日午后2时至5时向记者发布新闻，以示庶政公开、让公民监督之意。民国第一届责任内阁开始运作。

在这同时，南京临时参议院也于1912年4月5日议决迁往北京。4月29日，临时参议院在北京象坊桥前资政院旧址举行开院典礼。参议院是国家的最高立法机构，是民主国家政权的重要组成部分。南京临时参议院与南京临时政府一样，是辛亥革命的重要政治成果，是中国政治由封建专制走向近代化与民主化的重要标志。它在北迁与重新组建中，虽没有像南京临时政府那样解体与消失，但也经历了一番风险与危机，发生了重要的变化与退化：开始，一些由立宪派控制的省临时议会指责南京临时参议院不合法，要求另组临时中央议会；此举未成，立宪派们又倡议“民选”参议院议员，结果使原以同盟会占优势的南京临时参议院，经“民选”后，议员构成发生很大变化，北京临时参议院中，立宪派势力明显增长；接着，立宪派议员们又采取各种手段，迫使原议长、革命党人林森等人去职，使同盟会内定新议长人选张耀曾落选，而让立宪党人吴景濂、汤化龙分别当选为正、副议长。参议院中议长以下的重要职务也多被立宪派人士获得。

民国临时政府与临时参议院北迁入京后，不仅组成人员与组织结构发生了变化与退化，更为可忧的是，它陷入了北洋军阀势力的控制与封建守旧势力的包围之中，随时有被扼杀与抛弃的危险。

早在临时政府与临时参议院北迁时，孙中山曾考虑到要保证责任内阁制的有效运作与议员正常行使民主权利，不受北洋军警的干涉与阻挠，提议由王芝祥，这位南北和议时内定的直隶都督人选，率南方革命军一万人，护送内阁成员与参议院议员北上，以后留驻北京。但此举遭到袁世凯的强烈反对。因为袁世凯对责任内阁、议会民主等，本就充满了蔑视与仇视。他在这时虽承认与容忍责任内阁与临时参议院的存在，不过是一种策略、一种手段、一种权宜之计。只要这些辛亥革命的成果与产物，按照他的计划与期望，来到北京，进入他一手操纵的北洋势力的控制之下，他就可以将它们玩弄于股掌之上，并可以随时将它们打翻在地，加以任意地践踏与抛弃。因此，他绝不允许有人来打乱与破坏他的政治计划，绝不允许北京的责任内阁、议会民主等有任何军事力量的支持与保护。袁世凯立即坚决地表示：孙中山派军队北上的建议是“糜烂”大局的“破坏”之举，“颇多危险”，他“万难接受”（《正宗爱国报》1912 年 4 月 9 日、4 月 11 日）。他指使冯国璋、段祺瑞等北洋军将领通电全国，进行威胁与攻击，又煽动北京地方士绅以罢市相要挟。在袁世凯的挑动下，黎元洪与许多拥袁官僚也群起反对。终于，孙中山派兵北上护送阁员入京的计划很快被取消。

新成立的北京民国临时政府与北京民国临时参议院，是南北议和、全国统一的新的中央政权。它结束了自 1911 年 10 月武昌起义以来全国纷争、南北分裂的局面，也结束了南、北两个政权并列数月的情况，在形式上确立了中华民国中央政府对全国统治的新时代。而且北京临时政府与临时参议院继续保留着议会民主、责任内阁、三权分立这些近代民主政治的一般形式与重要内容，同盟会会员与立宪派在北京临时政府与北京临时参议院中还掌握着部分行政权与立法权，担任总理、内阁总长、议长、议员等许多职务，因而它仍基本上以一个民主政权的形式与内容在运作。无疑，它是辛亥革命的一个最重要的民主政治成果，是南京临时政府的曲折而艰难的继续。

同时，也应指出：北京民国临时政府较之南京民国临时政府，它的革命性、民主性与进步性，都大大地减少与退化了。它上有居心叵测、两面三刀的袁世凯任临时大总统，内有段祺瑞、赵秉钧等北洋军阀与旧官僚在破坏捣乱，外有北方守旧势力的包围腐蚀。因此，尽管有革命党人与进步人士的奋斗与努力，有南方革命势力的支持，这个新生政权的命运必然是十分可忧与可悲的了。

二、袁世凯借刀杀害武昌首义元勋
——张振武、方维北京被杀案

（一）武昌首义元勋死于大总统一纸命令

这天是民国元年，即公元1912年8月15日。

民国首都北京虽盛夏已过，仍暑气逼人。晚10点左右，一辆马车从北京东交民巷西口拐上棋盘街。夏夜的风很怡人，连马儿跑得也格外的轻松。马车内坐的是一位四十一二岁的军人。他就是辛亥革命武昌首义人物之一、原湖北军政府军务部副部长、新任蒙古屯垦使、名扬全国的张振武将军。

张振武是五天前应民国大总统袁世凯电请北上“商议国是”的，这几天他一直在为调和各党派之间的矛盾而奔波。当天晚上，张振武又在东交民巷的六国饭店宴请北方军队的将校军官，以调和融洽感情。袁世凯北洋系的将领姜桂题、段芝贵等都应邀出席了。席间谈得十分投机，张振武十分兴奋，与众人开怀畅饮。饮至半酣，北京拱卫军司令段芝贵声称公务在身，先行告辞了。张振武待酒宴散后送走了所有客人，才登上马车，直奔自己下榻的西河沿金台旅馆。

突然，大街上平地飞起几道绊马索，马蹄被缠，“扑通”，辕马摔倒在地，马车歪倒在一边，张振武被摔倒在地上。张振武还没明白过来是怎么回事，就有几个军警冲上来按住了他，五花大绑起来。阴暗处走出拱卫军司令段芝贵。不待张振武辩解，段芝贵就挥挥手，士兵把张振武押上大车，带往西单牌楼玉皇阁京畿军政执法处。

京畿军法处总长陆建章早就坐在公案前等着张振武被押到。张振武一见陆建章，连问为何把他抓来。陆建章摆出一副公事公办的样子，抓起一份电报扔到张振武的面前。这份电报是两天前，即8月13日，中华民国副总统黎元洪从武汉发给临时大总统袁世凯的，声称：

张振武以小学教员赞同革命，起义以后充当军务司副长，虽为有功，乃怙权结党，桀骜自恣。赴沪购枪，吞蚀巨款。当武昌二次蠢动之时，人心皇皇，振武暗煽将校团，乘机思逞。幸该团员深明大义，不为所惑。元洪念其前劳，屡予优容，终不悛改，因劝以调查边务，规划远漠，于是大总统有蒙古调查员之命。振武抵京后，复要求发巨款设专局，一言未遂，潜行归鄂，飞扬跋扈，可见一斑。近更蛊惑军士，勾结土匪，破坏共和，倡谋不轨，狼子野心，愈接愈厉。冒政党之名义以遂其影射之谋，借报馆之揄扬以掩其凶横之迹。……吾鄂人民胥拜天赐，然余孽虽歼，元憝未殄，当国家未定之秋，固不堪种瓜再摘，以枭獍习成之性，又岂能迁地为良。元洪爱既不能，忍又不敢，回肠荡气，仁智俱穷，伏乞将张振武立予正法，其随行方维系属同恶共济，并乞一律处决，以昭炯戒。此外随行诸人，有勇知方，素为元洪所深信，如愿回籍者，请就近酌发川资，俾归乡里，用示劝善罚恶之意。至振武虽伏国典，前功固不可没，所部概属无辜，元洪当经纪其丧，抚恤其家，安置其徒众，决不敢株累一人。皇天后土，实闻此言。元洪藐然一身，托于诸将士之上，阘茸尸位，抚驭无才，致起义健儿变为罪首，言之赧颜，思之雪涕，独行踽踽，此恨绵绵。更乞予以处分。以谢张振武九泉之灵，尤为感祷！临颍悲痛，不尽欲言。

黎元洪在电报中，在向袁世凯揭发了张振武的种种“不法”行为后，要求北京方面将张振武、方维两人就地“立予正法”“一律处决”；黎元洪还称自己“抚驭无才……更乞予以处分，以谢张振武九泉之灵”。

张振武惊得睁大了眼睛，绝不相信这是真的，连喊：“这是假的，这是假的！”

“真的假的我不管，我只知道执行大总统的命令。”陆建章一边说，一边又亮出了袁世凯签发的捕杀张振武的总统军令：

查张振武既经立功于前，自应始终策励，以成全之。乃披阅黎副总统电陈各节，竟渝初心，反对建设，破坏共和，以及方维同恶相济，本大总统一再思维，诚如副总统所谓爱既不能，忍又不可，若事姑容，何以慰烈士之英魂？不得已即着步军统领、军政执法处处长遵照办理。

陆建章向张振武宣布："大总统接副总统密电，谓张振武率党徒方维在京谋不轨，破坏统一，即行正法。"

张振武明白了，这是北京的袁世凯在与武汉的黎元洪互相勾结，借刀杀人，便凛然驳斥道："生死我早已置之度外，但既然我有罪，就应公开审判，拿出证据，岂可凭一纸电报杀人？"

陆建章阴沉着脸冷笑道："军令上只说'立予正法'，并没有命令审讯。"

张振武问："何以执行如是之速？"

陆建章回答："某部次长由府中来电话，令到即枪决，免生枝节。予执行职务，所知者此耳。"说罢，对执法军警挥了挥手："执行！"

1912 年 8 月 16 日凌晨 1 时，张振武挺立于执法处的西跨院里，仰天长叹："不料共和国如此黑暗！"张不许执刑的人捆绑，乃常服受枪。枪响了，张振武身中两枪，一枪中腹肚，一枪中肩。这位为创建民主共和而做出重大贡献的武昌首义志士、一代英豪，就这样倒了下去，热血喷洒大地。

湖北将校团团长方维也在同夜被捕，然后迅速枪决于北京城外孙公园玉皇庙的京畿执法处分局。

（二）张振武与黎元洪、袁世凯的矛盾

张振武何以致使袁世凯、黎元洪如此痛恨他？

张振武是湖北罗田人，寄居竹山。1870 年（清同治九年）生，原名纯锦，

号尧鑫，字春山、春三，更名竹山。早年毕业于本县高等学堂，后入湖北省师范学校，受业师时象晋影响，萌发反清革命思想。甲午战争后，变卖家产自费留学日本早稻田大学，攻读法律政治，并入体育会，研习战阵攻守诸法。1907年（清光绪三十三年）参加了同盟会，曾助徐锡麟举义。归国后，返鄂，执教于武昌黄鹤楼道小学。因鼓吹反清革命，几遭逮捕。后创办体育会及公立学堂，联络同志。1909年加入湖北秘密革命组织“共进会”，协助孙武，掌会中理财事务。1911年9月，共进会与武汉另一个秘密革命组织“文学社”召开联合会议，密谋举义，张振武在会上被预选为起义后成立的湖北军政府理财部副部长。张振武旋回家乡，变卖祖产，以充革命经费。1911年10月9日，因孙武等在汉口租界中秘密试制炸弹不慎，引起爆炸，孙武等负伤隐匿，起义机密走漏，清吏在武昌城内外大肆缉捕党人，彭楚藩、刘复基等革命党骨干被清廷抓捕杀害。“文学社”领导人蒋翊武被迫撤离武汉。张振武于危难之中，力主提前发动起义，经与其他领导人密议，果断地决定，提前于10月10日发动起义。武昌起义后，张振武被推为起义军的重要领导人，随后参与组建湖北军政府，倡设军务部，总揽军队编制、人事配备、饷项支出、机关存废等事。张任军务部副部长，代理军务部长孙武（被炸负伤）之职，主持军务部工作十余日，掌控革命军的军事指挥大权，部署有序，颇具胆识。从1911年10月底到11月，在保卫汉口、汉阳的战斗（阳夏战争）期间，凡民军赴前线，张振武必亲往激励，以振士气，并三次印发《敬告我军人的白话文》，阐明革命大义及作战要领，告诉革命军官兵，革命目的在于推倒清朝，现在武昌起义，多处响应，清军倾巢南犯，战而胜之，就靠全体官兵的努力。通俗生动的宣传发挥了很大作用。1911年11月2日，汉口失陷，张振武派人往各州县办理民团，又亲赴青山、张公祠、梅子山、扁担山一带布置防御，并派员在前线招降北兵。汉阳危急，张振武亲率部属驰援，激战中负伤落水，几至溺死。

1911年11月27日汉阳失守后，湖北军政府召开军事会议。担任革命军战时总司令的黄兴报告汉阳失守经过，建议放弃武昌，合力东取南京。担任军政府都督的黎元洪本无战意，立即表示附和。张振武与许多武汉革命党人坚决反对。张在前排以刀斫地，厉声说道：“有敢言退出武昌者斩！”随后张振武跨马巡行武昌市上，大呼：“汉阳不守，乃我战略撤退，武昌万无一失！”以安军民之心。但形势不断恶化，黄兴弃职逃离武汉，前往上海。11月29日夜间，黎元洪收拾行李，也准备出走。张振武闻之，即直奔都督府，严责黎元洪不守诺言，为稳定军心民心，阻其离开武昌，并吩咐党人甘绩熙、丁复二人：“我以都督交你二人，都督如走，惟你二人是问！”可是到12月1日，占领汉阳的清军在龟山上架起大炮，隔江轰击武昌，都督府中炮起火，黎元洪在得到军务部部长孙武默许后，仍率其亲信，仓皇出走葛店。

黎元洪出走，武昌守城事宜由军政府总监察刘公出面维持。但刘公不谙军事，张振武鼎力相助，终使局面转危为安。

张振武在湖北革命党人中享有很高的威信，与蒋翊武、孙武并称“湖北三武”。张振武的年龄比孙武、蒋翊武要大。他在1905年去日本留学并加入同盟会，又是一个老资格的革命党人。但张振武亦有重大缺点，性格粗豪狂傲，跋扈不亚于孙武。他在革命之后组织了一支自己的卫队，配一色短枪，他走到哪里，卫队就跟到哪里，即使去见湖北军政府都督黎元洪也不例外。黎元洪心里虽然恼怒，但慑于张振武在军队中的权势，只能敢怒而不敢言。

黎元洪原是驻防武汉的清军第二十一混成协的协统（旅长）。武昌起义爆发后，他被起义士兵从藏匿的床下拖出来，扶上大都督位置。但黎元洪畏惧清廷，再三推辞，不肯就都督一职。张振武气愤地对参加起义的原工程第八营左队队官吴兆麟说：“这次革命，虽将武昌全城占领，而清朝大吏潜逃一空，未杀一个以壮声威，未免太过宽容。如今黎元洪既然不肯赞成革命，又不受同志抬举，正好现在尚未公开，不如将黎斩首示众，以扬革命军声威，使一班忠于异族的清臣为之胆落，岂不是好？”当湖北革命军在北洋军猛烈进攻下被迫退守武昌，都督黎元洪出走葛店时，张振武主张去黎，说：“黎某如此畏缩，不如乘此另举贤能。”众谓大敌当前，不应轻易更动。张振武方作罢。1912 年 1 月 1 日中华民国临时政府在南京建立，黎元洪被举为副总统。但张振武根本不把他放在眼中，颇为轻视。他甚至当众呵斥黎元洪说：“要不是我们把你拉出来，你哪里有今天？”张振武即兴说的这些话，对黎元洪是深深的刺激与极大的不敬和威胁。黎元洪对张振武一直深怀戒心与憎恨。

1912 年 1 月，张振武奉湖北军政府命，前往上海购买军械、枪支、弹药与服装。期间，他与黎元洪及孙武等人发生了冲突。黎元洪在给张振武的复电中，指责张振武虚靡公款，所购枪支大多为废枪，不能使用，要求张以后若要购买枪炮子弹，必须运到湖北试验后才能付款。张振武一怒之下，竟然将在上海待运湖北的枪械分出一半给烟台革命军，其中的款项明细也不向湖北军政府交代。张振武在上海期间还广事交游，谋另组北伐军，倡言“二次革命”。返回湖北后，他进一步加强他所掌控的“湖北将校团”的力量，以密友方维为团长；又私下联络援鄂赣军冯嗣鸿部，作为自己的奥援；创办《震旦民报》，设立男、女中学，独树一帜。张振武的所作所为与桀骜不驯深为黎元洪所惧恨。但当时张振武掌控军务部，手里握有兵权；又直接掌握着“将校团”这样一支武装力量，使得黎元洪对之感到如芒在背，但又无可奈何，彼此间嫌怨日深。

1912 年 2 月 27 日晚，武汉发生部分军人的骚乱：一些对孙武不满的军官在黄申芗等人策动下，带领手下士兵们冲出营房，向军务部和孙武家扑去。暴动很快变成了一场兵变，乱兵们四处放枪，大肆抢劫。在混乱中，革命军第二镇统制、文学社重要成员张廷辅也被乱兵射杀。事变后，孙武不得不发表声明，宣布辞职。黎元洪乘机将军务部加以裁撤，部长孙武、副部长蒋翊武和张振武均被解职，改任有名无实的湖北都督府顾问。对于这样的闲职，孙武和蒋翊武消极隐退，而张振武却心生怨愤，同黎元洪之间冲突加剧。

1912 年 3 月袁世凯继任中华民国临时大总统后，极力削弱南方各省革命党人控制的军队，宣布“裁减地方军队”。张振武与蒋诩武等则多次“抗不遵命”，以多种方式保存与加强湖北革命军事力量。这样，张振武又成了袁世凯的眼中钉、肉中刺。

这时，袁世凯想乘机拉拢黎元洪，共同对付武汉的革命党人。当时黎元洪以副总统兼任参谋总长，但他一直没有去北京上任，事务均委托给参谋次长、袁世凯的亲信陈宧主持。陈宧成为袁、黎之间的联络人。他在黎元洪面前挑拨说，张振武不去，“则副总统无权”。于是，在陈宧的策划下，黎元洪用计，电请袁世凯畀以官职，将张振武等武昌首义元勋调离湖北。1912 年 5 月，袁世凯以重用“革命首义”的名义，将“三武”召到北京，任命他们为总统府军事顾问官。黎元洪乘机解除了张振武在湖北军政府的职务。

总统府军事顾问官是一个位崇而无权的闲差。对此，张振武多次表示不满，他对陆军总长段祺瑞抱怨说：“难道我们湖北人就配做个顾问官？”

在张振武的一再要求下，袁世凯只得又任命他为“蒙古屯垦使”，加以敷衍。张振武接受委任后，却一本正经地向袁世凯申请经费，并要求设立专门机构。袁世凯没有理会。张振武一怒之下，便回到武昌，以“蒙古屯垦使”的名义，公开设立屯垦事务所，利用自己之前在武汉的势力与影响，招兵买马，打算募集一支精兵前往蒙古。为此，张振武向黎元洪提出每月拨给经费 1000 元，作为开办费。

黎元洪见张振武去而复返，重新聚集旧部，感到极大的威胁。这也引起了袁世凯的震惊。他们共同决心要除掉张振武。

袁世凯再三电请张振武北上入京议事。由于当时张振武在武汉与孙武发生矛盾，袁世凯特意派出湖北籍的参议员刘成禺、郑万瞻等回武昌进行调解。在各方努力下，孙武、张振武和黎元洪都在表面上恢复了和气。袁世凯趁热打铁，再次发来电报，邀请张振武赴京。1912 年 8 月初，张振武携湖北将校团团长方维等军官 13 人，及随从仆役 30 余人，随同参议员刘成禺、郑万瞻、罗虔等一起，再次北上，于8月8日抵达北京。在临行之前，黎元洪还特意赠给张振武4000块大洋作为旅费，双方相谈甚欢。但一个阴谋却就此展开了，张振武由此走上了不归路。

8月13日，黎元洪在张振武抵京后不数日，立即发出密电，请袁世凯立即除去张振武。

8月13日晚上，袁世凯收到黎元洪密电后，感到此事非小，即立命总统府秘书长梁士诒通知赵秉钧、冯国璋、段祺瑞三人来府，密商对黎电如何处理。梁士诒主张再去一电询黎，是否确属黎本人意思。15日得武昌黎的复电，称13日电确属黎本人主意。于是，袁世凯经权衡，决定利用此机会，逮捕张、方两人，立予正法。这一可去除顽敌，并警告其他革命党人；二可削弱黎元洪这个所谓“武昌首义元勋”的威望，挑拨黎与同盟会的关系，拉拢黎；三可加强袁世凯大总统的权威。他向拱卫军司令段芝贵、军警执法处处长陆建章下达了执行命令。

袁世凯、黎元洪的所有这些暗中活动，张振武当然做梦也想不到。

张振武初到京城时，袁世凯对其优礼有加。张振武也放松了警惕。据《亚细亚日报》1912年8月15日报道，14日晚上，张振武特约同盟会会员孙毓筠、宋教仁、张继、刘揆一、李肇甫、刘彦、田桐，与共和党党员十余人，会饮于德昌饭店，借以联络感情。此时张振武慨然以调和党见为己任，在酒筵中还发表演说，调和党见。他说他目睹党争，危及大局，因此自己不想结党，不营私利，但求党见日消，共维大局，力护共和。大家也都同意张的见解，认为政党不能强同，党见万不可有。有人在席间还发表演说，宾主兴趣皆浓，应酬到晚间10时，尽欢而散。

第二天，8月15日晚上6时，王天纵宴集北方军人及湖北来京将校，张振武赴宴。然后，张振武又再摆宴席，在当晚8时，偕湖北将校，在六国饭店宴请北洋重要将领，拱卫军司令段芝贵坐首席，参谋次长陈宧次之，姜桂题等均在座。段芝贵在赴张振武请宴途中，接到了袁世凯处决张振武的大总统军令，居然在席间一点迹象未露。宴会还没有结束，他推说有事，先行告辞。主人则不知已大祸临头。

中途退席后，段芝贵立即部署军警在棋盘街设伏。

张振武在宴散后，在 10 点左右，欲返前门西边的金台旅馆。六国饭店在东交民巷，由东交民巷到前门的西边，马路不通，须经临时开的大清门栅栏，绕行棋盘街。当张振武马车刚到栅栏门时，在此埋伏的士兵已将栅门关闭，将其拘拿。

在张振武被捕前约一小时，方维在其住所金台旅馆被捕。约有百余名军警将金台旅馆包围，附近戒严。方维就逮后，所有随张由湖北来的人均被暂时看管，不准出入。

袁世凯狡猾地将责任推给黎元洪。在张振武被杀后的当天早晨 8 时，孙武、邓玉麟、刘成禺、张伯烈、张大昕、哈汉章、时功玖等在京湖北革命党人同赴总统府质问。袁世凯亲自出见，说："这件事我很抱歉，但经过情形诸君当已明了，我是根据黎副总统的来电办理，我明知道对不住湖北人，天下人必会骂我，但我无法救他的命"。第二天，袁又让人在金台旅馆门首贴出布告一道，将黎元洪 8 月 13 日原电抄录，公布于世；次述张振武罪状，声明大总统袁世凯杀张振武、方维，是照武昌来电判决；更念张振武在武昌起义有功，照上将礼赐葬；结尾更加以惋惜之词，谓张振武不能与副总统黎元洪共始终，致干国纪伏法云云。

（三）舆论抨击和参议院追究袁世凯破坏民主与法制

张振武、方维被杀后，全国舆论哗然，进步人士猛烈抨击与强烈要求追究袁世凯政府以命令代替法律、随意捕杀武昌首义元勋、破坏民主与法制的罪责。

张振武、方维被杀案发生于民国初建。新生的中华民国不同于专制社会，应是民主法制的社会。张振武、方维是武昌首义元勋，他们即使有许多缺点与错误，但并没有触犯法律，并没有犯罪，更不至死。即便犯罪，也应通过法律程序，由司法机关执行之。是否有罪，当以法律为准绳，以事实为根据，公开审判定论。若仅以一两个或三五个国家领导人的好恶与喜怒为依凭，以一两个或三五个国家领导人随手签署的命令或批示就可捕杀公民，甚至捕杀功臣，那不是中华民国民主法治，而是中国数千年专制社会的人治的复活。

首先是进步报界纷纷发表评论，指责袁世凯政府制造的张振武、方维被杀案，实与中华民国的民主法制相悖。

上海《民立报》指出："共和国家全赖法治，唯法律乃能生杀人，命令不能生杀人。惟司法官乃能执法律以生杀人，大总统不能出命令以生杀人。今以民国首功之人，大总统、副总统乃口衔刑宪，意为生杀。"《民立报》严厉指责，在张振武、方维案中，民国总统与专制皇帝相同，他们的命令就是法律，法律就是圣旨；民国虽建，但人治犹在。

《亚细亚日报》的评论，就张振武、方维被杀案，将民国法律与清朝法制相比，借以抨击袁世凯与黎元洪，称："当前清专制之时，汪兆铭谋刺摄政王，事发之后，搜得铁瓮累累，证据如山，审判之结果，犹仅予以监禁。萍乡之役，胡瑛、朱子龙、刘家运响应于武昌，事发被系，亦仅予以监禁十年。"也就是说袁世凯政府的民国法制，尚不如前清法制。

作为中华民国国民代表的临时参议院的参议员们也行动起来。张振武、方维案发后的第三天，1912 年 8 月 18 日，北京临时参议院就此案召开会议。参议员们发言激烈，指责"副总统以非罪要求杀人，大总统以命令擅改法律，均是违背约法"。

参议员彭允彝要求维护法律尊严，指出，从张振武案可以看出，参议院不能保障人民生命财产，对人民的生杀予夺可以依据总统命令，而不必依据法律，因此此时可以谓之无政府、无参议院、无法律、无政治。破坏约法，推翻共和，实属令人痛恨，提出质问书，不仅为振武一人言也，为民国前途起见耳!

参议员陈家鼎认为，民国初建，政府藐视参议院之事，已不止一次，而以杀张振武之事为最甚，所以，张振武之事非常紧要，关系国本。应在法律上着想，提出弹劾案，以尽参议院职责。

参议员刘彦指出，副总统以空空一电，毫无一句确证之语，徒有“倡谋不轨、愈接愈厉”之空话，以此种空话可杀张振武，将来即可以此种空话杀百姓。

还有二十余参议员，认为此案办理之法，亦多暧昧难明，须联名向政府提出质问案，要求大总统袁世凯与副总统黎元洪给予答复。

在参议院的压力下，袁世凯狡猾地让黎元洪承担责任。他根据参议院的质问书，在复参议院咨文中说：“查此案情节重大，目前实有不能和盘托现之处，惟既经贵院质问，为解释群疑起见，业已电达黎副总统，候得黎副总统复电，再行复答……”

显然，袁世凯是将黎元洪推到台前。黎不得不连续几天从湖北发来电报，为自己开脱与辩解。陆军总长段祺瑞于8月23日上午到参议院答复，声言按黎副总统来电，选择可以宣布的内容，从质问案所提7个方面予以作答。段祺瑞称张振武是一军人，不能捕送审判厅，犯罪的事实均在其任军务部时所为，无一事不关系军务，所以按军法从事。在武昌已经开过军法会议，证据齐集；至于判决手续，也已经在武昌经过，不过由中央执行而已。段祺瑞称，此次出席贵院，如以为尚不满意，则黎副总统日后当有电来，一候得有黎副总统详电后，再行详细报告。

段祺瑞的答复显然不能让参议员们满意，参议员们提出反问，段祺瑞再行答复，竟称张振武罪状，实有碍难宣布之处。张振武此次来京，所带之人极伙，而北京为民国都城，关系重要，秩序岂可再经扰乱。政府一再衡量利害轻重，为大局起见，而不得不在北京行刑。段祺瑞不得不承认杀张过程中有“手续错误”，但又说，不依法杀张，乃是以国家为前提，不得不如此，否则就有稍纵即逝之虞。段祺瑞还表明态度，情愿自己认错，参议院如果能原谅政府就无须再三质问，不能原谅即行弹劾。

1912年8月28日，参议员张伯烈、刘成禹、时功玖、郑万瞻等人提出弹劾国务总理陆征祥、陆军总长段祺瑞案。同日，参议员刘星楠、宋汝梅等根据《临时约法》第六条第一项，人民之身体非依法律不得逮捕、拘禁、审问、处罚，黎元洪任意行使其参谋总长之威力，竟以“就地正法”四字，为其杀人之惯例，显然为破坏约法、背叛民国之元恶，提议咨请政府查办参谋总长黎元洪。

因张振武、方维被杀案，参议员们提出弹劾国务总理、陆军总长案，及咨请查办参谋总长案，使得参议院内国民党与共和党两派议员大起冲突；旁听席中，亦有大呼助阵者。参议院大乱数日，议长不能维持。这种情形凸显了民国初年政治的复杂，也凸显了民国政治的进步。因为这在皇帝一言九鼎、臣民被冤杀还要跪谢“主隆恩”的专制社会里是不可能有的，甚至是不能想象的。

（四）张、方被杀案加速了袁世凯集权独裁的步伐

张振武、方维被杀案发生后，同盟会中部分革命党人表现了更为激烈的态度。

张振武、方维死后第三天，同盟会领袖之一黄兴致电袁世凯，称：

袁大总统鉴：

南中闻张振武枪毙，颇深骇怪！今得电传，步军统领衙门宣告之罪状，系揭载黎副总统原电。所称怙权结党，飞扬跋扈等，似皆为言行不谨之罪，与破坏共和、图谋不轨之说，词意不能针对。全电归结之语，注重于“爱既不能，忍又不可”八字。但张振武不能受爱与受忍之处，出于黎副总统一二人之意乎？抑于共和国法律上有不能爱之、不可忍之之判断乎？未见司法裁判，颇难释此疑问。乞更明白宣布，以解群疑。共和幸甚！

大局幸甚!

同盟会总部也召集职员、评议两部开会，认为黎元洪暴戾恣睢，擅杀元勋，破坏约法，摇动民国，遂于1912年8月22日联合议决，革去黎元洪本会协理，并除名。从此，同盟会与黎元洪断绝了关系。

孙武和蒋翊武跑去见袁世凯，要求给他们“免死券”，同时呈请辞去总统府顾问职。

就在革命党与参议院内为怎样处理张振武、方维被杀案争论不休之际，孙中山北上，于1912年8月24日入京，居留一月，与袁世凯共晤谈十三次，商建国大事。他又催促黄兴进京。孙中山入京以后的态度有所变化。1912年9月2日《中华民报》报道他对报界发表谈话，称：“关于张、方案：弹劾大可不必，盖于事实毫无补救，徒费良好时光”。1912年9月6日他致电黄兴，谈及张振武、方维被杀案，称：

上海黄克强先生鉴：

到京以后，项城接谈两次。……以弟所见，项城实陷于可悲之境遇，绝无可疑之余地。张振武一案，实迫于黎之急电，不能不照办，中央处于危疑之境，非将顺无以副黎之望，则南北更难统一，致一时不察，竟以至此。自弟到此以来，大消北方之意见。兄当速到，则南方风潮亦止息，统一当有圆满之结果。……

显然，孙中山在政治上对袁世凯信任，抱有希望，因而在张振武、方维被杀案上，竟为袁世凯做说词。由于同盟会的让步，张振武、方维被杀案最后竟不了了之。

在张振武、方维案中得利最多的，当属袁世凯。因为杀张振武、方维，既打击了革命党人，同时大张了袁世凯的声威，又损毁了黎元洪的名望。因为社会上大多数人会以为，张振武、方维被杀，乃黎元洪所为，并非大总统袁世凯所愿。袁世凯在杀害张振武、方维之后，指使陆军部电复黎元洪：

奉大总统令，真电悉。张振武起义有功，固当曲予优容；破坏共和，倡言不轨，实属扰乱大局，为民国之公敌。副总统为保全治安起见，自有不得已之苦衷。为民除害，足以昭示天下。请予处分，应勿庸议。

黎元洪不得不回电袁世凯，装模作样地称：

自请大总统量予处分者，实因上负大总统，下负国民，既不能烛照于机先，惟冀补直于事后。从优抚恤，俾生者得所，死者瞑目，……临电揽涕，咽不成声。

1912 年 8 月 27 日，张振武遗体由火车从北京运抵汉口大智门车站，武汉恭迎灵柩渡江者达 2000 多人。8 月 28 日，黎元洪居然至抱冰堂志祭，失声痛哭，并亲写挽联："为国家缔造艰难，功首罪魁，后世自有定论；幸天地鉴临上下，私情公谊，此心不负故人。"同时，他做出决定：发给遗属恤金一次 2000 元。历史证明，一些政治人物的眼泪是算不得数的。黎元洪还命令，张振武生前所办学校改为公立；《震旦民报》由国民党支部接办；湖北将校团解散。这才是他的用意与目的。

张振武的遗体归葬其家乡湖北竹山县北乡木鱼山黄土坡。

但黎元洪在湖北也待不下去了。张振武、方维被杀案发后，黎元洪在湖北的威望一落千丈，推戴者群相解体。这正是袁世凯所希望的。而袁世凯则加快了集权独裁与摧毁民主共和的步伐。他更加大胆、更加血腥、更加有恃无恐地刺杀与镇压革命党人。

在张振武、方维被杀害后不久，张振武与方维的战友、辛亥武昌起义领导人之一的蔡济民，针对袁世凯担任民国临时大总统后的倒行逆施，写了一首《感时诗》，刊登在 1912 年 9 月 13 日上海《民立报》上，感叹道：

无量头颅无量血，可怜购得假共和！

三、民国第一政治血案

——宋教仁上海遇刺

（一）上海北站的罪恶枪声

1913年3月20日晚10点40分。上海北火车站灯火通明，人声嘈杂。一列开往北京的火车正升火待发。旅客们像潮水般地从检票口涌入车站月台，竞向各车厢跑去。

这时，车站特设的议员休息室的大门打开了，著名的革命党人、才华出众的国民党代理事长、前内阁农林总长、刚当选为中华民国第一届国会议员的宋教仁，由黄兴、陈其美、于右任、廖仲恺等友人陪同，从休息室出来，向车站检票口走去。宋教仁与其他几位当选议员将乘这一列火车去北京，参加即将召开的中华民国第一届国会开幕式。宋还将以国会多数党领袖的资格，筹组以他为总理的责任内阁。由于在刚刚举行的国会议员竞选活动中获得的重大胜利及对民主政治即将实现的喜悦与憧憬，宋教仁此刻劲头十足，神采飞扬。

正当宋教仁与送行的黄兴、陈其美、于右任等人走到车站检票口时，忽然间响起了一声低沉的手枪声，紧接着又是第二声、第三声。人们正在惊诧间，只见宋教仁摇晃了几下，就顺势倒在一张铁椅子上。他困难地对黄兴说："吾中枪矣！"黄兴等人急忙上前救护，只见宋教仁脸色惨白，血流满身。刺客就趁着混乱的当儿，逃之夭夭。

黄兴、于右任等人当即将宋教仁扶上汽车，送往最近的靶子路沪宁铁路医院急救。当晚医生动手术钳出子弹，发现子弹有毒。宋教仁自知生命垂危，即向在身旁的于右任托付三事：将他的全部书籍捐赠南京图书馆；请诸同志善视其老母；望生者当努力前进。他在弥留之际，请黄兴代笔，给在北京的临时大总统袁世凯发去一封电报，报告他的不幸，诚挚地提出他的要求：

北京袁大总统鉴：

仁本夜乘沪宁车赴京，敬谒钧座。十时四十五分，在车站突被奸人自背后施枪，弹由腰上部入腹下部，势必至死。窃思仁自受教以来，即束身自爱，虽寡过之未获，从未结怨于私人。清政不良，起任改革，亦重人道，守公理，不敢有毫权之见存。今国基未固，民福不增，遽尔撒手，死有余恨。伏冀大总统开诚心，布公道，竭力保障民权，俾国会得确定不拔之宪法，则虽死之日，犹生之年。

临死哀言，尚祈鉴纳。

宋教仁

短短的电文生动地表现了这位毕生在中国实现民主政治的革命家的崇高思想与高尚品质。

经过一天多时间的抢救，到3月22日凌晨4时48分，宋教仁这位民主政治活动家，就因伤势过重而与世长辞，年仅32岁。宋教仁的革命战友黄兴、陈其美、于右任、居正、范鸿仙、周锡三、曾镛等十几人围集床边，悲恸万分。等到天亮，大家借医院的会议室商量宋教仁后事，定下当日下午三时半入殓，次日下午三时送殡湖南会馆；由于右任负责出殡场面、会场布置等；陈其美负责棺木选购；范鸿仙负责拍遗照，分发给各报刊，还要放大一张送殡时用；出殡通告、路线联系等，由众人分头办理。医院护士替宋教仁遗体洗净伤口，照相馆的人也到了。黄兴说："穿上外衣再行摄影吧，以符宋君光明正大”。范鸿仙则说：“宋君遭遇到这种惨劫，我们应当替他在历史上留下一张哀恸的纪念照片！我认为‘赤着上身，躺在病床上，露出伤痕’先照一张；然后再照‘穿礼服’照片。”居正也赞成范鸿仙的意见。于是先让宋教仁遗体躺在病床上，赤着上身，露出伤痕，由摄影师照了两次。

接着，由护士替宋教仁遗体穿上礼服，化妆后，靠在高背的白沙发上坐着，高帽放在一边茶几上，照了一张；又让他躺在床上，高帽放在腹部，照了一张；另外又照了一张半身遗像。

我们今天见到的宋教仁这几张遗照，即是范鸿仙留下的思索。

第二天午后出殡，移宋教仁灵柩到湖南会馆。从沪宁铁路医院到湖南会馆，十几里路的送殡路程，沿途人山人海，却肃静无哗，到处是悲愤哀悼之声。长达三四千人的送殡队伍，于斜风细雨中，缓缓前行，由北四川路、河南路，经四马路、广西路、六马路、又绕过福州、浙江、松江几条路，到了三洋泾桥《民立报》社前，队伍暂停。范鸿仙与报馆同仁已在这里特设香案，进行路祭。悲风凛冽中，于右任用高亢的陕西话致祭，回忆宋教仁过去在《民立报》的往事，边哭边说：“今天，我不敢为我们的私交哭，也不敢为《民立报》哭，我为中华民国的前途而痛哭！”范鸿仙行祭礼，匍匐于地，痛哭不能止，由同行扶起。众人禁不住纷纷落泪。

宋教仁被杀在全国激起了强烈反响。这是民国建立以来最大的一次政治暗杀案件，引起各方面关注。革命元勋黄兴与上海军政府都督陈其美亲自主持办理丧事。各界人士纷纷前往致祭。报纸上连续发表哀悼文章，报道案件经过，呼吁制裁凶手。国民党总部通告全体党员“为代理事长宋先生服丧”。3 月 25 日，正在日本访问的孙中山闻讯提前结束访问日程匆匆赶回上海。他亲制挽联如下：“作民权保障，谁非后死者？为宪法流血，公真第一人！”对宋教仁的一生与壮烈献身做出了高度的评价。

在北京的临时大总统袁世凯接到宋教仁遇害的消息后，也似乎十分震怒与哀痛，说："岂意众目昭彰之地，竟有凶人敢行暗杀，人心险恶，法纪何在？"他称颂宋教仁的才能，说："遁初（宋教仁的字），中国特出之人才也，再阅数年，经验丰富，总理一席固胜任愉快者。何物狂徒，施此毒手！"大骂刺客。袁迅速颁布"临时大总统令"，称："前农林总长宋教仁，奔走国事，缔造共和，厥功甚伟。追统一政府成立，赞襄国务，尤能通识大体，擘画勤劳。方期大展宏猷，何意遽闻惨变？凡我国民，同深怆恻"（《政府公报》1913年3月23日）。袁还立即致电江苏都督程德全、民政长应德闳（当时上海属江苏省管辖），要求他们"立悬重赏，限期破案，按法重办"，"迅缉真凶，穷究主名，务得确情，按法严办"（《政府公报》1913年3月23日）等。

然而就在这同时，袁世凯却又秘密指使其部下向社会上散布谣言，说宋教仁被刺案是国民党内部争权夺利、互相残杀的结果，甚至指名说是黄兴、陈其美等人忌恨宋教仁的才能和威望，与宋争当国务总理，因而派人暗杀宋氏。袁氏的各家御用报纸将这些谣言广为传播。

但是，就在血案发生后仅仅三天，案件的真相就完全暴露了：直接刺宋的凶手被逮，手枪、函件、电报等证据全部查获。这些确凿的人证、物证揭露了刺杀宋教仁事件的主使人，不是别人，恰恰就是临时大总统袁世凯，具体指挥与策划的是国务总理赵秉钧与内务部秘书洪述祖，执行者是上海大流氓头子应桂馨与流氓军痞武士英。

（二）民国英才宋教仁

宋教仁，字遁初，一作钝初，号渔父，湖南桃源县人，1882年4月5日（清光绪八年二月十八日）出生一个小地主家庭，幼年入塾读书，1899年入漳江书院学习，1902年考入武汉的新式学堂——武昌文普通中学堂，喜爱政治、法律、军事、地理等学科，关心时事，才智超人，辩才无二。1903年8月，黄兴、陈天华等人从日本回国活动，来到武汉，宋教仁与他们结识，深受影响。1903 年 11 月 4 日，宋教仁与黄兴等人一起在长沙筹划创立革命团体“华兴会”；1904 年 2 月 15 日召开成立大会，举黄兴为会长，宋教仁、刘揆一为副会长。宋教仁从此走上反清革命道路。

1904 年中，华兴会与湘、鄂志士约定，于 1904 年 11 月 16 日慈禧太后七十岁生日那天举行起义，以示与清朝专制政府决裂之决心。起义计划以长沙为发动中心，以浏阳、衡阳、常德、岳州、宝庆五路为响应，宋教仁授命在武昌筹设支部，并负责常德一路的工作。

1904 年底，长沙起义失败，宋教仁潜离长沙，经上海到达日本东京，入早稻田大学习法政。他的民主革命思想更加成熟，与田桐等人创办了《二十世纪之“支那”》杂志，宣传革命。1905 年 8 月，孙中山到达东京。宋教仁跟随孙中山与黄兴，积极参加发起成立中国同盟会，宋教仁当选为司法部检事长，后又被推为湖南分会副会长，并任同盟会机关报《民报》的庶务干事并撰述员，成为著名的革命党人和同盟会领导之一。

1907 年初，他曾去东北联络“马贼”，组织同盟会辽东支部，发动东北地区的反清革命；在此期间，宋教仁特地撰写《间岛问题》一书，揭露与驳斥日本侵略中国东北领土的阴谋；在这同时，他仍参加同盟会本部的工作，并从事政治、经济与法律等学科的研究。

1910 年，在革命党人发动的武装起义多次失败、同盟会陷于分裂的困难时期，宋教仁根据当时全国形势，提出发动革命的上、中、下三策，力主策动长江流域各省起义。这年冬，宋教仁回到上海，任革命党人创办的《民立报》的主笔，撰写了许多赞扬革命的政论文章。1911 年 4 月，他南下香港，参与黄花岗起义工作；1911 年 7 月，他在上海与谭人凤、陈其美、范鸿仙人组建了同盟会中部总会。

1911 年 10 月 10 日武昌起义爆发后，宋教仁与谭人凤、陈其美、范鸿仙等同盟会中部总会的领导人一道，紧张筹划与发动上海、南京以及浙江、江苏各地的起义，以作响应。10 月 28 日，宋教仁与黄兴赶到武汉。宋协助湖北都督府办理外交，并与居正拟定了《鄂州临时约法》。这是中国历史上第一部共和制宪法性质的法律，体现了近代民主精神。11 月 13 日，宋教仁应范鸿仙的紧急请求，离开武昌，赶到业已光复的镇江，与范鸿仙、柏文蔚、徐绍桢、林述庆等协商筹划，为挽回新军第九镇南京反正的败局、组建“江浙联军”、攻克江南重镇南京，开辟了新的局面。接着，他又风尘仆仆地奔向上海、苏州、杭州，为筹建民国中央临时政府而竭尽全力。

南京光复后，1911 年 12 月 7 日，组成江苏都督府，宋教仁担任政务厅长。此时，已有十余省宣布独立，组织临时中央政府已属急务。宋教仁参与中华民国临时政府的筹建工作。1912 年元旦，以孙中山为临时大总统的临时中央政府成立时，宋被任命为法制局局长。许多人为宋教仁未担任内务总长而抱屈，他却说：“总长不总长，无关宏旨，我素主张内阁制，且主张政党内阁，如今七拼八凑，一个总长不做也罢。共和肇造，非我党负起责任，大刀阔斧，革故鼎新，不足以言政治。旧官僚模棱两可，畏首畏尾，哪里可与言革命、讲共和？”宋教仁很重视立法工作，很快就起草了一部宪法草案《中华民国临时政府组织法》，主张内阁制，并被孙中山所接受。以后出台的《中华民国临时约法》，就是以宋教仁的《鄂州约法》和该宪法草案《中华民国临时政府组织法》为蓝本的。

1912 年 3 月 10 日，袁世凯就任临时大总统，命唐绍仪组阁。宋教仁于 4 月 27 日就任唐绍仪内阁的农林总长。1912 年 6 月，唐内阁被袁世凯逼迫辞职，宋专门从事同盟会的党务活动。1912 年 7 月 21 日，同盟会本部召开夏季大会，宋教仁当选为总务部主任干事，成为同盟会实际上的主持人。

宋教仁有强烈的系统的民主宪政思想，向往西方民主国家的政党政治和议会政治，是责任内阁制的积极宣传者与实践者。在当时的中国政治形势下，宋教仁认为大总统非袁世凯莫属，因袁有强大的北洋军队和个人影响，但必须民选议会，由多数党执政，组成责任内阁。他认为有了这样一个健全的责任内阁，就可以限制袁世凯的大总统权力，甚至可以架空袁世凯，实现革命党人梦寐以求的民主宪政制度。他让仇鳌等人创办《亚东新报》，“监督政府，指导国民，巩固共和政体，注重民国主义”，并以“桃源渔父”的笔名，在报上发表多篇论文。为了实现政党内阁制的目的，在未来国会中争取选票，他在征得孙中山、黄兴的同意后，不顾一些革命党人的反对，在“朝野合作”“新旧合作”的口号下，于 1912 年 8 月 25 日，以同盟会为核心、联合国民公党、国民共进会、共和实进派等几个小政党，合并组成国民党，召开成立大会。会上，代表们公推孙中山、黄兴分别为正、副理事长，宋教仁以仅次于孙中山和黄兴的票数当选为理事，被孙中山委任为代理理事长，实际主持党务。宋担负重任，南北奔走，同拥袁的共和党、国民协会等抗衡，成为中国政治舞台上举足轻重的人物。

宋教仁的革命经历、过人才能及在当时中国政界中的重要地位与影响，引起袁世凯的高度重视与警惕。袁为了将此人才收为己用，对宋百般拉拢。一次袁见宋身着破旧西装，故意问：“君着此服已几年？”宋答：“留学日本所购，穿已十载矣。”袁感慨不已，立即赠宋银行存折一本，让宋使用，并说若不够可以增加。宋婉辞不收，说：“贫者士之常，今骤贵，乌能忘其本。衣虽褴褛，体尚可蔽，奚必尚华丽？”袁又向宋间接表示，只要宋不再坚持责任内阁制，就一定借重宋担任内阁总理，以高官引诱宋。但宋听了只一笑置之。袁见金钱、高官收买无用，又施美人计，亲自说媒，要将自己亲族中一个才貌双全的女子介绍给已婚的宋教仁为妻，也遭到宋的拒绝。袁见宋不为利诱，就指使爪牙对宋恶言诽谤。宋心地坦然地说：“是奚足诬我者？”他更加全力以赴为建立议会民主政治与政党内阁而奋斗。

1912 年 10 月 18 日，宋教仁离北京南下省亲。沿途，他广泛宣传自己的民主政治主张。1912 年底至 1913 年初，全国举行第一届国会议员选举。宋教仁认为这是建立议会民主政治与政党内阁的关键，亲自以国民党代理事长的身份在南方各省奔走演说，抨击袁世凯执政以来的种种弊政，宣扬民主宪政，争取选民支持。至1913年3月初，选举结果揭晓，宋教仁领导的国民党在议会中获得了压倒多数的胜利，宋教仁与国民党的许多要人当选为中华民国第一届国会议员。国民党将组成责任内阁，宋教仁将以国民党代理事长的身份出任内阁总理，这已成为当时的政治定局。

（三）北京居仁堂的暗杀阴谋

国民党竞选的胜利与宋教仁坚定的民主宪政思想，无疑给一心想当皇帝的大独裁者袁世凯以巨大的威胁与压力。他对心腹说："我现在不怕国民党以暴力夺取政权，就怕他们以合法手段取得政权，把我摆在无权无勇的位置上。"袁对宋教仁尤其害怕与仇恨。当各地袁党将宋教仁在竞选中抨击袁政府的演说稿送呈袁看时，袁咬牙切齿地说："其口锋何必如此尖利！"

袁世凯决定除掉宋教仁这个最危险的政敌，这样就可以使国民党因失去领袖而迅速瓦解，政党内阁也必将付诸东流。他与国务总理赵秉钧密商，制订了暗杀宋教仁的计划。他们派内务部秘书洪述祖出面到上海活动，物色刺客。袁、赵并决定将刺宋地点不选在北京，而选在上海，因为上海是革命党人的大本营，不仅可以使袁政府摆脱嫌疑，而且可以嫁祸革命党人，使他们相互猜疑、陷于分裂。

洪述祖，字荫之，江苏武进（今常州）人，其先祖洪亮吉是清乾隆、嘉庆朝的名臣。此人行事心狠手辣，人称"洪杀胚"。他任内务部秘书，实际上是由袁世凯直接指挥的秘密特务头目，专门负责监视和对付革命党人。他到上海，根据袁世凯的指示，找到应桂馨这个黑社会流氓头子，把暗杀宋教仁的任务交给其在上海实施。

应桂馨，名夔丞，浙江宁波鄞县（今鄞州区）人，家住上海法租界徐家汇路20号（亦称文元坊）；早年混迹江湖，结帮坑骗，为上海流氓帮会头子之一。辛亥革命时，他攀附同盟会，在1911年11月3日参与上海会党、军警起义。上海光复后，他充任沪军都督府谍报科长。1912 年 1 月 1 日孙中山在南京就任民国临时大总统时，他随之赴南京，担任总统府庶务科长，兼管孙中山的侍卫等职。不久，他因与人持枪械斗，被调任到下关兵站任差，随后又被解职。他重回上海后，重操旧业，改组青、红帮，自称大字辈，组织“国民共进会”，自任会长，于长江中下游一带鼓吹所谓“二次革命”。1912 年 8 月 15 日，他参与发动武昌兵变，被副总统黎元洪列为罪魁，通电缉拿。袁世凯知道此人的历史与社会活动能力，以为正可以利用，遂派洪述祖到上海，借商谈解散共进会为名，秘密地以巨资与高官厚禄将他收买。洪述祖还将应桂馨引见给江苏都督程德全，由程德全委任应桂馨为“江苏驻沪巡查长”，取得合法身份。随后，袁世凯特地致电在武汉的副总统黎元洪，让黎取消了对应桂馨的通缉令。袁世凯又亲自电召应入京，借解散共进会的名义，批给应五万元的活动经费，加以笼络。从此，应桂馨就投靠了袁，成为袁在上海对付革命党人的一条恶犬。

洪述祖交给应桂馨一本密电码，让应桂馨与他建立直接秘密联系。在 1913 年 2、3 月间，洪述祖与应桂馨频繁通电联系，向应桂馨传达袁世凯、赵秉钧的指示，许以“毁宋酬勋位”，屡次电催应桂馨尽快“做一篇激烈的文章”。

应桂馨几经寻觅，物色充当暗杀宋教仁的刺客。他曾找到一位叫王阿发的古董商，许以重金，但被王阿发拒绝。最后，他找到一名二十二岁的流氓兵痞武士英。武士英原名吴福铭，山西籍人，系一毫无政治头脑、也毫无人格与道德观念、唯知金钱与享乐的亡命徒，曾当过兵，后在各地流窜。他流窜到上海后，被应桂馨诱骗，拉入共进会，成为应桂馨的流氓爪牙。应桂馨以重金收买他做了暗杀宋教仁的凶手。

应桂馨得知宋教仁将于 3 月 20 日晚乘火车北上，就派武士英赴北火车站实施暗杀。

1913 年 2、3 月间，宋教仁在南方各省奔走活动时，就有人将袁世凯政府准备暗杀他的消息报告。宋教仁闻之坦然地说："暗杀之事防之不胜防，怕也怕不了，只有处之泰然。我若真被暗杀，或足以激起同志们的奋斗，而缩短袁氏的政治生命，也未可知。"

1913年3月中旬，宋教仁到达上海。袁世凯一再来电催他进京。宋教仁决定3月20日晚乘火车离上海。临行时，宋教仁到《民立报》报馆向革命战友辞行，徐血儿对他说："先生此行责任甚重，恐前途有不测之危险，愿先生慎重防卫。"宋教仁毫不介意，说："无妨，吾此行统一全局，调和南北，正正堂堂，何足畏惧。国家之事，虽有危害，仍当并力以赴。"陈其美插话说："遁初，你不要快活，仔细他们会用暗杀的手段来对付你。"宋越发大笑说："只有我们革命党人会暗杀人，哪里还怕他们来暗杀我们呢！"于右任劝他还是应该仔细些，并建议他改坐轮船从海道进京。宋教仁嫌轮船太慢，坚持当晚乘火车走。有人劝他"先为戒备"，他说："吾一生光明磊落，平生无宿怨无私仇，光天化日之政客竞争，安有此种卑劣残忍之手段？吾意异党及官僚中人未必有此，此特谣言耳，岂以此懈吾责任心哉！"（《宋遁初先生遇害始末记》，刊《国民》第一卷第2号，1913年6月出版）

1913年3月20日晚，黄兴、于右任、陈其美、廖仲恺等人只得陪宋教仁离开《民立报》报馆，前往火车站。就在宋教仁准备踏上北去的列车时，罪恶的枪声响了……

（四）"宋案"阴谋迅速暴露在光天化日下

宋教仁被刺时，孙中山正在日本访问。黄兴、陈其美等人立即在上海展开了侦查凶手的活动。因为他们知道，这不仅是为宋教仁一个人报仇雪恨，而且是为捍卫共和制度与民主宪政、打击封建复辟阴谋而斗争。

为使凶手无藏匿之地，黄兴、陈其美于3月22日联名致函上海英、法两租界总巡捕房，指出“此案发现，虽在内地，难保此凶手不藏匿租界”，要求租界当局“严饬得力探捕，如意侦缉”。他们指出，宋教仁为“民国要人”，“如能拿获真凶，彻清全案，准备赏银一万元，以为酬劳”。在他们的努力下，上海租界当局也积极地展开查凶工作。

陈其美是上海的会党领袖，又担任过上海军政府都督，在上海有广泛的社会关系。他暗中部署旧部与同志，配合租界巡捕房侦缉凶手。他还派人前往电报局，从收发电报中寻找线索，发现疑点。

果然在案发后两天，上海各报刊登出宋教仁的遗照与缉凶悬赏启示后，1913年3月23日，就有一位叫王阿发的古董商到巡捕房报案，说在约十天前，有一个叫应桂馨的人，拿张照片给他看，要他在某日某时某地开枪打死这个这个人，可得千金重赏，他没有答应。今天他从报上照片得知，原来应桂馨要他打死的就是宋教仁先生。巡捕房根据这条线索，当天就抓到应桂馨，第二天又在其家中抓到凶手武士英，并搜出了五响手枪一支，以及应桂馨与北京内务部秘书洪述祖往来的密电本及函电多起。

英、法两租界总巡捕房获得的这些人证、物证表明：袁世凯与赵秉钧商定了暗杀宋教仁的秘密计划，挂帅人物是赵秉钧，而担任部署、组织与直接指挥工作的是洪述祖。洪述祖到上海物色到应桂馨这个黑社会流氓头子，把暗杀任务交给他在上海实施。洪述祖交给应桂馨一本密电码，让应桂馨与他直接秘密联系。应桂馨以重金收买武士英，让他做了暗杀宋教仁的凶手。英、法两租界总巡捕房将获得的这些人证、物证转交江苏都督府。在孙中山与黄兴、陈其美的强烈要求下，在社会舆论的强大压力下，江苏都督程德全、民政长应德闳于1913年4月25日，向社会公布了宋教仁被刺案查获的函电、枪械等人证物证，刺宋真相被揭露，刺宋的后台是国务总理赵秉钧和总统袁世凯。

至此，袁世凯的阴谋与罪恶完全暴露于光天化日之下，全国哗然、震惊与义愤。

从1911年11月7日收买叛徒刺杀吴禄贞，到1912年8月15日借刀杀人杀害张振武，再到1913年3月20日派遣刺客刺杀宋教仁，袁世凯这个狠毒而又虚伪的大独裁者的手上，沾满了著名革命党人的鲜血！当时有人写了一副著名的《挽宋教任联》：

前年杀吴禄贞，去年杀张振武，今年杀宋教仁；
你说是应桂馨，他说是赵秉钧，我说是袁世凯。

由于这副挽联直接点出袁世凯是刺宋案的罪魁祸首与幕后主使，在当时社会上曾引起很大的反响。

在这铁证如山的情况下，袁世凯一面进行抵赖与诡辩，一面让赵秉钧“请假”“辞职”，让洪述祖逃到青岛德国租界躲避，同时派人到狱中毒死武士英，以图消灭罪证。最后，袁世凯图穷而匕现，于1913年6月公开发动了对革命党人的血腥镇压，把中国再次拉回到专制社会暴政的黑暗统治中去。

宋教仁的遗体被他的同志们安葬在上海闸北公园。

四、中华民国第一届国会参议院首任议长——张继

1913年（民国二年）4月8日。尽管不久前发生的刺杀宋教仁案，使得南北党争激烈，临时大总统袁世凯的专制而伪善的面目日益暴露，首都北京城里的气氛日益紧张，但这天是民国第一届国会的开幕日，仍是大街小巷悬灯结彩，五色旗飘扬，装扮出一幅节日的景象。

经过多日的场内场外的唇枪舌剑，4月25日，参议院选举，由于该院中的国民党籍议员占优势，国民党籍参议员张继当选为第一任议长，另一位国民党籍参议员王正廷当选为副议长。

这位张继，能在民初首届国会参议院的激烈而复杂的选举中，脱颖而出，不是偶然的。

在辛亥革命史上，张继是一位极富传奇色彩、开创近代中国多个“第一”的历史人物，经历复杂、跌宕多姿。

他本是清末直隶（今河北省）沧州一位穷经究史的富家书生，但在甲午战败后国家危亡的日子里，毅然离国东渡，成为中国第一位自费留日学生。

在辛亥革命准备时期风雷激荡的岁月里，他是最早投身反清民主革命的斗士，是邹容、章太炎最亲密的战友，孙中山革命事业的追随者与鼓吹者；然而不久，他又服膺无政府主义思想，成为中国无政府主义的鼻祖，并且是中国第一个、也可能是中国唯一一个参加国际无政府主义组织“鹰山共产村”活动的实践者。

辛亥革命后，在 1913 年 4 月底，他因悠久的革命经历与广泛的人脉关系，被推举为中华民国第一届国会参议院的首任议长；然而仅一个多月后，他就毅然丢下议长高位，南下上海，与孙中山会合，参加“二次革命”。

无疑，张继是辛亥革命史上一位极其重要又极其复杂的传奇人物。

（一）中国第一位自费留日学生

古城沧州，地处河北省东南部坦荡辽阔的华北大平原上，东濒渤海，北近天津，南接山东，大运河与津浦铁路纵贯全境，民风古朴豪迈，是著名的交通枢纽与武术之乡。

1882 年 9 月 5 日（清光绪八年壬午七月十八日），张继就诞生在沧州城东南的孙清屯。

张继，原名张溥，号博泉，后来他到日本留学，参加反清民主革命，才改名为张继，“取恒久之义”，其号亦易博泉为溥泉。张继晚年在所撰《回忆录》中，自称其家“为津南望族，以忠信传家，耕读为业”，是个富裕的地主大家庭。其祖父“治家业农，每于夕阳西下，率孙辈至东园菜畦除草”，其父张以南在著名的保定莲池书院中任斋长，生平“最恶读八股，志不在应试”，喜桐城派古文，涉猎经史百家，研究古今兴亡得失（张继：《回忆录》，《张溥泉先生全集》，台北出版）。张继生长在这样的家庭中，自小就受到良好的中国传统思想文化教育：幼年时，他常听祖父深情朗诵李密的《陈情表》等古文名篇；1888 年他六岁时被家中送入塾中读书；1896 年他十五岁时又遵父命，跟着族叔学习，课程皆其父预先选定，从四书五经到诸子百家、史鉴节要之类，间习作诗文。由于其父鄙薄科举的影响，张继未习制义，不准备走科举道路。

1894 年 8、9 月间，中日甲午战争爆发。张继的家乡沧州紧靠渤海前线。战争进行了半年多时间，中国战败求和，在 1895 年春被迫与日本签订了丧权辱国的《马关条约》。这场战争使少年张继产生了朦胧的爱国意识。当时他虽“只知外边有战事，不能分清白也”，但他特地选购了一张描绘中日战事的杨柳青年画，“恍惚将倭奴击败耳”。开明的父亲又不断给张继带来一些介绍世界新知识的书，如《瀛环志略》，开阔了张继的眼界与思路。

1897年，张继十六岁，其父“以乡居无嘉师”，将他带到保定莲池书院就读。莲池书院是清代一座闻名全国的书院。在清末，曾国藩的两位著名弟子张裕钊、吴汝伦先后在这里担任山长，号称大儒，讲学论道，使莲池书院成为全国桐城派古文的中心，“一时才智，多集门上”。张继来到书院时，正是吴汝伦掌院，他随同学听吴讲授《毛诗》《周易》与《史记》，并常常随吴到田野上散步，耳提面命，多所获益。

当时，莲池书院里还有不少日本爱好汉学的学者来此学习。张继在这里结识了中岛裁之等日本学者。这时，变法维新潮流在全国兴起，吴汝伦在莲池书院也倡导向外国学习。张继受此影响，遂在中岛裁之的帮助下，于1899年农历五月间，毅然离乡去国，乘三井洋行的煤船，漂洋过海，自费去日本求学。

中国清政府是在1896年开始向日本派遣留学生的，但几年间人数一直很少。张继到日本时，这里的中国留学生总共只有几十名。张继在东京寓菊町区的一家旅馆中，先到宫岛大八所办的善邻书院读书。宫岛大八以前也曾到莲池书院听张裕钊讲学，与张继的父亲张以南友好。不久，张继移居到另一位日本友人松平康国家中，松平康国用日语给张继讲授《三字经》《大学》《论语》的读法，使张继学会日语。

这时的张继，还是个世事未明的年轻人，头上仍留着清朝的长辫，“对于政治毫无正确认识”（张继：《回忆录》）。1900年初，在东京的约100多名中国留学生成立了“励志会”。这是中国留日学生的第一个团体组织，无明显的政治色彩，“有会章五条，不外以联络感情、策励志节为宗旨，对于国家别无政见”（冯自由：《革命逸史》）。成员也较复杂，既有激烈派的戢翼翚、沈翔云，也有温和派的曹汝霖、章宗祥。张继也参加了此组织。他还曾随中岛裁之前往拜访正避居日本鼓吹维新的梁启超。

1900 年夏，张继的家乡直隶一带爆发了震动世界的义和团运动，紧接着八国联军侵华，中国的北方大地上烽火连天。在这同时，在长江流域则发生了唐才常领导的自立军勤王事件。张继闻讯，与一些留日学生赶回中国。张继得知其父为避战祸，从保定逃到武昌，就赶去看望。在这里他们目睹了自立军惨遭清廷镇压、留日同学傅慈祥、林圭等壮烈牺牲的场景。后来张继回直隶看望母亲，亲见北方饱受战乱之苦，悲愤异常。他路经天津时，直隶官报局局长张孝谦想聘他为该局日文翻译，被他谢却。他到北京，遇到中岛裁之，中岛鼓励他重回日本继续求学，说："刀愈磨愈利，学问愈学愈深。"张继乃于 1900 年年底再次东渡日本。

纷乱的时局与深重的民族危机深深刺激了张继。他的思想日益发生变化。他这次赴日搭乘的是日本客轮，与同行的王达和等六人结伴，一路上褒贬时政，发抒感慨，十分投机，遂结拜为兄弟，号"六人团"。途经烟台，他们见一伙日人将劫夺的中国珍贵文物 32 尊铜佛盗运出境，张继当即指着铜佛说："此我国耻，义当雪之。"还作诗盟誓，曰："拳匪庚子起山东，国势沦亡伤我衷。携手扶桑须努力，少年造化胜天工。"张称义和团为"匪"，显然是当时普遍的偏见，但诗中表露的强烈的爱国情怀令人感奋。

张继再次到日本东京后，先寓居四谷区盐町刘雨田家中；后得刘氏周助学费，经松平康国介绍，进入日本著名的早稻田专门学校（早稻田大学前身）攻读政治经济学。从这时到 1903 年 4 月，有两年多时间，他都寄居在该校的寄宿舍中，过着清苦的留学生活。

（二）最早投入反清民主革命的斗士

1900 年"庚子事变"以后，"有志之士多起救国之思，而革命风潮自此萌芽矣。”（孙中山语）留日学生中一些激进分子创办了《开智录》《国民报》等报刊，大量介绍西方进步的民主自由学说，越来越强烈地宣传反清革命。张继思想日益激进，在早稻田大学中，“除照例上课外，专在图书馆翻阅该国维新时中江笃介等所译《法兰西大革命》《民约论》等书，革命思想沛然日滋。倭之维新，不在眼中”（张继：《回忆录》）。他拒绝父母要他早日回国娶妻的要求，连父母寄来的家书也无心拆看，一封封原封不动地塞在抽屉里。同伴提醒他，他只是一笑置之。他改“张溥”名为“张继”，每当课余，常常到《国民报》报社协助戢翼翚、秦力山进行编辑工作，又与戢、秦等人参加了日本华族女子学校校长下田歌子等人组织的“兴亚会”。在这期间，张继常与秦力山同住，并通过秦结识了正流亡到日本的章太炎。章氏后来回忆说：“沧州张溥，时年二十，游学与力山同舍。力山独伟视溥，为余言状，余因得与溥交。溥即今张继云”（章太炎：《秦力山传》）。1902 年初，张继又通过秦力山介绍，到横滨拜见了向往已久的孙中山。孙中山热情接待了他们，留其午餐，还亲自用盆盛水让其洗脸，使张继十分感动。张继与黄兴接触攀谈，更为投机。同时，他还结识了邹容、陈由己（陈独秀）等志士。1902 年 4 月，张继与革命友人一道，参加了轰动一时的“支那亡国二百四十二周年纪念会”；6 月，又参加了反对清政府驻日公使蔡钧压制自费留日学生学习陆军的事件。

张继成为留日学生中的革命积极分子，思想与励志会中的曹汝霖、章宗祥等人越来越格格不入，经常发生冲突。一次励志会集会，曹汝霖演说称赞君主立宪，张继立即登台批驳，随后下台与曹谩骂几至挥拳殴打（曹汝霖：《一生之回忆》）。到 1902 年冬，张继与曹等彻底绝裂，约同原励志会中的激进学生秦毓鎏、叶澜等人，发起成立了留日学生的第一个革命团体——“青年会”，参加的还有冯自由、蒋方震、苏子穀（苏曼殊）、陈由己（陈独秀）等人，以早稻田大学学生为最多。该会在《会章》第一则中就明确揭示：“以民族主义为宗旨，以破坏主义为目的”（冯自由：《革命逸史》初集，第 124 页），并编辑出版了《法国大革命史》《中国民族志》等书籍，进行反清革命宣传。

1903 年是反清民主革命形势迅速高涨的一年，东京的中国留学生不断出现革命壮举，如 2 月在留学生会馆的春节团拜会上竞相发表排满革命演说，3 月留日学生发生抗议大阪博览会侮辱中国的事件等。张继积极参加了这些活动。3 月 31 日，张继与邹容、陈独秀、翁浩、王孝缜五人，听说清政府派来的留学生监督姚文甫有奸情，决定对其惩罚，直奔姚的住所，排闼而入，指着姚的鼻子，直数其劣行丑事，声言要割掉他的脑袋，吓得姚不断哀求。邹容说："纵饶尔头，不饶尔辫发。"于是，"由张继抱腰，邹容捧头，陈独秀挥剪，稍稍发抒割发代首之恨"（章士钊：《疏〈黄帝魂〉》，《辛亥革命回忆录》第一集，文史资料出版社 1981 年版，第 242 页）。事后，张继等还将姚的发辫悬挂于留学生会馆，于旁书写："南洋学监、留学生公敌姚某某辫"。此举在留学生中产生很大影响。

张继等人"犯上作乱"的举动，使清政府驻日公使蔡钧气急败坏。他胁迫日本警方捕人。为逃避迫害，张继与邹容、陈独秀于 1903 年 4 月中一道登轮回到上海。陈独秀回家乡安徽发动革命。张、邹留上海。这时上海革命热潮也不断高涨，"拒法""拒俄"运动如火如荼。以蔡元培、章太炎为首的中国教育会与爱国学社是革命力量的中坚，他们组织在张园集会，发表革命演说，在《苏报》上发表宣传反清革命的文章。因闹学潮从南京陆师学堂退学的学生章士钊，来沪入爱国学社学习，同时被《苏报》聘为主笔。张继与邹容来上海后也进入爱国学社，投入革命运动。他们二人与章太炎、章士钊意气相投，感情日深，遂结为兄弟：章太炎 36 岁，为长兄；章士钊 23 岁，行二；张继 22 岁，行三；邹容只有 18 岁，为小弟。

在革命热潮中，章太炎发表了《驳康有为论革命书》，邹容在 5 月间出版了《革命军》，猛烈地宣传反清革命，轰动一时。章士钊任主笔的《苏报》反清革命倾向更为强烈与鲜明，惊世骇俗。张继文笔不及他们，在《苏报》

社协助编辑工作,“仅将报内纪事多添满贼而已”。张继自己写的文章只有《祝北京大学堂学生》与《读〈严拿留学生密谕〉有愤》两篇，分别发表在6月6日与6月10日的《苏报》上。前篇以风闻北京大学堂学生被清政府镇压为由，鼓吹北京的学生们发动“中央革命”，“杀皇帝”，“倒政府”，高呼“那拉氏不足畏，满洲人不足畏，政府不足畏”。后一篇则愤怒斥责清政府卖国与镇压学生爱国运动的罪行。据章士钊回忆：“溥泉少余一岁，草此文时，最为纯白无疵，忠勇奋发，敢为非常可喜之论，为国人仰望。其他不信儒言，鄙薄纲常，亦当行出色之能事”(章士钊:《疏〈黄帝魂〉》)。

1903年7月初，“《苏报》案”发生。张继最初将受迫害的邹容藏到虹口的一个教士家中。后来邹容主动投案，与章太炎同被关于租界狱中。张继常到狱中看望他们，并为他们传递信件。为继承《苏报》传统，反击清政府迫害，张继与章士钊、陈独秀等人于《苏报》被查封后仅1个月，在8月7日创办了《国民日日报》，继续进行革命宣传。张继任该报编辑，并为该报撰写了《说君》一文，以社论形式发表。该文以尖锐的笔调揭露了专制君主的祸害，“种种罪恶，惟君所造”，预言君主专制必然要为民主共和所取代，“极文明时代，乃群治日进，自由竞争，共和宪法斐然成章，确见君主为赘物，纯乎服从公理之时代也”。这种痛快淋漓的揭露与宣传在当时产生了很大的影响。

这期间，张继与章士钊同住在“东大陆译书局”的楼上。张继的父亲张以南在家乡听到上海的“《苏报》案”与张继热衷革命的情况，十分发急，匆匆赶到上海，准备将张继带回家。张继遂在所居室楼门上贴一张告示，上书：“无论何人，非主人延请，不得登楼”。张父见之，逡行退去。此事被革命同志们津津乐道(章士钊:《疏〈黄帝魂〉》)。

1903年秋，张继应黄兴邀，赴长沙，表面上担任明德学堂的西洋历史教员，暗中积极参与华兴会的创立与革命活动。为策应湖南起义，张继于1904年春到南京，与“哥老会”首领在明孝陵行“特敬礼”，联络江淮的秘密会党。1904 年夏，张继又应“暗杀团”首领杨笃生邀，赶到北京参加谋杀慈禧与光绪的活动。他们从日本运来炸弹，在天津设立秘密机关，到北京侦察慈禧行动路线，历经数月，因困难太大无从下手而作罢。1904 年 10 月，张继又回到长沙，参加黄兴组织的起义活动，不慎事泄，清廷搜捕。黄兴与张继等人于 10 月底连夜逃离长沙。黄兴化装乘坐一轿，张继与曹亚伯暗携手枪跟随在后。他们到上海后，又在英租界的新闻路余庆里秘密集会，另组织“爱国协会”，准备运动长江下游的学界与军队再行大举。正在这时，曾凶残镇压革命运动的原广西巡抚王之春到达上海，革命党人大愤，决心除之，以万福华为杀手。张继将自己手枪供万使用。万福华行刺未成功被捕。11 月 20 日，张继与黄兴等 11 人也牵连被租界逮捕，被关押 1 个多月，因证据不足，得以获释。张继再次东渡日本。

1905 年反清民主革命形势更加成熟。张继在东京任留日学生会的总干事。5 月，邹容在狱中病死，张继受留日学生会委派回上海料理邹容后事。7 月 19 日孙中山再次来到日本，与黄兴等联络，于 8 月 20 日正式成立中国同盟会。张继积极参与了同盟会的筹建活动，并当选为司法部的判事与直隶分会长。后来张继还一度担任执行部的庶务，主持同盟会总部工作。1905 年 11 月同盟会机关报《民报》创刊，张继又担任第一任编辑人与发行人。当张继到日本警视厅为《民报》立案时，根据警视厅要求，写下了《民报》宗旨六大要点：一、颠覆现今之恶劣政府；二、建设共和政体；三、土地国有；四、维持世界真正之和平；五、主张中国日本两国之国民的联合；六、要求世界列强赞成中国之革新事业。此六点为同盟会所接受，成为《民报》著名的六大主义。

然而张继毕竟是个喜欢东奔西跑的革命活动家，文字非其所长，因而他担任《民报》1 到 5 期的编辑人兼发行人时，仅是挂名，实际主持工作的是胡汉民。《民报》的庶务干事宋教仁曾写信给他，“责其太不理事”（《宋教仁日记·1906 年 2 月 7 日》，《宋教仁集》下册，中华书局 1981 年版，第 572 页）。1906 年 3 月 2 日，张继离开日本赴南洋，在新加坡、爪哇巴达维小住，后到中华学堂任国语教习。秋天，他回到烟台活动；不久，又偕左雨农赴辽东及奉天等地策动“马贼”起义。

1906 年年底，张继再次回到东京。

（三）中国无政府主义第一人

1907 年初，在东京一部分革命党人中兴起了一股无政府主义思潮。张继是年 26 岁，由于其自身的思想条件与四周环境的影响，很快成为这股思潮的狂热信徒与活动领导人之一。

张继自小熟读中国古籍，老庄派的崇尚自然无为、反对政府暴力的虚无主义思想曾深深影响了他。他到日本留学后，西方的无政府主义思想著作正大量地被译介到日本。他阅读了许多无政府主义著作，深受这种激烈思想的影响。1903 年 6 月，他在上海《苏报》上发表的几篇文章，就都署以“自然生”的笔名，文章内容中也有强烈的无政府主义影响。“《苏报》案”后，张继在上海期间，综合当时的日文无政府主义资料，编译了一本《无政府主义》的小册子，于 1903 年 9 月在上海出版（张继编译:《无政府主义》，古今图书公司“荡虏丛书”），分上、下两编：上编题为“无政府主义及无政府党之精神”，汇辑了各国革命党人和无政府主义者提倡暗杀的言论；下编题为“各国无政府党”，罗列了 1901 年以前各国政府要人被暗杀的记录。全书共 60 页，宗旨是鼓吹破坏与暗杀。张继还以“燕客”之名为此书写一序，提出了震惊时人的“六杀尽”的行动纲领，即要杀尽满洲人、君主、政府官吏、财产家资本家，甚至还要杀尽结婚者与孔孟教之徒，要在四万万中国人中间杀去一万万。充满了偏激狂热的思想。这是中国第一本介绍无政府主义的著作，张继也是中国鼓吹无政府主义的第一人。但张继当时对无政府主义并无深入的了解，常不能自圆其说。章士钊回忆说：“溥泉自署自然生，盖彼高唱无政府主义，主一切听其自然，不加干涉，几与天法道、道法自然之老子学说一致。或问之曰：子强制姚昱，割其辫发，此在子倡导之自然高论，应居何等？溥泉向不善辞令，为之语塞”（章士钊：《疏〈黄帝魂〉》）。在 1904 年到 1906 年间，张继因忙于华兴会与同盟会的革命活动，放松了对无政府主义的研究与鼓吹。

1906 年底张继回到日本时，正逢日本社会党分裂、以幸德秋水为首的“硬派”大肆宣传无政府主义。这股来势很猛又很“彻底”的国际思潮，十分迎合中国的一些激进革命党人。张继与刚出狱来到日本的“长兄”章太炎，通过加入同盟会的日人北一辉的关系，于 1907 年 3 月亲自登门向幸德秋水求教。此后双方往来不绝。1907 年 4 月，他们响应幸德秋水号召，共同发起组织“亚洲和亲会”。张继“尤佩服秋水学问”，完全接受了幸德秋水派的无政府主义思想观点：在反封建专制的斗争中，完全否定议会斗争与议会民主制度，主张“直接行动”，用总同盟罢工与暗杀来进行革命，实现无政府社会主义。张继将幸德秋水用日文译的意大利人马拉叠斯著的《无政府主义》转译成中文，由章太炎、刘师培、黄侃分别作序出版（不同于张继于 1903 年秋编译出版的《无政府主义》一书）。接着他又转译了幸德秋水另一本以日文翻译德国人罗列著的《总同盟罢工》，亦由章太炎作序出版。

由于思想分歧，张继与章太炎、刘师培等人对孙中山的三民主义理论与革命领导工作日益不满，在同盟会内部掀起了几次“倒孙”风潮：先是在 1907 年 4 月，因孙中山被迫离日前接受日本政府赠予路费一事，张继等人一齐哄闹，猛烈攻击孙中山。张继说：“说走就走，要他钱干什么”，刘师培甚至说孙中山“受贿”，章太炎则称孙中山出卖《民报》；到 1907 年 6 月，因孙中山领导的潮州黄冈起义与惠州七女湖起义先后失败，张继等人再次猛烈攻击孙中山，大闹《民报》报社，催逼代理主持同盟会总部工作的刘揆一召集同盟会会员大会，革去孙中山总理职务，改由黄兴担任。刘不从，张继盛怒之下，竟和刘对打起来（刘揆一：《黄兴传记》，中国近代史资料丛刊《辛亥革命》四）。事后，张继又致电正在辽东策动“马贼”起义的宋教仁，要他赶回东京一道“反孙”。张继等人的行动导致与加剧了同盟会的分歧与分裂。

张继在“反孙”的同时，狂热地开展无政府主义的活动。他在1907年6月与刘师培等人发起成立中国第一个无政府主义团体——“社会主义讲习会”，于8月31日在东京清风亭召开成立大会，张继在会上声明，该会目的在于“说明无政府主义”。此后，该会定期集会，发行《天义报》，产生很大影响。

在这期间，张继继续参加反对清政府与立宪派的斗争。1907年10月17日，梁启超主持在东京神田区锦辉馆召开“政闻社”成立大会，张继率数百革命党人大闹会场，以日语厉斥：“马鹿！”吓得梁启超等人仓皇逃走。11、12月间，国内发生江浙铁路权风潮，东京部分留学生鼓吹“集股拒款”。张继与章太炎反对这种软弱的抵抗方法，多次冲击会场，鼓吹“罢市”与“抗税”，进行彻底的反清革命。因张继胆大性急，敢于吵闹斗争，在东京留学生界被称为“一团火”。清政府对其恨之入骨，在对他的通缉令中，以三千元赏金收买他的首级。

1908年1月，日本政府加紧了对无政府主义者的压迫。当时，幸德秋水派每逢星期五（金曜日）就举行“金曜讲习会”，发表著名的“屋顶演说”。1月17日，张继参加在东京本乡区平民书屋举行的“金曜讲习会”第二十次会议。会上言论激烈，到会的日本警察下令解散集会，并动手寻逮捕了张继等人。日本友人知张继正被中国政府通缉，处境特别危险，乃集中力量将张继夺回，让其逃脱。张继从东京逃至京都，寓程家柽家，后转往新加坡，并到晚晴楼拜望了孙中山。张继开始认识到以前他参与“倒孙”的错误，他向孙中山承认了自己的幼稚无礼。孙中山对他勉励有加。

1908年3月中，张继与曹亚伯一同乘轮赴欧，于3月31日到达法国巴黎。那时，吴稚晖、张静江、李石曾等人正在这里创办《新世纪》刊物，热烈地宣传无政府主义。张继一方面参与他们的活动，另一方面考察与联络欧洲各国的无政府主义者，同时和东京的刘师培等人保持联系，不断去信，报告他在欧洲的行踪与对西方各国无政府主义运动的考察结果。张继希望东京的刘师培等人，在中国各省设立“劳民协会”，“循一堂堂正正之路混入会党之中，脱却长衣，或入工场，或为农人，或往服兵”，从而为发展中国的无政府主义运动奠定基础。

1908 年 6 月，张继跑到法国与比利时边界沙列威尔山林中的“鹰山共产村”，参加国际无政府主义运动的生活实验。这里聚集着欧美各国一伙信仰无政府主义的人，有犹太人、法国人、俄国人、西班牙人、波兰人等，拥有农田百亩、母牛一头、两层楼房一幢，每人每天劳动 10 小时，过着“各尽所能，各取所需”的生活。张继是参加这所“共产村”的第一位中国人。他像别的成员一样，身穿“劳民之衣”，每天除在田间耕种外，还被分派跟一俄国人用马车装运瓜果到城里叫卖，张以吹喇叭招徕顾客。开始，张继劲头很高，写信给章太炎，称“已做世外人，从此种麦种菜，不与外人接触”，甚至预言“中国人种不久将灭”。但历时三月，一事无成，张继失去热情，又返回巴黎。

以后，张继到欧洲各国游历，到一些大学自由听讲，结交了各国社会党与艺术界的一些人士。1909 年 6 月孙中山来到法国，张继为其代租住房，陪其游历。这年 9、10 月间，章太炎、陶成章在东京与南洋再次发起“反孙”，散发《孙文罪状》，闹得不可开交。张继致信孙中山，要孙“退隐深山”，“布告天下，辞退同盟会总理”。孙中山于 11 月 12 日亲自复函张继，对其意见进行批评与解释，指出“此时为革命最衰微之时……非退隐之时代也”。孙中山并向张继指出，东京同盟会总部与章太炎必须首先认过（孙中山:《复张继函》，《孙中山全集》第一卷第 426 页），使张继受到教育。

历史证明，无政府主义是一种不可能实现的政治理想。张继逐步认识到:“这虽不是落伍，这总是空想的，是佛教所谓极乐世界，是耶稣教所谓天堂，是不能达到的”。他对无政府主义的热情渐渐冷淡下来。1911 年 10 月辛亥革命的枪声响起，进一步把张继从空想拉回到现实中来。他迅速离开欧洲赶回中国，重新投入到民主革命的洪流中去。

（四）中华民国第一届国会参议院首任议长

1911 年 12 月张继回到刚光复的上海，立即协助上海军政府都督陈其美，投身到热火朝天的革命斗争中。他奉派到戏院、会馆讲演，募集革命经费，群众热烈响应，连妇女都脱下金银首饰掷到台上。

全国的革命形势迅速发展。同盟会本部从日本迁回国内后，面临的首要问题是自身前途。章太炎鼓吹“革命军兴，革命党消”。张继一度受其影响，与宋教仁一道，表示赞同立即取消同盟会，重新组党，声言“将选择同盟会中稳健分子，集为政党，变名更署，与同盟会分离”（钱须弥编：《太炎最近文录》第 77 页，《销弭党争书二》，国学书室 1951 年 4 月出版）。刚从海外归国的孙中山严肃批评了这种错误想法，使张继改变认识。张致书章太炎，表示自己要继续留在同盟会内，以“保持革命精神”（《张溥泉复章太炎书》，《缔造共和之英雄尺牍》卷 5）。

南京临时政府成立后，1912 年 1 月 28 日又成立了临时参议院。张继与李石曾、吴稚晖、汪精卫等人发起成立“进德会”，鼓吹“不做官，不争利”等。1912 年 3 月 3 日，同盟会本部在南京召开大会，宣布从秘密的革命团体正式改组为公开的政党，张继当选为交际部的主任干事兼河北支部部长。

1912 年 4 月 1 日，孙中山辞临时大总统职，先后到上海、江苏、安徽、江西、湖北等省游历。张继一路随行，到武汉后方辞归河北沧州故里省亲，与崔振华女士结婚。崔女士为张继的河北同乡，与其妹崔昭华从天津北洋直隶第一女子师范学校毕业，又一道投身革命，参加了秘密革命组织“共和会”，在辛亥革命期间曾参加过震动全国的滦州起义与海城劫狱，为北方著名的女革命党人。是年张继已 31 岁。

1912 年 4 月 25 日，同盟会本部由南京迁往北京，设于彰仪门大街广东会馆。由于孙中山等人无暇顾及党事，同盟会总部事务多由张继主持。4、5 月间，张继还与吴稚晖等发起成立“留法俭学会”，在北京设“留法预备学校”。1912 年 8 月 25 日同盟会与四小党合组成“国民党”，张继当选为总部参议。8 月底到 10 月初，张继与田桐、端纳等人陪同孙中山游历北京与山西。

从 1912 年年底开始，全国进行第一届国会议员选举。张继南下到河南、湖北、江西、福建等省为国民党竞选进行宣传活动，多次发表演说。1913 年 3 月国会选举揭晓，张继当选为参议员。

1913 年 3 月 20 日发生了宋教仁被刺案件。国民党与袁世凯的斗争日趋激烈。张继对即将开幕的民国首届国会抱有一个幻想，“密陈孙黄，非扑杀此獠，吾党无中兴之日；倘吾以北人而膺参议院议长之职，世凯以便于诱惑，或者喜与吾接，即不然，议长入府计事，无见拒理，吾不难手椹其胸，为吾党了此残贼，从而四督举兵，天下指挥可定。孙黄壮其言，如计而行”（章士钊：《疏〈黄帝魂〉》，《辛亥革命回忆录》第一集，文史资料出版社 1981 年版，第 242 页）。后来的事实证明，这是一个无法实现的幻想。

1913 年 4 月 8 日，民国第一届国会开幕。4 月 25 日，参议院选举议长，由于该院中国民党籍议员占优势，张继当选为第一任议长，另一个国民党籍参议员王正廷当选为副议长。这天，张继从黄兴的急电中得知袁世凯政府违法向外国列强秘密举借大宗“善后大救款”，以作扩军备战之用，立即与王正廷去见袁世凯，企图阻止。袁托故不见，并指示部属在借约上签字。张继与王正廷立即分别以正、副议长的身份，通电全国，严正谴责“政府如此专横，前之参议院即屡被摧残，今之国会又遭其蹂躏。不有国会，何言共和？继等唯有抵死力争，誓不承认”（《民立报》1931 年 5 月 1 日）。张继又发动与联合国民党籍的议员，向袁政府提出质问书。“借款案”与“宋教仁案”成为当时激荡南北风潮的两大事件。

国会反对袁政府非法借款的斗争持续一个多月，最后未获成果。张继敏锐地感到在袁世凯的暴力面前，国会与宪法都不足恃，遂在 1913 年 6 月初（农历端午以后），毅然丢下议长高位，南下上海与孙中山会合，参加“二次革命”。他在 6 月底奉孙中山命，与马君武、邵元冲、白逾桓三人到江西，动员李烈钧起兵讨袁。7 月 15 日，他又以参议院议长的身份，在上海发布宣言，号召“全体议员迁出北京，择地开议，以纠元凶而伸国法”（《民立报》1931 年 7 月 17 日）。上海战事失败后，张继奉孙中山命，先行去广州联络陈炯明，未果，遂随孙中山赴日。

袁世凯在镇压“二次革命”后，发出对革命党人的通缉令，张继名列其中。

孙中山在日本组建中华革命党，为入党手续事，与黄兴等人发生分歧。张继亦不满孙中山的做法。他说：“总理以手强余的拇指，余婉拒之”。他未肯参加中华革命党，但亦没有参加黄兴等反对派组织的“欧事研究会”，而是置身于党内纷争之外，自行到欧美各国游历。直到 1915 年年底，袁世凯帝制公开，他才回到东京，投入反袁斗争。1916 年 5 月初，他随孙中山到达上海，曾为筹措西南护国军军费，会同李根源，向外商商借 200 万元。

袁世凯死后，1916 年 8 月国会恢复，张继回到北京，投入国会内的党派之争。张继与吴景濂等人合组“益友社”，后又扩大为“宪法商榷会”，与进步党人的“宪法研究会”展开斗争。1917 年 6 月张勋解散国会，接着拥清废帝复辟。张继率部分议员南下，随孙中山前往广东，借助桂系军阀力量组织军政府，开展护法斗争。张继为非常国会议员，曾奉孙中山命去广西，迎桂系首领陆荣廷到广州任职，未果。1918 年 1 月 3 日，孙中山为教训桂系莫荣新破坏护法军政府，炮轰观音山。事前一日，张继努力劝阻孙中山炮击行动，孙中山十分生气，将他与方声涛二人禁闭于元帅府一夜，炮击后才将他们释放（罗翼群：《记孙中山南下护法后十年间粤局之演变》，《广东文史资料选辑》第二十五辑，第 103 页）。张继在广州无法久留，就前往上海。未久，护法运动失败，孙中山也于 1918 年 3 月来到上海，著书立说，总结经验教训，组织革命力量，以图再举。张继担负中华革命党总部的对外宣传联络工作，艰难地寻找新的援助与支持。

1919 年五四运动后，中华革命党改称“中国国民党”（不同于民国初年由同盟会与四个小党合组的“国民党”）。张继是孙中山实施“联俄容共”政策的第一位联络人，他介绍了中共早期领导人陈独秀、李大钊、蔡和森、张太雷、张国焘等人，以个人名义加入中国国民党。但曾几何时，他又成为中国国民党中最早公开反对“容共”政策的右派带头人，屡次掀起轩然大波。1927 年 4 月，南京国民政府建立后，张继以中国国民党元老的资格，屡任显要；晚年主持中国国民党史与民国史的编纂及国史馆的筹建工作，是国史馆的第一任馆长，颇有贡献。1947 年 12 月 15 日，他因患急性病突然在南京病逝，终年 66 岁。

五、扬州“花瓶弹”炸毙“徐老虎”

（一）“美人霁”花瓶藏杀机

1913年（民国二年）5月24日上午，苏北名城扬州。

当时，由于两个多月前袁世凯暗杀宋教仁血案的发生，全国的形势顿时紧张起来：南方以孙中山、黄兴、陈其美为首的革命党人要求严惩凶手，追查幕后指使者，声讨袁世凯破坏民主、践踏人权的罪行，并酝酿发动武装讨袁；而以袁世凯为首的北洋军阀集团凶相毕露，磨刀霍霍，准备出兵镇压南方革命党人。双方函电交往，口诛笔伐，战争已是箭在弦上，大有一触即发之势。

可是在这南北接壤的扬州城，却是一片歌舞升平的景象。扬州最高军政长官、驻扬第二军军长徐宝山似乎超然于南北纷争之外。当南方革命党派人劝他参加起兵讨伐袁世凯时，他笑而不答，若无其事；其实他早就秘密接受袁世凯的收买笼络，只不过时机未到，还在观望形势。近一段时间他不仅按兵不动，还故作风雅，以一介武夫，搜集玩赏起古玩来。他特别喜爱中国古瓷。前几天，他托扬州古董商、至交好友吴慕贤与艾玉才二人，携款专程前往上海，设法搜寻购买一种极为稀有珍贵的“美人霁”花瓶。

这天上午约8时，徐宝山起床后，听马弁报告。昨晚，吴慕贤派遣一个操浙江口音的少年，持其信函与一个盒装“美人霁”花瓶送来徐宅，因徐宝山已睡下，故今早才报告他。徐听了大为高兴，先看吴慕贤的来信，说是他在上海访到一只“美人霁”花瓶，“不日当有古瓶一只寄上”。看完信，徐宝山喜不自禁，急忙来看花瓶。“美人霁”花瓶被装在一个结实异常的木盒内。徐宝山令马弁高镇清与王得林开盒。可是盒盖封得很严，王得林以盒内为珍贵之品，手不敢用力，迟迟打不开。徐宝山不耐烦，让其靠边，以自己力大，亲自过来开盒，令高镇清协助。徐宝山开盒时，也害怕盒动而瓶受损伤，即以腹部抵之。没想到，他刚刚用力打开盒盖，只见烟焰遽发，轰然一声，盒内炸弹爆炸。徐宝山被炸得穿肠洞腹，血肉横飞，当即毙命，终年五十一岁。与徐一同开盒的马弁高镇清也被炸死。

这就是民国初年轰动一时的“花瓶炸弹暗杀案”。徐宝山为什么会被暗杀？他被谁暗杀的呢？一时众说纷纭。

（二）盐枭巨魁“徐老虎”投靠袁世凯

徐宝山，字怀礼，江苏丹徒（今镇江市）人。1862 年（清同治元年）生于一个贫苦家庭，从小游食四方，闯荡江湖，广交朋友，性格伉爽豪侠，好打抱不平。其身魁伟，膂力过人，刀枪棍棒无所不精，尤精枪法，能发双枪，百发百中，人畏之如虎，称之为“徐老虎”。1893 年（清光绪十九年），他因参与“仙女庙劫案”，并杀死一个为非作恶的驻防旗兵，被捕获后发遣甘肃。在途经山东时，他盗驿站骏骑逃回，遭追捕，不得不亡命江湖，依附于枭魁孙七，靠贩私盐为生。在格斗中，徐宝山以其勇悍名震四方，声威远播，各地来投靠与依附他的人络绎不绝。1899 年（清光绪二十五年）徐宝山自立门户，开山立堂，曰“春宝堂”，广收门徒，盛时党徒达有数万之众，势力遍及大江南北及淮河两岸，成为长江下游、江淮地区著名的会党首领和盐枭。

徐宝山率其同伙与门徒，以贩私盐为业，来往于大江南北，获利颇厚，势力越来越大。在1898年（清光绪二十四年）戊戌变法发生时，他同情康有为等维新党人。在1900年（清光绪二十六年）义和团运动兴起时，他曾准备起兵北上支持，诛杀顽固派大臣，以清君侧。他的活动引起清统治者的恐惧与重视。在巨绅张謇的策动下，两江总督刘坤一以功名富贵招抚徐宝山。徐毕竟是一个江湖会党首领与盐枭，立即受抚，任缉私营管带，帮助官府维持地方治安，镇压会党人士。不久，徐宝山因“功”升清巡防营帮统。

1911年（清宣统三年）10月武昌起义爆发。徐宝山在其亲戚、革命党人李竟成的策动下，率部响应革命，参与光复镇江、扬州及苏北里下河地区，并参与攻克南京的战斗，对辛亥革命有所贡献。但他权势欲随之急剧膨胀。在光复扬州时，他指挥部属镇压了当地以孙天生为首的贫民起义。随之，他率领部下移驻富庶的扬州，他任扬州军政分府都督兼第二军军长，扩充势力，控制两淮盐税，大权独揽，生活豪奢，思想也日趋堕落。他除在扬州城中占有豪宅，还在扬州著名的风景地瘦西湖中建造起一座精美的花园别墅，人称“徐园”。他还附庸风雅，四处搜寻珍奇古董，以为赏玩。

1912年4月1日，孙中山辞去临时大总统后，袁世凯窃取了国家大权。袁为了将其势力伸向南方，特派心腹携巨款，到南方各地收买革命党人与地方实力派。雄踞扬州的徐宝山自是袁党争取的重点对象。徐宝山是个“有奶就是娘”的草头王，见钱眼开。当袁的使节到扬州向他策动时，徐宝山立即为其收买，接受了袁世凯二十五万元的“赠款”。从此，他就上了袁的贼船。徐宝山为了让袁放心，竟将其次子徐浩然送到北京为质，在袁的总统府任侍卫武官。在国内政争中，他迎合袁世凯的政治需要，处处为袁帮腔。早在1912年3月，袁世凯刚登上临时大总统宝座，不愿南下到南京就职时，徐宝山就附和袁世凯，改变自己建都南京的一贯主张，公开宣称“觉现在亦无舍北就南之理”。接着，当南方革命党人对袁世凯种种违法行为揭露与斗争时，他又以“军人挟功动辄干预国政，众口嚣嚣，淆惑国是”来攻击南方革命党人，要求全国“服从中央命令”，一切听从袁世凯。

1912 年 6、7 月间，当袁世凯力图解散南方革命党人控制的各地军政府、军政分府时，徐宝山带头响应，通电全国，要求取消军政府与军政分府，说："查军政府与军政分府之设，原为一时权宜之计，若循此日久不图变计，互为雄长，争端迭起，或为私仇，虽其原因各有不同，而其贻害地方则一。宝山苏人，眷怀时局，忧心如焚，谨请率先取消扬州军政分府，以为统一倡"。徐宝山此举有力地支持了袁世凯独裁与集权的野心，深得袁的赞许，却给南方各地革命党人控制的军政府，如陈其美任都督的上海军政府等，带来沉重的压力，迫使他们不得不交出政权。

1913 年 3 月 20 日，宋教仁血案发生，革命党人与袁世凯的斗争日益尖锐。革命党人策动徐宝山参与讨袁，徐对来人"笑而不答，若无其事"，根本不予理睬；暗中却与袁世凯勾结日紧，甚至致电袁世凯，表示当袁军南下镇压革命党人时，他将起兵响应，"百万男儿，不难立呼即至，紧要时，当与张勋联为一气"。

徐宝山日益反动的政治倾向及其与袁世凯的秘密勾结，早为革命党人注视与侦知。而他率兵控制战略地位十分重要的扬州、镇江地区，扼长江咽喉，控京沪要道，对即将起兵讨袁的革命党人来说，是一个十分严重的威胁。陈其美等人决定，必须在起兵讨袁前，除去徐宝山这只"恶虎"。

（三）革命党人计除"恶虎"

陈其美既是革命党的重要领导人，又是上海青帮的重要首领，足智多谋，心狠手辣。他在上海社会底层有广泛的势力与影响。为了刺杀徐宝山，他与部下谋划了种种办法，均因徐宝山防范甚严，难以下手。

1913 年 4 月间，徐宝山派遣古董商吴慕贤与艾玉才二人携款赴上海购买"美人霁"花瓶。吴、艾下榻于上海某旅馆中，此地就有陈其美帮会系统的人在活动。陈其美得知徐宝山的代表到上海后，就派人秘密监视吴、艾二人的行踪。吴、艾到上海后奔走多日，访到了某富商有此"美人霁"花瓶，就设法向富商洽购，并同时写了一信，向徐宝山报告经过。吴慕贤将信交旅馆的茶房寄送，茶房遗误，丢在台上，而为陈其美的部下窃走。陈其美开始见此信仅是向徐宝山报告购"美人霁"花瓶的经过，并无关军政机密，本想丢开；但转念一想，此信正可利用来谋刺徐宝山。于是，他与部下、扬州籍的王伯龄及杜月笙等人合谋策划，制订了暗杀计划。他们在吴慕贤的信上添上一句"不日当有古瓶一只寄上"的话，同时让擅长制造各种炸弹的革命党人黄复生设计制造了一个盒装炸弹，伪装成放置"美人霁"花瓶的古董盒。5 月 23 日，他们派一浙江籍的少年，带着那封信与花瓶盒，专程送往扬州徐宝山宅。5 月 23 日晚，那少年依计划将盒送到徐宝山家中。门卫对他说："徐军长已入睡，花瓶盒与信且放在此，明日 10 时来候回信。"门卫当晚即将花瓶盒与信交给徐宝山的马弁高镇清。高则将信与花瓶盒安放在徐宝山的书房里。

第二天一早，徐宝山起身得报后，就急急来到书房看花瓶。结果花瓶爆炸。闯荡江湖数十年的"徐老虎"就此丧命。等徐家派人再去找那送信少年时，发现早已人去楼空，无影无踪。

徐宝山被炸死后，袁世凯十分震惊与哀伤。他心中清楚，这定是革命党人干的，但又一下子抓不到证据。他以临时大总统的名义发布命令，严缉凶手，"分悬重赏，穷究主名"；同时令按上将例为徐宝山治丧，并派何锋钰为特使，到扬州致祭。接着，他任命徐宝山的弟弟徐宝珍继其兄为第二军军长，统率其部众，仍驻节扬州。果然，当 1913 年 7 月"二次革命"爆发，袁世凯派北洋军南下进攻南京时，徐宝珍充当了袁世凯的走卒与打手，成为北洋军的前锋。

六、三起三落的南京“二次革命”

1913年7月至9月的“二次革命”，是辛亥革命的继续和发展，也是辛亥革命的最后一幕。以孙中山、黄兴为首的革命党人与北洋军阀袁世凯集团进行了一场悲壮的斗争。因1913年在农历上是癸丑年，所以“二次革命”又称“癸丑战役”。当时南方革命党人虽号称“联军十万，拥地数省”，但整个战争的主要战场只是在江西与南京，因而“二次革命”又称“宁赣战役”。而南京地区的战争之烈、历时之长与重要程度，又远超过江西。因此可以说，“二次革命”时期，全国矛盾与斗争的焦点在南京。

（一）“二次革命”前的南京

“二次革命”是1913年7月中旬爆发的。在论述这场斗争过程之前，我们首先搞清楚：南京地区为何能成为革命党人发动讨袁“二次革命”的主战场？并在这里写下了斗争史上最光辉的一页？同时，南京地区的讨袁斗争又为什么在短短一个半月中经历了“三起三落”的反复曲折，最后彻底失败呢？这需要首先对1911年10月辛亥革命后到1913年7月“二次革命”爆发前南京地区的政治与军事形势作一番考察。

南京地区能成为资产阶级革命党人发动“二次革命”的中心与主战场，不是偶然的。首先，这里有着辛亥革命斗争的光荣传统与较强影响，有着比较浓厚的革命民主主义的空气。早在二十世纪的最初几年，革命党人就在南京地区进行反清革命活动，在驻宁新军部队与人民群众中播下了革命的火种。1911 年 10 月 10 日武昌起义爆发后，南京新军于 1911 年 11 月 7 日发动秣陵关起义，打响了南京地区辛亥革命的第一枪；接着，江苏各地（包括南京、镇江、苏州、扬州）与上海、浙江等地的革命党人组织起江浙联军，经过近十天的浴血苦战，于 1911 年 12 月 2 日武装攻克了南京城。南京是辛亥革命中革命党人发动武装斗争并取得重大胜利的最重要地区。经过革命战争血与火考验的南京，成为当时全国革命的重镇，并随着以孙中山为首的中华民国临时政府在这里建立，南京很快取代了武汉，成为全国革命的中心，民主空气迅速高涨。据历史资料记载，1911 年 12 月 29 日孙中山当选为临时大总统之日，南京各界市民就一律自动剪去辫发（《民立报》1911 年 12 月 31 日）。在庆祝中华民国成立的日子里，“宁垣军学各界自悉各省代表举定孙大总统后，均色舞眉飞，互相庆祝，所有各商铺居民无不预备香花灯烛，以争迎迓。总统府内，均用五色电灯，排成花样，其光彩焕然一新，虽白叟黄童，无不共称中华民国万岁云”（《民立报》1912 年 1 月 3 日）。在南京临时政府时期，孙中山颁布了一系列体现民主革命精神的法律政令。在孙中山、黄兴先后解职离宁后，他们在南京的革命影响始终存在着，自由民主的空气较之别的城市更为浓烈。因此，当 1913 年 3 月 20 日袁世凯暗杀宋教仁阴谋败露以后，南京地区的讨袁气氛，像南方许多地区一样十分热烈，“人心鼎沸，国贼国贼之声，震于寰宇”（谭人凤：《石叟牌词叙录》）。广大中下层革命党人更是“异常忿怒，激厉黄兴，迅往南京，号召各省独立”（刘厚生：《张謇传记》）。南京与江苏各地都先后召开了追悼宋教仁大会，历数袁罪，呼号武装倒袁。这是南京地区能成为“二次革命”主战场的第一个原因。

其次，在辛亥革命后直到“二次革命”前，南京地区一直有着一个基本为革命党人控制的政权，虽然有一些立宪派和投机革命的旧官僚进入政权中，但革命党人始终在政权中占据主导地位。从 1912 年初到 3 月是孙中山为首的临时政府；从 1912 年 4 月到 6 月是黄兴为首的留守府；即使在 1912 年 6 月以后，以程德全为首的江苏都督府从苏州移驻南京后，革命党人在都督府中也占据重要的地位，例如国民党江苏支部长章梓任军务厅长，老同盟会会员陈陶遗、黄炎培等人担任省民政公署秘书长等重要职务。应该承认，“二次革命”前的江苏南京政权，是由革命党人基本控制与影响的政权。“二次革命”前，江苏被作为国民党“拥地数省”的省份之一，原因即在此。这是南京能成为“二次革命”主战场的原因之二。

最后，从辛亥革命到“二次革命”，南京地区一直拥有一支基本为革命党人所掌握的革命军队。辛亥革命时期，汇集南京的革命军队达到十多万人。后来经过整编与裁汰，到 1913 年，全江苏省以南京为中心还有几个师的军队：第一师是在辛亥革命中招募成军，由国民党江苏支部长章梓亲任师长，驻南京；最精锐的第八师原是辛亥革命时的广西起义部队，曾北上援鄂，后移防南京，官兵多为广西人与湖南人，很多人参加过同盟会，经历过革命战火洗礼，革命精神很强，在 1912 年 5、6 月间黄兴任南京留守裁撤军队时，“为保存革命实力计，将所有遣散部队的优秀军官及精良武器组成一师，定名为第八师。这个师从师长以下至营连长，都是在日本士官学校和保定军官学校毕业的同盟会会员”（李书城：《辛亥前后黄克强先生的革命活动》，中国人民政治协商会议全国委员会文史资料研究委员会编：《辛亥革命回忆录》第一集，北京：文史资料出版社，1981 年 8 月，第 203 页），全师枪械精良，训练有素，成为南京的主力部队；驻徐州的第三师，原是辛亥革命中著名的镇军与浦军，师长是革命党重要骨干冷遹；还有驻镇江的第十六师，师长顾忠琛，驻清江的第十九师，师长刘之洁，驻苏州的第二师，师长章驾时，驻南京的第七师，师长洪承点，这些部队都一直为革命党人掌握。当 1913 年 3 月 20 日袁世凯暗杀宋教仁的消息传来后，各师部队都异常气愤，“凡属民党人士和军队，都主张讨伐袁氏。南京第八师众军官更为激烈”，派出多起代表到上海、九江等地联络反袁（耿毅:

《癸丑讨袁回忆录》，中国人民政治协商会议全国委员会文史资料研究委员会编：《辛亥革命回忆录》第一集，北京：文史资料出版社，1981 年 8 月，第 547 页）。驻清江的第十九师举行追悼宋教仁大会时，军中革命党人刘洁玉、章春帆等人痛哭流涕，说："宋教仁先生死，有我们哭；到我们死时，有谁哭？"（苏勋丞：《江北发难前后》，中国人民政治协商会议全国委员会文史资料研究委员会编：《辛亥革命回忆录》第八集，北京：文史资料出版社，1982 年 4 月，第 108 页）沉痛地指出了袁世凯阴谋复辟的危险局势。江苏军心所向，反袁情绪高涨。正因为这样，使南京地区成为"二次革命"前革命党人武装力量最强大最集中的地区，成为"二次革命"斗争的中心与主战场。

但是，另一方面，我们也应看到，在 1912 年南北议和告成、孙中山让临时大总统予袁世凯以后，江苏与南京的革命形势受到挫折，革命党人犯了一系列严重的政治错误，埋下了南京"二次革命"失败的根源。

第一，以孙中山、黄兴为首的革命党人在 1912 年南北议和告成后，不仅迅速让权于袁世凯，而且沉醉于"大功告成"与"民生建设"中，对封建专制势力复辟的危险没有保持应有的警惕，造成了极其严重的后果。1912 年 4 月 1 日孙中山刚解临时大总统职，就到南京同盟会会员饯别会上说："今日'满清'退位，中华民国成立，民族、民权两主义俱达到，唯有民生主义尚未着手，今后吾人所当致力的即在此事"（《孙中山全集》第二卷，第 319 页）。黄兴则走得更远，他在 1912 年 4 月到 6 月任南京留守期间，大力裁减与遣散革命军队，"竟不数十日裁汰归并行将及半"（《黄兴 1912 年 6 月 14 日致袁世凯呈》）。全江苏只剩下几个编制不全的陆军师，除第八师外，多未经严格军事训练，且饷、械两弱，战斗力不强，致使南京有"穷三师，富八师，不穷不富第七师"之谣（陈雪涛：《癸丑讨袁的回忆》）。当"宋教仁案"发生后，孙中山猛醒了，力主武力讨袁；可是黄兴继续犹豫、软弱与动摇不定。在黄兴的影响下，南京"黄派"党人陈陶遗"持江苏自保主义"，"痛哭流涕，力劝黄兴忍耐"（刘厚生：《张謇传记》）；

江苏都督程德全更以“中立”“调人”自居，竭力反对革命党人起兵讨袁；就是革命党人寄予厚望的南京第八师的高级军官，直到“二次革命”在江西打响前夕，“仍持稳健主义”（耿毅：《癸丑讨袁回忆录》）；至于南京的工商企业家更是害怕革命与战争在南京再次发生，对助饷很不热心。这是造成南京“二次革命”开始发动艰难后来又迅速失败的重要原因之一。

第二，在辛亥革命取得一些胜利后，革命党人，特别是上层领导者，越来越脱离人民群众，造成革命力量的日益孤立与单薄。南京临时政府建立后，没有实现广大农民获得土地的迫切要求，相反，南京与江苏的各级政权机构还镇压农民的抗租斗争与“千人会”起义，强迫农民继续交租完粮；对辛亥革命中踊跃参军、出生入死的贫苦士兵，在南北议和后就视作累赘，或者随意遣散，或者听任军官克扣军饷。当士兵闹饷激成兵变时，革命党人往往不分青红皂白进行镇压，使军民为之寒心，许多官兵携带枪支散入林泽为“匪”。群众日渐离开革命党人，而革命党人却不解地埋怨人民群众对他们的日益冷漠。当“宋教仁案”发生后，黄兴就一再强调“人心已死，无可为”，甚至连谭人凤都当面斥责他：“每日车马盈门，所议何事？自己失计，而曰人心已死乎？”（谭人凤：《石叟牌词叙录》）失败的责任不在于人民，而在于以黄兴为代表的革命党人脱离了人民。

第三，当革命党人解除思想武装之时，封建专制复辟势力的代表袁世凯乘机向南京和江苏各地的革命军政领导人伸出黑手，用金钱收买拉拢，使部分意志薄弱者变质投袁，造成了革命队伍的涣散与分裂。袁世凯“派人直接打入南方军队内部进行拉拢、收买和分化”，对南京第八师，“他叫人来说，第八师与其他师不同，所有的团长都补少将，发给三等文虎勋章”（何遂：《辛亥革命亲历记》）。对驻扬州的第二军军长徐宝山，袁一次就送了二十五万元的巨款。徐宝山便迅速上钩，日趋附袁，露骨地反对南方革命党人，公开宣布“紧要时当与张勋联为一气”（周无方：《记扬州军政分府成立》）。1913 年 5 月 24 日，革命党人设计炸毙了徐宝山，但其部众却由其弟徐宝珍率领公开投袁，成为后来袁世凯镇压南京“二次革命”的鹰犬与前锋。其他如驻南京的江防四路要塞司令吴绍璘、原第三师师长陈懋修、南京讲武堂副堂长蒲鉴，及驻苏州的第二师朱熙，驻徐州的第三师骑兵团团长张宗昌等，都先后附袁，成为阻挠与破坏南京“二次革命”的大害。

当我们对“二次革命”前南京地区的政治与军事形势有了全面了解以后，对这次革命斗争的发生、发展与最后结果就容易理解了。

（二）南京“二次革命”第一阶段

江苏南京地区的“二次革命”是从1913年7月15日宣布江苏独立开始的。但在这以前，从1913年3月20日的“宋教仁案”发生，这场大规模的斗争就开始酝酿了。

袁世凯暗杀宋教仁，是他处心积虑绞杀民主革命、复辟封建专制的第一步。清除江苏南京等地的国民党政治军事力量，是袁世凯的既定方针。在“宋教仁案”发生后，袁世凯一面向外国非法借款，扩军备战；一面在1913年4、5月间多次召开军事会议，密令驻山东、河南等地的北洋军准备南下进攻江苏，最后占领南京。

在袁世凯咄咄逼人的攻势面前，革命党人是用斗争来保卫民主革命成果，还是在屈辱中漠视革命成果逐步丧失？这是关系到中国前途命运的大问题。孙中山最早觉醒，他越来越不满黄兴与南京第八师上层军官的软弱态度，于1913年7月初派其表弟朱卓文与冷公剑等人来南京，联系活动第八师的中下级军官，宣布反袁独立；然后又准备亲自来南京主持讨袁军事。此事为第八师上层军官获悉，他们于7月13日匆匆赶到上海，邀请黄兴来宁主持讨袁。黄兴在取得孙中山同意后，让孙坐镇上海，自己于7月14日秘密赶到南京，当夜在李相府第八师师长陈之骥住宅召开军事会议，第二天一早胁迫江苏都督程德全宣布江苏独立，黄兴就任江苏讨袁军总司令，下令驻徐州的江苏第三师出兵向徐州以北的北洋军展开攻击。南京的“二次革命”就这样匆忙地拉开了它的序幕。

黄兴，1874年10月25日生，原名轸，改名兴，字克强，一字廑午，号庆午、竞武，湖南省长沙府善化县人。辛亥革命时期，为同盟会领袖之一，多次领导反清武装起义；1912年1月1日南京中华民国临时政府成立时，任陆军总长；1912年4月至6月，任南京留守。他是闻名全国的中华民国开国元勋，与孙中山并称“孙黄”。他到南京就任江苏讨袁军总司令，主持军事，是众望所归，对南京军民是极大的鼓舞。

1913年7月15日的“江苏独立”是第一次独立。从7月15日开始到7月29日黄兴弃职离去、程德全宣布取消独立，是南京“二次革命”的第一阶段。时间虽短，前后只有十五天，但在当时仍有重要的革命意义。

第一，它及时地支持了最早树起“二次革命”讨袁旗帜的江西李烈钧部，切断了江西与上海间北洋军的联系。江西李烈钧是7月12日在江西湖口宣布独立并与袁军交火的，它标志着全国“二次革命”的正式开始。经过几天的激烈战斗，李烈钧部军队顶不住北洋军的强大压力，向后败退。他们十分需要各省革命党人的响应与支持。但湖南、福建畏缩观望，安徽的柏文蔚自被袁世凯解职后，一直躲在南京家中“闭门谢客，不问世事”，广东、四川又地隔较远，难通声气。南京与江西地势相接，又有长江相通。南京在江西独立后仅三天，就起兵响应，是对江西革命党人最有力的支持。宁赣呼应，造成一种声势，起码在人们心理上与政治影响上可以寒敌胆而壮友军。

第二，尽管黄兴曾有过犹豫、动摇，但由于黄兴在全国的重要政治地位与很大的威望，使得南京的“二次革命”不仅极大地充实了全国的反袁革命阵营，形成了革命武装斗争的中心，而且在全国发挥了重大的政治影响。在南京独立的影响下，“湘、皖、赣、宁、川、闽、粤各省先后独立，苏、常、锡、镇、清、扬、江北各地亦皆厉兵待发，海军全体赞成，外人约守中立，徐、宿获捷，鄂亦不止，窃观大势所趋，在南不在北矣”（《葛道藩致吕公望书》，刊洪越《癸丑战事汇录》）。这是南京反袁独立初期，一些人对全国形势的观察与兴奋心情，所述不免夸张，但从中我们可以看到南京兴起“二次革命”后在全国产生的重要影响。据史料记载，江苏各属除扬州外，纷纷起兵讨袁，所受南京影响是十分显然的；就是安徽的柏文蔚，也是在黄兴就任江苏讨袁军司令后的直接策动下，才离南京去安徽投身“二次革命”的；为了壮大革命势力，黄兴于7月20日还特地派人到河南联络白朗农民起义军。这样，南京就成了当时全国“二次革命”的中心。

同时，南京的“二次革命”还有着一些有利的客观条件：南京地处战略要冲，地势险要，既有长江天堑，又有众山护卫，易守难攻；江苏又属东南财赋之区，经济发达，财政盈余，仅1912年全省就余下三千八百多万元（贾士毅：《民国财政史》，第42页）。至于粮食供应，南京东有无锡，西有芜湖，都为著名米都，供应自不困难。直到1913年8月中旬柏文蔚回到南京，还见到“南京仓库存稻子一万七千余石，可作米；造币厂尚存红铜二百石，约可出铜圆三千余串；白银四十万两，可出银圆七十余万元。大兵两三个月不难支持也”（柏文蔚:《从辛亥革命到护国讨袁》）。这些都为南京的“二次革命”提供了一定的物质基础，若能很好地筹划，是可以支持革命战争坚持较长一段时间的。

然而，在反袁战争打响以后，作为南京“二次革命”最高领导的黄兴，却表现了惊人的软弱与无能。

首先，他在政治上犯下了三点错误：一、7月16日，即宣布江苏独立的第二天，他轻易放走江苏都督程德全去沪治病，由第一师师长章梓代理都督。程德全其人并不足道，但他的“江苏都督”身份却值得重视，因为黄兴等革命党人是利用这位都督的名义向全国宣布反袁独立，并由程任命黄兴为江苏讨袁军总司令的。他一离开南京，立即到上海“通电反对克强，脱离讨袁之役”，造成极坏的政治影响，“继之上海总商会亦响应程电，于是军心动摇。失败之因，首伏于此”（柏文蔚:《安徽“二次革命”始末记》）。二、7月19日，黄兴又让在南京的“各省议会联合会”宣布选前清大官僚岑春煊为“讨袁军大元帅”，“开府江宁，主持中枢”，这就把“二次革命”的最高领导权拱手交给了与袁世凯争权夺利多年的前清官僚政客，导致“新旧不分”，削弱了对广大群众的吸引力与号召力。三、在整个斗争过程中，黄兴脱离群众的倾向有增无减，他借口“不忍令人民稍任惊扰”，从未发动群众参军支前，自始至终仅靠几支军队。一旦军队挫败，他就认为大势已去，一走了之。上述三点，是革命党人政治软弱性在黄兴身上的突出表现。

在军事指挥上，黄兴这位“总司令”也有许多重大的失误。在战争开始时，黄兴所做的军事部署是一种完全消极的分兵防堵部署。他令第八师二十九团附机关枪连及骑、炮、工兵各一营，组成一个混成团，沿津埔路开赴徐州，受第三师师长冷遹指挥，加强徐州防务，伺机北伐；他又令第八师第三十二团移往下关，第一师部分兵力开赴滁州的临淮关，构筑工事组织防御。这种层层设防的消极防御，势必不能阻止北洋军的强大攻势。当时袁世凯任命冯国璋为第二军军长，统率北洋军第四师、第五师和禁卫军各一部以及张勋武卫军等北洋军的精锐主力向江苏进攻。“北地精英，选拔殆尽”（《北洋陆军部档案》），造成了北洋军的前锋锐利与后方空虚。对此，江苏讨袁军不应该分散兵力，层层设防，而要机动灵活，派出有力的机动部队突入到敌人后方去，截断敌人补给线，开辟第二战场，以攻为守。这样，就可粉碎北洋军的进攻并夺得战争的主动权。当时一个叫夏颖茎的革命党人就曾专程赶到南京，向江苏讨袁军献策。他建议“精选一支劲旅，由徐州斜出开封，一面冲断京汉线，一面通电豫陕各同志赶速响应，这样，近可以解徐州的围，远可以解湘赣的围，比较死守一地要好得多”（赵正平:《仁斋文选》）。很明显，这是当时唯一正确的军事指挥决策，可惜黄兴未能用。战争打响以后，江苏讨袁军既不注意与别省讨袁军联络，在本省各部队间也不互相配合协调。7月16日，驻徐州第三师冷遹部未与南京联系，也未等第八师增援的混成团开到，即在徐州以北仓促向北洋军发动进攻。由于战斗力薄弱，内部又发生了张宗昌、褚玉璞团的叛变，没有多久就败退下来。当第八师混成团赶到，刚刚稳定下战局，后方驻扬州的徐宝珍部队公开附袁叛变，图占六合，袭取南京，黄兴一下慌了手脚，急调前线混成团回保南京，北洋军乘机进攻，前线崩溃，7 月 24 日徐州失陷；接着，清江瓦解；驻苏州的第二师朱熙部在程德全指使下也宣布反戈。江苏第一阶段的“二次革命”，在十天时间内就遭到了重大挫败。

但是这时南京的革命斗争还是事有可为的。南京、镇江还在革命党人手中。南京的驻防部队，第一师与精锐的第八师并没有受到任何损失。南京的地形有利，粮饷不乏，尤其是军心激昂，热情很高。然而黄兴却灰心绝望，丧失斗志。他于 1913 年 7 月 26 日发出通电，借口种种困难，于 7 月 28 夜弃职离开南京。这是他在 1911 年 11 月指挥汉阳保卫战失败后弃职逃离武汉后的又一次弃职逃离战场的不当行为，损害了他的一世英名。接着代理江苏都督、第一师师长章梓，第三师师长冷遹，第七师师长洪承点等人也纷纷出走。正在安庆的安徽讨袁军总司令柏文蔚听到黄兴出走、南京取消独立的消息，十分忧愤，说：“黄兴退出南京时，江西、安徽都正在积极混战中，徐州冷遹部虽因张宗昌、褚玉璞投降冯国璋受到打击，但第一、第六、第八等师，并未受到损失，未尝不可背城一战。而黄一走，以致整个战局全部瓦解。诚所谓一将无能，千军受累也”（柏文蔚：《五十年经历》）。

1913 年 7 月 29 日，第八师师长陈之骥得到江苏都督程德全、民政长蔡寅电令，遂宣布取消江苏独立。陈之骥是正率军南攻的北洋军大将冯国璋的女婿，忙着与北洋军交涉“停战”归降。袁世凯得意扬扬地向北洋军秘密指示进占南京的“机宜”。

南京“二次革命”的第一阶段就这样失败了，失败得是这样的迅速，又是这样的窝囊。对第一阶段的失败，黄兴的软弱、无能与动摇是很重要的原因。南京的第八师将领们说：“克强表现得太无能了，大家都看不上他啦！”（何遂：《辛亥革命亲历记》）当时身处南京城内的鼓楼医院院长、美籍人士马林说：“黄兴一入南京，即节节失败，用兵为儿戏，竟无军人学识，其致败宜也”（《时报》1913 年 9 月 21 日报道马林的演说）。孙中山事后也批评他说：“金陵帝王之都，虎踞龙盘，苟得效死已守，则大江以北，决不致闻风瓦解……乃公以饷绌之故，贸然一走，三军无主，卒以失败”（孙中山：《致黄兴书》）。这些意见都是有一定道理的。

（三）南京“二次革命”第二阶段

1913 年 7 月 15 日开始的南京“二次革命”，由于黄兴等领导人的软弱、无能与退缩，以及其他一些原因，在半个月内就迅速夭折了。但是南京地区革命的因素仍然存在，中下层革命党人，特别是军队中的下层官兵，反袁与革命的声浪继续高涨，他们对黄兴出走与程德全取消独立感到不可理解并十分气愤，“兵士以无端停战，而克强等又无端出走，均莫名其中奥窔”，“所谈多怨克强语，而于恢复独立事，均甚赞成”；同时，程德全一直不敢回南京，他新派的师长杜淮川等人到南京上任后，威胁对曾参加革命的官兵要加以惩处，对官兵军饷任意扣压，“所苦者唯第一师欠饷至二月之久，并伙食亦将不足，军人有枵腹之虞耳。杜淮川来，初甚强项，常对人痛斥洪承点、章梓等，并宣言欲将此次附和黄兴之中下级军官均予褫职，故军官之怀戒心，较之军士愁饥饿者尤甚”（何海鸣：《金陵战纪》）；再加上这时南方各省讨袁斗争方兴未艾，所有这些情况使得南京地区犹如经火的木材，虽一度被人为地压灭，但只要有一粒火种，就会重新炽热地燃烧起来。

这火种就是以何海鸣、韩恢为首的革命党人来到南京重新发动“二次革命”。

何海鸣，湖南衡阳人，1887 年（清光绪十三年）生，原名时俊，笔名海、一雁、衡阳孤雁、求幸福斋主等；15 岁奔武汉，入两湖书院就学，熟读经史诸子，能文善写；后因家贫，辍学投湖北新军第二十一混成协当兵，结识革命党人蒋翊武、刘复基等，组织秘密革命团体“振武文学社”。他常向汉口报界投稿，鼓吹革命，为此受到军队当局警告处分，乃自请退伍，到革命党人在武汉公开出版的第一份报纸——《商务报》当编辑。1911 年 7 月 17 日，他在《大江报》上发表反抗清廷的激烈言论《亡中国者即和平也》，与黄侃于 7 月 26 日在该报发表的《大乱者救中国之妙药也》，轰动一时。8 月 1 日，湖广总督瑞澄以“言论激烈，语意嚣张”“淆乱政体，扰乱治安”等罪名，下令查封《大江报》。何海鸣与《大江报》总编辑詹大悲被逮捕入狱。何海鸣在狱中不屈，被当局判死刑。武昌起义爆发当夜，他被革命军营救出狱，出任汉口军分政府少将参谋长。1912 年民国建立后，他到上海的《民权报》工作。

韩恢，字复炎，江苏泗阳人，也生于 1887 年（清光绪十三年），与何海鸣同龄。少有大志，不满现实。1908 年（清光绪三十三年），21 岁的韩恢到镇江，投新军第九镇第三十三标入伍；不久，即随军开往南京驻防。在新军中，他结识革命党人赵声、柏文蔚、冷御秋、林之夏、倪映典、熊成基、林述庆等，受到熏陶，政治觉悟和文化水平不断提高，不久加入同盟会。后赵声等的活动被上司察觉，被迫离开新军。韩恢受赵声委托，负责军内外联络工作。1911 年（清宣统三年）4 月底，他应邀秘密南下广州，参加了黄兴、赵声领导的黄花岗起义，任广州起义先锋突击队，又名“敢死队”的成员，出生入死。黄花岗起义失败后，韩恢回到南京。1911 年 11 月 8 日，徐绍桢率领的新军第九镇在南京城南的秣陵关起义。韩恢闻知，即率领革命党人组织敢死队，被推为队长，在南京城内做内应，攻下模范监狱，释放囚徒，并亲自出城接应新军到雨花台会合。韩恢率部与张勋的军队在雨花台激战。他脱光上衣，与敌人肉搏，徒手夺得机枪两挺。是役伤亡惨重，韩恢的敢死队有 47 人英勇牺牲。兵败，韩恢随第九镇新军退守镇江。1911 年 11 月中旬，革命党人组织镇江、上海、苏州、杭州等已光复各地的革命军，成立“江浙联军”，于1911年11月下旬会攻南京。韩恢任敢死队队长。经过几天激战，终于12月2日光复南京。南京光复后，韩恢接受北伐军临淮总司令林述庆任命，任北伐军炸弹队司令，偕同臧再新等先行出发，挥戈北上，于徐、淮之间连克数城，最后抵达山阳（今淮安）。不久，南北议和成功，韩恢停止进军。1912年1月1日南京中华民国临时政府建立后，1月21日，韩恢与实业家朱志尧、同盟会会员徐企文等人在上海发起成立“中华民国工党”，准备参与民国的政治建设。但韩恢一直关注着时局的发展，对于继任民国大总统的袁世凯保持高度警惕。曾参加辛亥革命的会党领袖，时任江苏都督府顾问、共进会副会长的张尧卿发起组织“铁血监视团”，韩恢联络了一些旧日同志加入该组织。1913年3月20日“宋教仁案”发生后，韩恢力主对袁世凯的倒行逆施进行武力反抗。1913年5月29日，他与张尧卿、徐企文以及时在上海的广东绿林改进团领袖柳人环协同，以黄兴、陈其美的名义，联络了一批退伍军人、无业游民和军队下层官兵，准备进攻上海制造局，打响武装反袁的第一枪，不幸因革命党人内部意见不一，迅速失败。韩恢隐居上海租界。

何海鸣、韩恢当时都是才二十五六岁的年轻人，又都是当时国民党中的激烈反袁派，几个月来一直力倡开展反抗袁世凯的武装斗争，鼓吹“二次革命”。韩恢还采取了行动。1913年8月初，他们听说南京黄兴出走，江苏独立取消，就与詹大悲、戴季陶等人一道，“星夜入宁，谋补救”。韩恢发誓道：“我必恢复金陵为黄君继！”由于他以前曾较长时期在南京军队中任职，“所有第一师及宪兵、巡警等，非其同乡，即曾与同事，韩恢之名，无人不识”（何海鸣：《金陵战纪》），在南京军队中有较大的影响。他们到南京后，目睹形势的混乱与军队的愤懑，就紧张地活动起来，串联官兵，约见同志，秘密召开会议，策动重新起事。在部分中下层官兵的支持下，革命党人刘传锐、蒋作新、林凯率宪兵200余人于8月8日发难，将韩恢、何海鸣迎入江苏都督府，宣布江苏第二次独立，何海鸣被推举为江苏讨袁军总司令，韩恢为副司令。为了争取第八师高级将领，又推第八师师长陈之骥为江苏都督。南京全城革命官兵和群众欢呼雀跃，一齐高呼“恢复独立”四字。

但第八师师长陈之骥反对江苏再次独立，下令逮捕何海鸣。三天后，即8月11日，中下层官兵再次发动兵变，赶走了陈之骥等高级将领，救出何海鸣复任江苏讨袁军总司令，以张尧卿为江苏都督，第三次宣布江苏独立。

南京的“二次革命”掀开了新的一页，从这时起到1913年9月1日南京城陷，是南京“二次革命”的第二阶段，也是更为重要的阶段。此时，上海、广东、湖南等地的讨袁军事相继失败，孙中山也于8月2日乘船赴日本，只有南京和重庆两地的讨袁义举还在坚持，在整个“二次革命”中具有极重要的意义。南京军民克服了由于上层领导的失误、动摇甚至叛变所造成的极其严重的困难，勇敢地重新树起革命大旗，并坚持武装斗争达二十天之久，显示了南京军民不甘屈服于袁世凯的专制淫威、捍卫辛亥革命民主成果的革命意志与斗争精神，有力地鼓舞了正在进行艰苦斗争的各地革命党人。南京中下层革命党人和广大士兵群众与强大的北洋军殊死搏斗血战到底，为整个“二次革命”赢得了真正的光荣。

还是在南京军民为重树革命旗帜而斗争的时候，北洋军在袁世凯的指挥下，分两路迫近了南京：一路由张勋率领武卫军五十七营及投袁的扬州徐宝珍部队，沿运河南下，渡江占领镇江后，于8月13日突然袭占南京城外军事要地紫金山与天堡城要隘；另一路由冯国璋率领北洋军第四师、第五师、禁卫军一部及归降的江苏第三师张宗昌部，沿津浦路南下，于8月中旬到达南京长江对岸的浦口。南京军民立即投入了英勇悲壮的南京保卫战。

战斗约分为两个小阶段。从8月13日到8月25日，是争夺南京外围制高点的战斗。当时冯国璋部队被阻在江北。张勋部于8月13日夜袭占领紫金山、天堡城后，南京讨袁军立即从富贵山炮台开炮轰击，敌军立脚未稳，旅长方更生被炸伤，团长赵振东等人被打死。8月14日中午，天堡城被讨袁军夺回。以后数天，双方互相争夺，天堡城五得五失，战斗极其残酷激烈。如在8月20日，讨袁军“进攻之时，袁军炮火纷纷向下面发。民军在枪林弹雨之中毫不退却，奋力前扑，率竟厥功。袁军之驻扎其地者，溃走无遗。有不及避者，多从山上跌下，以致殒命，于是天堡城、紫金山两处复悬民军旗帜。居民从远处望见，欢呼之声如春雷”（《民立报》1913年8月25日）。后来在敌人优势兵力反复攻击下，守军全部壮烈牺牲，天堡城才告失守。江北浦口的冯军被狮子山炮台封锁江面，一直不能过江，直到8月24日，在新到海军舰队的支持下，才于上游渡过长江，合围南京。

从8月26日开始，到9月1日，是争夺南京城门的战斗，打得更加激烈。张勋军攻击城东朝阳门（今中山门）到太平门，冯国璋军攻击城北仪凤门，雷振春军攻击城南聚宝门（今中华门）。8月26日夜，北洋军一度从朝阳门攻入城内，张勋写好捷报，但入城的北洋军很快中伏，被全部击毙，张勋的捷报改成了求援告急电报。1913年8月31日晨，北洋军对南京发动总攻击。9月1日，北洋军用炸药炸开城墙，南京城破，残存的讨袁军战士在城内进行巷战肉搏。狮子山炮台也一直坚持到阵地失守。

在长期而又激烈的战斗中，南京讨袁军表现出了坚强的革命意志与旺盛的斗志。“凡一临敌，无须号令，即奋身前往。在阵地前亦无须指挥，即向前攻击。”“阵地指挥，何总司令逐日必亲临一次，抚慰兵士，指授机宜。混成旅钱司令通在太平门督战之昼夜，衣不解带，目不交睫，而勇猛之气，未尝稍馁。其余各级军官无不身先士卒”（《民立报》1913年8月31日）。其中最突出的是著名的革命党人韩恢，这位年仅26岁的年轻将领表现出了杰出的军事指挥才能。美籍鼓楼医院院长马林说：“统带官之杰出者，可推韩恢为最。韩少年有为，每战辄亲临前敌。剧战中余往见，……与韩相谈时，韩每蒙蒙睡去，可见疲乏不堪矣”（《时报》1913年9月21日报道马林的演说）。讨袁军物资供应越来越困难，士兵们就自愿“暂时决不支饷，以有饭吃为止”（《民立报》1913年8月31日）。部分高级军官几次通敌，企图叛变，都迅速被革命士兵们粉碎。

但是南京讨袁军在再次独立后，不仅存在着极严重的客观困难，外无援兵，困守孤城，上海、广东、湖南等地的讨袁军相继失败，孙中山也于8月2日被迫离开上海，乘船前往福建，经台湾，转往日本，以图再举，只有南京、芜湖和重庆等地的讨袁军在孤军奋斗，8月28日，芜湖失守，南京更加困难；而且自身也犯了一些严重错误，其最主要者有两点：

首先是没有形成坚强稳定的领导核心。黄兴与高级军官出走后，南京城内一盘散沙，十分混乱。在仓促中推举何海鸣为讨袁军总司令，此人是文人出身，不懂军事指挥，“有时使用一连兵力，亦由其直接命令，因此，造成分割建制、指挥不灵”（陈树庭:《陆军第八师的编成和参加“二次革命”的经过》）。后来又有张尧卿、柏文蔚先后出任江苏都督。张尧卿为会党首领，自行在南京建立“游击司令部”，到处拉人；柏文蔚是在安徽兵败后逃到南京的，在南京住了几天就失望出走。他们三人之间，他们三人与各军指挥官之间互不服气，争论不休。领导层的混乱极严重地影响了战争的统一指挥。

其次，南京讨袁军在战斗中，往往只凭官兵的革命热情，死打硬拼，而缺少正确的战略战术。当8月中旬北洋军刚迫近南京时，冯国璋部被阻挡在长江以北，只有张勋部攻击紫金山。张军虽凶猛残暴，但军纪败坏，不讲战术。讨袁军若能变消极防御为积极防御，除以一部分兵力坚守天堡城外，另以一支奇兵出南京城南，绕到张勋军侧后夹击，不难立歼此敌。诚如袁政府陆军部一位军事专家事后分析：“若此布置，张勋军不全军歼灭，而亦罹败无疑”（《北洋陆军部档案》）；然后再回头迎击冯军，那么南京保卫战就可能出现另一局面，至少不会失败得那么迅速。到战争后期，眼看胜利无望，讨袁军若能保存实力，让城别走，深入农村，发动群众，以图再举，那么“二次革命”也可以继续长期坚持下去。但是年轻幼稚的革命党人没有也不可能认识到这些中国革命的真理，没有也不可能掌握和驾驭中国革命战争的规律。他们的失败是必然的。

江苏讨袁军终因力量悬殊，战败，9月1日深夜，一部由清凉山撤出城外；何海鸣、韩恢率领卫队等残部，出聚宝门，退向雨花台。雨花台原由第一师第三团防守，后又增派第八师第二十九团赴援，该两团为江苏讨袁军的精锐部队，自9月1日至2日，官兵们忍饥挨饿，日夜苦战，击退北洋军第七师雷震春部、第四师杨善德部的多次进攻，毙敌千余人。何海鸣、韩恢到达后，立即率卫队与这两团官兵，于9月2日，向敌军反击，进行最后一战。无奈，各部官兵已筋疲力尽，战斗力明显下降，在敌军的密集炮火下，死伤殆尽。何海鸣亦负伤，浑身是血，跌落山坡之下，与少数亲随藏于草丛中，躲过敌军搜索，逃离雨花台，率余部退回城内，旋遭张勋与雷震春部前后夹击，部队溃散。最后，何海鸣、韩恢率少数人，潜至武定桥下，乘小船，从水西门出走。

“出师未捷身先死，长使英雄泪满襟。”1913年9月1日北洋军攻入南京城后，进行了三天的烧杀抢掠。

1984年，在南京中山陵园内梅花房前水沟外发现了一块墓碑，正中镌刻：“癸丑战役阵亡军士纪念碑”；右上方刻两行小字：“自卫岗口、孝陵卫、灵谷寺、蚂蚁腰、万寿寺、紫金山、大山顶、一人泉一带，骸骨死棺计七百五十具，共四百七十二冢”；左下方署：“中华民国二年十一月吉日中国红十字会南京分会敬立”。碑高约1.6米，宽0.5米。癸丑战役，即指“二次革命”南京守城之役。历史将永远铭记那些为捍卫中华民国民主共和、反抗专制独裁制度复辟而英勇献身的英雄们。

七、一位被遗忘的“二次革命”烈士——欧铸

1913 年 7 月爆发的“二次革命”，是辛亥革命的继续与最后一幕。以孙中山、黄兴为首的革命党人与袁世凯北洋军阀集团进行了一次悲壮的斗争。由于种种原因，这场斗争最后失败了，许多革命忠贞之士牺牲在袁世凯的屠刀下。

在这次斗争中，东北有一位老当益壮、斗争英勇、死事甚为壮烈的先烈——欧铸，多年来，在有关辛亥革命的著作与文章中，几乎无人提及他。

欧铸，字子钊，湖南宁远人，1857 年（清咸丰七年）出生于一个中小官员的家庭；1873 年（清同治十二年），他 16 岁时，补清弟子员。后来，奉天将军增祺招他入幕，得到一个候补同知的职衔；1892 年（光绪十八年），实授奉天海龙太守，时年 35 岁。清代末造，官场腐败，竞相奢靡，崇尚浮华，贪贿成风，欧铸在任职期间，能出于污泥而不染，躬自俭约，以励僚属。1902 年（清光绪二十八年），黑龙江巡抚程德全以欧铸为能吏，奏报朝廷，奉委欧铸为黑龙江省营务处处长。这时已是辛亥革命的前夜，清王朝愈加腐败黑暗，民主革命风潮不断高涨，全国人心日益向往革命。欧铸身为朝廷命官，也受到革命思潮的影响。他默察时局，看到祖国山河破碎，清廷黑暗，外患内忧，纷至沓来，不革命，中国就没有出路！只有革命，才能救国！他毅然秘密加入了同盟会。投身到反清革命运动中去。在辛亥革命前东北地区的历次反清起义活动中，欧铸都积极参与，暗为力助。1911 年

10 月 10 日武昌起义爆发，欧铸更与同志们一道，在东北积极响应，为辛亥革命建立不朽功勋。

1913 年 3 月 20 日，担任民国临时大总统的袁世凯，为了消灭政敌，扫荡辛亥革命的民主成果，阻拦与破坏三权分立的国家民主体制建立，集中国家权力归于自己，逐步复辟帝制，竟指使其爪牙，在上海刺杀了国民党的代理事长、辛亥革命元勋宋教仁。鲜血震醒了许多革命党人。1913 年 7 月，孙中山、黄兴领导发动了“二次革命”，战争主要在长江南北打响。1913 年 7 月 15 日，黄兴在南京宣布江苏独立，就任讨袁军总司令。欧铸这时已经是 56 岁的年纪了。他痛恨袁世凯的窃国阴谋与卑鄙伎俩，毅然秘密地离开东北，赶到南京，投奔黄兴，参加“二次革命”。革命领袖黄兴见到这位对民主革命忠心耿耿，置个人生死于度外的老革命者，十分感动与喜爱，委任他为“东三省革命军司令”，派他回东北组织讨袁军事行动。

欧铸接受黄兴委派的任务后，与妻子儿女及亲人告别，秘密来到沈阳，在大西门设立秘密革命机关，联络同志，发动民众，很短时间内就组织起数千人的革命队伍，积极准备武装起义，与关内的反袁武装斗争相呼应。不幸事机泄露，欧铸被袁世凯的走狗、奉天都督张锡銮逮捕下狱。

在监狱中，欧铸虽遭受种种残酷的刑讯逼供与折磨，终不屈服。1914 年 4 月，欧铸得知敌人即将杀害他，在狱中给妻子齐氏写下了一封悲壮感人的遗书：

齐氏吾妻知悉：

自去腊车站送别，今忽数月余矣。余因倡立革命被擒，刑场取决。想人生若梦，大丈夫视死如归，有何忧惧？惟国事如此，真堪痛哭。夫死矣！夫死后，妻能守则守之，不能守则去之，听之任之……

欧铸在这封遗书中，表示了他为革命牺牲、视死如归的浩然正气与崇高品质，备述其为革命，死无遗憾，惟斤斤然以国魂未苏、民众未组织起来、革命道路仍十分艰难危急为念，以及他为妻子作想的心声。虽在多年以后读之，仍能感人肺腑，催人泪下。

欧铸另有遗书给其子欧亚杰，嘱其为孙辈取名为“学辽，学东，学半，学岛”，意在让后代不忘当时正被日本军国主义侵略者霸占的祖国山河辽东半岛，不忘先辈为反对外国侵略、反对专制复辟所进行的艰苦奋斗与流血牺牲。

1914 年 4 月 21 日，欧铸在沈阳被枪杀，终年 57 岁。

欧铸一生为革命奔走，不事家人生产，牺牲后家境萧然，十分穷困。其子欧亚杰无力归葬父柩，忍痛含悲，流落长春 16 年。直到 1928 年张学良东北易帜后，国民党作为执政党，势力伸到东北，欧亚杰才得以为其父亲举行葬礼。当时国民党与国民政府的党、政、军要人林森、蔡元培、汪精卫、于右任、戴季陶、叶开鑫、唐生智、贺耀祖等人，都为欧铸敬题挽词。其中;

蔡元培的挽词是：“精神不死”；

于右任的挽词是：“浩然取义，慨然成仁，辽阳碧血，衡岳丹忱，维烈士之遗徽，垂简册而无恨”；

戴季陶的挽词是:“为党效忠，为国自雄。倡导革命，感武堪崇。幽囚下狱，龙义关东。湘之英烈，惟仰欧公”；

唐生智的挽词是:“碧血辽阳，丹心衡岳，慷慨成仁，革命名宿。毅魂安归，水天青塚。忠烈煌煌，为来者念”。

八、摧残民主的“民国大总统”

1913年9月，袁世凯镇压了“二次革命”，实际上也就中断了辛亥革命开辟的中国政治民主化发展的进程。从这时开始，袁世凯虽还继续挂着“中华民国”的招牌，但他却是在有计划地并且是日益加剧地扫荡辛亥革命取得的各项民主成果，全面复辟专制政治。他取得了一系列的成功与胜利。“中华民国”越来越成了一块空招牌，而且这块空招牌也越来越保不住了。

（一）屠杀与迫害革命党人与民主人士

在镇压“二次革命”的过程中及其以后一段时间，袁世凯对革命党人与坚持民主政治理想的进步人士，进行了血腥的屠杀与残酷的迫害，既发泄他自辛亥革命以来长期积蓄的对革命党人的仇恨，又为他复辟专制独裁政治扫清道路。

在镇压“二次革命”的过程中，袁世凯政府下令通缉拿办革命党领导人：“首魁”有黄兴、陈其美、钮永建、何海鸣、李烈钧、柏文蔚、许崇智、陈炯明、谭人凤、熊克武以及岑春煊等人；“关于乱事者”有孙中山、张继等人。

其中对黄兴悬赏十万元，对陈其美悬赏五万元捉拿；对孙中山还策划暗杀，指示在孙中山赴香港时，由在港的袁政府人士“密商宝璧等舰，佯往欢迎，接赴粤省，诱上船后，出口处死沉海”（《赣宁之役资料散辑》，《近代史资料》1962 年第 1 期）。

另通令缉拿“从逆军官”，前后达 100 多人，其中有程潜、冷遹、洪承点、朱执信、林虎、方声涛、邓铿等。

袁政府对捕获的革命党人，多不经审讯就杀害，前后达数千人，较著名的有四川民政长张培爵、北京《民主报》总编仇虎、四川会党领袖张百祥以及任“铁血团”首领的老同盟会会员程家柽等。

对在北京国会中的国民党籍议员，袁世凯政府只要认为其人与南方革命党人有关系，就随意进行逮捕甚至杀害。1913 年 7 月 23 日，袁世凯政府逮捕冯自由等国民党籍议员；8 月 4 日通缉居正、田桐、白逾恒、刘英等国民党籍议员；8 月 19 日在天津秘密绑架、逮捕广东国民党籍议员、著名医生伍持汉，迅速将其处决，这是民国成立以来，第一位被杀害的在职国会议员；8 月 27 日又同时逮捕了褚辅成、张我华等 8 名国民党籍议员。

袁世凯政府还通过外交途径，要求日本政府驱逐逃亡日本的革命党人出境，一律不准再行登岸。

在袁世凯政府的指使与影响下，各省军政机关也大肆捕杀革命党人与进步民众。袁世凯嫡系北洋军阀将领直接统治的省份，固然已成杀人屠场，就是此时依附于袁世凯的一些地方军阀，也在统治区屡开杀戒：广西都督陆荣廷杀害了武昌起义元勋蒋翊武；湖北都督黎元洪杀害了著名的革命党人宁调元（即宁太一）、熊樾山等人；湖南都督汤芗铭、安徽都督倪嗣冲、广东都督龙济光更是以“屠夫”之称闻名海内外。

南社诗人柳亚子在《闻宁太一噩耗，痛极有作》一诗中，悲愤地写道：

当年专制犹开网，此日共和竟杀身。

广大人民陷入比清王朝更暴虐、更血腥的专制高压与迫害恐怖之中。

（二）摧残报刊，控制舆论，取缔公民言论出版自由

言论、报刊、出版自由，本是民主政治的最首要的标志，是辛亥革命为中国人民争得的最重要的民主成果之一，明文载于《中华民国临时约法》，在民国初建，“二次革命”前的一段时间里，也得到初步实施。但“二次革命”被镇压后，袁世凯政府立即全力整顿全国传媒阵地，扫荡与扼杀一切宣传民主与自由的报刊，逮捕杀害进步报人，如北京的《国风日报》《日日新闻》《民国报》《民主报》《正宗爱国报》，天津的《民意报》，上海的《中华民报》等数十家报馆被查封，仇亮、丁葆桢等许多新闻工作者被逮捕杀害，形成了中国新闻史上有名的“癸丑报灾”。“癸丑”，是中国传统的干支纪年，即1913年。

在“癸丑报灾”后，只有袁世凯政府的喉舌报刊与卖身投靠的拥袁报刊，才享受充分的“自由”。这些报纸除对独裁者阿谀歌颂外，从不刊载任何对袁世凯政府的批评文章，也不敢刊载任何关注、反映、研讨当时中国堆积如山的各种政治问题、经济问题、社会问题的文章。如梁启超所说：“以问题最多之国家，在报纸上观之，几若毫无问题之国家”（《梁任公对报界之演说》，《东方杂志》第14卷第3号）。

1914年4月2日，袁世凯政府公布《报纸条例》。1914年12月4日，袁世凯政府又公布了《出版法》。这些“御制”的法律条款，为袁世凯政府摧残言论、出版自由的文化专制主义政策披上一层“法治”的外衣。此后袁世凯政府以这些“御制”的法律条款为根据，更加随心所欲地以所谓“妨害治安”“潜谋内乱”“破坏稳定”“散布浮言”等罪状，对他们不满的一切传媒进行政治干预与迫害。

（三）破坏政党政治

政党政治也是民主政治的重要标志之一。民国建立初期一年多时间，全国涌现了数百个政党团体，互相竞争，互相监督，互相补充，使中国政治出现了前所未有的热气腾腾的民主新气象。袁世凯要恢复“一夫为雄，万众鸦雀无声”的专制政治，对政党政治一直充满了忌恨与仇视。他“容忍”了约一年时间。到1913年7月“二次革命”爆发，袁世凯在镇压革命党人的同时，开始破坏政党政治。

首先，袁世凯政府一再下令禁止国家军政人员与在校学生加入任何政党；在1913年7月3日，袁世凯以临时大总统身份发布命令，禁止军队官兵加入政党；8月28日，由教育部发布训令，不准学生参加政党；9月19日，又由内务部通令现任警察、官吏不准加入政党，已经加入者必须立即宣告脱离；12月13日，袁世凯再次以大总统的身份下令，严禁军人与警察加入任何政党。这些命令通告，显然违背了《中华民国临时约法》，剥夺了公民应有的结社权利。

与此同时，袁世凯政府对民国初年大量涌现的各政党与政治团体，开始了有计划地分化、镇压与迫害：

在1913年8月7日，袁世凯政府首先对具有社会主义倾向的中国社会党下手，以搜出该党“种种犯内乱罪证据，并查有勾通外国虚无党，妨碍国际和平情事”为名，悍然下令解散该党，捕杀该党的重要领导人陈翼龙等。社会党首领江亢虎被迫逃往美国。袁世凯政府借此向其他政党提出了杀鸡儆猴的警告：“一切党会，如有扰害煽乱与该党相类似者，亦准由各该都督、民政长及司令官勒令解散，分别惩治”（《政府公报·命令》，1913年8月8日）。

接着，袁世凯政府接连下令取缔中华民国自由党、女子参政同盟会等组织与政党。

对当时组织最大、人数最多、革命性最强的国民党，袁世凯更是如鲠在喉，必欲扼杀而后快。但他知道该党在国会中议席最多，一旦取缔，国会形将瘫痪，而他还要国会“选举”他为正式大总统，因而他对国民党继续容忍了一段时间。在这期间，袁世凯一方面指使任总统府秘书长的梁士诒于 1913 年 9 月 7 日组织御用政党“公民党”，与国民党对抗，扰乱政党政治；另一方面对国民党强加高压，用行政命令干涉国民党内部党务，迫使北京国民党总部在 1913 年 8 月 3 日宣布将黄兴、陈其美、李烈钧、柏文蔚等开除党籍。而在 1913 年 10 月 10 日袁世凯被国会“选举”为正式大总统后，袁迅速于 1913 年 11 月 4 日悍然下令解散国民党。领导推翻清朝专制王朝、为建立民主共和制度立下巨大功勋的革命政党就这样被袁世凯政府取缔了。中国的政党政治也走到了末路。

就是对不甘附袁的统一党首领、革命元勋章太炎，袁世凯也以谎言诱骗他至北京加以软禁，时间长达 3 年之久。直到袁世凯实施帝制失败并死亡，才获得自由。

（四）玩弄国会，攫取正式大总统

由国会按民主程序选举国家元首——正式大总统，本是近代民主政治的最重要的内容与最重要的标志。袁世凯虽极其厌恶与仇视国会与选举等民主政治的内容，但他又将攫取正式大总统视作复辟专制政治乃至走向帝制自为的重要一环，因而他在 1913 年 9 月初镇压“二次革命”后，不得不继续容忍国会与国民党的存在。他要利用这个苟延残喘、朝不保夕的国会，“选举”他为正式大总统，使他名正言顺地成为代表全国人民的国家最高领导人，然后再名正言顺地以“民选”国家最高领袖的身份与地位，取缔国会，复辟专制政治与帝制自为。这就是所谓“挟国会以令天下”。这既是袁世凯的高明权术，也是许多独裁者的政治伎俩。

为了操纵国会，袁世凯一方面压迫威胁国民党籍的议员，另一方面又百般拉拢进步党籍的议员。1913 年 7 月 31 日，袁世凯任命进步党名流熊希龄为内阁总理。9 月 11 日熊希龄内阁正式组成，这是民国以来的第三届内阁。内阁成员九人中，段祺瑞任陆军总长，刘冠雄任海军总长，朱启钤任内务总长，周自齐任交通总长，孙宝琦任外交总长，以上五人为北洋派，是袁世凯的心腹；其余四人则是进步党人，熊希龄兼财政总长，梁启超任司法总长，汪大燮为教育总长，张謇为农商总长。这届内阁号称“第一流人才内阁”。在这同时，袁世凯又指使梁士诒指挥御用的公民党，在国会中积极鼓噪快速选举袁世凯为正式大总统。这样，在袁世凯的一手策划下，国会被迫同意先选大总统，后制定宪法，并在 1913 年 10 月 4 日匆匆通过了新制定的《总统选举法》。

1913 年 10 月 6 日，国会召开总统选举会。在这一天，袁世凯派来大批北洋军警，暗带枪械，化装成平民，自称“公民团”，包围国会，对议员们公然进行胁迫。按《总统选举法》规定，大总统由国会议员组成选举会选举，选举会的法定人数由议员总人数三分之二构成，进行无记名投票，候选人必须获得四分之三的绝对多数才能当选。如投票两轮仍无人当选，则进行第三轮投票，以第二轮中得票领先的两人，得票过半数即可当选。但这天前两轮投票，袁世凯虽事前进行了种种威胁与收买，但都未能获得法定当选票数。袁世凯恼羞成怒，指使“公民团”阻止议员们进出国会与进食，逼迫议员们进行第三轮投票，直至该日晚 9 点，终使袁世凯“当选”。“公民团”的喽啰们见目的已达，任务完成，遂在国会门外，“代表人民”，齐声高呼：“袁大总统万岁，万万岁”。

国会又选举黎元洪为副总统。

这样的“选举”，已根本背离了民主政治的原则。而在袁世凯枪口与刺刀威逼下的国会，也日益失去它的民主性质，并面临着被取缔与毁灭的厄运。

袁世凯在被国会“选举”为正式大总统后4天，1913年10月10日，袁以此国庆日作为他的就职之日。他特意选清故宫太和殿为就职典礼场所。这是明、清皇帝举行登基大典的地方。这天上午10时，袁世凯身穿蓝色大元帅服，乘八人抬大彩轿，在大量侍从簇拥下，来此宣誓，就正式大总统之职。下午3时，袁世凯又登上天安门，进行阅兵。接着，他以大总统身份，给前清官僚、北洋将领、政界名人颁发各种勋章；当晚，举行盛大宴会招待中外宾客。袁世凯借此向中外宣示，他已是中国的正式大总统与最高领袖。

在袁世凯正式就任大总统前后，列强各国纷纷表示“承认”并表示祝贺。中国许多善良的人也认为，中华民国也许从此将走上平稳发展时期。但历史很快就表明，袁世凯登上中华民国正式大总统的宝座，只是加快了中华民国的灭亡。

（五）解散国会与各地方议会

袁世凯一旦攫取了民国正式大总统的桂冠以后，立即对民主政治最重要、最核心的内容——议会与宪法，连续举起屠刀，加以宰割与摧毁。

第一届国会自1913年4月成立后，就作为国家的最高立法机关与监督机关开始运作，并开始了制定国家宪法的工作。1913年7月，国会组成“宪法起草委员会”，不顾袁世凯政府的多次干涉、阻挠、破坏，于1913年10月中旬制定成《宪法草案》，计十章一百一十三条，其内容中虽有被迫对袁世凯让步、扩大总统权限的缺陷，但其基本精神仍坚持近代民主政治原则，即国家立法权属于国会，政府采责任内阁制等，并坚持总统任命国务员须经国会通过，总统无权解散众议院等。由于“宪法起草委员会”设在北京天坛祈年殿，因而此宪法草案又称为《天坛宪法草案》。

袁世凯对《天坛宪法草案》对总统权限的制约十分不满，于1913年10月16日向国会提出《增修约法案》，无视刚刚通过的《天坛宪法草案》，赤裸裸地要求扩大总统独裁权限。他以“朕即国家”的口吻，诡辩宣称：“本大总统一人一身之受束缚于约法，直不啻胥吾四万万同胞之生命财产之重，同受束缚于约法”（《政府公报·公文》，1913 年 10 月 23 日）。国会这时正讨论《天坛宪法草案》的颁布与实施。面对着袁世凯对国会与宪法草案的蔑视与攻击，一些正直敢为的国会议员，包括国民党籍与进步党籍的成员，联合组成民宪党，以“保障共和，拥护宪法”为宗旨，勇敢地拒绝袁世凯的干涉，坚持维护民主政治与制宪权利。

袁世凯恼羞成怒，指责“国会专制”，鼓动各地爪牙对国会谩骂威胁，然后于 1913 年 11 月 4 日下令解散国民党，取消国民党籍议员的资格，并饬令北京地区军警搜查国民党籍议员的住处，后又包围查抄国民党本部与国会，追缴国民党籍议员的证书、证章。这一次行动波及 350 多名议员。袁世凯计算，所余国会两院议员仍足法定人数，又令军警追缴湖口起义前已宣布脱离国民党籍与跨党籍议员 80 多人的证书、证章。这样，两次总共追缴 438 人，占两院议员半数以上。国会从此不足法定开会人数，被迫休会停止工作。而国会的“宪法起草委员会”也被迫于 11 月 10 日自行解散。《天坛宪法草案》随之流产。

袁世凯在粗暴地迫使国会停止工作以后，于 1913 年 12 月 15 日指派其亲信官僚与前清遗老及各省党徒推举的代表，组成一个御用的“政治会议”，以取代国会。1914 年 1 月 10 日，袁就“据政治会议的决议”，公然下令停止全体国会议员的职务，每人发旅费 400 元，饬令回籍。民国第一届国会自 1913 年 4 月成立，仅存在了约 9 个月，就被袁世凯一手取缔。

接着，1914 年 2 月，袁又下令停办各省的地方各级自治会，解散各省议会。一切民意机关都被取缔。

袁世凯为了进一步将一切行政大权集于一己，在利用进步党的熊希龄任内阁总理副署解散了国民党与国会以后，又于 1914 年 2 月 12 日迫使熊希龄辞职，“第一流人才内阁”随之垮台。袁任命亲信孙宝琦为代总理。责任内阁岌岌可危。

（六）撕毁《中华民国临时约法》，代之以“袁记约法”

在解散国会的同时，袁世凯加紧废除《中华民国临时约法》的活动。这是辛亥革命产生的最后的一项民主政治成果，尽管它早已被摧残得支离破碎，但它毕竟还是袁世凯复辟专制政治的束缚与障碍。袁世凯先是通过御用的“政治会议”，于1914年1月26日下令组织所谓“约法会议”。经过一个多月的筹备，3月18日，由袁一手操纵的“约法会议”在北京开幕，由革命党的叛徒孙毓筠任议长，北洋派的施愚任副议长。该“约法会议”根据袁世凯提出的“修改约法大纲七条”，很快炮制出一部《中华民国约法》，共十章六十八条。这就是臭名昭著的“袁记约法”。1914年5月1日，袁世凯以大总统名义，正式公布这部“袁记约法”，同时废除民国初年南京民国临时政府制定的《中国民国临时约法》。辛亥革命仅存的最重要民主成果被废除了。

“袁记约法”完全否定了民主政治的实质，采取了集一切权力于大总统一人的极端集权主义，即专制独裁主义。它虽然仍虚伪地宣称，国家“主权本于国民全体”，但对人民的各项自由权利都加以种种“法律范围内”的限制，实际上剥夺了人民的一切政治权利与个人自由权利，而将国家的一切权力都赋予大总统袁世凯。“袁记约法”不再规定由“参议院、临时总统、国务员、法院行使统治权”，而是明确宣布“大总统为国家之元首，总揽统治权”。首先在行政上，废除责任内阁与国务总理，而实行一种极端的总统制，“行政以大总统为首长，置国务卿一人赞襄之”，各部总长直接对总统负责。总统还有紧急命令、紧急财政处分等各项非常权力。总统不仅完全控制行政大权与用人大权，而且可以任意解散国家最高立法机关——立法院，可以任意召集与并解散国民会议，可以有制定、颁布宪法的权力等等（《大总统布告第一号》，《政府公报》，1914 年 5 月 1 日）。

总之，“袁记约法”实际赋予了大总统袁世凯相当于皇帝一样甚至超过了皇帝的独裁权力，从而以法律形式复辟了专制政治对全国的统治。

（七）改革官制，取消责任内阁，设政事堂，严密控制中央与地方军政

在 1914 年 5 月 1 日“袁记约法”公布后，袁世凯立即以此约法为依据，对中央与地方的政府机构和官制等迅速进行了“改革”，其目的是进一步清除辛亥革命后的民主政治影响，进一步加强集权于总统一身的独裁政治。

一个国家的权力机构，无非分为行政、立法与司法三个方面。

袁世凯首先是对中央行政机构下手。在 1914 年 5 月 1 日，袁世凯下令撤销国务院，取消责任内阁制度，在总统府内设一个一切听命于总统的政事堂，处理军国大事。袁特任自己的拜把兄弟徐世昌为政事堂的国务卿，另以袁的心腹杨士琦为政事堂左丞，以徐世昌的亲信钱能训为政事堂右丞，三人都直接对袁负责。这很像前清皇帝在皇宫内设立的军机处，一切听命于皇帝。同时，袁世凯公布了新任各部总长的名单：外交，孙宝琦；内务，朱启钤；财政，周自齐；陆军，段祺瑞；海军，刘冠雄；司法，章宗祥；交通，梁敦彦；教育，汤化龙；农商，张謇。另在政事堂下设法制、机要、铨叙、主计、印铸、司务六个局。各部、局长中，除汤化龙、张謇属进步党外，其余都是袁党。各部、局长官都直接对总统袁世凯负责。在这同时，袁又下令裁撤总统府秘书厅，把事权过重的秘书长梁士诒调任税务处督办，另设内史监，派长期跟随袁搞文案的阮忠枢为内史长，专门为袁办理“切身政务机密”。这样，国家行政大权就完全由袁世凯一手掌握。袁还下令设立平政院、肃政厅等机构，其职责只是为袁监督百官，加强独裁统治，相当于前清皇帝的监察御史。

接着，袁世凯对中央立法机构动刀。1914 年 5 月 26 日，袁世凯郑重其事地下令，在立法院组成之前，先行成立“参政院”。他任命副总统黎元洪兼参政院院长，并任命了七十名参政。袁世凯宣布，以这个“参政院”取代此前的“政治会议”，代行立法院职权。这是袁世凯为自己的独裁统治装饰一个仿佛有民主色彩的花环，为袁复辟专制统治制造民意支持与法理根据，遮蔽天下人耳目。袁世凯既一手指定这个“参政院”的全部人选，又宣布这个“参政院”代行立法院职权，而将组织立法院的时间推得遥遥无期，这样就实际上取缔了一切民意机关与立法机关，取缔了广大人民的民主选举权利与参政权利，也废弃了三权分立、互相监督这些民主国家的最基本政治原则，而只剩下一个他一手制造、一手操控的“参政院”，一个一切听命于袁世凯的表决机器和橡皮图章，来“代表”人民行使立法权与监督权。

至于中央司法机构，袁世凯也将其在实际上变成了“刑部衙门”。

对中央军事机构，袁世凯也从集权于己的角度进行改组。1914 年 5 月 8 日，袁下令撤销总统府军事处，成立“陆海军大元帅统率办事处”，作为最高军事统率与指挥的权力中心，集陆军、海军、参谋三部大权于一处。袁亲自执掌该处大权，以亲信王士珍主持日常事务，任命参谋次长陈宦、陆军总长段祺瑞、海军总长刘冠雄、海军司令萨镇冰以及侍从武官长荫昌等为办事员，从而加强袁对军权的控制。1914 年 10 月，袁在“陆海军大元帅统率办事处”下面，成立了一个类似军官教导团式的“模范团”，以其长子袁克定实际包办，轮流抽调北洋军各部官兵培训，给予种种优厚待遇，以图进一步直接控制全国的军队，并为其子培植势力。

在加强对中央军政机关改造与控制后不久，袁世凯又开始对地方军政权力机关加以改造与控制。1914 年 5 月 23 日，袁公布新的地方官制，改各省民政长为“巡按使”，为一省民政的最官长官，一律由中央任命，不许保荐，更不许由民众选举，共性质似为由中央派出之视察官，一切对中央负责。省下设道、县两级，道置道尹，县置知事。巡按使、道尹监督财政、司法，节制地方武装，削弱了各省都督的军政权力。1914 年 6 月 23 日，袁又下令各省都督改称为“将军”，督理本省军务，其性质仅为“陆海军大元帅统率办事处”派赴各省代管当地驻军的代表。另在北京设“将军府”，把那些被袁免职而失去军事实权与地盘的将领调来北京安置，给其优厚生活待遇，进行羁縻与控制。袁世凯通过这些措施，进一步加强他对各地方军政的严密控制。

（八）恢复独裁权力的终身制与世袭制

通过上述的一系列“改革”措施，袁世凯已将全国军政大权完全集中到他个人手中，形成了帝王式的独裁制。但他仍不满足。他进一步追求帝王式的终身制与世袭制。

1914 年 12 月底，袁世凯通过其御用的“约法会议”与“参政院”，炮制出一部新的《大总统选举法》，规定：总统任期十年，连任亦无限制，无须改选；总统继任人由现任总统推荐候选者三人，书于嘉禾金简，藏之金匮石室，届时交“大总统选举会”选举。而“大总统选举会”由现任大总统袁世凯指定的“参政院”参政与立法院议员组成。明眼人一眼就可看出，这部《大总统选举法》是为袁世凯将其独裁权力终身制与世袭制制造了法律根据。根据这部《大总统选举法》，袁世凯不仅可以把他的独裁总统职位无限期“连任”下去，不再需要进行麻烦的选举，成了“终身大总统”；而且可以通过“推荐候选者”，把总统职位传于其子孙或党徒，成了“世袭大总统”。

袁世凯的总统权力与总统职位，已具备了封建帝王的独裁制、终身制、世袭制等等最重要的特征！他所差的只是一个帝王称号了。

从 1913 年 7、8 月间镇压“二次革命”开始，到 1914 年年底，在这约一年半时间中，袁世凯处心积虑，步步为营，几乎完全扫荡了辛亥革命所取得的所有民主政治成果，全盘复辟了专制政治统治。孙中山在 1913 年 12 月 23 日《致咸马里夫人函》中对此揭露道："独夫政治现又得逞，其压迫较之当初的'满清'，更加令人无法忍受"（《孙中山全集》第 3 卷，中华书局 1984 年版，第 73 页）。袁世凯在这时虽然还自称民国大总统，但其独裁权力已完全等同甚至超过了中国历代帝王。这样的"总统"，已与皇帝无实质的差别，只是名称不同而已。这样的"民国"，也只是块空招牌，实际上已成了没有皇帝的帝国。正如 1914 年 4 月 22 日上海《申报》一篇文章所提示的那样："今所谓共和，徒存虚名，易其名则帝制成矣"。

历史的发展证明，袁世凯将很快摘掉这块"假共和"的空招牌，去掉"民国"的虚名，进一步实现他的帝制美梦。

九、孙中山与陈其美

孙中山在其一生革命事业中，始终注意吸引、培养和提拔、重用革命志士与革命事业的接班人，特别是革命的领导人才。如果说，在兴中会时期，孙中山的主要助手是陈少白；在同盟会时期，孙中山的主要助手是黄兴；那么，在 1913 年 9 月“二次革命”失败以后，直到 1916 年 5 月陈其美遇刺身亡，孙中山最主要的助手就是陈其美。

（一）辛亥之前：孙中山与陈其美在思想上与组织上都保持一段距离

据现有资料分析，孙中山与陈其美发生较密切的接触与关系，是从 1911 年 12 月 25 日孙中山于武昌起义后归国抵沪时开始的。在这以前，孙中山是公认的革命领袖，他的思想曾影响过陈其美；陈其美则是一位后起的革命党人；二人并无多少直接交往，而且，陈其美对孙中山的信仰是不坚定的。

陈其美，字英士，浙江湖州人，1878 年（清光绪四年）生。他比孙中山小十二岁。当孙中山在 19 世纪末 20 世纪初进行最早的反清革命斗争时，陈其美还在浙江崇德（今桐乡县石门镇）的善长典当铺与上海的同康泰丝栈学习商业。年龄与思想的差距，使他们二人相差了几乎一个时代。

但是，中国近代反封建专制的民主革命潮流的迅速高涨，很快使陈其美跟上时代的步伐。首先是外国列强对华的侵略使他“愤慨殊甚”；受到以孙中山为代表的民主思潮的影响更使他很快走上革命之路。然而，陈其美在20世纪初刚走上民主革命道路的这几年间，接触较多的几乎都是浙江省籍的革命人士，其中主要是光复会系统的人，与孙中山几乎没有直接的接触。1903—1906年在上海学商期间，陈其美首先接触到的是张静江、于右任，后来在理科传习所结识了蔡元培，深受其影响，"闻见益广，识见益宏，革命情绪，自此深植根基"（何仲萧：《陈英士先生年谱》，中国文化服务社，1946年出版，第4页）。1906年5月12日浙江光复会领袖蔡元培在邹容墓落成纪念会上发表的激动人心的演说，使陈其美深受感动，"决计抛弃商业生活，愿出洋留学"（《陈范士谈陈英士轶事》，《陈英士先生纪念集》，台北1977年出版）。

1906年（清光绪三十二年）秋，陈其美东渡日本求学。其时的东京，中国革命志士如云，陈其美开始接触孙中山。但史实表明，他们二人之间并没有什么实质性的交往。原因很简单，因为孙中山是同盟会忙碌异常的总理，而陈其美只是一个初到日本的默默无闻的自费留学生，一个刚加入革命队伍的普通青年，不可能接近革命领导核心。1906年底，陈其美加入了同盟会，表示服膺三民主义与"十六字纲领"。但他对孙中山的思想理论并无多少研究，相反还存在许多偏见。

1908年（清光绪三十四年）春，陈其美由日本回到上海，开展革命活动。当时，东南地区的革命运动由于清廷的镇压，正处于低潮。陈其美多方联络，南北奔走。在他的推动下，上海与江、浙、皖等地区一度沉寂的革命运动重新活跃起来。陈其美的革命声望与地位随之日渐提高，成为同盟会著名的领导骨干。但在这期间，直到辛亥革命爆发前，陈其美和光复会的陶成章、章太炎等日益疏远，在同盟会中关系密切的主要是黄兴、宋教仁与谭人凤等。而与孙中山在思想上、组织上和个人关系上都有很大的隔膜。1911年（清宣统三年）7月，陈其美还作为主要负责人之一，与谭人凤、宋教仁等一道在上海建立了"同盟会中部总会"。这在很大程度上是对孙中山与同盟会总部领导不满的产物。该会的《成立宣言》一方面公开指责孙中山与同盟会总部“有共同之宗旨，无共同之计划；有切实之人才，无切实之组织也。……呜呼，有此二病，不从根本上解决，惟挟金钱主义，临时招募乌合之众，掺杂党中，冀侥幸以成事，岂可必之数哉？此吾党义师所以屡起屡蹶，而至演最后之惨剧也。”不能说陈其美等人的批评毫无道理；另一方面仍宣布中部总会“奉东京本部为主体，认南部分会为友帮”。但事实上，“中部总会”与孙中山及同盟会总部没有什么联系，更不接受孙中山的领导，是组织上的分离；同时“中部总会”公然抛弃了孙中山为同盟会制定的“平均地权”的纲领，更表明了陈其美等人对孙中山思想理论的不满和修正。而孙中山对“中部总会”，成立之前曾明显表示不满，成立之后一直没有直接的表态，持有成见是显然的。

辛亥革命爆发前，陈其美与孙中山为什么在思想上与组织上都保持一段距离呢？

这当然首先是由于双方没有直接接触的机会。更重要的原因，是由于陈其美受宗派地域观念与思想偏见的影响，以及陈其美与孙中山之间的思想差距。同盟会内部有严重的宗派地域思想。孙中山是广东人，主要社会基础力量在两广与华侨中间，因而在很长时间内，他把主要精力用于在南方两广地区发动起义，忽略与放松了对其他地区的工作，这就必然要引起其他地区革命党人的不满。江浙地区的原光复会与两湖地区的原华兴会人士，本来就自成势力，一直存在着对同盟会总部、特别是对孙中山的离心倾向。陈其美生长在光复会发源地与大本营的浙江，又是在蔡元培、徐锡麟等光复会人士的指引与影响下走上革命道路的，较多受光复会影响。陈其美回到上海开展革命活动后，又长期受到宋教仁等原华兴会人士宗派地域观念与思想的影响，以致对孙中山怀有偏见，正如他后来在1915年（民国四年）2月4日给黄兴的信中回忆说：“辛亥以前，二三同志，如谭（人凤）、宋（教仁）辈过沪上时，谈及吾党健者，必交推足下（按：指黄兴），以为孙氏理想，黄氏实行。夫谓足下为革命实行家，则海内无贤无愚，莫不异口同声，于足下无所增损；惟谓中山先生倾于理想，此语一入吾人脑际，遂使中山先生一切政见，不易见诸施行。”同时，在辛亥革命前，陈其美也是个“革命实行家”，热衷于社会活动，以“四捷”著称（口齿捷，主意捷，手段捷，行动捷），对革命思想理论轻视，对孙中山三民主义的完整性与深刻性更缺乏认识，因而，视倡导三民主义的孙中山为不切实际、“倾于理想”，往往“贸贸然反对之”，而对黄兴则“赞成之唯恐不及”（陈其美：《致黄克强书》，刊《孙中山全集》第六卷）。

这就是孙中山与陈其美关系史的第一阶段。由于以上的种种原因，使得陈其美在这段时期内不能对孙中山有正确的认识与亲近的感情；而孙中山对陈其美参与发起和领导的“同盟会中部总会”也比较冷漠。这实际上是辛亥革命前同盟会内部的思想分歧与组织涣散在孙、陈这两位重要革命领导人关系上的反映。

（二）从民国建立到“二次革命”失败：孙、陈关系的发展

1911 年（清宣统三年）10 月 10 日武昌起义爆发，陈其美参与发动与领导了上海与江、浙一带的反清武装起义，并被推举为沪军都督府的都督，成为坐镇一方的革命大员与同盟会最重要的地方领导人，在全国的影响与地位空前提高。1911 年 12 月 25 日孙中山回国到达上海，陈其美以沪军都督与同盟会重要领导人的双重身份与之开始了较密切的接触。从此以后，直到 1913 年 9 月“二次革命”失败，孙、陈关系进入了第二阶段。这一时期的主要特点有如下三个方面：

第一，陈其美以其对革命的忠诚与杰出的才干，对辛亥革命与以孙中山为首的南京临时政府做出了重大贡献。

1911 年 10 月 10 日武昌起义爆发后，革命党人在许多省份先后发动起

义，宣告独立。但各地人员复杂，派系林立，不少新政权或被立宪派所把持，或为旧官僚、旧军官所篡夺，真正为同盟会革命党人所掌握的政权并不多。

而陈其美发动与领导的上海起义，却是同盟会力量占主导、光复会力量起协助地位的地区。以陈其美为首的上海都督府，是当时全国不多的革命力量占主导地位的地方政权，甚至可以说是全国唯一没有立宪派与旧官僚插足的新政权，颁布与采取了一系列带有鲜明民主性色彩的政策与措施，基本贯彻了孙中山制定的同盟会革命方略。当时的上海，不仅成为同盟会的重镇与其他各省瞩目的革命楷模，而且成为支持各地革命的可靠后方，成为同盟会与各种政治势力（如清政府与袁世凯控制的北方、黎元洪控制的湖北等）斗争的革命基地。尤其值得称道的是，陈其美对以孙中山为首的南京临时政府给予了全力的支持。当孙中山于 1911 年 12 月 25 日回国到达上海时，陈其美以沪军都督府名义，“派建威兵轮……往吴淞口迎迓”（《民主报》1911 年 12 月 26 日）。陈其美与黄兴等人亲往金利源码头迎接。对民国中央政府的组建，陈其美早在给各独立省督的通电中，表述了孙中山一贯的仿照美国民主制度建立中国的民主共和国家的政治理想。对中央政府人选，陈其美和黄兴等人一道，鲜明地支持孙中山出任临时大总统，并事先做了许多思想工作，使孙中山顺利地几乎以满票当选。1912 年 1 月 1 日孙中山去南京就职，陈其美调出沪军都督府最精锐的谍报人员跟随孙中山前往南京，担任护卫工作；同时秘密派遣武艺高强的革命党人王金发化装跟随孙中山，暗中保护。对孙中山在临时大总统期间颁布的各项政令、军令，陈其美与沪军都督府多能遵照与贯彻。而当孙中山辞职、袁世凯继任临时大总统后，陈其美很快就觉察到袁世凯的野心，“知其必不利于革命……力劝各同志阴为戒备”（何仲萧：《陈英士先生年谱》）。他拒绝出任袁世凯控制下的唐绍仪内阁的工商总长，拒绝袁世凯授予他的勋位、勋章与巨资，采取了严峻的不合作态度。这与他对孙中山的热情支持形成鲜明的对比。

第二，孙中山在与陈其美有较多接触后，在当时复杂激烈的政治斗争中，愈来愈赏识陈其美的忠诚与才干，重视其在上海与东南地区的重要影响与作用，在各个方面支持陈其美的工作。

孙中山在武昌起义后回国，在建立中央临时政府过程中，很快就看到国内政治情况的复杂：不仅北方广大省区仍在清政府与袁世凯的控制之下，就是一些独立省区的都督也多名不符实。相比之下，陈其美是一位颇具声望与功绩的真正革命党领导人，在他领导下的沪军都督府具有热烈的革命民主精神，做出了其他省区所不可取代的贡献。孙中山以革命领袖的眼光，对陈其美的革命功绩、政治才干与重要作用高度重视。他赞扬陈其美“光复以前，奔走革命垂十余载……辛亥之秋，鄂师既举，各省尚多迟回观望，陈君冒诸险艰，卒创义于沪上……此其于民国之功，固已伟矣”（《孙中山全集》第三卷，第 388 页）。孙中山视陈其美及沪军都督府是他所领导的南京中央临时政府最重要最可靠的支柱。因此，当陈其美与沪军都督府遭遇困难时，孙中山以临时大总统的地位与职权，在各方面给予有力的支持。

早在 1911 年 11 月 10 日，上海与江苏（苏州）刚刚独立不久，江苏立宪派名流唐文治、庄蕴宽等人，就联名上书沪军都督府，名为策划，实际是借口行政统一，要陈其美将上海政权移交江苏都督、原旧官僚程德全接管；此后，立宪派人士又大造舆论，对陈其美攻击与诬陷，企图迫使陈下台。为对付这种压力，精明的陈其美以退为进，在 1912 年 1 月 1 日南京临时政府成立后，三次上书孙中山，历述他和沪军都督府的斗争历程与艰难处境，揭露了旧势力与立宪派的种种破坏阴谋及其企图，然后呈请辞去沪军都督，取消沪军都督府。孙中山对陈其美的艰难处境与良苦用心十分了解，对陈的辞职要求多次坚决挽留；同时，他公开颂扬陈其美的功绩与能力，说：“陈都督为民国起义首功之人，光复上海，战功勋劳，以之督苏，必能胜重任而慰众望”（《孙中山全集》第二卷，第 27 页）。进而全力维护陈其美的沪军都督地位：“上海为江南要区，非有大将镇守，不能维持一切。据各地纷纷来电，咸以公为民国长城，关系全局，力请挽留。人心如此，公不可告退，尚望勉为其难，勿怀退志”（《孙中山全集》第二卷，第103页）。孙中山在公开的通电中，将陈称作“民国长城”“革命大将”，这是对陈其美的希望，也是对陈其美极大的支持。

此外，孙中山在财政、司法等方面也尽力支持陈其美的工作。1912年2月6日，当上海都督府财政十分困难时，孙中山下达命令，破例拟准陈其美所请，将江苏省辖之松江府、太仓州各县1912年民间的钱粮及地方各项税捐，暂行拨归沪军都督府应用（《孙中山全集》第二卷，中华书局1982年版，第64页）。在司法行政上，孙中山支持陈其美的沪军都督府独立行使主权。这突出地表现在处理杀害淮安革命党人周实丹、阮式的姚荣泽一案上。当时姚犯逃匿南通立宪派张察处，江苏都督庄蕴宽力阻将姚荣泽送上海审理，“司法界借口动争地点，而姚荣泽抗不解申，几欲漏网”（《辛亥革命在上海史料选辑》，第336页）。陈其美明白若将此案移交江苏都督府处理，立宪派肯定会纵宽罪犯，难以伸张革命正义，因此他以该案是在沪军都督府告发，力争对此案的审理权。此事于1912年2月闹到临时大总统孙中山那里。孙中山细察全案，果断地决定：“应将全案改归沪军都督府彻查讯办，以便迅速了结。”“毋庸再行解交江苏都督”（《孙中山全集》第二卷，第71、75页）。正是由于孙中山在各方面的支持，在整个南京临时政府期间，不仅使旧势力搞垮陈其美与沪军都督府的阴谋未能得逞，而且使沪军都督府成为强有力的地方革命政权，在各方面都取得了重大成绩。

第三，在这期间，尽管陈其美对孙中山的认识有了很大提高，孙、陈的关系也有了重大发展，但总的来说，陈其美对孙中山的革命领袖才智仍未完全信服，对孙中山与黄兴，陈仍是薄孙而厚黄。陈其美思想认识的偏差带来了行动的错误，给革命事业造成重大的损失。

在孙中山就任临时大总统期间，陈其美一方面大力支持孙中山，另一方面，对孙中山的一些不合己意的指示，则持不信任、不理睬甚至是阳奉阴违、自行其是的态度。其一，在1912年1月14日，孙中山担任临时大总统不久，陈其美擅自指使人暗杀了光复会领袖陶成章，加剧了光复会与同盟会的矛盾，造成了孙中山与南京临时政府极为被动的局面。孙中山为此严令陈其美缉凶破案。在这件事上，鲜明地表现了孙、陈二人对政治反对派的不同态度与不同胸怀。其二，1913 年 3 月 20 日“宋教仁案”发生，孙中山猛醒，主张立即兴兵武装讨袁，陈其美却在很长时间内，追随黄兴，以军事准备不足等为由，“必欲静待法律之解决，不为宣战之预备”，反对发动“二次革命”。当孙中山提出“联日”外交政策，尽快争取日本朝野对革命党人的支持，陈其美又借口“不赖外帮”，“竟漠然视之，力尼其行”。其三，到了 1913 年 6 月，袁世凯与革命党的矛盾已达白热化、袁世凯铲除革命的狼子野心充分暴露之时，孙中山令陈其美率先在上海举兵讨袁独立，号召全国，陈却以“上海弹丸地难与之抗，更不听之”；驻沪海军欲反正，“中山先生力赞其成，吾人以坚持海陆军同时并起之说，不欲为海军先发之计”，又进行阻挠；孙中山后来又力促南京革命党人举兵反袁，陈其美等人又“以下级军官未能一致”诿，结果，“迁延时日，逡巡不进，坐误时机，卒鲜寸效”，导致了“二次革命”迅速地失败（陈其美：《致黄克强书》）。

应该指出，孙中山在辛亥革命到“二次革命”期间，在思想与政见上并非全都正确，亦有许多模糊错误之处. 但比较起来，在当时革命党的领导人中间，他是错误较少而又觉醒较快的。他的思想与见解超过黄兴，更远远超过陈其美与许多革命党人，不愧为革命领袖的远见卓识与气魄才干。而陈其美在这期间，对此却没有足够的认识，因而使他在革命斗争中犯下一系列错误。陈其美在事后总结说：“夫以中山先生之知识，遇事烛照无遗，先机洞若观火，而美于其时贸贸然反对之，而于足下（按：指黄兴）主张政见，则赞成之唯恐不及，非美之感情分厚薄于其间，亦以识不过人，智暗虑物，泥于孙氏理想一语之成见而已。盖以中山先生所提议者，胥不免远于事实，故怀挟成见……岂知拘守尺寸，动失寻丈，贻误国事，罔不由此乎”（陈其美：《致黄克强书》）。

陈其美的叙述是沉痛的。他对自己诚挚深刻的检讨，表明他随着革命斗争的发展，思想认识迅速提高。他对孙中山的态度及与孙中山的关系正发生重大的质的变化。

（三）从“二次革命”失败到陈其美捐躯：孙、陈密切合作

从1913年9月“二次革命”失败后，陈其美东渡日本与孙中山相会，到1916年5月18日陈其美为反袁护国斗争捐躯，孙、陈的关系发展到了第三阶段。

失败往往能使人成熟。陈其美在经历了“二次革命”的惨痛失败以后，进行了认真而痛苦的思索，对许多重大革命问题，特别是对孙中山的领袖地位与理想主张，有了新的更为正确的看法；孙中山在革命的低潮与危难之中，也对陈其美的忠诚、才干与思想的进步有了更为深入与全面的认识。二人密切合作，谱写了民国革命史上一曲动人的乐章。

第一，陈其美积极地支持与参与孙中山重新组建革命政党——中华革命党的工作。

“二次革命”失败后，形势逆转。正如孙中山所指出的：“追其失败之原因，乃吾党分子太杂”；在失败后，“意见分歧，或缄口不谈革命，或期革命以十年，种种灰心，互相诟谇，二十年来之革命精神与革命团体，几乎一蹶不振”（《孙中山全集》第三卷，第112页）。原同盟会及其改组而成的国民党，已不能承担领导革命的重任。基于这样的情况，孙中山到日本后所进行的第一项工作就是组建新的革命政党——中华革命党，剔除“混杂分子及卑劣分子”，“合集此纯净之分子组织纯粹之革命党，以为再举之图”（《孙中山全集》第三卷，第128页）。事实证明，孙中山的这个决定是正确的，但却遭到一些“旧日同志”的反对。当此之时，陈其美首先站出来为孙中山的建党主张进行申辩与宣传。他说：“中华革命党之组织，亦

时事有以迫之也……不知同盟结合于秘密时代，辛亥以后一变而为国民党，自形式上言之，范围日见扩张，势力固征膨胀。而自精神上言之，面目全非，分子复杂，薰莸同器，良莠不齐……是故欲免败群，须去害马；欲事更张，必贵改弦”（陈其美：《致黄克强书》）。陈其美完全理解并积极支持孙中山的重新组党工作。当时，黄兴、陈炯明等重要领导人都反对重新组党，并拒绝参加新党；就是胡汉民等人对参加中华革命党也十分勉强。在辛亥革命期间曾担任过省、市都督的革命党高层领导人中，只有陈其美，最早最积极地参加了孙中山的组建新党的工作，并率先加入中华革命党，还担任中华革命党的首席部长——总务部长的重任，成为中华革命党中除孙中山外最重要的领导人，被孙中山誉为“吾党唯一柱石”（《孙中山全集》第四卷，第27页）。

第二，陈其美比较正确地对待孙中山制定的中华革命党《誓约》，全力维护孙中山的革命领袖地位与全党的铁的纪律。

当孙中山组建中华革命党时，在“旧日同志”中引起较多争议的，除要不要重新组党的问题外，还有就是要求全体党员绝对服从孙中山领导与入党要按照一定的手续等问题。在组建中华革命党时，孙中山首先注重党的铁的纪律、党的领袖的权威，“是以此次重组革命党，首以服从命令为唯一之要件。凡入党各员，必自问甘愿服从文一人，毫无疑虑而后可”（《孙中山全集》第三卷，第92页）。对此，黄兴与李烈钧、柏文蔚等人指责孙中山搞个人独裁，拒绝加入中华革命党，另组“欧事研究会”，造成了革命党内部令人痛心的分裂——“孙黄分家”。应该指出：孙中山所定中华革命党《誓约》，确实有某些不适当的地方，如要求党员绝对服从孙个人、入党要加盖中指模等，沿袭了中国秘密社会组织的结盟方式，缺乏近代政党的民主气息。但这毕竟是枝节问题，其主流是汲取辛亥革命与“二次革命”的经验教训，适应革命斗争形势的要求，特别是适应反袁秘密斗争与武装斗争必须加强统一领导与组织纪律的需要，因而在重新组党时，强调建立强有力的党中央领导权威与铁的党纪，强调全党思想与行动的统一，“革命党能统一，则革命之事业已成功过半矣”（《孙中山全集》第三卷，第126页）。就是要求全党服从孙中山个人这一点，在当时在很大程度上也是需要的。陈其美通过多年的实践与思考，正确地认识到孙中山的领导才识与水平，心悦诚服地承认孙中山是当之无愧的革命领袖。他在对待中华革命党的《誓约》、对待孙中山强调的党的统一与纪律等内容，表达了卓越不凡的见解。他说：“至于所定誓约，有‘附从先生，服从命令’等语，此中山先生深有鉴于前此致败之故……欲相率同志纳于轨物，庶以统一事权；非强制同志尸厥官肢，尽失自由行动”（陈其美：《致黄克强书》）。陈其美不仅有力地维护孙中山的革命领袖地位，而且基本正确地阐述了革命党内部领袖与党员的关系、统一纪律与个人自由等关系。他的见解显然超过了黄兴与“欧事研究会”诸人。正是由于陈其美的努力与表率作用，增强了中华革命党的团结与力量。

第三，陈其美遵从孙中山的指示，对在“二次革命”后与孙中山闹矛盾甚至一度分道扬镳的黄兴等人，采取了既批评又团结的正确态度，颇有成效。1915年2月当反袁斗争高潮到来时，陈其美给避居美国的黄兴写了一封著名的长信，摆事实，讲道理，并把自己放进去承担责任，现身说法，诚恳而有说服力地检讨了黄兴和他自己在辛亥前后的许多认识错误与行动错误，总结了经验教训，并在推崇孙中山领袖地位的同时，也肯定了黄兴的才识与贡献，最后热诚地呼吁黄兴重新回到革命队伍中来，协助孙中山领导反袁斗争。陈其美写道：“望足下之重来，有如望岁。迢迢水阔，怀人思长；嘤嘤鸟鸣，求友声切。务祈足下克日命驾言旋，共肩艰巨”（陈其美：《致黄克强书》）。这是陈其美的希望，也是孙中山的希望。其后不久孙中山与黄兴在反袁斗争中重新携手合作，其他一些“旧日同志”亦相率加入中华革命党。

第四，在孙中山的识拔与直接领导下，陈其美成为孙中山最重要的助手与中华革命党的最重要领导人之一，担负起许多重要的革命工作，策划指挥，为民主革命事业做出了重要贡献，直至献出了自己的生命。

1913年以后，在革命的危难时期，孙中山更加器重陈其美的忠诚与才干，将他提拔到最重要的领导岗位上，取代黄兴，成为自己的第一助手。陈其美为反袁革命事业，勇于负责，任职最重，任事最多：中华革命党一成立，陈就出任最重要的总务部长；后又先后到东北、上海等地进行革命活动，出任方面指挥；1916年2月被孙中山任命为“江、浙、皖、赣四省总司令”，担负最为重要也是最为艰险的东南革命斗争的领导工作。数年中，陈其美策划指挥了一系列震动全国的重大革命事件。1915年10月孙中山热烈地称赞陈“为吾党健者，第一次革命，于沪上握东南之锁钥，其功最大；至第二次革命，意志极为坚锐，本部成立，以掌总务，实能代弟任劳任怨”（《孙中山全集》第三卷，第195页）。1916年初，当陈其美听到袁世凯阴谋暗杀他的消息时，坦然表示了要为孙中山领导的革命事业献身的决心：“中华民国不可无孙公，不必有陈某。陈某未尝有学问，然爱国不敢以后人……不济，则吾唯有以死继之”（杨庶堪：《陈英士先生墓志铭》）。1916年5月18日陈其美终为袁世凯所暗杀，为孙中山领导的民主革命事业流尽了最后一滴血。

陈其美殉难后，孙中山十分震惊与悲痛。他亲赴现场，抚尸大恸；以后他又以多种方式表达他对陈其美深沉的哀悼与崇高的评价。这在孙中山一生中是少见的。直到其晚年，他在一封信中，还将“民国元年前之克强”与“民国二年后之英士”相提并论（《孙中山全集》第五卷，第391页）。可见，孙中山始终对陈其美怀有深深的思念与敬意。

孙中山与陈其美是辛亥革命时期的两位重要历史人物，是同盟会与中华革命党的两位重要领导人。孙、陈关系是辛亥革命史的重要内容之一。从孙、陈关系及其发展演变中，我们可以看到孙中山作为革命领袖在提拔、培养与使用革命人才方面所表现的眼光、胸襟与才能，看到他对战友的深厚感情；同时从陈其美的思想认识变化与斗争历程中，也认识到一个革命者在激烈复杂的斗争中，要善于寻找革命的领袖，维护革命党的统一领导与组织纪律，尊重革命的思想理论，并不断克服自身的偏见与错误，才能为中国革命做出最大的贡献。

十、凶徒刺杀范鸿仙

（一）中华革命党首领被刺死于办公室中

1914年（民国三年）9月20日凌晨，正是黎明前最黑暗的时候。

沉沉夜幕笼罩下的上海公共租界戈登路的一幢房子里，依然灯火明亮。这里是孙中山领导的中华革命党秘密设于上海的总部所在地。总部负责人、著名的革命党人范鸿仙正在灯下紧张地起草军书。他是那么全神贯注，仔细地推敲着一字一句，以至对窗外正在向他逼近的危险一无所知……

1914年2月，范鸿仙受孙中山之命，从日本回到上海，负责策动与领导该地区反对袁世凯专制政府的斗争。他到上海几个月来，废寝忘食地工作，侦察上海袁军的部署，联络革命同志，筹备武装起义，争取与策动北洋军官兵做内应，攻打与占领袁军在上海两个最坚固的堡垒——设在龙华的上海镇守使署与设在南市的上海制造局。这两处袁党都有重兵把守，尤其是上海制造局，是制造枪炮的工厂，有围堑数重，工事坚固，守军军械精良，防守更为严密。范鸿仙深知，是否攻占这两个堡垒是上海武装起义能否获胜的关键所在。经过数月的不懈努力，他已策动上海袁军中许多人响应起义。现在，他正精心制订与反复修改着关于上海起义的军事计划。

就在范鸿仙低头握笔沉思默写之时，只听“砰”的一声，其办公室的窗户突然被人猛然撞开，从室外跳进几个蒙面凶徒来。乘范鸿仙惊愕未及醒悟的一刹那间，那几个蒙面凶徒手举短刀利刃，猛力刺进了他的前胸后腹，前后连戳七刀。范鸿仙血流如注，很快无力地倒下了。凶徒们在室内搜寻一遍，抢走重要文件，临逃走前犹恐范鸿仙不死，又掏出手枪向他的身体连开两枪，子弹直穿胸膛。然后，暴徒们方跳出窗外，很快消失在黑暗中。

枪声惊动了值勤的警卫人员与其他革命党同志。他们急忙赶来时，只见范鸿仙大张两目，紧握双拳，倒在血泊之中，已经无救。范鸿仙终年仅 32 岁。

（二）安徽志士范鸿仙

范鸿仙，名光启，别号孤鸿，安徽合肥人。1882 年（清光绪八年）生。少时家贫，苦学不倦，文章尔雅，著称乡里。他年轻时，正当甲午战争之后，外患日亟，国势危如累卵，清政府专制黑暗，人民苦不堪言。年轻的范鸿仙目睹时事，常常扼腕长叹，逐渐产生了反清革命思想。1908 年（清光绪三十四年），他二十六岁，来到上海，结识了于右任、陈其美、宋教仁等著名的革命党人，思想更加激进，并秘密加入了同盟会。1909 年（清宣统元年）5 月，他协助于右任创办了辛亥革命前上海最著名的革命报纸《民呼日报》。范先在该报任校对，经过努力学习，成为著名的报刊评论作家。他常以"孤鸿"为笔名，发表时事评论文章，宣传民主，鼓吹共和，抨击清政府的专制、暴虐与腐败，倡言革命，思想深刻，在舆论界有很大影响。于右任称赞他的文章"有激昂高亢之音"。1909 年 8 月 14 日，上海租界当局查封了此报。于右任与范鸿仙等不为所屈，仅在一个多月后，又创办了《民吁日报》。未久，《民吁日报》又被查封。他们于 1910 年（清宣统二年）10 月 11 日又创办了影响更大的《民立报》。范鸿仙继续写作发表革命宣传文章。孙中山先生曾称赞他："尔一支笔，可扫十万雄师矣！"

在这几年中，范鸿仙除在报社主持笔政外，还积极参加革命实际斗争。当 1909 年 8 月 14 日《民呼日报》被查封时，报社社长于右任被租界当局拘捕。

租界的会审公廨对于右任进行了十四次审讯。为营救于右任，范鸿仙四方奔走，并挺身而出，亲往租界会审公廨投案，承担责任，反驳清政府的诬陷，使于右任得以早日获释。范鸿仙表现出的品质和才气使他在革命党人中声名大振。

1911 年（清宣统三年）7 月，宋教仁、谭人凤、陈其美等在上海创立“同盟会中部总会”，范鸿仙被推举为候补文事部长及安徽分部的主持人。

1911 年 10 月 10 日武昌起义爆发后，范鸿仙立即在《民立报》上著文，热情歌颂革命，号召人民群众迅速奋起支持与参加革命。《民立报》成为当时上海最受欢迎的报纸，销路大增。

在这同时，范鸿仙四处奔走联络，策划长江各省独立，响应武昌起义。1911 年 11 月，上海、苏州、镇江、常州、杭州等地先后光复，只有南京未下，成为江南地区最后的反动堡垒。顽固派张勋屯坚兵于南京城内，抗拒革命，威胁起义各省，严重地阻碍东南革命形势的发展。南京为东南重镇，地处交通要冲，对革命的向背有非常重要的关系。范鸿仙了解到南京城外的秣陵关驻扎着新军第九镇（师）官兵，约万人，该部早年经革命党人赵声、冷遹、柏文蔚等人的鼓动宣传，官兵深受革命思想影响。武昌起义爆发后，该镇不被两江总督张人骏信任，被张勋的江防军排挤出南京城，驻扎郊外秣陵关，目下军心动荡，跃跃欲试，准备乘时举事，只因组织未妥，迟迟未发动。范鸿仙见时机紧迫，便毅然冒险秘密潜入南京秣陵关第九镇中，对第九镇统制（师长）徐绍桢分析当时的革命形势，并进而指出：“张勋兵临阵前，倘不奋起杀敌，必然被他宰割。当今之时，只有召将士，众擎协力，击败江防军，才能顺人心，振士气，而为天下之倡”。徐绍桢虽为清廷将领，但也早受到革命风气影响，曾做过一些维护革命的工作；后见武昌义旗一举，全国响应，心早为之动；又遭到南京清廷官僚的排挤与歧视，心怀不满；今再听范鸿仙一番劝说，大受鼓舞，在与部下协商后，毅然宣布率领第九镇起义，发兵向南京城南要隘雨花台的清兵进攻。但因弹药军需不济，第九镇初战失利，败退镇江。范鸿仙见此情形，又匆匆奔走于镇江、上海间，联络上海的陈其美、镇江的林述庆、苏州的程德全、浙江的朱瑞等，共组建“江浙联军”，并以大义说服各地将领，推举徐绍桢为“江浙联军”总司令，复振军威，再向南京进攻。而徐绍桢及第九镇官兵在新败之余，得范鸿仙如此的推重与协助，尤为感动。“江浙联军”全体将士奋勇杀敌，终于击败张勋所率的江防军，于 1911 年 12 月 2 日光复南京。

江浙联军刚占领南京，内部就出现了权力之争。镇军司令林述庆首先入南京城，自恃功高，驻军原两江总督衙门，遍贴布告，自称“临时江宁都督”。其他各军不满，乃推举徐绍桢为苏军都督，与之对抗。革命军呈分裂与对抗之态。范鸿仙闻讯，急与宋教仁从上海赶赴南京，向联军各将领调解、协商，结果分别推选程德全为江苏都督，徐绍桢为南京卫戍司令，林述庆为北伐临淮总司令，各占其位，协力合作，使联军避免了一场内讧。

1912 年元旦南京“中华民国临时政府”建立后，范鸿仙遵照孙中山指示，筹划北伐。他亲到安徽，招募江淮健儿五千人，编为两个支队，辖六个大队，加以训练，称“铁血军”，自任总司令，以朱介荪、龚振鹏为支队长，进军皖北，准备向山东的清军进攻，以北定中原，攻占京师，彻底推翻清王朝。未久，南北议和，孙中山辞临时大总统。范鸿仙极力反对，说：“伪孽虽去，袁贼未枭，北廷诸将，各伏强兵，跨州连郡，人自为守，而无降心。今权一时之势，以安易危，共和之政，不三稔矣！”愤而辞总司令之职，将淮上军交龚振鹏，自己退居上海，重操笔政。

后来的事实证明了范鸿仙预见的准确性。1913 年夏，当袁世凯露出凶残面目，刺杀宋教仁后，又发兵南下，向革命党人进攻时，闲居中的范鸿仙重新挺身而出，参加“二次革命”。他亲自到安徽芜湖等地，找到龚振鹏，发动旧部，攻打颍州，进行军事讨袁。“二次革命”失败后，他流亡日本，参加孙中山重新组建的中华革命党。1914 年 2 月，他奉孙中山命令，潜回上海领导反袁斗争。

（三）孙中山对范鸿仙的高度评论

范鸿仙在上海领导的反袁革命活动与武装起义的准备工作，给袁世凯的反动统治带来巨大的威胁。袁政府悬赏重金十万银圆，缉拿范鸿仙。袁党侦察到范鸿仙在上海的秘密居住地后，遂指派几名凶徒于夜晚潜入范宅，残酷杀害了他。

范鸿仙遇害的噩耗传出后，革命党人悲愤不可言状。孙中山在日本获悉，立即致电上海党人护送范鸿仙夫人李真如携子范天平到东京。当李真如母子来到孙中山寓所时，孙中山向他们详细询问了烈士殉难的经过，对母子二人倍加安慰，并对范天平说："你要好好求学，继承父志。你父亲一生所作所为，顺乎时潮，合乎民心，是虽死犹生的。"

1914 年 11 月 1 日，孙中山在给革命同志的信中，高度评价了范鸿仙的革命功绩与壮烈牺牲。他写道：

> 前月范鸿仙君在沪被刺。范君系安徽的同志，办事甚久。此次担任上海事，已运动北军过半。袁贼一方知其势不可遏，乃悬红暗杀之，花红六万元，其死与宋教仁相类。……革命不患成功之迟早，而患死事之无人。有此影响，有此模范及于各省，则革命之成当甚近耳。

1927 年国民党政府定都南京后，遵照孙中山遗训，追认范鸿仙为陆军上将，将其灵柩移葬于南京中山陵东侧，并举行了隆重的国葬。

十一、钟明光弹炸广东督军龙济光

（一）炸弹向龙济光的车座掷去

1915 年（民国四年）7 月 17 日。南国广州城正是盛夏时节，由于当时全国政治气候的沉闷黑暗，与连日大雨成灾，广州民众的心情感到分外的压抑与沉重。

袁世凯在篡夺了辛亥革命的成果，当上民国大总统后，逐步扫荡辛亥革命争得的民主成果，建立起专制统治，并在最快的时间里终于公然揭开了帝制自为的序幕。封建王朝复辟的浓重的阴影已降临到全中国人民头上。广东督军龙济光是袁世凯的忠实爪牙。他一方面上书支持袁世凯帝制，一方面加紧防范与残酷镇压革命人士。广州血流成河。

这年入 7 月以来，广东省连天阴雨，洪水泛滥，处处成灾。7 月 15 日，广州油行突然爆发大火，越烧越猛，不仅烧毁了附近大批屋宇，而且火苗随着漂在水上的浮油，顺珠江而下，延及船艇，惨声四起。被水灾与火灾驱赶到广州城的灾民遍及全城，哭声连天，劫案迭起，人心惶惶。广州全城更显得阴森可怖，危机四伏。

龙济光看到广州城的这种形势，深恐生变，对袁世凯帝制产生不良影响，因而分外焦虑，不得不连日到全城各地查看巡视，监督防务。这天，他又在严密的护卫下，前呼后拥地离开了观音山督军署，前往担任广惠镇守使兼陆军第一师师长的胞兄龙覲光驻地——广州天平街旧水师提督行台视察。龙济光深知广东一带革命党势力强大，暗杀活动十分厉害，自己又与他们结怨太深，因此对自己的防卫分外小心严密。在其乘车的四周，里三层外三层地布满了卫队。

果然，当龙济光一行路经积厚坊时，暗杀行动发生了：路边一位化装成小贩的年轻人，突然向龙济光的车座扔来一颗威力强大的炸弹，顿时“轰”的一声巨响，震天动地，当场炸死炸伤龙济光的卫兵十多人。遗憾的是龙济光在护卫包围之中，仅伤及左足。

刺客投弹后，躲避不及，当即被捕。

这是广东中华革命党人精心组织的一次暗杀行动。革命党人企图暗杀袁世凯最凶恶的打手与鹰犬，给袁世凯正在紧锣密鼓进行的帝制活动以迎头痛击。

（二）恶“龙”逞威祸南国

龙济光，字子诚，云南蒙自人，彝族。1868 年（清同治七年）生。早年曾在云南办团练。1903 年（清光绪二十九年）春，奉清政府调令率部入广西，任边防军“济字营”统领。他因多次参与镇压反清革命起义，积“功”升至广西提督（相当于省军区司令），其部久经战阵，战斗力很强。

1911 年（清宣统三年）夏，龙部调驻广东。龙任陆军第二十五镇统制（相当于师长）。

1911 年 10 月 10 日，武昌起义爆发后，龙反对广东独立，退据高雷地区。1912 年底，他被担任民国临时大总统的袁世凯任命为广东副护军使。1913 年夏，当袁世凯镇压革命党人的“二次革命”时，龙立即率兵进攻广州，赶走担任广东督军的革命党人陈炯明，控制了广东省。龙随即被袁世凯任命为广东督军兼民政长，独揽广东军政大权。1914 年 6 月，龙又被袁世凯封为振武上将军督理广东军务。

从1913年夏，到1915年，龙济光统治广东三年多，拼命为袁世凯效劳，残酷镇压与杀戮革命党人，成为全国著名的大刽子手。一次他率军清乡，一路上烧杀淫掠，无所不为，人民逃避一空。广东群众团体派人到香港向北京发电报，请广东旅京名人梁启超等转达袁世凯政府，要求制止龙济光的暴行。龙济光听说后，竟矢口否认，诬蔑广东群众团体“受乱党利用，破坏济军名誉”。袁世凯也立即下令嘉奖龙济光，说：“该督忠勇诚朴，夙所倚重。务望撑柱艰危，悉心规画，以纾中央南顾之忧”。龙济光受宠若惊，再三向袁世凯表示忠心：“乱党之谋，注重在粤，诚如钧视，济光仰蒙付托之重，敢不殚诚竭虑，力保治安。”龙杀害革命志士不计其数。同时，他在广东征收苛捐杂税，贩烟开赌，纵兵淫掠，无恶不作。1915年5月，袁世凯承认日本企图灭亡中国的“二十一条”，引起举国一致反对。龙济光却为讨取袁氏欢心，仰承袁氏意旨，竟电请在广州“提灯庆贺”。

龙济光的凶残与无耻，激起了广东革命党人极大的愤慨与仇视。许多革命同志“愤不欲生，切齿誓杀龙以儆凶顽”。

（三）华侨志士钟明光

然而，对龙济光的暗杀却非易事。

正像许多反动而又虚弱的头面人物一样，龙济光一方面对人民制造恐怖气氛，一方面又为恐怖气氛所吓倒，成天疑神疑鬼，警卫分外周密森严。他平时盛陈兵卫，深居简出；偶尔因事出门，也必事先清净街道，断绝行人交通，并且带上成千成百的武装卫队，把他团团围住，活像押解江洋大盗一样。

龙济光在广州观音山建有豪华住宅，由住宅到督军署，上面通以天桥，上、下山均有升降机。山上电灯备有专用发电机。如果步行上山，沿途设有保卫站二十八处，每处都有兵士把守。山上建有炮垒八十三座，配备各种口径的大炮几十尊。在三元宫的要口上，更是枪炮林立。龙的住宅附近还建有水泥钢骨防空壕一所，四周布以铁丝网，以及高射炮楼台两座，瞭望镜、探照灯等工具应有尽有。另，还有军火库六所。这样的戒备，在全国各大军阀与大官僚中，恐怕也是不多的。

1914 年底，在日本东京以孙中山为首的中华革命党本部，命邓铿到香港领导广东的反袁讨龙武装斗争。但是，武装起义几次都被龙济光镇压下去。革命党人决定改用暗杀手段，并首先以龙济光为对象。因为擒贼先擒王，若刺龙成功，就可以动摇袁世凯在广东的统治营垒，打开革命局面。革命志士李作汉、罗划湖、李稚陶、钟明光与丘汉苗女士等结义，组成一个暗杀团，专以暗杀龙济光为己任。

暗杀团中的钟明光，是马来亚华侨。其人原籍广东兴宁大龙田下贡乡，1881 年（清光绪七年）生，出身贫苦农民家庭，少时略读诗书，曾在乡教蒙馆，后因生活所迫，乃赴南洋谋生，在马来亚温生才烈士当年做工之地当矿工。钟明光由是得闻温生才的生平与赴广州谋刺孚琦、壮烈牺牲的事迹，大受教育与鼓舞，常对人慷慨表示，愿以温生才烈士为模范，干出一番轰轰烈烈的事情。辛亥革命后不久，南北议和，袁世凯于 1912 年 3 月当上了民国第二任临时大总统。钟明光闻之，十分痛心与忧愤，说：“革命不彻底，大错铸成矣！”（邹鲁编：《中国国民党史稿》第四篇，第 1505 页，《钟明光传》）1913 年夏，“二次革命”失败后，钟明光深愤袁世凯之暴虐无道与帝制自为，及闻孙中山先生派邓铿等人到香港发动讨袁，遂毅然返国投效，并参加了暗杀团。在制订暗杀计划时，暗杀团最初拟采用手枪为狙击工具，但钟明光认为手枪不易接近对方，远程射击又命中困难，主张采用炸弹，并慷慨表示必要时愿与龙贼同归于尽。经计议，暗杀团决定由钟明光伪装成水果小贩，在龙济光经常出入处走动，伺机狙击。钟明光并要求炸弹制成秤锤形，以便经常放置于水果箩内，不至为人起疑。

1915 年 5 月末，暗杀团准备就绪，从香港秘密潜入广州。他们首先侦查龙济光的起居行踪，发现龙戒备森严，竟多日无法下手。后来他们改变主意，决定先刺杀龙济光的胞兄、担任广惠镇守使的龙觐光，断龙济光的左膀右臂，暗藏炸弹，到督军署与镇守使府一带巡视数日，仍未得机会。

7 月 17 日，暗杀团打听到龙济光将去龙觐光的镇守使府，就由钟明光打扮成卖卤酸菜的小贩，潜伏在龙必经之地——积厚坊。当龙一行来到时，钟明光英勇地投出了炸弹……

（四）“红花岗四烈士”

钟明光被捕后，英勇不屈。在狱中，他从容写下遗书、自挽诗与自挽联。自挽联是：

国破家亡，千古英雄千古恨；
身歼名在，万年史记万年春。

龙济光于 7 月 19 日下令对钟明光进行极其野蛮的杀害：先开胸膛挖心，次挖眼珠割耳，最后掘脑，斩断四肢，割去两肾。钟明光是在清末徐锡麟被清政府凌迟处死以后又一位惨遭酷刑的革命者。

龙济光的野蛮行为激起了全国舆论的严厉谴责，迫使袁世凯不得不打电报给龙济光查询虚实。龙一方面无耻狡辩，一方面不打自招地说：“凶犯正法后，军民人等痛恨此种暴行，剖心食之，实所难免。”

然而，广大人民却永远纪念为民主革命诛杀凶顽而英勇献身的钟明光先烈，将他与辛亥革命前夕为暗杀清政府大员而献身的温生才、林冠慈（戎）、陈敬岳一起，葬在广州红花岗烈士陵园，永垂纪念，后人敬称为“红花岗四烈士”。

十二、外白渡桥枪击上海镇守使郑汝成

（一）“上海镇守使”命丧上海外白渡桥

1915 年（民国四年）11 月 10 日中午 11 时许。上海临近外滩、横跨苏州河的外白渡大桥在阳光下，钢铁的桥身闪着寒光。桥上，车水马龙，熙来攘往。

这天是日本大正天皇的加冕典礼。坐落在苏州河北岸的英美租界黄浦路的日本驻上海总领事馆举办盛大的庆祝宴会。在上海的各国使领人员、洋行大班、租界董事及中国在上海的各级军政长官与社会名人，均应邀纷纷前往致贺。一辆辆豪华的轿车风驰电掣般地从苏州河南驶过外白渡桥，前往日领事馆。这时正是袁世凯在北京紧锣密鼓地筹备帝制大典的时候，许多人都想在日领事馆的庆典宴会上，探听一些政界的内幕消息与日本政府对袁实行帝制的态度。

袁世凯政府派往上海的最高军政长官、上海镇守使、海军上将兼陆军中将郑汝成，这天也要到日本领事馆致贺。上海是全国的重镇，向为革命党发源地，又有外国租界掩护，政治暗杀活动尤多。五十五岁的郑汝成老谋深算，深知自己是革命党人在上海暗杀的首要目标，因此分外谨慎，平时轻易不离开位于上海南部龙华的镇守使署，出入有重兵护卫，戒备森严。这天他不得不去位于苏州河北的日本总领事馆；而从龙华去那里，又不得不横穿整个上海市区，并经过不属于自己管辖的法、英两租界。这使他伤透脑筋。思考再三，郑汝成决定从龙华改乘汽艇，从黄浦江上绕道外滩，这样可以避开乘车经过上海市区的危险。这确实是郑汝成的精明之处。

10日上午9时左右，郑汝成头戴白羽金帽，身穿笔挺的军礼服，胸佩多枚胸章，偕上海镇守使署的总务处处长舒锦绣及卫兵数人，乘汽艇离开龙华，沿黄浦江北行一个多小时，在汉口路外滩上岸，换乘早准备好的汽车，向外白渡桥开去。由于桥上车多人挤，郑汝成的汽车在上桥后不得不放慢了速度。郑汝成等人透过车窗向前望去，已经看见桥北岸日本总领事馆那高耸的房子了，不由增强了安全感……

就在这时，突然一颗炸弹向汽车飞来，落在车后轮下，轰然一声巨响，炸坏了后轮，汽车戛然停下。紧接着，一位年轻的刺客迅速跳上车辕，左手抓住车栏，右手提手枪，对准被炸弹声浪震倒在车上的郑汝成头部连开10枪。郑汝成头颅洞穿如蜂巢，浆血迸流，当场毙命。坐在郑汝成左侧的总务处处长舒锦绣也被击成重伤。郑汝成的卫士跳下车企图开枪还击，被另一名年轻刺客击退。

奇怪的是，那两位年轻刺客在事成后本可趁混乱立即逃走。但他们却从容地再次验看了郑汝成正身，确认郑汝成必死无疑后，放声大笑，立在外白渡桥头上向围观群众演说了一分钟，痛斥袁世凯篡权窃国、帝制自为的丑恶行径。这时，有两名租界巡捕路过这里，见状立即上来抓捕。两刺客开枪拒捕，大批巡捕闻声涌来，包围了他们。乘刺客向枪内重新装弹之机，一个巡警绕到他们的身后，用铁棍猛击一刺客之臂，将其手枪打落；另一刺客见状，笑着对巡捕们说："我们要干的公事已经结束了，如果要逃走，我们早就走了。现在我们等你们来。你们为啥不赶快上来抓我们啊！"说完，二人从容就逮。

租界巡捕房立即对两名刺客进行审讯。二人回答，一个名叫王明山，一个名叫王晓峰。对刺杀郑汝成事，二人一口承担，说："郑汝成辅袁世凯叛反民国，余等为民除贼，使天下人知吾人讨贼之义，且知民贼之不可为。事之始末，皆余二人为之，无妄涉他人也。”当巡捕房向他们再三追问主使人及同党情况时，二人坚不吐露，只是自豪地说：“吾为祖国立一大功，虽死无憾。”

（二）袁世凯看守上海的鹰犬郑汝成

王明山与王晓峰二人刺杀郑汝成，是中华革命党上海支部精心策划与部署的一次政治暗杀事件。

自从 1913 年（民国二年）夏袁世凯镇压了孙中山、黄兴发动的“二次革命”，重新建立起血腥的封建专制统治以后，就把控制上海看得特别重要。早在 1913 年 6、7 月间，他派遣北洋陆、海军精锐部队南下上海镇压革命党人起义时，就精心挑选了海军中将郑汝成为军事指挥官。“二次革命”被镇压后，袁又迅速任命郑汝成为上海镇守使，掌握上海的一切军政大权。

郑汝成确实是袁世凯精心培养起来的一员悍将与忠实走狗。此人是直隶天津人，字子进，1860 年（清咸丰十年）生。青年时入北洋水师当兵。袁世凯在天津小站筹建“新建陆军”——北洋军的前身时，郑汝成转投袁的门下，在小站军中多年，深得袁世凯赏识，不断得到升迁。后来郑被选送英国格林维治海军学堂深造，毕业后回国在清廷海军中任高级军官，曾随清海军大臣、贝勒载洵赴欧、美考察各国海军。清末革命高潮中，郑汝成曾附名同盟会，因此十分了解革命党人的活动情况与活动规律。民国成立后，袁世凯篡权上台，郑汝成以“北洋旧人”的身份，成为袁世凯的心腹将领。郑汝成既掌握陆、海军军事知识，又“权谋诡谲，干练多才”，深为袁世凯所信任与推重。郑汝成对袁也忠心耿耿。1913 年 6、7 月间，当南方局势不稳，革命党人发动“二次革命”时，袁世凯派郑汝成统率北洋陆、海军南下，控制至关重要的上海地区。郑汝成向袁告辞时，慷慨陈词，称他将

“拼命报答主知”。果然，郑汝成到上海后，防守至关重要的上海制造局，与陈其美率领的上海讨袁军殊死作战数昼夜，终于获胜。

“二次革命”被镇压后，袁世凯任郑汝成为上海镇守使、上海制造局总办，又加将军衔，以海军上将兼任陆军中将。郑汝成对袁世凯更加感激涕零。当袁世凯帝制公开后，郑极力赞成，上书劝进，并向袁世凯声言，它将“一身独当东南各省反对之冲”。郑汝成在上海大权在握，统带陆、海军 10 余万，大肆捕杀革命党人与反对袁世凯复辟帝制的群众，仅在 1914 年 9 月一个月中，就杀害革命党人 87 名之多。郑汝成尤其对上海中华革命党首领与骨干人物陈其美、范鸿仙等人恨之入骨，除派密探到各处搜捕外，还在上海大街小巷乃至电车上张贴布告，悬万金重赏捕杀陈其美、范鸿仙等人。1914 年 9 月 20 日，郑汝成派遣凶徒于深夜潜入范鸿仙住宅，将范刺死。

郑汝成成为革命党人在上海地区的头号死敌！

（三）革命党人在五道关卡设伏

1914 年 7 月，孙中山在日本领导建立了中华革命党，先后派遣重要骨干回到国内，在各地发动武力讨袁活动。狙击暗杀袁世凯政府的军政大头目，则是他们武装反袁活动的补充手段。袁世凯帝制公开以后，革命党人的反袁斗争加剧进行。

1915 年 10 月，陈其美奉孙中山命回国，准备经上海到云贵去策划起事。陈其美到上海时，看到这里反袁革命形势重新高涨，当地的革命党人都要求他留下来主持上海反袁斗争。陈其美经征得孙中山的同意后，遂在上海领导反袁武装起义。陈其美与杨虎、孙祥夫等革命党人分析了上海与东南地区的形势，认为上海为东南第一要区，吴淞要塞扼长江之口，上海制造局为制造军火重地，都是军事上的必争之地。但没有海军，则上海难下，上海不下，则东南难图。因此，要在上海发动武装起义，首先必须控制黄浦江中的海军舰艇，同时除去海军司令兼上海镇守使的郑汝成，“敌酋不杀，则上海与海军二者皆不能急图也”。为此，他们一方面秘密计划袭取上海最大的海军舰艇肇和舰，另一方面部署暗杀郑汝成。

但谨慎的郑汝成戒备森严，革命党人刺郑的计划屡次受阻而未成功。

一次，郑汝成送其家眷到金利源码头登轮北上，革命党人派人向他投掷炸弹，惜未命中。

此次奉命刺杀郑汝成的刺客，是广东香山（今中山）籍的杨殷。此人生于 1892 年（清光绪十八年），早年参加同盟会，1912 年成为新成立的国民党的党员；1914 年他从香港来到上海，由国民党党员转为中华革命党党员。杨殷外表温文尔雅，内里却血气方刚，闻知郑汝成的罪恶后，报名愿充当刺客，决心牺牲自己，为民除害。他在革命党同志的安排下，探悉了郑汝成出巡的规律。那天，他化了装，腰间揣着炸弹，预先在郑汝成必经的地段埋伏着。当郑汝成骑着高头大马，在卫兵的簇拥下穿过马路时，杨殷果敢地向他掷出炸弹，霎时一声巨响，尘土飞扬，把郑汝成炸了个人仰马翻。趁着人声嘈杂，一片混乱，杨殷从容撤退。惊慌万恐的军警挨家挨户搜捕可疑人员，杨殷却已在附近的一间理发店里坐定，镇静地让理发师傅为他剪发修面。这次勇敢的冒险，为杨殷赢得了声誉，而他却不无遗憾地说，没能当场把郑汝成炸死，太便宜了这个老贼。

郑汝成逃脱了革命党人的这次暗杀后，更是深居简出，加强戒备，使革命党人的刺郑计划遭遇更大的困难。

直到 1915 年 11 月 8 日，陈其美获悉 10 日为日本天皇举行加冕典礼日，驻沪日本领事馆将举办盛大庆祝宴会。陈其美料定郑汝成该日必将出席祝贺，这将是一个绝好的行刺机会。11 月 9 日，他召集重要骨干到法租界萨坡路 14 号自己家中开会，商议刺郑计划。他们调查了从龙华郑汝成的上海镇守使署到苏州河北日本总领事馆的各条路线，决定在郑汝成乘车可能经过的道路上，设立五道伏击关卡：

十六铺为第一道关卡，由吴忠信率领安徽同志担任；

跑马厅为第二道关卡，由江、浙同志担任；

黄浦滩为第三道关卡，由谢宝轩等人担任；

海军码头为第四道关卡，由广东同志马伯麟、徐立福担任；

而英美租界的外白渡桥为第五道关卡，这是最为重要的一道关卡，此地离日本领事馆近，是郑汝成必经之地，而且车辆经此需要转弯慢行，最利于狙击。这一关卡由上海中华革命党重要骨干孙祥夫负责指挥。陈其美让他从革命党人中挑选几名干练沉勇、射击技术娴熟的人充当杀手。

孙祥夫经认真挑选，最终选出两人，一是吉林人王晓峰，幼年读书，成年后经商，16 岁就加入同盟会，从事反清革命活动；另一人是山东烟台人王明山，曾在奉天经商，与王晓峰是挚友。此二人不仅忠于革命，最早加入中华革命党，而且豪侠有胆量，武艺高强，精于射击。1915 年秋，他们本准备随夏次岩到浙江发动起义，后被陈其美留在上海工作。除此二人为主力暗杀队员外，还有奉天人尹神武等参与协助。

因这次暗杀行动是袁世凯帝制公开以来东南地区打响的第一枪，事关重大，陈其美特于 11 月 9 日召见了王晓峰与王明山，问道：“袁不死，民国必亡。顾欲倒袁，必先杀郑汝成。故杀郑，即所以倒袁，亦即所以存民国也。二君之意味何？”

王晓峰、王明山二人赞同陈其美的意见，说：“郑不诛，袁不孤。”

陈其美又指明刺杀郑汝成是很危险的，要有随时牺牲自己的准备，说：“以该地戒备之严，郑虽死，两君亦必不免。然民国则由此而存矣。两君能一切不顾而行之乎？”

王晓峰、王明山二人慨然表示说：“喏！吾齐必行！以堂堂七尺之躯，献之于国矣。”表现了为捍卫共和民主勇于献身的精神。

陈其美让人将郑汝成的照片交二人，以熟悉被刺对象的相貌。又发给他们两支驳壳枪、两枚炸弹。

1915 年 11 月 10 日上午 10 时，各路伏击人员按计划出发了。因郑汝成改乘汽艇绕黄浦江到汉口路外滩登岸，前面的四道关卡都未能等到郑的车队。

11 时许，郑汝成换乘汽车来到外白渡桥。这时王晓峰、王明山与孙祥夫等人潜伏在外白渡桥北墩三四丈远的地方，已静候一个多小时了。一小时前，曾有一辆汽车开过，车身全黑，内坐一人，着高级文官大礼服，相貌好似郑汝成，王晓峰准备跳起投弹，被孙祥夫急急阻止。因孙凭经验认定，若是郑汝成，必穿军礼服，佩勋章，绝无穿文官大礼服之理。原来那是另一名赴日本领事馆的政府高级官员。11 时，当郑汝成的车子开上外白渡桥时，孙祥夫乘郑的车子因上坡缓行，认清确实是郑汝成后，立即发出行动命令。王明山立即向郑汝成的汽车投去一枚炸弹，毁其后轮，迫使停车。王晓峰一跃，跳上车辕，连连发枪，将郑汝成击毙。

这是一次成功的暗杀活动。

（四）成功刺杀郑汝成的影响与余波

革命党人成功刺杀郑汝成，产生了极大的影响。

中华革命党发布通告指出：郑汝成被击毙后，东南梗阻业已铲除，大江南北势力磅礴，正宜乘势大举。

孙中山赞扬王晓峰等人："此等气魄，真足令人生敬，沪去此贼，事大可为。"

在郑汝成被刺后不到一个月，1915 年 12 月 5 日，上海革命党人发动了袭击肇和舰之役，再次震动全国。

而正在准备做皇帝的袁世凯听到郑汝成被刺死的消息，兔死狐悲，辍会终日。下令追赠郑汝成一等彰威侯，并亲书挽联，表示哀悼。

王晓峰、王明山两志士被捕后，旋遇害。

而这次行动的实地指挥孙祥夫，以及尹神武等人逃脱在案，一直遭北洋政府通缉。

孙祥夫是山东昌邑人，1889年生于辽宁奉天（今沈阳），毕业于奉天陆军学堂，参加辛亥革命，后又成为中华革命党的重要骨干分子，曾组织领导多次暗杀与暴动事件。他被北洋政府通缉，直到1916年6月袁世凯死后，黎元洪继任大总统，宣布大赦政治犯，孙祥夫才得以在上海公开活动。

但在1917年7月冯国璋取代黎元洪任大总统后，革命党人与北洋军阀的矛盾重新激化。1917年8月，北洋政府陆军部密令上海护军使署："据报孙祥夫现确匿迹沪上，饬即设法签拿。"于是，上海护军使卢永祥在上海悬赏5万元大洋，捕拿孙祥夫。但这时孙祥夫早撤离上海，前往广东孙中山的军政府任职。1917年11月27日晨，上海法租界巡捕房经眼线密报，在白尔路（今太仓路）逮捕了尹神武。因为刺杀郑汝成案发生在英租界，又称公共租界，所以此案移送公共租界会审公廨审理。1918年1月下旬，公共租界会审公廨开庭审理此案。经八次庭审，公共租界会审公廨已基本明确被捕者是尹神武，而非孙祥夫。卢永祥想把尹神武引渡到华界，但屡遭英国领事的拒绝。然而，第九次庭审后，尹神武却出人意料地被引渡给了卢永祥的上海护军使署。原来，在1918年2月，尹神武有被公共租界会审公廨当庭释放的可能，卢永祥即电请北京外交部与英国公使朱尔典交涉。当时中国北洋政府已在第一次世界大战中与英国结成盟国。1918年3月中旬，朱尔典便电令驻沪领事速将尹神武引渡给中方。尹神武被引渡到护军使署军事法庭后，遭到秘密刑讯，严刑拷打，竹签穿指，并于1918年5月11日，以"孙祥夫"之名，在龙华大操场被枪杀。

尹神武当年确实参与了刺杀郑汝成的行动，他和王晓峰、王明山在孙祥夫的指挥下，一起埋伏在外白渡桥旁，刺郑后，王晓峰、王明山被捕，尹神武与孙祥夫却得以脱身。尹神武被北洋政府枪杀，不愧为"革命烈士"。只是孙祥夫晚年折节，在1940年后投靠了汪精卫卖国集团，愧对王晓峰、王明山、尹神武诸烈士，为人所不齿。

十三、被专制势力“诱奸”的辛亥革命文人刘师培

在辛亥革命史上，最为复杂矛盾、变化多端、令人难以理解的历史人物，可能要首推刘师培；而最早被专制统治者“诱奸”的文人，也必推刘师培。

刘师培，1884年（清光绪十年）生，字申叔，别号左庵，后又名光汉、无畏、金少甫，江苏扬州人。他既是清末民初一位成果斐然、声望卓著的古文经学家与语言文字学家、“扬州学派”的殿军，与章太炎（字枚叔）并称“二叔”；又是一位以善变著称的不可忽视的重要思想家与政坛风云人物。他一生只活了36岁，却写下了大量的学术论著与政论文章，参与了从辛亥革命到护国运动期间的许多政治活动，在当时与以后都有重大的影响。尤其是他一生政治立场与政治思想的三次急剧、迅速而又前后根本对立的思想变化，令人们往往感到眼花缭乱，难以理解，引起广泛的注目与深思。今天，我们通过对刘师培一生的三次思想变化进行考察分析，可以从一个侧面把握辛亥革命史与中国近代思想文化史及其发展线索，并对今日中国的广大“文人”提供借鉴与规讽。

（一）一个书香门第出身的传统文人

刘师培的外甥梅轼写的《青溪旧屋仪征刘氏五世小纪》称，刘师培先世“本居溧水，继迁金陵，后侨居扬州”，为参加科举考试，列籍仪征。

据尹炎武《刘师培外传》记载，刘师培“曾祖文淇，祖毓崧，世父寿曾，治《左氏春秋》，发名于道、咸、同、光四朝，列国史儒林传”。此即清末学界传为美谈的“刘氏一门三世传经”。他家几代以治经史为生，著述繁富，或付梓，或家藏，成为乾嘉以来扬州学派的集大成者。刘师培祖父刘毓崧、叔刘寿曾，还曾应曾国藩之邀，入居幕府。其父刘贵曾在学术成就与学术地位上虽不如父兄，但“亦以经术闻乡里”。其母李汝瑗是江都小学家李祖望的次女，通晓经史诗文。刘师培就出生于这样一个书香门第的家庭里。

刘师培自小就受到极严格而又正统的中国传统思想文化教育。他既有家学渊源，又天性聪慧，在家人的督促下，“髫龀授读，过目成诵，刁为诗文，有如宿构”（刘富曾：《亡侄师培墓志铭》）。十二岁就读完了四书五经和试帖诗，又随母学习《毛诗》《郑笺》《尔雅》《说文解字》等古文经学知识，并开始阅读和整理家藏祖、父辈秘而未宣的经史著述。刘禺生《世载堂杂忆》记载，刘师培后来曾自述其治学道路：

> 予家五世治春秋左氏之学，自高、曾伯山，孟淇诸先生以来，子孙继承，传治《春秋》。予笃守家学，萃数代已成之书，蔚装成帙，精细正确，首尾完备。

刘师培幼年的经史知识，赢得了家乡士绅们的惊讶与赞赏。1901 年（清光绪二十七年），他十八岁，参加扬州府试，以其考绩与诗赋引起考官冒鹤亭的重视，选为案首。1902 年（清光绪二十八年），他又到南京参加乡试，考中举人。1903 年（清光绪二十九年）春，他就奔向河南开封，参加朝廷主持的会试了，在他面前展现的，是无限光明的科举前景。刘师培熟读经史，满腹经纶，在科场上又少年得志，这在刘家也是数世未遇的。

刘师培自幼就沉醉于儒家经典，推崇古文经学，“未冠即耽思著述，服膺汉学，以绍述先业昌洋扬州学派自任”（尹炎武：《刘师培外传》）。儒家的“学而优则仕”的人生哲学，使他滋生了热衷功名利禄、希望出人头地的欲望。刘禺生《世载堂杂忆》记载，在1901年，刘师培在应扬州府试时，有《咏扬州古迹》试诗，诗中有这样两句："木兰已老吾犹贱，笑指花枝空自疑"，充分表现了他当时对自己处境的不满与对功名利禄的向往。

当然，在当时的中国社会环境里，一个书香门第出身的青年知识分子带有上述重重思想，原是不足为奇的。奇怪的是，1902年秋闱中举、1903年春又千里迢迢去开封参加会试的刘师培，何以在会试后不久，就从扬州家中逃往上海，并迅速投入反清民主革命阵营，高唱民主自由，鼓吹反清革命，并成为"激烈派之第一人"呢?

（二）第一次转变：成为"激烈派之第一人"

刘师培在1903年春去开封参加会试，结果落榜。科举考试的失败无疑给这个热望功名而又性格脆弱的知识青年以沉重的一击，如其在当时《甲辰年自述诗》中所写："飞腾无术儒冠误"。科举考试的失败，仕途飞腾的无望，竟使他对传统儒学也产生了怨恨，也无疑对他走上反清革命道路有一定的推动，但这不是主要原因。在这"偶然性"的背后，有着更为深刻、更为重要的"必然性"。

首先，刘师培虽出身于"三世传经"的书香门第，但其先世几辈都是仕途蹭蹬，没有一位科场得意做官为宦。据尹炎武《刘师培外传》记载，刘师培的曾祖刘文淇十六次应试不售，在晚年于无可奈何中写了一首《别号舍》，叹息自身命运的不幸。刘师培的祖、父两辈也都是靠游幕为生，寄人篱下，或校书设塾，浪迹江湖，只能算是当时社会底层的普通知识分子，家境一直并不富裕。到1898年（清光绪二十四年），刘师培的父亲刘贵曾病逝后，刘家更趋破落，以致"家贫不能自给"。刘师培的家庭境况十分接近于当时广大破产的小生产者的地位。这使刘师培能够较多地接触与熟悉当时中国的时代脉搏，激起对当时黑暗、腐败的社会现实的怀疑与不满。

刘师培正是带着这种强烈的破产小生产者的哀怨情绪与易于偏激的反抗精神，被卷进民主革命潮流的。这也正是他比较容易冲破皇权社会正统思想束缚、接受各种新思想学说的重要原因。

其次，刘师培自小就接受了传统思想文化中某些民主性的精华与进步因素的影响。中国古代从孟子“民贵君轻”到黄宗羲的《明夷待访录》的民本主义思想，虽然与近代自由、平等、民主主义思想有着本质的区别，却能为近代民主思想的产生起催化作用。刘师培正是从儒家的民本主义，逐步转向近代民主主义的。例如他1903年底写的《中国民约精义》，就是以“前圣曩哲言民约者若干篇，篇加后案，证以卢（指法国思想家卢梭）说”而成书的；他的《攘书》，是仿王夫之《黄书》而写成。甚至像清代批判封建科举与批判封建文化道德的讽刺小说《儒林外史》，也曾对刘师培旧思想的动摇产生过作用。据刘师培的外甥梅轼在《青溪旧屋仪征刘氏五世小纪》中回忆道：“申叔舅小时也好看小说诗曲，见到《儒林外史》，自然爱不忍释了”，刘师培常和其堂弟兄就《儒林外史》所叙人事，“谈熟人中，某人像书中何人，以为笑乐”。为此，还引起了守旧乡绅对他训斥的风波。刘师培后来“把此事填了几折传奇，还有几段回目，记得有一回句子是：‘笑骂二进士跷须，讲说三乡绅变脸’，皆是当时实事，颇为有趣”。从这些嬉笑怒骂中，我们可以看到刘师培当时对传统思想道德的离心倾向。

同时，中国人民传统的爱国主义精神直接哺育了刘师培早年的民族民主思想。刘师培的家乡扬州是一个繁华的工商业城市。明末清军入关时，扬州人民曾进行了不屈的抵抗，遭到了清朝统治者延续十日之久的空前野蛮的屠杀。扬州人民的反清民族意识一直非常强烈，《扬州十日》等书一直在扬州秘密流传，这对刘产生了很大影响。年轻的刘师培曾辛勤地收集有关史籍与古老传闻，写成了《邗故拾遗》《广陵三奇士传》等，歌颂扬州人民的反清斗争与民族精神。

不仅是个人的家庭出身、生活道路与文化修养，更重要的是当时风潮激荡的时代，极大地冲击和影响了刘师培的早年思想。刘师培青少年经历的时代，正是辛亥革命的前夜，是中国社会大动荡、大变革的时代，也是需要和产生着为数众多的民主革命家、政治家与思想家的时代。外国列强的不断侵略，中国农村的破产与政治黑暗日益加剧，一次比一次严重的社会事件等，使中国陷入了空前的民族危机和社会危机中，也使许多清醒的中国人都在紧迫地思考着民族的前途与救国的道路。二十世纪初，尤其是1903年后，救国热潮与反清民主革命思想在全国各地高涨。年轻的知识分子刘师培在这样的时代环境中，迅速接受当时风靡一时的自由民主思想，投身到反清革命斗争中去，原是十分自然的事。

最早向刘师培介绍宣传反清民主思想的，是长期生活在扬州、清末著名宣传家王郁人。王郁人字无生，又名天缪生，原籍安徽，后移居扬州，1880年（清光绪六年）生，曾在中国公学读书。他既热衷于民主革命，又富文才，多次主持上海报刊笔政。于右任在《如何写作社论》一文中称赞他“是一个沉博艳丽的骈文学家，而又熟于稗史，以芳馨悱恻之词，达小雅诗人之旨，感人亦极深刻”。早在1903年以前，王郁人就给刘师培带来了上海与海外出版的各种革命报刊书籍，向刘宣传反清革命思想，介绍革命的同志。刘的外甥梅轼回忆说：

> 我记得十岁左右时，舅氏携我至城外香影廊吃茶，就有王无生一同逛史公祠，他是一个清瘦有神的人，手携《浙江潮》一本，坐在梅花岭石头上，与舅父谈到天黑方归。王无生每日必来。因他的介绍，又与福建党人林少泉成为密友，少泉就是林白水。

林白水，初名林獬，又名林万里，字少泉，号宣樊、退室学者、白话道人，福建闽侯（今福州）人，1874年（清同治十三年）生，是当时又一位著名的革命宣传家与著名的报人。1901年（清光绪二十七年）6月，他任中国最早的白话报纸《杭州白话报》主笔，宣扬新政，提倡社会变革，宣传禁烟，倡导破除迷信及妇女缠足等恶习。受其影响，杭州成立全国第一个“女子放足会”。1902 年 4 月，他应蔡元培、章太炎邀请，到上海参与创立“中国教育会”，兴办“爱国女校”“爱国学社”，其妹林宗素兼任学社的教员。1903 年（清光绪二十九年）创办《中国白话报》，宣传民主革命。

在王郁人、林白水的影响下，刘师培受到了反清民主革命思想的启蒙教育，对皇权专制主义的离心倾向进一步加强。到 1903 年春，刘师培去开封会试失败回扬州不久，就背着家人，在王郁人、林白水的带领指引下，来到了东南革命中心地——上海。

当时的上海正处于“《苏报》案”的前夕，爱国学社的创办，张园的演讲，各种革命书报的出版，使革命空气日益浓厚。尤其是《苏报》，鼓吹革命不遗余力，邹容的《革命军》与章太炎的《驳康有为论革命书》连续发表，震动人心。年方 20 岁的刘师培在这时来到上海，立即被这种革命的形势吸引了。他结识了章太炎、邹容、张继、章士钊、苏曼殊、陈独秀等革命志士，阅读了更多的宣传民主思想的论著，参加了革命党人各种公开的与秘密的集会。邹容书特地写了“中国自由神出现”七个隶书大字赠给他，给刘以极大的激励与鼓舞。刘师培在 1905 年 5 月作诗《闻某君卒于狱中作诗以哭之》，回忆与悼念被迫害死于狱中的邹容时，写道：

七字凄凉墨迹新，当年争说自由神！

在革命思潮高涨的氛围内，尽管刘师培对民主自由并没有认真地研究与深刻的认识，甚至存在许多误解与曲解，尽管他也没有对自己身上根深蒂固地存在着的皇权专制主义影响进行彻底的清算与决裂，他就带着强烈的破产小生产者的哀怨情绪与易于偏激的反抗精神，带着对民主主义的朦胧理解，匆忙地走进了民主革命党人的行列，实现了他一生的第一次思想转变。

刘师培自 1903 年春夏间到上海走上民主革命道路以后，改名刘光汉，表示“攘除清廷，光复汉族”的决心（钱玄同语），并“剪除辫发，改着西装”。他先参与声援在“《苏报》案”中被捕的邹容、章太炎；后与蔡元培、叶瀚等共同发起“对俄同志会”，创办《俄事警闻》，揭露沙俄侵华野心与清政府对外卖国的罪行。1904年（清光绪三十年）初，《俄事警闻》改名《警钟日报》，刘师培与林白水一同主持该报及《中国白话报》的笔政，发表了多篇慷慨激昂宣传革命的文章，曾自署“激烈派之第一人”的笔名。在此后约三年间，刘师培先后参加了“军国民教育会暗杀团”、光复会、同盟会等革命组织。同时，他又参加了邓实、黄节等人发起的“国学保存会”，积极支持《国粹学报》的创办，借学术以宣传反清革命。1904年冬，他参与了革命党人在上海金谷香菜馆谋刺前任广西巡抚王之春的活动。事败，他避往浙江嘉兴，协助革命党人敖嘉熊主持温处台会馆，约半年余。1905年（清光绪三十一年）10月，刘师培应陈独秀的邀请，化名金少甫，到芜湖就任新开办的安徽公学的教职，并继续秘密从事革命活动，约年余。因清廷“钩党甚急”，于1907年（清光绪三十三年）2月携家人移居日本。

早在1903年（清光绪二十九年）秋，刘师培刚到上海从事革命活动不久，被家中召回扬州，由家人做主，与江都县一位孝廉何承霖的女儿何班结婚。婚后，刘即偕妻同往上海。何班字志剑，到上海后改名何震，入上海爱国女学就读，并很快成为一名激烈的女权主义者。为显示男女平等，她将自己的姓氏改为从父母双姓，称“何殷震”。她的激烈、偏执而无定以及好名利、慕虚荣的思想，给刘师培很大的影响。

在这数年间，刘师培除了参加一系列的革命活动外，还写下了《中国民约精义》《攘书》《黄帝纪年说》《中国民族志》等大量宣传民族民主思想的经史与政论的著作，产生了广泛的影响，赢得了很高的声誉。1906年（清光绪三十二年）5月13日，上海《国粹学报》发表署名“棣臣”所写的《题国粹学报上刘光汉同志诸子》一文，竟赞誉和推崇刘师培是中国民主革命中的卢梭：

刘生今健者，东亚一卢骚。赤手锄非种，黄魂赋大招。人权光旧物，佛力怖群妖。倒挽天瓢水，回倾学海潮。

（三）第二次转变：成为中国的无政府主义“布鲁东”

然而这位被人目为“亚洲卢梭”、自称“激烈派之第一人”的刘师培，在1907年（清光绪三十三年）春满载革命声誉，到达日本东京后不久，却突然完全抛弃并激烈谴责他一度赞颂备至的民主主义思想与民主政治制度，几乎全面地批判孙中山的三民主义，参与“倒孙风潮”，分裂同盟会，并自立门户，于1907年夏创立“社会主义讲习所”，先后创办《天义报》和《衡报》，狂热地宣传无政府主义思想，声称要“扫荡权力，不设政府”，成为中国近代最早、影响最大的无政府主义者之一。

刘师培的这第二次思想剧变，和他的第一次思想剧变一样，也有着内在的思想根源与外界的环境影响。

刘师培作为一名书香家庭出身的青年知识分子，由于时代风云的刺激与几位革命友人的影响，才迅速而匆忙地投入民主革命阵营。尽管他撰写了不少宣传民主革命的文章与著作，影响很大，但只要细加分析，就可以看到他对民主主义的思想理论体系领会是不深的，有许多误解与曲解，夹杂着不少的国粹思想与无政府主义的影响。例如，他在最著名的《中国民约精义》一书里，就认为无政府主义“亦出于民约论之一分子”，把无政府主义等同于民主主义；在《论激烈的好处》一文中，他鼓吹破坏一切，打倒一切，说：“中国的事情没有一桩不该破坏的”。这说明刘师培在接受民主思想时是极其表面而浮泛的。他既不像严复那样曾对西方思想学术有着较长时间切实认真的观察与研究，因而有较透彻的了解；也不像孙中山、邹容乃至梁启超等人那样，在激烈、尖锐的政治斗争实践中，对民主制度有真切的向往与坚定的信仰；甚至也不像张謇等人，已经和中国刚建立起来的资本主义经济关系有密切的联系。刘师培基本上还没有离开自小就寄生的那块小生产土壤，而与当时中国的资本主义经济关系始终有隔膜。当革命风潮高涨时，他只是从当时流行的几本宣传小册子中匆忙而又肤浅地接受了一些民主革命思想学术的片段，以自己的理解大加宣扬；一旦革命遭受挫折进入低潮，在险风恶浪的冲击下，他的根基不牢的民主革命思想就不再能唤起他的热情，而且很快就垮下来了。

刘师培在1907年初来到日本时，正是中国民主革命遭受挫折、民主思想受到挑战、革命处于低潮的时候：同盟会内部开始产生了深刻的思想分歧与组织分裂，章太炎、张继等人发起了第一次“倒孙风潮”。孙中山与他创立的三民主义遭到了攻击。孙中山与他的战友向中国人民大力介绍鼓吹的资本主义的美好蓝图，在西方和日本早就陷入了危机。这种危机在刘师培来到日本后，鲜明具体地呈现在他的面前。刘师培写道：

> 欧美日本，世人徒震其外观之文明，然按其实际，则平民之苦，有远甚中国者。……伦敦市街东端有贫民窟，周围数十公里，数家聚居一室，冬夏均赤体相对，有一衣服，则辗转易用；出以攫财，父招其子，兄勉其弟，莫非盗财御人之术，实伦敦市犯罪养成所也……。（刘师培：《论新政为病民之根》）

> 佣工既贫，……不得不出于同盟罢工。资本家对于此举，或将所役佣工，尽行解雇，使数万失业之民，迫于死亡之惨；或借用国家之威力，征以重兵，肆行虐杀。（刘师培：《无政府主义之平等观》）

> 欧美之况，固闻而后知者也；欲穷文明国之实际，则曷向日本东京本所区，一观日本贫民之况乎！……（刘师培：《论新政为病民之根》）

欧美与日本的资本主义社会在二十世纪初所暴露出来的种种弊病，无疑说明：和卢梭等启蒙思想家的“华美约言比起来，由‘理性的胜利’建立起来的社会制度和政治制度，竟是一幅令人极度失望的讽刺画”（恩格斯：《反杜林论》）。这对于曾对资本主义前景怀有不切实际的美好憧憬、容易激动又十分脆弱的刘师培来说，是一次多么强烈的思想打击。刘师培对民主革命失望了，产生了“别筹革命之方”的想法。由于当时环境的影响与他自身的特点，他迅速接受了无政府主义。

同时，刘师培在1907年初到达日本，也正是国际上无政府主义思潮泛滥之时。日本社会党分裂成软、硬两派，以幸德秋水为首的“硬派”大力宣传和提倡无政府主义，在日本风靡一时。正处于彷徨之中的刘师培很快受到他们的影响，结识了不少的日本无政府主义者，参加他们的秘密活动，阅读了日本与欧美各派无政府主义的大量著作：从施蒂纳尔的个人无政府主义、托尔斯泰的消极无政府主义、克鲁泡特金的共产无政府主义，以及蒲鲁东、巴枯宁等。刘师培还研究了马克思、恩格斯的一些著作，并最早将《共产党宣言》翻译为中文。刘师培经过研究选择，最终抛弃了马克思主义，有区别地对待各派无政府主义，主要接受了克鲁泡特金的共产无政府主义。他在《无政府主义之平等观》一文中说：“今之欲改造世界者约有两派：一为社会主义，一为无政府主义”；二者相较，“社会主义所由劣于无政府主义也”。而在各派无政府主义中，“苦鲁巴特金之学说于共产主义最为圆满”。据刘师培在《苦鲁巴特金学术述略》一文中自述，对克鲁泡特金的著作，刘在到日本后很短的时间内，就读到了“《新青年》、《无政府主义之哲学》、《互助》、《自由合义》、《货银制度》（乃《面包掠夺》一、二章）”等，几乎包括了克氏的全部主要著作。外国无政府主义者的学说理论成为刘师培无政府主义思想的主要渊源。

在刘师培接受无政府主义的过程中，章太炎、张继等人的思想影响也发生了很大作用。章、张二人在同盟会内部比刘师培地位高、影响大，他们又是刘师培在同盟会内最为亲密的朋友，特别是章太炎，对刘师培有更大的影响。而章、张二人都比刘师培更早地接受了无政府主义。张继早在

1903 年就翻译了《无政府主义》一书，后又翻译了《总同盟罢工》一书；章太炎在 1906 年秋到日本后，写了著名的《五无论》《国家论》等，宣扬无政府主义。刘师培到日本后，在思想上受到他们的直接影响，只是刘以其惯有的偏执狂热，比他们走得更远。如章太炎写了《非黄》，指责黄宗羲的民主政治主张；刘则写了《非六子》，除黄宗羲外，将顾亭林、王船山、颜习斋、江慎修、戴东原等清代进步思想家，一概骂倒。章刚写了几篇宣传无政府主义的文章，很快就觉悟，与之决裂；刘则不仅有其言，而且有其行，组织起无政府主义团体"社会主义讲习会"，创办无政府主义刊物《天义报》与《衡报》，较长时间陷入了无政府主义思想的狂热之中。

当然，刘师培在 1907 年春开始接受无政府主义思想，也有着他自身的社会阶级根源。刘师培原是带着强烈的破产小生产者的哀怨情绪与偏激的反抗精神，走进革命阵营的。这些破产的小生产者经济地位极不稳定，处于急剧的分化之中，在阶级性格上表现为躁动、急切、好走极端。一方面，他们和外国帝国主义与专制统治者有矛盾，因而他们有时能被吸引和卷进民主革命潮流中；另一方面，这一阶层的保守落后性与急躁脆弱，又使得他们对资本主义的大工业生产与政治经济制度产生怀疑、恐惧，甚至仇视。他们幻想在中国建立一个既不同于皇权专制社会、又不同于资本主义社会的小生产者绝对平均主义的天堂。无政府主义思想就成为这个阶级代言人刘师培最易接受的思想。

同时，刘师培自幼就接受的庞杂的中国传统思想文化中，有相当一部分，是从许行、老庄到鲍敬言的虚无主义思想，以及从黄巢、李闯王到太平天国的农民平均主义思想。刘师培说："中国古今史册，其所谓逸民、隐士、高僧者，其心目之间，均不知政府为何物，以行其个人无政府主义"（刘师培、何震：《论种族革命与无政府主义革命之得失》）。中国古代的这些虚无主义思想、农民平均主义思想虽与西方近代无政府主义有本质的区别，但却有许多相似与相通之处。刘师培对中国古代这些思想资料十分熟悉，他从中吸取了许多无政府主义的理论资料。

就是由于这些复杂的社会历史原因，刘师培在 1907 年春实现了他思想的第二次剧变：从民主革命、三民主义者转变为无政府主义者。

（四）第三次转变：被专制统治者“诱奸”为叛徒与走狗

1907 年（清光绪三十三年）春，刘师培走上无政府主义道路。这在当时的革命队伍中，并不是个别的现象，如前所述，章太炎、张继，以及吴稚晖、李石曾等人都曾如此。在后来的中国革命道路上，恽代英、陈延年等中共人士早年也都受过无政府主义的影响。刘师培接受无政府主义后，尽管他和同盟会分道扬镳，但此时他毕竟还留在反清革命阵营中，在反资本主义的同时，还在反清、反封建（如写下了著名的《悲佃篇》等）。因而这时期他在革命队伍中仍有很大影响。如当时也在日本留学的鲁迅，就曾嘱其弟周作人撰文，向刘师培的《天义报》投稿。1907 年底与 1908 年底刘师培两次回上海，都受到柳亚子、陈去病等革命党人的诗酒欢迎。据柳亚子《南社纪略》记载，在 1907 年冬，柳亚子即席赋诗，称颂刘师培、何震夫妇：

慷慨苏菲亚，艰难布鲁东。佳人真绝世，余子亦英雄。忧患平生事，文章感慨中。相逢拼一醉，莫放酒樽空。

柳亚子诗中提到的苏菲亚，是俄国民意党领导人之一，著名的女性无政府主义者；布鲁东，即蒲鲁东，为法国无政府主义理论家。柳亚子在诗中用苏菲亚比喻何震，用布鲁东比喻刘师培，赞扬刘何是对难得的“革命夫妻”。这首诗表达了柳亚子、陈去病等人与刘师培、何震夫妇聚会，慨当以慷，忧患国事，鼓吹革命的豪情壮志，也表示了他们对刘师培夫妇信仰与宣扬无政府主义的赞叹。

但是，令人惊异的，正当人们被刘师培迅速的思想剧变与激烈的无政府主义思想弄得眼花缭乱的时候，刘师培却在1907年底回上海期间，秘密投靠清两江总督端方，写了《上端方书》，声称“大悟往日革命之非”，并献上“弭乱之策十条”，成为民主革命的叛徒。也许是和端方未立即达成某种协议吧，刘师培于1908年（清光绪三十四年）初又回到日本，创办《衡报》，继续高唱了一阵无政府主义，但已是强弩之末。到这年年底，他就应端方之召，回到上海，充当内奸与密探，密告江浙革命党人准备大举起义的情报，致使革命党人张恭于1908年12月17日在上海被捕。当其叛徒与内奸面目暴露，遭到革命党人王金发追杀之后，他就干脆于1909年（清宣统元年）年初跑到南京，公开充当端方的幕僚。此后，他随端方先后去天津、湖北。在1911年（清宣统三年）9月四川保路运动爆发后，他随端方统兵入川镇压，结果在四川资州，端方被革命党人处决，刘师培也被革命党人逮捕。经章太炎、蔡元培等人营救，刘才获释，狼狈逃回北京。在袁世凯独裁统治时期，他再次堕落为袁世凯帝制运动中的“筹安会”六君子之一，发表《君政复古论》，最终被钉到了历史的耻辱柱上。

刘师培的这又一次的思想剧变，更加引人注目与发人深思。这位刚刚声称要“扫荡权力，不设政府”的狂热的无政府主义者，怎么突然一下子又投靠清王朝，成为行将没落的专制政府的卫道士呢？

作为破产小生产者的思想代言人，刘师培曾一度狂热鼓吹无政府主义。但是，事实一再证明，任何形式的无政府主义在政治斗争空前激烈的近代中国，都只能是一种空想。刘师培鼓吹的“人类均力”的无政府主义社会理想，与以工人罢工、农民抗捐、商贩骚动，再加上个人暗杀来实现的所谓“无政府革命”，在极端专制暴政压迫下的中国社会是行不通的。而且，任何真正的反专制暴政的革命斗争运动，都不可能没有革命的领导与权威。无政府主义的虚妄与危害，为越来越多的人所认识。同盟会里，从孙中山到许多革命党人都对无政府主义表示了怀疑；陈天华、叶夏声、汪东、铁铮等人先后发表文章，公开指责与批判无政府主义；章太炎也很快宣布与无政府主义决裂，并阻挠其弟子去参加刘师培的“社会主义讲习所”集会；无政府主义的另一重要人物张继离开日本，逃亡到欧洲；日本的无政府主义者幸德秋水等人也因遭到日本政府的镇压而日趋困难。刘师培一度狂热鼓吹的无政府主义很快冷落下来。严峻的现实要求刘师培必须迅速寻找新的归宿。

历史证明，无政府主义者在现实斗争中碰壁后，总是要分化的。他们中有的人，经过斗争的教训与昔日战友的规劝，从无政府主义回到民主阵营，如张继、章太炎以及吴稚晖等人就经过了这样的思想历程；还有些人，则经过实践的锻炼与新的理论的学习，从无政府主义走向共产主义，如恽代英、陈延年等人就经过了这样的思想历程。

但无政府主义者也有一些人，因袭的更多是皇权专制主义、自私性与落后性，在无政府主义空想失败以后，如果拒绝接受新思想的影响，拒绝昔日战友的规劝，顽固地对抗时代潮流，就会为了坚持反对资本主义而向皇权专制主义靠拢，最终为皇权专制主义所俘虏。正是在这个意义上，“极左”是很容易通向“极右”，无政府主义是很容易跳回到皇权专制主义的。近代历史上这方面的事例相当多，刘师培就是这样的一个典型人物。

当然，刘师培的第三次思想转变，之所以没有从无政府主义回到民主阵营，如张继、章太炎等人那样，而是从无政府主义退回到皇权专制主义，有着他个人的主观原因与外界环境的恶劣影响。

刘师培的家庭出身与长期接受的文化思想教育，使他身上带有浓厚的、根深蒂固的皇权专制影响。这些皇权专制主义思想影响，在刘师培身上虽一度受到近代民主思想的冲击，有所缩小，有所退避，但却始终没有根本铲除，始终存在着并发挥着种种作用：刘师培还在投身民主革命时期，他的思想中，在吸收进一些民主主义的理论元素的同时，始终笼罩着强烈的国粹色彩和专制主义阴影；到他鼓吹无政府主义时，这种专制主义影响更加扩大，他在批判资本主义社会的种种弊病时，多次美化皇权专制社会，甚至公开鼓吹“维新不如守旧，立宪不如专制”（刘师培：《论新政为病民之根》）；而到他对无政府主义丧失信心，又仍对资本主义怀有恐惧与仇恨，感到要重新寻找出路时，他身上固有的皇权专制主义影响就会急剧膨胀，终于吞没他的整个灵魂，把他拉回到皇权专制主义的老路上去。

在刘师培思想倒退过程中，外界环境的不良影响，无疑也起了重大的作用。

在刘师培思想开始变化与退化时，作为当时影响最大的革命派组织同盟会，对其采取了漠不关心、放任自流的态度：既无铁的纪律约束，更无必要的思想理论教育。而像章太炎这个刘师培最为接近、最为推崇的革命偶像，在对清政府态度上所犯的严重政治错误，更是给刘师培极其严重的恶劣影响。

1907 年（清光绪三十三年）中，章太炎由于同盟会内部的矛盾与纷争激烈，一度对民主革命悲观失望，热衷学佛，竟敌我不分，秘密和清廷大吏张之洞、端方通款，用放弃革命来换取他们的金钱资助，以作印度之行，进行了一笔很不光彩的政治交易。先是在 1907 年 8 月，章太炎通过清政府驻长崎领事、张之洞的女婿卞綍昌，致书张之洞，“誓言决不革命，决不与闻政治，且言中国革命决难成功，若赠以巨金，则彼往印度为僧”。结果，“书为申叔所见”，刘师培方知“彼与官场有往来”。可以想象，章太炎的错误政治行为给年轻脆弱的刘师培多大的震动与刺激。接着，当章太炎得知刘师培妻何震之兄何誉生与卞綍昌“亲善”，就干脆托刘师培夫妇在 1907 年底回国“运动”，把刘师培直接拉入与清廷大吏进行的丑恶的秘密政治交易中（《章太炎与刘师培夫妇书五函》）。据现有材料，刘师培和清朝官方发生关系就是从这时开始的。不管章太炎本意如何，这总是章一生中最严重的政治错误。然而，章太炎的错误仅到此为止，他只是与敌人谈判通款，准备做世外之人，却没有跨过投敌叛党做内奸的重要界限，而且章太炎很快就觉醒了，认识到了端方的本质，拒绝了端方的要挟，仍然坚持反清革命。而刘师培却顺着这条错误的道路越滑越深。刘师培最终的叛党投敌，当然不能要章太炎负责，但章的严重错误影响却是不容置疑的。

在刘师培的第三次思想转变中，其妻何震与姻弟汪公权所给予的影响，则要更为明显与恶劣。如前所述，何震其人，思想激烈、偏执而无定，又好名利、慕虚荣，喜出风头，奢侈挥霍，利欲熏心，政治品质十分恶劣。而汪公权更是一个十分无耻而又狠毒的小人。1908 年（清光绪三十四年）前后，在清政府的招抚政策下，何、汪二人首先秘密投敌。然后，他们对刘师培要挟诱迫，甚至假刘师培进行告密叛卖，终于将刘拉下了水。革命党人汪东说："刘本书生，告密事皆受其妻何震及姻弟汪公权二人所劫持"（汪东：《致黄焯书》）。胡汉民也认为："刘是时实为革命派，为学者。其后乃因刘妇慕虚荣，生活奢侈，挟刘变节，受端方金钱之饵，为作清客，生活环境足以致人堕落如此者"（《胡汉民自传》）。正是总结了这一沉痛的教训。

刘师培在 1908 年（清光绪三十四年）的动摇，早被老谋深算的专制营垒中人看中。清两江总督端方向他伸出了招抚之手。据刘师培外甥梅轼在《青溪旧屋仪征刘氏五世小纪》中回忆道：

> 端方为两江总督，李瑞清为两江师范学堂总办。这时要开办历史地理选科，……有人建议延聘舅氏。但李瑞清以舅氏名挂党籍，不敢专主，一日谒端督于龙华庵，……先商之丹徒陈庆年。陈字善余，……时在督署为首席幕僚，言听计从。他本与舅氏有旧，听了极为赞成，力任进言。次日即与端方谈到："仪征刘氏，三世传经，家学渊源，为嘉道以来江淮间第一。"他本人又是英年博学，虽为革命党人，近年已不谈种族革命。他若能来，实为上选。端随嘱江宁藩司潘玉门具函礼聘，由李、陈电约返国。

刘师培就是这样钻进了专制统治者设置的牢笼。

辛亥革命爆发，清王朝垮台，端方被杀。正当刘师培走投无路之时，新的专制势力的政治代表袁世凯，登上中华民国大总统的宝座，利用国家的权力，对他紧密拉拢，因而使刘师培在专制的泥坑中陷得更深。1914 年，袁世凯任命刘师培为公府咨议，刘感激涕零地写了《谢恩折》；1915 年 10 月，袁世凯又任命刘师培为参政院参政，11 月任命刘师培为上大夫，以种种的爵秩荣耀与优厚待遇，来满足刘师培的名利愿望，进一步腐蚀他已经霉烂的灵魂。据刘成禺《洪宪纪事诗本事簿注》记载：“当（刘）师培为参政时，所居胡同，楼馆壮丽，军士数十人握枪环守之。师培每归，车抵巷口，军士举枪呼‘刘参政归’。自巷口及于大门，声相接。妇何震乃凭栏逆之，日以为常”。袁世凯的这种散发着浓厚专制气息的腐蚀拉拢，使刘师培夫妇陶醉其中。刘师培的外甥梅轼在《青溪旧屋仪征刘氏五世小纪》中回忆道：“文人习气，不免急功近名。加以妗氏（指刘氏妻何震），时常怂恿，认为在教育界当教授是没有什么出路的，国内政治已到如蜩如螗的趋势，学者不研究政治是行不通的种种论调，时加浸润，况杨度、孙少侯又是好友，所以就被列名‘筹安会’。”

袁世凯垮台后，刘师培声名狼藉，被迫脱离政界，后在蔡元培帮助下，到北京大学任教。在“五四”新文化运动中，他仍坚持复古守旧，宣扬保存国粹，遭到鲁迅等人的痛斥。1919 年 11 月 20 日，刘师培病故于北京。

据陶菊隐《“筹安会”六君子传》中记载，在 1919 年 11 月刘师培病故前夕，曾痛苦地向其友人与学生黄侃总结了自己的一生，说：“我一生应当论学而不问政，只因早年一念之差，误了先人清德，而今悔之晚矣”。

看来刘师培在这时对自己一生的曲折道路与后期政治上的堕落，是有所认识与悔恨的。但是，他不明白，作为当时中国一位典型的浮躁、急切、慕虚荣、好名利的“政治文人”，他不可能安于寂寞清寒的学术之中，而必然要在政治舞台上有所表现。他思想、性格、品质上的致命弱点，决定了他必然要经历被“诱奸”变节与遭世人鄙薄的悲惨命运。他一生，从一位传统文人，到投身反清、反专制的民主革命，再到狂热鼓吹无政府主义，再到最后卖身投靠清朝专制王朝与袁世凯复辟王朝，这曲折的思想历程，提醒中国人民，特别是中国的知识分子，在中国近代历史的前进道路上，专制主义幽灵是最强大、最危险的敌人，它能腐蚀与吞噬许许多多不坚定的知识分子的灵魂；而高度重视与严密提防被专制统治者欺骗、腐蚀、拉拢、“诱奸”，则是中国广大文人，要时刻牢记的一项重要而又艰巨的人生任务。

十四、民国大总统变成了洪宪皇帝

从 1913 年（民国二年）7 月镇压“二次革命”，到 1914 年（民国三年）1 月解散国会，1914 年 5 月废除《中华民国临时约法》、废除责任内阁，再到 1914 年 8 月剿灭白朗起义，1914 年 12 月成为终生与世袭大总统……袁世凯在复辟专制统治、建立独裁政权的道路上，取得了一次次的成功与胜利。袁世凯感到已不再需要用虚伪的民主口号做招牌了。他已成为中国事实上的皇帝，甚至比中国历史上的任何皇帝权势还要大，所差的只是一个皇帝的名分与称号了。

因而到了 1914 年（民国三年）年底以后，他就在为成为一个名副其实的皇帝加紧部署。

一切独裁者的欲壑是难填的。

袁世凯出身于清王朝时期一个世代官僚兼豪强、军阀的家族中，从小就耳闻目睹了封建帝王的无可比拟的专制权力与豪奢生活，脑子灌输满了帝王思想。在清末动荡的年代里，在他漫长的官宦生涯中，他的政治野心与帝王思想不断发展与膨胀，只是迫于形势，不能轻易表露罢了。到了宣统帝登位，清王朝国势日衰，袁世凯因被摄政王载沣打击、险些丢了性命而被迫罢官返乡，他的内心里早就对清朝皇族充满了怨恨。当辛亥革命爆发、天下大乱、清王朝摇摇欲坠之时，袁世凯就有了取而代之、扫平群雄、乘乱夺取天下、成就帝王之业的打算。当时，他的心腹部将倪嗣冲、段芝贵等人都劝他乘四海扰攘、民无所归之时，捷足先登，依靠北洋军的力量，黄袍加身。但老谋深算的袁世凯考虑到，在当时的形势下，清王朝在北方仍有很大的势力与影响；自己作为世受清室恩遇的臣下，从隆裕太后孤儿寡母手中夺取天下，在舆论上、心理上与军事、政治上，都要承受重大压力；而且对北洋军将领是否能同心拥戴自己称帝，没有把握；全国革命风潮激荡，南方大多省区已落入革命党人手中，因此，在这时称帝风险太大，故决定"表面维持清室"（张国淦：《洪宪遗闻》）。

后来，袁世凯为了取得民国大总统的权位，虽表面信誓旦旦地宣布忠于共和、忠于民国，但他内心里对民主政治充满了厌恶与憎恨，他所依恋与向往的，仍是他十分熟悉的帝王专制统治。而且他认为，只有帝王专制才真正适合中国国情，才能真正得到全中国大多数民众的拥护。他在当时曾说："国民中有十分之七仍系守旧分子，愿拥戴旧皇室"（《申报》1916 年 6 月 11 日）。只是他认为，已被迫退位的清朝皇帝已势单力孤，尤其得不到占中国绝大多数的汉族人民拥戴，定无法重新君临天下，而只有他，手握军政绝对权力，党羽部将遍布天下，掌握要津，外得到列强各国支持，自己又有丰富的军政经验与权术，才能控制全国，夺取天下，登上新的皇帝宝座。袁世凯的帝制自为的野心与欲望，随着他成功镇压"二次革命"、扫荡辛亥革命成果、重新建立专制独裁统治，而不断发展与膨胀。到 1914 年年底以后，他的这种帝王野心就越来越见诸行动。

（一）恢复帝制时代之官秩名称

辛亥革命后，以孙中山为首的南京临时政府曾仿西方国家的民主精神，对中国传统的官秩名称作了重要改革，采用了许多带有近代民主色彩的官秩名称。

1914 年 5 月，袁世凯在进行中央官制与地方官制改革时，恢复使用了大量帝制时代的官秩名称，像左丞、右丞、内使监、行走、京兆尹、巡按使、道尹、县知事等，俨然都成了封建王朝的文武百官了。

到了1914年7月，袁世凯颁布《文官官秩令》，别有用心地依照中国古代封建官吏品级制度，拟定颁布了全国文官官秩，官分九秩，即上卿、中卿、少卿、上大夫、中大夫、少大夫、上士、中士、少士，另设同中卿、同上大夫之类，充满复古气息。从1915年1月1日开始，袁就按此九等官秩给全国文官定级别：被授予上卿的只有政事堂国务卿徐世昌一人，后也只追授暴死的赵秉钧一人；被授予中卿加上卿衔的，有前清大官僚赵尔巽、李经羲、梁敦彦三人；被授予中卿的有杨士琦、钱能训、朱启钤、周自齐、孙宝琦、梁士诒、张镇芳、陆征祥、张謇、熊希龄等二十九人，多是中央政府各部大员；被授予少卿的有梁启超、施愚、杨度、孙毓筠等人；至于上大夫以下的官员就难以计数了。

这样，有了卿、大夫、士这些古色古香、等级森严的封建官秩，上边再出现一个皇帝也就十分自然了。

（二）起用前清官吏，恢复皇权官场礼仪

袁世凯久历封疆，熟稔官场。他在处心积虑地准备帝制自为时，十分重视用人行政与官场礼仪，以此营造他恢复帝制的社会基础与环境氛围。

从1913年镇压“二次革命”开始，袁世凯就公然宣称“政非旧不举，人非旧不用”，规定只有在前清做过州、县官吏的人，才能担任一省的民政长（后改称巡按使）。袁多次表示“优容前清耆旧”，千方百计邀集前清官吏出任袁政府中各种要职，袁对他们“礼敬如宾”。

1914年2月，袁政府举行第一届县知事考试，虽规定报考资格为三年法政学堂的毕业生。但考试结果，特别是在笔试后的面试结果，录取的几乎都是年过半百、在前清有过为官经历的人，而对进过中外学堂的年轻人，多摈弃不用。这是因为袁世凯认为，在前清帝制时代有过为官经历的人，

容易接受一位新皇帝，而新学堂毕业的年轻学生，都多少沾染近代民主与科学思想，极易成为恢复帝制的反对者。

对于官场礼仪，袁世凯完全否定了孙中山与南京临时政府在这个方面的种种改革，努力恢复前清封建官场中的各种制度礼节。例如，在1914年3月，袁世凯公布了各级文武官员觐见大总统时的《觐见条例》，规定，各省军政大员进京以及新任命的特任、简任、荐任等各级官员，都要按一定程序“觐见”袁世凯，进行述职与听训。觐见的形式与内容一如清代文武大臣见皇帝的“陛见”制度。中央如此，地方也仿行。各级军政人员去觐见上一级主官时，其礼仪程序也一如前清官场。什么“冰敬”“炭敬”“节敬”等公开的行贿、收贿礼节制度也盛行起来。整个民国官场与前清官场毫无二致。

（三）祀孔、祭天，制造复辟帝制氛围

袁世凯是个政治经验丰富的独裁者。他深知要帝制自为，除要做好政治的、军事的以及组织人事的种种准备外，还要做好思想舆论的准备。他看到辛亥革命后，民主思想在全国盛行一时，有力地冲击了统治中国数千年的孔孟思想与神道设教思想。孔子本是中国先秦时代一位伟大的思想家与教育家。其创立的儒家思想是当时最重要的思想流派，曾在当时与以后发挥过重大的影响。但孔子政治伦理思想中强调尊君，被中国后来的历代专制统治者加工发展为系统的纲常礼教思想，成为中国两千多年封建专制政治的思想理论基础，被历代帝王们奉为圭臬。辛亥革命在推翻封建帝王专制的同时，也对孔孟纲常思想展开了一定的批判。随着民国的建立，忠君、尊孔等礼仪丧失了天经地义的特殊地位，被冷落，被批判；与之对立的民主、平等、自由思想得到了广泛的宣传与传播。袁世凯为了复辟专制与帝制自为，必须要清除令他恐惧与仇恨的民主自由思想，必须要把被辛亥革命冲击的孔孟思想与神道设教思想重新抬上庄严神圣的宝座。

袁世凯充分利用了民国建立后各地守旧势力的尊孔活动，给各地孔教会组织以各种形式的大力支持与扶植。据《正宗爱国报》1914年9月20日报道，早在1912年9月20日，他就专门下令“尊崇伦常”，卫护孔孟礼教，胡说民国建立后，“政体虽更，民彝无改”。在袁的倡导下，一时尊孔浪潮甚嚣尘上，各种孔教团体组织纷纷成立。1913年6月22日，正当袁世凯发兵镇压革命党人“二次革命”之时，他公开发布“尊孔令”，说孔子“为万世师表”，其学说“放之四海而皆准”，令各地讨论恢复祀孔典孔。1914年9月25日，袁就正式颁发了《祭孔令》，公开恢复了清王朝时期的种种祀孔规定。1914年9月28日，是农历仲秋上丁，袁世凯身体力行，以身作则，亲自率领文武官吏到孔庙祭孔。他穿上古代祭孔礼服，对孔子牌位三跪九叩，俎豆馨香。在袁的带动与督率下，全国各地文武大员也都到文庙祭孔，掀起了一次全国规模的祭孔活动。接着，袁世凯在1914年12月20日又下令正式恢复清王朝时期的祭天制度。12月23日为农历冬至令节，袁亲至北京天坛，对天顶礼膜拜，一切排场与礼仪完全模仿封建帝王。袁世凯希望以此取得“上天之子”的资格，而这正是中国历史上每位新皇帝必须取得的资格。

（四）两个插曲

正当袁世凯按照自己的计划积极进行帝制自为时，国内国外出了两件事情，延缓了他的帝制进程。

其一是国内被推翻的清王朝的遗老遗少们，在1914年下半年，掀起了复辟清室热潮。这是由于袁世凯自担任临时大总统以后，一直对清皇室与遗老遗少们采取优容与尊重的态度，特别是袁在镇压“二次革命”后实行的一系列复古、尊孔、祭天的措施，使清室复辟派与遗老遗少们产生了误解，以为袁在苦心孤诣地要恢复清王朝的统治，便一个接一个地跳出来公开要求“还政于清”：

1914 年 6 月，担任过前清直隶提学使的劳乃宣抛出《共和正续解》，攻击民主革命误国，要求袁世凯在被废黜的宣统皇帝成年后，还大政于清，大清皇帝封袁世凯为王爵等；

1914 年 7 月，担任过前清学部副大臣的刘廷琛拒不就政事堂礼制馆顾问，并写了一篇《复礼制馆书》，要徐世昌转告袁世凯："奉还大政于大清朝廷，复还任内阁总理，总操大政，以令天下"（佚名：《复辟案》，1914 年印）；

担任国史馆协修的宋育仁在北京公开发表还政于清的演说；

甚至在辛亥革命后逃亡日本的宗社党人铁良等人，也悄悄回到北京进行活动……

一时间复辟之声在北京等地甚嚣尘上。

但袁世凯优容清室、拉拢遗老遗少的初衷，本是利用他们对抗革命党人，为自己帝制自为服务，一旦清室复辟派的活动超出了他的愿望，他就不能容忍了。1914 年 11 月 13 日，袁世凯指使肃政使夏寿康呈请"严行查禁复辟谬说"；接着又令步军统领江朝宗拘传宋育仁，还要各地检举造谣人，依法严办；最后，袁于 1914 年 11 月 23 日正式下令"申禁复辟邪说"。于是，清室复辟活动迅速平息。

袁世凯不让清室复辟，是为了自己将来登上皇帝宝座。据张国淦《洪宪遗闻》记载，袁世凯在参加政事堂的一次会议上公然说："宣统满族，业已让位，果要皇帝，自属汉族。清系自明取得，便当找姓朱的，最好是洪武后人，如寻不着，朱总长（按：指时任内务总长的朱启钤）也可以做"。袁的用意十分明显：中国需要皇帝，但不能再是满族，而是要汉族皇帝；汉族中谁能做皇帝？自然非袁莫属。

其二是日本在 1914 年 9 月，利用欧战爆发，出兵进攻德国控制的胶州（青岛），于 11 月占领胶州与胶济铁路；接着，在 1915 年 1 月又向袁世凯政府递交了严重损害与侵夺中国权益的"二十一条"，并以支持袁世凯帝制自为作为交换条件，从而在中国社会各界激起了广泛的抗议，在国际外交界也引起了巨大的反响。袁世凯为了取得日本对他帝制自为的默认与支持，最终在1915年5月不得不部分接受了日本的要求，即“二十一条”中的一、二、三、四等条的内容。

由于忙于平息由“二十一条”引起的外交与国内事态，帝制运动在1915年春停顿了数个月之久。

（五）帝制大合唱

到了1915年（民国四年）夏，袁世凯觉得各方面的条件都已具备，其秘密策动与部署多时的帝制自为运动，就正式拉开了帷幕。

首先，袁世凯指使亲信党徒与一些被其收买的中外文人学者，进一步制造帝制舆论。他们向社会上散布“民主不适合中国国情”“只有恢复帝制才能救中国”等流言以及“上天垂象，帝星朗照”“真龙显形”“东方朝霞，旭日东升”等各种迷信的无稽之谈，预示中国将要有“真龙天子”“国民救星”登上帝王宝座。到1915年8月3日，袁政府一手控制的御用报纸刊登袁世凯宪法顾问古德诺的文章《共和与君主论》。这位被袁世凯收买的美国学者，把袁的帝制愿望上升到理论高度来论述。他胡说中国人民“智识不甚高尚”“无研究政治之能力”，四年前的辛亥革命建立民主共和国，“此诚太骤之举动，难望有良好结果”，中国必将因民主政治、总统竞选等，“酿成祸乱”；最后，他给中国人民指出了一条适合中国国情的道路：“中国如用君主制，较共和制为宜，此殆无可疑者也”（全国请愿联合会编：《君宪纪实》，1915年9月出版）。

接着，袁世凯决定公开与扩大帝制的宣传组织活动。他指使内史监内史夏寿田策动杨度出面组织一个呼吁、推动、领导帝制运动的机关。

杨度是湖南湘潭人，字哲子，1874年（清同治十三年）生，早年曾师从王闿运学帝王之学，清末留学日本，拒绝参加同盟会与民主革命活动，不久回国入清廷为官，鼓吹君主立宪。入民国后，他追随袁世凯，与袁的长子袁克定关系尤密，曾无耻地吹捧袁克定是当代的秦王李世民，自比于谋臣房玄龄、杜如晦，一心希望袁世凯称帝，将来袁克定接班，他就是开国功臣了。1915 年 4 月，杨度就写过一篇《君宪救国论》，鼓吹恢复帝制，呈送袁世凯。袁阅后大喜，亲书“旷代逸才”四字，制匾赐杨。现在杨度得到袁世凯的指示，劲头倍增，迅速拉拢了四个变节的原革命党人孙毓筠、李燮和、胡瑛、刘师培，再加上一位思想日趋保守的学者严复，于 8 月 14 日联名发起成立“筹安会”，打着“以筹一国之治安”的幌子，鼓吹中国必须迅速实行帝制，才能使中国长治久安。8 月 23 日，由杨度起草的《筹安会宣言》公开发表，宣布“筹安会”正式成立，在北京石驸马大街设立事务所，杨度、孙毓筠分任正、副理事长。这标志着袁世凯帝制自为的宣传组织活动公开化，并开始走向高潮。

袁世凯在指挥一些无耻文人学者粉墨登场鼓吹帝制的同时，更看重手握兵权的军警大员的支持与效忠。就在“筹安会”正式宣布成立的第二天，即 8 月 24 日下午，袁指使其心腹部将段芝贵与袁乃宽，在石驸马大街袁宅“特开军警大会”，召来在北京的北洋军警界要人雷震春、江朝宗、吴炳湘等 40 余人，“讨论”所谓“筹安事宜”。在会上，段芝贵发表讲话，先介绍古德诺和“筹安会各大学问家”的帝制救国理论，然后要求各军警大员带头“赞成君主”，并要“开导部下”“通电各省”等等，最后则要求全体与会者当堂“署名签押”，表明赞成君主，并代北京地区基层军政官员签名。

在“筹安会”与军警大会段芝贵等的策动下，帝制运动迅速推向全国。“筹安会”派出各路专员到各省活动，策动湖南、吉林、奉天、湖北、安徽等省组织起分会，领导各省帝制活动。“筹安会”又通电全国，要各地军政大员与商会团体速派代表进京，“讨论”国体。段芝贵与“筹安会”配合，密电各省军政大员，要他们全力支持帝制。于是，各省军政大员绝大部分都上密呈给袁世凯，请愿实行君主。同时，这些军政大员还公开出面，会同一些被收买的社会名流，组成各省“公民请愿团”，公开向参政院请愿迅速实行帝制。

在这期间，在北京中央政府中担任各种要职的袁党官僚们也不甘落后，争相加入帝制大合唱。为首的是梁士诒。

梁士诒，字翼夫，号燕孙，1869 年（清同治八年）生，广东三水人。光绪进士，授翰林院编修。1911 年 10 月 10 日武昌起义后，袁士凯于 1911 年 11 月入京组织责任内阁，梁士诒曾参与袁世凯胁迫清皇室退位的活动。1912 年 3 月袁世凯任民国第二任临时大总统后，他任总统府秘书长、交通银行总理、财政部次长等职。他是交通系的首领、袁世凯的亲信，人称“梁财神”“二总统”。后来他因位高权重，引起袁世凯的警惕。1914 年 5 月袁世凯在改组政府机构时，把他赶出总统府，改任税务处督办。这时，他手下的几位要人叶恭绰（交通部次长）、赵庆华（津浦铁路局局长）、关赓麟（京汉铁路局局长）等人，因“舞弊营私”，被“停职查办”，案件涉及梁士诒本人，交通系岌岌可危。梁士诒为保住本人与交通系的势力并重新邀宠，遂积极支持袁世凯的帝制自为活动。他筹集巨款，四处活动，收买拉拢，在北京成立起各种“请愿团”，如什么“商会请愿团”“人力车夫请愿团”，甚至还有“乞丐请愿团”“花界（妓女）请愿团”等等。梁士诒操纵这些请愿团，与“筹安会”及各省军政大员操纵的各省公民请愿团一道，同时向参政院呈递请愿书，从而掀起了一场声势浩大、范围广泛的迫切要求迅速实行帝制的“群众运动”。

除梁士诒外，积极支持与领导帝制运动的还有内务总长朱启钤、财政总长周自齐、参政张镇芳、统率办事处主任唐在礼等头面人物。一些新闻界人士在给袁世凯上书时竟自称“臣记者”。

在这如火如荼的请愿帝制热潮中，代行立法院职权的参政院，从 1915 年 9 月 1 日起，开会讨论各请愿团要求变更国体问题的请愿书。讨论中，赞成帝制的意见占压倒优势。因为策划与指挥各请愿团的杨度、孙毓筠、梁士诒、沈云霈、施愚等人，都是参政院参政；更为重要的是，帝制请愿的幕后总指挥就是袁世凯。袁在“筹安会”成立后，公然派军警对“筹安会”各要人给予保护；对各帝制请愿团，袁也给予各种形式的支持；而对反对帝制、反对“筹安会”的人员，袁则进行无情的镇压与刁难。这是当时十分明显的事实。

杨度、梁士诒等人打算在参政院迅速通过请愿实行帝制的要求，从而让袁世凯迅速登上皇位。

（六）“亿万姓归心”之皇帝

但参政院开会讨论帝制请愿未及几日，1915 年 9 月 6 日，袁世凯突派亲信杨士琦为代表，到参政院宣布说，袁作为中华民国大总统，认为改革国体“不合事宜”，“极应审慎”。但袁又说“如征求国民之公意，自必有妥善之办法”（《政府公报》，1915 年 9 月 7 日）。

原来袁世凯老谋深算，既具帝王野心，又极其虚伪，极会做作。他要使他的帝制自为行为披上“民意”与“合法”的外衣，即是得到全中国广大人民的一致拥护与支持，是应全中国广大人民的强烈要求，而并非他一己之私意，这样既可欺骗中国广大百姓，压制任何反对派与反对意见，又可赢得列强各国的信任与支持。中国历史上的一切独裁者与野心家，几乎都是高举“代表人民”“顺从民意”“为人民效力”的种种旗帜的。

梁士诒、杨度等人对袁世凯的用意心领神会，立即在“民意”上狠下功夫。他们策动北京与全国各省的各种各样的请愿团体，联合组成了一个统一的全国性的帝制请愿团体——“全国请愿联合会”，以江苏的实业家沈云霈为会长，以张镇芳的弟弟张锦芳与蒙古亲王那彦图为副会长，于 1915 年 9 月 16 日向参政院呈上第二次请愿书，“代表”全国人民，要求召开国民会议，改变共和国体为君主立宪。袁世凯迅速于 9 月 25 日以大总统名义发布申令，定于1915年11月20日召集国民会议，讨论国体变更，“以征正确之民意”（《政府公报·咨》，1915年9月26日）。

面对着全国人民的愤怒与北洋派内部对帝制的态度分歧及由此隐伏的种种危机，袁世凯及其党徒们一方面进行种种防范与镇压，另一方面则决定加速帝制的步伐，认为帝制早日成为事实，就可大定天下。他们让“全国请愿联合会”于9月底第三次向参政院呈请愿书，宣称原定召开国民会议“过涉烦琐”，本“立法贵简，需时贵短”的精神，要求“另设机关，征求民意”。于是参政院于10月6日开会，决定不再召开国民会议，而“以国民会议初选当选人为基础，选出国民代表”，组成国民代表大会，“决定国体”。袁世凯也立即以最快的速度于10月8日批准公布《国民代表大会选举法》，发布召集国民代表大会的公告（《政府公报·命令》，1915年10月9日）。

在袁世凯及其党羽的控制与指挥下，北京与全国各省从1915年10月25日开始选举国民代表。对代表的候选人，基本都由袁世凯及其亲信预先直接圈定，只有少数名额由各省将军、巡按使自定，但必须绝对“忠实可靠”。然后，由每县确定一名“初选当选人”——即推选国民代表的人员，到省谒见选举监督——各省的将军与巡按使，在种种挟制与利诱下，完成“选举”的程序，从而使袁世凯内定的国民代表全部当选。

接着，从1915年10月28日起，各省新“当选”的国民代表分别在各省举行大会，进行国体投票与推戴皇帝人选。袁世凯及其亲信对各省的会议与投票程序也进行了周密的控制与操纵：规定各省会议地点设在将军或巡按使公署内，将军与巡按使是法定的投票监督人；会场内布满荷枪实弹的士兵，名为保护，实为威胁；投票票面统一印上“君主立宪”四字，一律用记名投票方式，以便查核；而那些国民代表们在投票之前，已得到袁政府赠予的五百元大洋的“川资或公费”，另有宴请、博弈、名妓侍寝等种种优待……这样投票的结果，就必然是一致赞成变更国体为君主立宪。再接着，又以同样方式由国民代表们投票，一致“恭戴今大总统袁世凯为中华帝国皇帝，并以国家最上完全主权奉之于皇帝，承天建极，传之万世”（《政府公报·呈》，1915 年 12 月 12 日）。

各省国民代表会议开完后，先后上报代行立法院职权的参政院，并一致推定参政院为国民代表大会总代表。

于是，参政院遂以“国民代表大会”总代表的名义，于 1915 年 12 月 11 日上午 9 时举行会议，进行所谓解决国体总开票。他们把各省国体投票与推戴皇帝人选的票数汇集北京，作为全国“国民代表大会”的投票结果，由参政院秘书长林长民报告：全国各省的国民代表数共 1993 人，赞成变更国体、实行君主立宪的票数 1993 张，没有一个反对，没有一票作废，即全国人民一致要求与拥护袁世凯做皇帝。然后，参政院全体起立，一致通过恭上袁世凯的总推戴书。总推戴书用封建时代的奏折体，称袁世凯为皇帝、圣主、说：“我皇帝睿智神武，为亿万姓归心之元首，”要求袁世凯“俯顺舆情，登大宝而司牧群生，履至尊而经纶六合”（《政府公报·呈》，1915 年 12 月 12 日）。

但老谋深算的袁世凯按预定计划，并没有立即接受参政院与“国民代表大会”总代表的推戴，而是故作姿态，于当日中午即发回了推戴书，要求“另行推戴”他人为皇帝。他宣称，既然国民代表大会全体表决改用君主立宪，他自然同意；但推戴他为皇帝，他却不能答应。这是因当皇帝的人要有“丰功盛德”，而他袁世凯虽从政垂三十年，但一无丰功，二曾是前清旧臣，入民国后就任大总统，曾宣誓竭力发扬共和，今若帝制自为，既有愧于故君，又背弃对民国的誓词等（《政府公报·命令》，1915 年 12 月 12 日）。明眼人一眼就可看出，袁世凯是以退为进，要党徒为他歌功颂德、洗刷背誓失信，以堵住全国上下民众悠悠之口。

果然，袁的党徒们早有准备，在当日晚由参政院以国民大会总代表名义，向袁世凯呈递第二次推戴书，称颂袁有经武、匡国、开化、靖难、定乱、交邻六大“功烈”，“迈越百王”；在“德行”上，袁也是古往今来无与伦比；至于袁以前宣誓效忠共和，仅是当时就职仪文，不足为凭；今日“国民厌弃共和，趋向君宪”，袁根本不要顾虑以前之誓言，而应放心大胆、理直气壮地做皇帝（《政府公报》，1915 年 12 月 13 日）。

（七）为“爱国救民”而当皇帝

有“国民代表大会”代表全国人民的“民意”一次又一次地推戴，有参政院为袁倒行逆施、背誓弃信的无耻诡辩，又有文武百官与各省将军、巡按使等公开地与私下地表态全力劝进，还得到列强各国以不同形式表示的支持与默许，袁世凯放心了，终于不再扭捏作态，不再虚伪地推辞与谦让。

1915 年 12 月 12 日，袁世凯公然宣布接受推戴，帝制自为。他发布一道冠冕堂皇实际是厚颜无耻的申令，先引述“国民代表大会总代表”的推戴书，以示是全国亿万人民的“民意”渴求他出来当皇帝，然后他慷慨激昂地表态说：“天下兴亡，匹夫有责，予之爱国，讵在人后？但亿兆推戴，责任重大，应如何厚利民生，应如何振兴国势，应如何刷新政治，跻进文明，种种措置，岂予薄德鲜仁所克负荷！前次掬诚陈述，本非故为谦让，实因惴惕交萦，有不能自已者也。乃国民责备愈严，期望愈切，竟使予无以自解，并无可诿避。第创造弘基，事体繁重；洵不可急遽举行，致涉疏率”（《政府公报・命令》，1915 年 12 月 13 日）。——这就是说，他袁世凯为了爱国，为了实现全国人民的期望与嘱托，不能再有一己之私心，不能再犹豫谦让诿避，而必须出来承担起救国救民、承担起天下兴亡的重责——当中国的皇帝。

袁世凯终于露出了他的庐山真面目——黄袍加身，帝制自为。如白蕉在《袁世凯与中华民国》中揭露：“大奸大窃，其貌每大忠大信”。袁世凯在干着推毁民主共和、复辟帝王专制的种种丑恶的勾当时，却处处标榜着“民意”—— 全国人民的一致要求与一致拥护。他一次又一次向全国人民、向海外舆论表明，实际也是试图向历史表明，他袁世凯是经全中国人民的“无数请愿、公正选举、一致推戴”这三个合法程序，才登上帝位的。

但纸终包不住火！墨写的谎言终掩盖不住铁铸的事实。历史的发展很快就把这个大独裁者押到了审判台上。袁世凯策划帝制、挟持民意、策动请愿、操纵选举、制造推戴等等阴谋迅速被揭露，大白于天下。诚如梁启超当时在《袁政府伪造民意密电书后》中所揭露的那样：“自国体问题发生以来，所谓讨论者，皆袁氏自讨自论；所谓赞成者，皆袁氏自赞自成；所谓请愿者，皆袁氏自请自愿；所谓表决者，皆袁氏自表自决；所谓推戴者，皆袁氏自推自戴。举凡国内外明眼人，其谁不知者？”“此次皇帝之出产，不外右手挟利刃，左手持金钱，啸聚国中最下贱无耻之少数人，如演傀儡戏者然。由一人在幕内牵线，而其左右十数嬖人蠕蠕而动；此十数嬖人者复牵第二线，而各省长官乃至参政院蠕蠕而动；彼长官复牵第三线，而千七百余不识廉耻之辈冒称国民代表者蠕蠕而动。……则此一出傀儡戏，全由袁氏一人独演。”

在袁世凯承认帝制的第二日，即 1915 年 12 月 13 日上午 9 点，袁世凯在中南海居仁堂，以新朝皇帝的身份，接受文武百官朝贺。在当天，各界“代表”400 余人，以“全国人民”代表的名义，齐集中南海新华门外，跪求袁世凯早登大位，高呼“中华帝国万岁！”高唱一些无耻文人早就谱写成的帝国“国歌”：

……唯我大国民，今逢盛德主，琳琅十倍增身价。……

一切独裁者都是既重视“民意”，又重视宣传舆论的。当日，袁世凯颁布一道申令，以帝王的口吻自吹自擂，对全国人民进行恫吓，宣称将严厉镇压一切反对帝制者。然后，他就对其亲信部属、党徒与企图拉拢的名人巨卿滥授爵位：12 月 15 日封黎元洪为武义亲王；20 日，以徐世昌、赵尔巽、李经羲、张謇为“嵩山四友”，各颁嵩山照片一帧，均许不称臣；21 日和 23 日，两次封其文官武将及各省军政大员以公、侯、伯、子、男不同爵位共 128 人；12 月 16 日袁还申令所有清室优待条件永不变更，宣布将来要载入其宪法之中。12 月 19 日，袁世凯正式下令设立登基大典筹备处，以朱启钤为处长，经费预算高达 590 多万元。购置龙袍、龙袜、御座、玉玺等御用物，准备发行纪念金、银币及册封皇后及嫔妃、立皇储、选女官等皇室事务，加紧进行。

1915 年 12 月 31 日，袁世凯正式下令改民国五年，即 1916 年，为洪宪元年，改总统府为新华宫。

从 1916 年元旦洪宪改元起，袁世凯终于成为他期盼已久的洪宪皇帝。他等待登基大典，正式爬上那腐臭的皇帝宝座。

十五、蔡锷起兵护国与风尘侠女小凤仙

（一）小凤仙归宿何处

凡熟悉中国近现代史的人，大概都知道民国初年那场反对袁世凯复辟专制与帝制的惊心动魄的斗争，也都会知道那位协助蔡锷将军逃离北京袁世凯虎口、得以去云南发动护国战争的“侠妓”小凤仙。

小凤仙，亦称筱凤仙，在历史上实有其人。她是民国初年北京城里的名妓，才貌双全，色艺俱佳；后因结识蔡锷与协助蔡锷反对袁世凯称帝，更成为名噪一时的“侠妓”“义妓”。然而，当护国运动取得重大胜利、袁世凯在举国讨袁声中于1916年6月6日在北京死去后仅数月，1916年11月8日，蔡锷将军也在日本东京病逝。蔡锷将军死后，他的那位红粉知音与救命恩人小凤仙到何处去了呢？此人的后半生是怎样度过的？结局以是怎样的呢？这一直成为人们关心的话题。但由于小凤仙此后便销声匿迹，再无音讯，众说纷纭，以至成了一个历史之谜。

民国年间著名的文人史家或是熟悉当事人的作者，在他们的比较严肃可靠的笔记著作中，如曾虚白的《曾孟朴年谱》、哈汉章的《春耦笔录》、张相文的《南园丛稿·小凤仙传》、黄毅的《袁氏盗国记》等，在谈到小凤仙的结局时，都很郑重，俱作阙如之笔。只有蔡东藩着《民国通俗演义》，称小凤仙在蔡锷死后，闭门自杀以殉蔡。但这是小说家言，绝无根据，也绝不可靠。

后来，有些坊间闲书，包括大陆在20世纪80年代拍摄的电影故事片《知音》，则称小凤仙在蔡锷将军死后，被蔡母接回三湘四水的湖南宝庆老家，长做蔡门未亡人。这也是不符合历史实际的。小凤仙与蔡锷仅是烟花场上相识，并无婚约。而湖南宝庆蔡锷家中，除上有老母外，妻室儿女齐全——蔡锷与原配刘夫人生有三女，其中两个女儿早夭，遗下一女蔡铸莲，1907年生，为蔡锷长女；蔡锷与继室潘惠英夫人生有二子一女：次女蔡淑莲，1912年生；长子蔡端，1914年生；次子蔡永宁，1916年生。蔡锷病逝时，四个子女中，最大的10岁，最小的刚诞生数月。——在这种情况下，出身风尘的小凤仙没有可能被蔡家接往湖南家中。

近年来又出现了一种新的说法，即称小凤仙后来嫁给北洋政府著名大官僚、抗战时期沦为大汉奸的王克敏为妾。最早见诸文字的，是北京出版的《文史资料选辑》中的一篇回忆文章，但语焉不详。1985年安徽人民出版社出版的石原皋著《闲话胡适》，则有较详细的记述。石原皋是胡适的同乡与学生。他在此书第二十九章《我在胡适家中见到小凤仙》中写道：

王克敏是官僚，曾在北洋政府任过各种要职，后来赋闲，家居北京，广交游，宴宾客，家中聘有名厨，擅做各式菜肴，大家都喜欢到他家饱口福。王也约胡适去小吃。有时胡适也应约前往。因此，王也到胡家来。某天，我在胡适家中见一老人携一少妇来访。我问江冬秀（胡适夫人）是何人？她说："是王克敏和他的姨太太阿凤"。我不胜惊异，注目细看，只觉其艳而不妖，媚而不俗，不高不矮，不胖不瘦，亭亭玉立，似出水莲花挺秀，袅袅倚槛，与浴日牡丹争艳，婀娜多姿，神态夺目，眉宇间有豪气，见之，令人心醉。难怪蔡锷以侠女红拂赞之，真是不虚。都中人公认赛金花为花魁，阿凤次之。可惜我在中央公园来今雨轩春明茶座中，偶见赛金花时，徐娘已过半百，……不复有当年的风流漂亮了。所以我说，小凤仙是我见到的最漂亮的女人之一。当年名噪一时的电影皇后胡蝶与阿凤相比，则蝶不如凤了。至于那些扭扭捏捏、装模作样、未入流的影星，则更不足道了。

石原皋在这里见到的是30岁左右的“小凤仙”，他将她描绘成一位天仙般的美人。

台北《传记文学》第六十五卷第二期（1994年8月号）上刊登的张翼鹏撰写的《参与北平查捕汉奸登记逆产回忆》（北京《传记文学》1995年第1期转载），也写到王克敏的姨太太“小凤仙”，但这时是1945年底，“小凤仙”已是迟暮之年，被作者写得粗俗不堪：

小凤仙——当年蔡锷将军的腻友，现在是王克敏的第五姨太太。她年纪将近五十，头发蓬松，身材矮小，胖嘟嘟的躯体，圆圆的脸，穿着棉袄、棉裤，一点高贵的气质都没有，即使再年轻三十年，谅也是一名中姿美人，说不上绝色。

但“美艳”也罢，“粗俗”也罢，他们所描述的王克敏的姨太太“阿凤”——却绝对不是当年帮助蔡锷逃出北京的那位“侠妓”小凤仙，而是北京的另一位名妓小阿凤。小阿凤原籍为湖北黄陂人，民国初年也在北京八大胡同为妓，在时间上较小凤仙为后。她因年轻貌美又多艺术才能，艳名传遍北京九城八埠。因其与当时的大总统黎元洪、京剧名伶谭鑫培均为黄陂同乡，都中好事者，把这三人并称为“黄陂三杰”。有一年北京官绅在八大胡同举办“花选”，有所谓“色、艺、情、文”四科花榜状元。选得结果，色为洪月梅，情为王金福，文为金秀卿，而艺为小阿凤也。此四人皆为八大胡同中名妓。王克敏从清末即在京、津等地为官，以能员著称，可谓老官僚。民国建立后，他长袖善舞，继续官运亨通，历经袁世凯、段祺瑞各个时代，到直系曹锟时更红极一时，炙手可热。王克敏既善为官弄财，又以狂嫖、豪赌著称，往往一掷千金甚至万金。他在北京烟花场中结识了小阿凤，迷恋宠爱异常，日日奔走于八大胡同，报效无虚夕。时小阿凤在百顺胡同聚福班。一次豪赌，王克敏让小阿凤代他摸一张牌，竟赢了万金。王遂以此万金娶回小阿凤为妾——因此，这位小阿凤与小凤仙是不同的两个人。

那么，那位真实的小凤仙，她的后半生与结局是怎样的呢？

（二）蔡锷知音，民国“侠妓”

据有关史料记载，小凤仙约生于 1900 年。其家原是浙江的旗人，其父姓朱，母亲是偏房。因不愿受大老婆歧视，其母后来带着她离开朱家单过。不久母亲病逝，一位姓张的奶妈收留抚养她，所以她就改姓张。1911 年（清宣统三年）10 月 10 日，武昌起义爆发。那位张奶妈正带着小凤仙在浙江巡抚增韫（子固）家帮佣。11 月间，杭州革命党人响应武昌起义，在杭州起事，炮轰巡抚衙门。张奶妈就带着她仓促逃往上海。因衣食无着，张奶妈乃将她暂时押给一位姓胡的艺人学戏，到南京卖唱为生，取花名“小凤仙”。

1913 年 7、8 月间，革命党人在南京发动反袁世凯的“二次革命”。北洋军阀冯国璋、张勋等率部南下渡江，分路攻打南京。战火燃烧近两月。小凤仙跟着胡老板从南京逃回上海。这年小凤仙已是 13 岁，豆蔻年华，长成为一位亭亭玉立的美人。不久，她又跟着胡老板辗转到达当时的京师北京，在著名的八大胡同之一的陕西巷云吉班卖唱接客做生意，以其才貌色艺俱佳，名震京师，成为民国初年北京城红极一时的名妓。

就在这期间，前任云南都督蔡锷将军被袁世凯羁留于北京，家住棉花胡同 66 号，任经界局督办，后又加昭威将军衔（昭威将军在“威”字号将军中，排第一），入陆海军大元帅统率办事处，居高位闲职，实际是被软禁，遭受种种监视。为避袁世凯耳目，蔡锷故作韬晦之计，常到八大胡同妓院走动，在云吉班结识了小凤仙，曾多次在青云阁的普珍园小酌，普珍园的名菜辣子凤节倍受小凤仙喜爱。时蔡将军刚年过三十，与小凤仙是英雄美人，十分恩爱，成为知音，演绎了一段名留千古的爱情故事。

蔡锷知道了小凤仙的身世后，十分同情。一次，张奶妈从江西来到北京，找到胡老板与小凤仙。蔡锷问小凤仙：“张是什么人？”小凤仙说张是她母亲，胡老板是领家（押账的债主）。蔡锷就出钱替小凤仙赎了身。小凤仙回到奶妈身边，仍在云吉班做生意，并与蔡锷感情更深。蔡教她识字看书，并常给她讲些《三国演义》《水浒传》的故事与做人、为政的道理，后来也给她透露些反对袁世凯称帝的事情。小凤仙本聪慧异常，有正义感，现又受蔡锷影响，故全力支持护国运动，在1915年11月中旬袁世凯称帝前夕，协助蔡锷逃出了北京。蔡当时曾撰一联赠小凤仙，将她比作隋末的风尘"侠妓"红拂：

不幸美人终薄命，古来侠女出风尘。

蔡锷开始曾对袁世凯抱有幻想，对袁世凯的经世才略及其在清末民初在全国军民中赢得的威望，更是敬佩。他在《致袁世凯电》中，称袁世凯"宏才伟略，群望所归"（《蔡锷集》第202页）。因此，1913年7、8月间，当革命党人发动反袁世凯的"二次革命"时，他置身事外。他被袁世凯解云南都督职，调入北京居闲职后，也仍尽全力工作。但是，1915年5月7日，袁世凯为取得日本对其称帝的支持，竟与日本秘密签订"二十一条"，深深刺痛了蔡锷；1915年8月，在袁世凯的授意下，北京出现了一个打着"筹一国之治安"旗号的"筹安会"，公然为复辟帝制制造舆论；接着，各类"联合会""请愿团"也纷纷粉墨登场，为袁世凯称帝大唱赞歌；1915年12月13日，袁世凯见万事俱备、时机成熟，遂公然宣布接受帝位，下令取消民国，改用洪宪年号。

袁世凯复辟帝制的活动，使蔡锷逐步看清了他的真面目，气愤已极。蔡锷决心以武力护卫民国，"为四万万人争人格"。于是他表面上伪装拥护帝制，常去北京八大胡同厮混，以蒙蔽袁世凯，暗中却多次潜赴天津，与老师梁启超等人商量讨袁计划，初步拟定："云南于袁氏下令称帝后即独立，贵州则越一月后响应，广西则越两月后响应，然后以云贵之力下四川，以广西之力下广东，约三四个月后，可以会师湖北，底定中原”（梁启超《国体战争躬历谈》，《护国文献》第 300 页）。1915 年 11 月，蔡锷秘密离京赴津，旋以治病为名东渡日本，后经多地，于 12 月 19 日抵达昆明。

就在袁世凯公然称帝后数日，1915 年 12 月 25 日，云南首先通电宣布独立，众推唐继尧为云南军政府都督，组成护国军三个军，分别从四川、湘西和广西三个方向出师讨袁。蔡锷为第一军总司令，率 4 个梯团（旅）约 8000 人入川，拟对川边敌军突然袭击，出奇制胜，夺占叙州（今宜宾）、泸州诸要地，再北攻成都、东取重庆，尔后挥师东下，会师武汉。云南首义，全国响应。数月后，袁世凯不得不宣布取消帝制，在全国声讨声中黯然死去。

随着护国讨袁斗争的迅速发展与最终胜利，小凤仙的“侠妓”名声也传遍了全国。

但不幸，蔡锷将军在讨袁护国斗争取得胜利后仅数月，在 1916 年（民国五年）11 月 8 日在日本东京因喉癌不治逝世，年仅 34 岁。消息传到北京，小凤仙悲痛欲绝。在北京中央公园（今中山公园）举行公祭时，小凤仙特地请大名士易宗夔代撰了一副挽联送去致祭（有人说是易顺鼎，或是樊增祥，或是杨云史，或是清末翰林朱文邵等人代笔，均不确定。事见易宗夔著《新世说·伤逝篇》）。这是中国近代的一副名联。其词如下：

九万里南天鹏翼，直上扶摇，怜他忧患余生，萍水相逢成一梦；
十八载北地胭脂，自悲沦落，赢得英雄知己，桃花颜色亦千秋。

由于此联流传广，历时久，联词后来有了一些改动，但大意相同。有些书将此联写成：

万里南天鹏翼，直上扶摇，忍抛儿女情怀，萍水姻缘成一梦；
几年北地胭脂，自悲冷落，赢得英雄知己，桃花颜色亦千秋。

此联上联写蔡锷，下联写小凤仙自己，情长谊深，令人感叹落泪，传诵一时。但据说此联在社会上传开后，有些文人觉得太长、啰唆，便把八句缩短成四句。后来传到大名士方尔谦耳里。方是扬州人，“扬州二方”之一，是当时著名的“联圣”，曾做过袁世凯次子袁克文（寒云）的老师。他说：“四句还嫌多，只要两句就够了。”他改成这样一联：

不幸周郎成短命，
早知李靖是英雄。

此联词义系针对蔡锷生前赠小凤仙对联而发。其用典比喻贴切，含义深刻：上联以周瑜比蔡锷，就隐指袁世凯是篡权的曹操；周瑜是在赤壁大战后功成早死，喻指蔡锷是取得护国讨袁胜利后而死，同为少年英雄；下联以唐代开国功臣李靖比蔡锷，赞扬蔡是辛亥革命与护国运动的功臣。而李靖在失意落难时，隋宰相杨素府歌妓红拂慧眼识英雄，毅然离杨素府夜奔投李，以之比喻小凤仙协助蔡锷脱险，赞扬小凤仙是像红拂一样的“侠妓”。

据说，当北京官方与民间各界在中央公园公祭蔡锷时，小凤仙身穿蓝布大褂，亲自前往致哀。当她随民众步入灵堂向蔡锷遗像鞠躬时，泣不成声，被北京大学堂的学生发现。小凤仙察觉后立即快步走出中央公园；学生们追踪寻访，竟不可得。此后，小凤仙遂从八大胡同消失，隐姓埋名，无影无踪，对其去向众说纷纭，一直是个谜。

1917 年 4 月 12 日，民国政府在长沙岳麓山为蔡锷举行国葬。蔡锷成为民国历史上的“国葬第一人”。

（三）美人迟暮寂寞晚年

直到近年，关于小凤仙后半生的情况才逐渐披露出来。笔者经多方搜集、查访、核证，整理如下：

小凤仙自蔡锷将军去世后，虽声名大噪，但为了维护蔡锷将军的名声，遂毅然离开八大胡同，隐姓更名，过起普通而贫苦的生活。她先嫁给东北军的一位师长，从北京移居沈阳。后来可能是那位师长死了，她遂改嫁给一位姓陈的厨师，住家于沈阳市皇姑区寿泉街三胡同的一座平房里。因为她丈夫姓陈，四周邻居们都称她叫“陈娘”，但对她不平凡的身世一无所知。人们看到陈娘长得很漂亮，白皮肤，大眼睛，瓜子脸，个头儿至少在一米六以上，依稀可见她年轻时沉鱼落雁的美丽姿容。至于她的实际年龄，因她本人从不提及，长相又很年轻，无人能猜得准。她没有工作，靠丈夫的收入养家度日，生活很是拮据。两口子没有子女。她居住的房间是狭小的北厢房，室内面积只有10平方米左右。但室内几乎没有家具，因而并不显得十分拥挤。家里唯一像点样的摆设，就是那只天天上弦的小闹钟。陈娘也没有什么讲究的穿戴，只是平平常常的衣服，但洗得干干净净，穿起来显得与众不同。她的唯一爱好就是喝酒，几乎每餐都要饮两盅白酒，饮得很慢很慢。这样的习惯似乎与她的坎坷人生有关。她最大的乐趣，就是去听戏，听得有滋有味、如醉如痴。这也可能与她早年的生活经历有关。她这样的生活习惯一直维持到晚年。

1948年11月，解放军部队进入沈阳。这年小凤仙已48岁。她丈夫在东北人民政府的总务处工作，可能还是厨师。她自己也要靠劳动吃饭了，先是进一家被服厂做工，之后到东北人民政府统计局出收部一位叫张建中的人家做保姆。她改名叫张洗非，不知此名是否有深意。她的生活仍较拮据。

1951年初，京剧大师梅兰芳率剧团去朝鲜慰问赴朝参战的志愿军，途经沈阳演出，下榻于东北人民政府交际处的招待所。小凤仙闻讯，很想见见这位昔日在北京的旧相识，并求得他的帮助，遂托人写了一封信寄给梅。信中写道：“梅先生：若寓沈阳很久，如有通信地址，望企百忙中公余之暇，来信一告。我现在东北统计局出收部张建中处做保姆工作。如不弃时，赐晤一谈，是为至盼。”数日后，小凤仙接到梅兰芳邀请相见的回信，高兴非常，穿上了自己最好的衣服，打扮得像过节一样，赶去交际处招待所见梅。

这时的小凤仙已年过五十，人老珠黄，又生活拮据，饱经忧患，故人显得很憔悴。她见到梅兰芳，一番寒暄后，便向梅谈了自己的出身家世和沦落风尘的经过，以及与蔡锷相识并帮他逃离北京袁世凯虎口的情况。当她讲到蔡将军到云南后就再没有给她来过信，以及在讨袁护国战争中喉疾加剧、去日本就医逝世时，声音哽咽，泣不成声。梅兰芳关切地询问她此后的生活情况，她感慨万分，讲了她三十多年来的颠沛流离，以及目前的生活艰辛。梅安慰她说：“你的生活问题，我跟交际处商量一下。政府一定会照顾你的。”当天，梅宴请了小凤仙，离别时还赠给她一笔钱。

梅兰芳把小凤仙托他解决生活问题的事，托付给东北人民政府交际处的李桂森处长，并写信通知小凤仙与李桂森联系。

小凤仙接到梅兰芳来信通知后，即去找交际处的李桂森处长。经李桂森处长介绍，小凤仙被分配到一家政府机关学校当保健员，于 1951 年 6 月 23 日正式上班。为此，她十分高兴，于 6 月 28 日特地写信给梅兰芳表示感谢。信中写道：

> 别后转眼之间两月多。当梅先生启程时，捧读大札，即按所指去李处长处请示，以梅先生之帮助，现已蒙李处长之介绍，在政府机关学校当保健员，于星期一（二十三）正式上班。我的前途光明是经梅先生之援助，始有今天。决依领导指示，遵守工作，以报答大恩……
>
> 一九五一年六月二十八日

梅兰芳接小凤仙信后，未再与其通消息，并遵小凤仙嘱，对其身世与行踪守口如瓶，仅将此事告知其秘书许姬传与近代史专家荣孟源。数年以后，荣孟源在 1957 年被打成“右派分子”，梅兰芳则在 1961 年病故。在大陆政治压力日益加大的形势下，小凤仙的情况再也无人知晓，也再无人敢于过问了。小凤仙被人间遗忘了。

但小凤仙仍默默无闻、平平淡淡地在沈阳平民中生活着，也仍然无人知晓她那不平凡的身世。在 20 世纪 70 年代初，中国大陆正处在“文革”动乱之中，小凤仙已是 70 多岁了，丈夫已死，孤苦伶仃。她曾被好心的邻居、沈阳低压开关厂女工刘长青接到家中住了一段时间。这期间她心情开朗，常常眉开眼笑。只是有一次，她听到收音机里播放戏曲，内容是当年蔡锷与小凤仙的往事，她面容痛楚，泣涕涟涟。刘长青见状，急忙握住她的手，细问缘由。在一声声关切的询问之下，这位被称作“陈娘”的慈祥老人才情不自禁地口吐真言：“那戏中之人就是我！”她向刘长青讲了自己的身世，并再三叮咛千万不可外传。

1976 年，小凤仙终于走完了她曲折的人生道路，以 76 岁之龄病故。她是栽倒在自家平房旁的公共厕所里，是突发性的脑溢血。人们把她抬进医院急诊室，但抢救无效而死。

“文革”结束后，小凤仙的不平凡身世及其在民国初年协助蔡锷反对袁世凯复辟帝制斗争中的贡献，在民众中受到越来越多的关注与尊敬。为中国社会的进步与政治的民主做出过贡献的人，中国人民是不会忘记他们的。

十六、民初“报界奇才”黄远庸旧金山遇难

（一）刺客突然闯进旧金山酒店开了枪

1915 年（民国四年）12 月 27 日晚，美国西海岸繁华的滨海城市旧金山，灯火璀璨，人群拥挤，正是夜生活刚刚开始的热闹时分。

在该城市华人居住区都板街的著名豪华大酒店“广州楼”里，一场盛大的晚宴正在进行。晚宴的主人是当地华侨中倾向康有为、梁启超等改良派的富商名人。他们设宴欢迎的是民国初年名振全国的新闻界名记者、被称为“报界奇才”的黄远庸。

自 1912 年（民国元年）以来，在国内政治斗争的影响下，全国的新闻界与报馆也分为拥袁（世凯）派与反袁派，双方壁垒分明，斗争激烈。1913 年（民国二年，农历癸丑年）9 月袁世凯镇压“二次革命”后，对报界的革命势力也进行了扫荡与残杀，形成了著名的“癸丑报灾”。此后两年，全国新闻界一片“颂袁”之声。但当 1915 年袁世凯公开帝制以来，激起了全国人民的不满与斗争，新闻界的斗争再度激烈起来。

作为名记者的黄远庸，多年来在自己的新闻实践中标榜公正客观，自称在当时的政争与报争中处于超然地位，但实际上他不可能没有倾向性。开始他贬抑孙中山，对袁世凯小骂大帮忙；但当袁世凯帝制自为后，他又

不满，拒绝与之合作。他是在当时两派政争的夹缝中生存与奋斗：“袁世凯必欲用之，而仇袁者必欲杀之”。这位才华焕发的名记者感到十分苦恼与无能为力。1915 年 10 月，他为了暂时远离国内政治斗争的是非旋涡中心，为了避祸，他不得不离开中国，由上海先到日本，又于 1915 年 11 月中旬乘日本“佐渡丸”号轮船来到美国。他准备在美国“旅居二三月，学习英语，以其余力觅取生活之费”，“脱屣一切，誓将洗濯为人”。

事实上，黄远庸这几年在国内的政治倾向接近梁启超的进步党。因此他到美国后，得到了受康、梁系影响的华侨的欢迎。

这一晚，黄远庸兴高采烈地来到“广州楼”菜馆赴晚宴。这位才 31 岁的名记者潇洒倜傥，文采风流，侃侃而谈，吸引了满座主客。正当宴会上酒酣耳热之际，突然从外面闯进一位蒙面刺客，对准黄远庸连开数枪，将黄击倒后，迅即离去。当众人从惊慌中醒悟过来时，刺客早已不知去向，黄远庸也不及救护而顿时死亡，鲜血染红了宴会大厅。

黄远庸被刺的消息传到国内，立即震动了全国。由于刺客逃逸，人们对黄远庸被刺的主使人与政治背景无从得知，多年来议论纷纷。直到近年，这件悬案才真相大白。

（二）民初“报界奇才”黄远庸

黄远庸，原名为基，字远庸，笔名远生，江西九江人，1884 年（清光绪十年）出生于一个“文采秀发”的书香门第。从小聪慧好学，1903 年（清光绪二十九年）考中举人；1904 年（清光绪三十年），在清王朝最后一次会试中，考中进士，年仅 20 岁。民国名人沈钧儒、汤化龙等与他同榜，而黄最年轻。

考中进士就可以进入仕途。但黄远庸受当时进步潮流影响，不愿做官，经他再三请求，被清廷以新进士资格派往日本留学，专攻法律。1909 年（清宣统元年）初，他学成归国，被清廷授予“邮传部员外郎”兼“参议厅行走”

等官职。

此时，黄远庸的九江同乡李盛铎从欧洲考察回来，见黄远庸文才横溢，又熟悉掌故，劝其从事新闻行业。黄远庸大为所动，遂利用工余之暇，为各报撰写通讯与评论文章。辛亥革命以后，黄远庸毅然退出仕途，在北京开业为律师，继续为各报写稿，并任上海《申报》与《时报》的特约通讯员，后又任《东方日报》《少年中国》《庸言》《东方杂志》《论衡》《国民公报》等报刊的特派记者、主编和撰述等。

黄远庸在民初数年短暂的记者生涯中，以其创造的一种新闻通讯文体，对当时政坛上几乎所有的重要人物，如孙中山、黄兴、宋教仁、章太炎、蔡元培、袁世凯、黎元洪、唐绍仪、段祺瑞等，对同期几乎所有民众瞩目的重大问题与重要事件，如中华民国建立、唐绍仪被迫下野、宋教仁被刺、袁世凯就任正式大总统、丧权辱国的“二十一条”等，都进行了采访、报道与评论，其所写《官迷论》《三日观天记》《外交部之厨子》《北京之新年》等通讯，对民国初年政局的黑暗和新官僚们的丑态，作了忠实的记录和辛辣的嘲讽。他宣称，新闻“第一义在大胆，第二义在诚实不欺”；又强调，记者当具备“脑筋能想”“腿脚能奔走”“耳能听”“手能写”的“四能”功夫。他文思敏捷，文采斐然，又在社会上层广交游，消息灵通。他善于从言谈中获悉政治内幕，于字里行间予以透露。他以“远生”为笔名，在“北京通讯”专栏发表他的这些长短不一的文章，吸引了广大读者，在民国初年的舆论界形成很大的影响，仅次于梁启超与章太炎诸人。“远生通讯”成为民初中国新闻界的一大亮点。后人总结新闻史，称：“我国报纸之有通讯，实以黄远生为始”。他是“中国第一个真正现代意义上的记者”，因为他是中国以新闻采访和写作著称于世的第一人。时人称黄远庸为“通讯界之大师”“新闻界之巨子”。有人写诗赞他：

同是记者最翩翩，

脱手新闻万口传。

这对黄远庸来说，确实并非过誉之词。

黄远庸在民初数年所写的时政报道与评论，反映了一个时代，不仅是新闻，还是信史，是政治，有深远的意义。1918年，正在南开求学的青年周恩来在一则日记中记载：“……晚间观黄远生遗稿”，“我昨天从任白涛那里取来黄远生从前的通信看了一遍，觉得他所说的元、二年的光景，与我的将来政治生涯有很大关系。”

黄远庸在民初数年所写的时政报道与评论，还具有深刻的思想性与文化的先知性，广泛地影响到数年后的“五四”新文化运动。如“五四”前后影响最大的《新青年》及《新潮》，提及黄远庸名字或涉及他言论的文章，就不下30篇。甚至有人言，《新青年》所提出的文学革命、思想革命正是黄远庸的未竟事业。胡适《五十年来中国之文学》中，把黄远庸推许为新文学发“先声”的人物。此种评价为后来的新文学史家所认同。

黄远庸是幸运的，他开启了中国新闻史的一个新时代；但他又是不幸的，他生活在民初那纷繁复杂而又激烈残酷的年代，工作在袁世凯与革命党人日益尖锐的政治斗争中，陷入了难以解脱的矛盾。

他是个民主主义者与社会改良主义者，因而对袁世凯政权有所不满，写了不少反映当时社会政治的通讯与评论文章，揭露政局的黑暗与军阀、政客的丑态，特别对袁世凯暗杀宋教仁与违法向外国大借款等罪恶行径一一揭露报道，写出了“今日时局瓦裂于前清，而糜烂于袁总统”的名言，传诵一时。

但他又对袁世凯存有种种幻想，认为“大抵现状非袁莫能维持”，给袁世凯上条陈，提出种种建议。

他参加进步党，追随梁启超；而对以孙中山为首的“中华革命党”人多所贬抑与排诋，引起革命党人对他的不满与仇恨。

当1915年袁世凯帝制自为公开以后，黄远庸对袁世凯产生越来越多的不满，但他又不敢公然反对，“无日不在痛苦之中”。8月“筹安会”成立。袁世凯鉴于黄远庸在当时舆论界的声望，指使人迫使他写一篇赞成帝制的文章。黄苦恼多日，敷衍地写了一篇似是而非的文章刊登出来，但袁世凯不满意，令其重写。黄不愿违背自己的良心，又害怕袁党迫害，进退维谷，最后于9月3日悄然离京，南下上海。但袁世凯仍不放过他，散布谣言说黄远庸赞成帝制，并即将出任袁氏御用的《亚细亚报》沪版主笔。面对这种情况，黄远庸只得一方面在上海各报刊登《黄远生反对帝制并辞去袁系报纸聘约启事》等三则启示，声明自己反对帝制与拒绝与袁氏报纸合作的决心；另一方面乘轮东渡，离国他去。他以为从此可以摆脱国内的政治是非。

然而就在黄远庸到达美国不久，暗杀与死亡跟着降临到了他的身上。

（三）真相大白于七十年后

究竟是谁暗杀了黄远庸呢?

当时舆论界多以为是袁世凯政府所为，是因为黄远庸不愿附和帝制，所以袁指派人对他下了毒手。

但根据最近几年才披露的事实,原来是中华革命党美洲支部策划与指使的。

黄远庸出国前，中华革命党人对其一度发表偏袒袁世凯政府与诋毁孙中山等革命党人的言论就已十分不满。黄离开中国前发表的与袁世凯帝制不合作的“启事”，海外党人知之甚少或者不予相信。相反，海外党人中倒广泛流传着这样一条消息：黄远庸是秘密携带袁世凯的指示，到美洲华侨中为袁政府筹款的。若筹款成功，袁政府将更为强大，难于动摇，对革命党人打击之严重，将不堪设想。因此，当黄远庸刚一出国，海外革命党人便决心除掉他。

黄远庸到日本时，中华革命党就派人对其跟踪监视。黄远庸乘船到美国后，当时担任“中华革命党美洲总支部”负责人的林森，将暗杀黄远庸的任务交给他的卫兵刘北海。1915 年 12 月 27 日，刘北海侦悉黄远庸将到旧金山都板街的“广州楼”参加晚宴，就携枪尾随到此楼，乘众人不备之际，冲进去开枪将黄打死，然后迅即逃走。

黄远庸被刺后，国内新闻界与文化界人士开过多次追悼会与纪念会，对其被刺有种种猜测，但一直没弄清真相。中华革命党及其后身中国国民党也一直对其事秘而不宣。

1927 年 4 月国民政府建都南京后，不久林森做了国民政府主席。他曾以国民党的名义，给刘北海发过奖状，并邀刘回国工作。刘因自己是一无文化之工人，并未从命。

刘北海晚年生活贫苦，20 世纪 60 年代初，台湾国民党当局将其接去台北，颐养晚年。1968 年，刘北海在台湾病逝。

到 20 世纪 80 年代，黄远庸被刺案的内幕才逐渐披露出来。

十七、中华革命党首领陈其美中计遇害

（一）陈其美中计遇害于寓所

1916 年（民国五年）5 月 18 日下午，繁华热闹的上海法租界。

其时，由于全国人民的抗议斗争与护国战争的胜利发展，袁世凯已被迫于 3 月 22 日取消了洪宪帝制。全国人民继续在为将袁世凯赶下总统宝座而奋斗。

这天下午，中华革命党在上海地区的主要负责人、辛亥革命时期担任过上海军政府都督的陈其美，乘坐一辆黄包车，从渔阳里匆匆赶回萨坡赛路（今上海淡水路）14 号寓所。这里原是日本友人山田纯一郎的住宅，暂借给陈其美居住。陈其美将要按照事先的约定，在寓所里为一家“鸿丰煤矿公司”与日本一家实业公司之间进行的矿地典押合同，签字作担保。他将从中得到十分之四的押矿借款，作为革命经费。这正是当时上海革命党人所急切需要的，因为陈其美 1915 年（民国四年）10 月，奉孙中山命，由东京回上海后，带领革命党人连续发动了多次武装起义，早就经费拮据，而难以进行革命活动。这次能轻易得到一笔数目不少的经费，陈其美感到分外的轻松与愉快。

当陈其美回到萨坡赛路 14 号寓所时，“鸿丰煤矿公司”的办事人员许国森等五人与介绍人李海秋，也按时来到了。李海秋是陈其美的老熟人，是他在上海的党务帮办，这次合同签字担保事就是由他介绍给陈其美的。陈其美招呼来客在客厅内坐下，就准备在合同上签字。忽然，李海秋从座位上站起来，说他忘记把合同底稿带来了，要立即回去拿，说着拔腿就往外走。李海秋刚刚走出客厅门，从外边突然闯进两个凶手，举起勃朗宁手枪，就向陈其美猛烈射击。陈猝不及防，头部连中数枪，倒在血泊里，顿时殒命。

这时，在陈其美寓所的外室，革命党人丁景梁、吴忠信、肖纫秋、曹叔实等人正在会商事情，听见枪声，急忙入室察看。两个凶手立即对他们疯狂射击，丁景梁、曹叔实当即受伤，余人退回外室。在这当儿，两个凶手与“鸿丰煤矿公司”的五名办事人，仓皇逃向屋外，与李海秋一道，来到马路上。

陈其美，一位卓越的革命活动家，孙中山在这时期最重要的助手，中华革命党的领袖之一，就这样突然地结束了生命，年仅 39 岁。

（二）“以冒险为天职”的革命家

陈其美，字英士，号无为，浙江吴兴（今湖州市）人。1878 年（清光绪四年）1 月 17 日生于一个商人家庭。6 岁入私塾读书，年轻时先在一家当铺学徒，后转到上海一家丝栈当助理会计。1905 年（清光绪三十一年），他听了蔡元培在追悼邹容大会上发表的革命演说，思想大受震动，革命思想油然而生。1906 年（清光绪三十二年），他设法到日本留学，先后入警监学校与东斌军事学校学习，并加入了同盟会。1908 年（清光绪三十四年）春，他奉派回国发动反清革命，往来浙沪及京津各地，联络党人，设立机关，发动军事起义，并参与创办革命报纸，进行革命宣传。同时他在上海加入青帮，广结帮徒，又注意联络上海工商界与军警界各名人，形成很大的势力。

1910 年（清宣统二年）4 月，宋教仁与谭人凤为了推动长江流域的革命运动，在上海组织中部同盟会。他们很重视陈其美的革命影响及其在上海的力量，约他参加，并委托他在上海马霍路德福里设秘密机关，负责联络与策应。1911 年 4 月，黄兴发动广州黄花岗起义时，也曾邀陈其美参加。起义失败后，陈其美曾以上海记者名义，冒险独自跑到广州活动，为革命同志处理善后事宜。他在行动中，以“口齿捷，主意捷，手段捷，行动捷”这“四捷”为同志们所称道。

1911 年 10 月 10 日武昌起义爆发后，陈其美领导了上海 11 月 3 日起义。在进攻清兵工厂江南制造局时，陈冒险独自闯进敌人营垒，企图劝说敌军放下武器，为敌军所拘禁，险遭杀害。上海光复后，他以功绩、才能与威望，被推举为沪军都督。当然，他并不是一位完人，也有缺点与错误，特别是他有强烈的宗派性与排他性，在上海光复后不久，竟派人刺杀了光复会的陶成章等人，给革命阵营带来了分裂与损失。

1913 年 7 月至 8 月“二次革命”发生，陈其美任上海讨袁军司令，领导讨袁军与敌人奋斗多日。失败后流亡日本。1914 年（民国三年）6 月，加入孙中山刚创立的中华革命党，并被任命为总务部长，成为孙中山的忠诚战友与得力助手。1915 年（民国四年）10 月，陈其美奉孙中山命，由东京回上海，负责领导上海与江浙地区的中华革命党反袁斗争，曾指挥刺杀袁世凯政府的上海镇守使郑汝成，策动肇和舰起义与江浙各地的起义，声威所及，震动全国。

陈其美早就立下了“以身殉国”的誓言，自称“以冒险为天职”。他曾自撰一副联语：

扶颠持危，事业争光日月；
成仁取义，俯仰无愧天人。

陈其美以此联表示了他取义不成，即当牺牲的志向与思想。

（三）"鸿丰煤矿公司"的刺杀阴谋

袁世凯对陈其美的才干与能量早有所闻。1912年3月袁世凯窃据中华民国临时大总统后，曾想拉拢为己所用，任命陈为第一届责任内阁——唐绍仪内阁的工商总长，并给陈授勋。但这些均为陈其美所婉拒。相反，陈其美对袁世凯的种种倒行逆施保持高度警惕，并进行了坚决的揭露与斗争。1913年9月"二次革命"失败后，许多昔日的革命党人或变质，或隐退，或远遁海外，只有陈其美等人始终追随孙中山，积极地从事反袁革命活动。陈其美领导与策划的一系列重大反袁革命事件，搞得袁世凯寝食不安。

袁世凯为了使陈其美停止革命活动，再次派人对陈其美进行威胁与利诱。袁世凯派遣陈其美的一位亲友到上海，对陈说："袁世凯大总统已专门汇了70万元到上海交通银行，准备给你出洋游历。只要你答应，此款随时可取。"陈其美回答说："我们党员正很穷，此款借给党里用，很好。"来人说："这笔款系给你出洋用的，不作别用。如果你不肯，袁世凯便将用这笔钱对付你。总之，这笔钱是为你而用的！"这就是说，袁世凯将用70万的巨款专门对陈其美进行暗杀。在威胁面前，陈不为所动，说："我干我的事，他听他的便！"

袁世凯见对陈其美拉拢与威胁不成，就下达了对陈其美暗杀的指示。袁世凯通过江苏都督冯国璋，找到辛亥革命时期曾在陈其美部下任过沪军团长、而此时已叛归北洋军的张宗昌，让张派遣密探程国瑞、朱光明、王甫庭等人到上海，策划暗杀陈其美。

程国瑞化名程子安，与朱光明、王甫庭等人来到上海后，打听到陈其美正为革命党活动经费困难而苦恼，便想出了一个毒计。他们假意开设了一家"鸿丰煤矿公司"，然后设法收买了陈其美在上海的党务帮办李海秋，以及与陈其美熟悉的王介凡，让他们与陈其美联络，伪称"鸿丰煤矿公司"

要将矿地典押给一家日本实业公司，特请陈其美居间，在双方合同签字时，做担保人签字；并允在事成之后，“鸿丰煤矿公司”将把押矿借款的十分之四给陈其美作为革命经费。陈其美正苦于无法筹款，未及仔细思考，便贸然答应。李、王与陈约定，5 月 18 日，“鸿丰煤矿公司”的几名代表到陈其美寓所签约。18 日下午，叛徒李海秋以介绍人身份，与“鸿丰煤矿公司”的许国霖等五人，乘一辆雇佣的出租汽车，来到陈宅；另外几个凶手暗携枪弹，埋伏在附近。约好李海秋出门，凶手即进屋去行刺。

刺杀成功后，凶手们逃到马路上，想乘来时雇佣的出租汽车逃走。但出租汽车司机听到屋内枪声，情知有变，即将车开走，向法租界巡捕房告警。凶手们只得四散而逃，有几人被法捕房抓获。

以精明干练著称的陈其美，由于一时疏于防范，竟中敌人圈套，丧于一旦。他的死，给孙中山的革命事业带来巨大的损失。孙中山称颂陈其美“忠于革命主义，任事勇锐，百折不回，为民党不可多得之人”，对他的死表示了极大的悲痛：“君死之夕，屋欷巷哭，我时抚尸，犹弗瞑目。”蔡元培则敬称陈其美为“民国第一豪侠”。

1927 年 3 月北伐军占领江浙地区与上海后，5 月 18 日，国民政府专门在上海举行了陈其美逝世十一周年纪念大会，蒋介石专程从南京赶来发表演说，称：“上海之所以有革命如此之成绩者，为陈英士先生首倡革命之功也。若无陈英士先生，即无今日之中国国民党，并无今日之国民革命。”国民政府有关方面在杭州西湖边上竖起了一尊陈其美跃马扬鞭的铜像。

十八、皇帝梦的破灭与袁世凯的死亡

袁世凯机关算尽，自以为用权术与谎言，可以一手遮天，欺骗与玩弄全国人民，再加上刺刀与枪口，可以镇压“少数”能够识破其阴谋并敢于反抗其统治的革命者，他就可以在复辟专制统治的基础上，再复辟皇帝制度与王朝统治，黄袍加身，建立起袁氏洪宪帝国。但是，权欲熏心的他却没有看到时代的潮流与历史的发展，没有看到经历过辛亥民主革命洗礼的中国所发生的深刻的变化。他没有认识到，腐败丑恶的皇帝制度在中国已丧失人心，共和国思想已普及于中国各阶层广大民众之中。谁要是逆历史潮流而动，不管他有多大的力量，都将被历史潮流所抛弃，都将遭到中国广大民众的反对与声讨，最终落得身败名裂的历史罪人的下场。

中国近代思想家鲁迅在《中国文坛上的鬼魅》一文中，总结历史的经验，说：“蒙蔽是不能长久的，接着起来的又将是一场血腥的战斗”。

（一）袁世凯陷入全民声讨中

袁世凯自1915年12月12日公开宣布接受推戴、帝制自为、黄袍加身以后，就迅速陷入了全中国人民声讨与反对帝制、捍卫共和民主政治的狂涛怒潮之中。

在反对袁世凯复辟专制统治、复辟皇帝制度、帝制自为的斗争中，最早觉悟、最先勇敢地投入斗争的，无疑是以孙中山为首的中华革命党人。

他们发动与领导了反对袁世凯复辟专制与帝制自为、捍卫民主共和的英勇顽强、前赴后继的斗争，发挥了先锋模范作用与骨干作用。许多英勇献身的中华革命党先烈的英名与功绩，将永载史册。他们虽有这样或那样的缺点，但其历史功绩是不可抹杀的。

以黄兴为首的革命党人中的缓进派，则组织了“欧事研究会”，在三年的反袁斗争中，走过了另一条更为曲折的道路。

随着袁世凯帝制活动的加剧与公开化，中国国内的阶级阵线与力量组合，在1915年夏秋间迅速发生重大的变化：不仅“欧事研究会”的绝大多数成员放弃了“缓进论”与“联袁抗日”的主张，与激进的中华革命党重新携手合作，走到一起，团结在孙中山的旗帜下，高举反袁大旗；而且一度拥袁甚力、与袁合作的进步党势力，一些企业界的头面人物，以及一些地方军阀势力，也对袁世凯日益不满、疏离，最后走上了公开决裂与反抗的道路。

1915年12月25日，云南在梁启超、蔡锷等进步党人士的推动与领导下，首先通电宣布独立，推举唐继尧为云南军政府都督，组成“护国军”，下辖三个军，分别从四川、湘西和广西三个方向，出师讨袁。接着，贵州、广西等省纷纷响应，宣布独立讨袁。

以孙中山为首的中华革命党人则组织起中华革命军，下辖东南、东北、西南、西北四个方面军，在广东、四川、湖南、湖北、江苏、山东等地，发动武装起义，沉重地打击了袁世凯政权，支援了云贵护国军的斗争。

在1915年年底到1916年年初，当袁世凯帝制自为活动达到高潮、洪宪帝国定期开张之时，各种反袁势力汇合成为一场声势浩大、正气凛然的护国战争，使垂危的中华民国起死回生。

（二）北洋军阀集团的分裂

更让袁世凯感到害怕的是，他不仅陷入了全中国人民声讨与反对帝制、捍卫共和民主政治的狂涛怒潮之中，而且，他所赖以起家的北洋军阀集团也发生了严重的分裂，他一直视为股肱与鹰犬的文臣武将们，对他也产生了越来越大的离心倾向，甚至企图抛弃与埋葬他的政治生命，就像当年他抛弃与埋葬清王朝一样。

首先是徐世昌。这位袁世凯的把兄弟，昔日靠袁家资助与提携，才跻身政坛，成为清王朝的封疆大吏，一直是北洋集团中除袁世凯外最重要的首领人物，与袁世凯关系最密。1914 年 5 月，袁设政事堂于总统府内，任命徐世昌为国务卿，人称徐相国。但当袁世凯策动帝制自为时，他不以为然，但又不便公然反对，而是采取超然态度，实际是拒绝劝进。由于他身处众臣之首的地位与在北洋系中的声望，他拒绝领衔劝进就产生了很大影响。袁世凯派人劝说他，他便向袁世凯提出辞职，坚持离开北京。后来袁世凯登帝位，封他为“嵩山四友”之首，他也敬谢不就。袁只得以软弱无力的外交官陆征祥继任国务卿。

北洋系中的精锐武将首推段祺瑞、冯国璋与王士珍三人，时称“北洋三杰”。但除王士珍附和帝制外，段、冯二人对袁帝制自为均持不满与消极抵制态度。当帝制运动初起时，担任陆军总长的段祺瑞称病退居北京西山，袖手旁观，不仅拒不劝进，而且时发怨言。1915 年 8 月 29 日，袁世凯正式下令免去段的陆军总长，由王士珍接替。“筹安会”出现后，段祺瑞迫于形势，于 9 月 21 日以“管理将军府事务”名义列名劝进，但言不由衷，实际上另有打算。云南独立后，袁世凯请他出任“征滇总司令”，他拒不遵命。到 1916 年 2 月底，正当护国军与北洋军在川南、湘西激战时，段公然发表政见，主张南北停战，维持共和，另组新政府。这实际上就是要袁世凯从皇帝的宝座上退下来——这是北洋集团上层最早要求袁世凯取消帝制的呼声。

更使袁世凯忧虑的是冯国璋。他此时任江苏将军，坐镇南京，拥兵江淮，在全国军政界有重大影响。袁为进一步笼络与控制他，曾在 1914 年将自己的家庭教师周砥嫁给他。但冯国璋对袁世凯称帝始终持不满与反对态度，并秘密派代表与欧事研究会、中华革命党、梁启超和云南护国军方面进行联系。在1915年年底，袁世凯先后要冯国璋出任参谋总长与征滇总司令，冯都以病推却。1916年3月15日广西独立，西南护国军声势大振，袁世凯益感进退无策，冯国璋乘机联络江西将军李纯、山东将军靳云鹏、浙江将军朱瑞、长江巡阅使张勋等，联名秘密致电各方，以第三者的身份，要求南北交战各方立即停战，南方护国军取消独立，北方袁政府取消帝制，惩办祸首，袁世凯自行辞职，以觇全国人民之意思（《五将军劝退之确闻》，《滇声报》1916年4月28日）。这就是当时盛传一时的“五将军密电”。冯国璋的这套做法，几乎完全是模仿辛亥革命期间袁世凯在革命党与清政府之间投机取利的那套做法。南京隐然成为北洋系的另一个中心。袁世凯得知这份“五将军密电”后，深感后院起火，北洋将领已不可靠。

其他北洋系将领出于自身考虑，又受到段祺瑞、冯国璋的影响，有越来越多的人，对袁世凯帝制表示出更多、更公开的不满与抵制。与护国军作战的前线将领冯玉祥等，拥兵不进，拒绝继续作战；在后方各省的北洋军将领，则以各种借口，拒绝出兵出资增援征滇，甚至派代表与护国军及国内各反袁势力互通声气。影响所及，连袁世凯最宠信的湖南将军汤芗铭、四川将军陈宧也开始动摇，与袁世凯疏离，而向冯国璋靠拢。

袁世凯称帝，天下共愤，甚至袁的弟弟袁世彤与妹妹张袁氏（张树声儿媳），也因其称帝而与其断绝关系。据刘成禺《洪宪纪事诗三种》载，这弟、妹二人，“同署名遍登京津各报曰：袁氏世凯，与予二人，完全消灭兄弟姊妹关系。将来帝制告成，功名富贵，概不与我弟妹二人相干。帝制失败，一切罪案，我弟妹二人亦毫不负究。特此声明。云云，项城闻之，大为懊恼，然亦莫可如何也”。

就在这时，袁世凯的帝制又碰到了外交上的严重困难，可谓雪上加霜。曾向袁表示过对袁称帝不加干涉的日、英等国，看到中国形势的变化，不仅连续对袁政府提出警告，而且在1916年年初以后，日本公然支持中国各派反袁力量，以资金、军火接济革命党人与护国军，在外交上更给袁以重重压力。

（三）袁世凯最后的挣扎

面对内外交困、众叛亲离、走投无路的情况，袁世凯内心充满了恐惧、矛盾与无奈。这个善于一手抓军队、一手玩权术，以欺世盗名抓权、玩弄全中国人民于股掌之上的大独裁者，终于机关算尽，计穷力竭，原形毕露，走到了他的末路。

早在1915年12月底云南护国运动刚起，色厉内荏的袁世凯虽气势汹汹地声言要严厉镇压护国运动，但内心空虚与动摇，在12月31日下令，不按原计划于1916年元旦举行登基大典；随着护国战争的展开与全国反袁运动的高涨，到1916年2月23日，袁不得不公开下令延缓登基；2月28日，他又下令于5月1日召集"立法院"，这位大独裁者又想重新开办早被他丢弃的民意机关，来为他装点门面，平息人民愤怒。

但被袁世凯一再欺骗愚弄的中国各阶层人民，不愿再受他欺骗愚弄了。全国的反袁斗争与西南的护国战争都在不断发展。袁世凯再也不能安坐中南海的帝王宝座了。

到1916年3月中旬，就在袁世凯接到广西独立与冯国璋"五将军密电"的"噩耗"的同时，他接到了徐世昌的来函警告："及今尚可转圜，失此将无余地"（《三水梁燕孙先生年谱》），以及各省各地区发来的无数要求取消帝制的电文与报告。袁世凯的谋臣策士，那些当日拼命鼓噪、劝进帝制的党徒们，这时都智穷力竭，回天无力，噤若寒蝉，只得劝袁世凯和平解决西南问题，首先是取消帝制。到这时，这个一心想做皇帝、并费尽心机与九牛二虎之力终于爬上洪宪皇帝宝座刚80多天的大独裁者，终于不得不取消帝制，从皇帝宝座上爬下来。

1916年3月21日，袁世凯在中南海新华宫怀仁堂，召集各方联席会议。以国务卿陆征祥为首的各部总长全部到会。帝制后隐居避嫌的徐世昌、段祺瑞也被袁世凯请来与会。与会者共30余人。会上，首先由袁世凯说明当前形势，帝制无法坚持，决定明令取消。徐世昌、段祺瑞等表示赞同；只有朱启钤、梁士诒与倪嗣冲等人表示反对，但大势已去，无可挽回。会议议定了取消帝制的手续。当日，袁世凯下令："特任徐世昌为国务卿，即日视事"（《政府公报》，1916年3月23日），原国务卿陆征祥改为专任外交总长。

1916年3月22日，袁世凯把因反对帝制而被免职的原机要局局长张一麟召来，要其起草撤销帝制申令。袁对张说："予昏愦，不能听汝之言，以至于此。今日之令，非汝作不可"。张说："此事为小人蒙蔽"。袁虚伪地表示："此是余自己不好，不能咎人"（白蕉:《袁世凯与中华民国》）。

1916年3月22日，袁世凯向海内外正式宣布: 取消帝制，恢复中华民国。

在这则由袁世凯正式发布、徐世昌国务卿副署的撤销帝制申令中，一方面，袁世凯不得不宣布"着将上年十二月十二日承认帝制之案即行撤销，由政事堂将各省区推戴书一律发还参政院代行立法院转发销毁。所有筹备事宜，立即停止"；另一方面，他又继续以谎言惑众欺世，颠倒是非，诿过于人，把自己百般美化，毫无真诚的悔改之心，对鼓吹劝进的帝制祸首爪牙也进行种种辩护，胡说自1913年镇压"二次革命"以后，"忧国之士，怵于祸至之无日，多主恢复帝制"，而他却"屡加呵斥，至为严峻"；"自上年时异势殊，几不可遏，佥谓中国国体，非实行君主立宪，决不足以图存"，"文电纷陈，迫切呼吁"，"各省区国民代表一致赞成君主立宪，并合词推戴"，他袁世凯虽一再反对，但最后因"更无讨论之余地"，"已至无可诿避"，他才"始以筹备为词，借塞众望"，但实际上"并未实行"，现在既然有人反对，他便"立即停止"。在袁世凯的笔下，他是一位多么遵从民意、虽一再被逼也不肯做皇帝的仁人君子，一位多么德高望重而又谦虚诚实的伟大政治家；而那些鼓吹劝进的无耻文人与爪牙们也成了“忧国之士”；然后袁笔锋一转，杀气腾腾地警告中国人民：“今承认之案业已撤销，如有扰乱地方，自贻口实，则祸福皆由自召，本大总统本有统治全国之责，亦不能坐视沦胥而不顾也”（《政府公报》，1916 年 3 月 23 日）。

这位背叛民国、葬送民国的大独裁者，在被迫从皇帝宝座上爬下来后，又想重新登上民国大总统的宝座，继续对中国人民实行没有皇帝名义的专制统治。

然而，这位大独裁者的皇帝梦到这时毕竟彻底破灭了。1916 年 3 月 23 日，袁世凯向全中国正式申令“洪宪年号应即废止，仍以本年为中华民国五年”（《政府公报》，1916 年 3 月 24 日）。

从袁世凯下令以 1916 年元旦改元洪宪，到 1916 年 3 月 23 日下令废止洪宪年号，前后不过 83 天。袁世凯做了 83 天皇帝梦。但登基大典尚未及举行，袁还未正式爬上皇帝宝座，他的皇帝梦，就在全国人民的反对声与咒骂声中，破灭了。无疑，这是无数民主革命的志士们在全国民众的支持下，以自己的鲜血与生命进行不屈不挠的斗争换来的伟大胜利！

袁世凯为了保全自己的总统权位，在 3 月 21 日任命徐世昌为国务卿后，于 3 月 22 日又特任段祺瑞为参谋总长，免去冯国璋的参谋总长兼职，同时他让徐世昌、段祺瑞与黎元洪等出面，致电蔡锷、唐继尧、刘显世、陆荣廷、梁启超等人，声称帝制取消，护国运动目的已达，为国家大局计，应立即停战罢兵，取消西南各省独立，全国重新统一在袁世凯大总统的领导之下，以利国利民，云云。

（四）在“国人皆曰可杀”声中死于北京中南海

但是，已经认清袁世凯本质的中国人民，绝不会让这位背叛民国、企国葬送民国的大独裁者，再继续担任民国大总统了。

西南独立各省与护国运动的领导人蔡锷、唐继尧、刘显世、梁启超、陆荣廷等，都鲜明地表示：袁世凯"虽取消帝制，实已构成叛国之罪名"，即应"毅然引退"（《会泽首义文牍》上册，云南图书馆 1917 年版，第 37-38 页）；后来，更以《护国军军政府宣言》的形式布告中外："今袁世凯谋叛罪之成立既已昭然，即将帝制撤销，已成之罪固在……除由本军政府督率大军，务将该犯围捕，待将来召集国会依法弹劾，组织法庭依法制裁，特此宣言：前大总统袁世凯因犯谋叛大罪，自民国四年十二月十三日下令称帝以后，所有民国大总统之资格，当然消灭"，"本军政府谨依法宣言：恭承现任副总统黎公元洪为中华民国大总统，领海陆军大元帅"。

除西南护国军外，国内各界人士也都一致谴责袁世凯的罪行，揭露他贪恋总统权位的用心，严厉要求其去位待审。

孙中山在 1916 年 4 月底从日本回到上海，领导中华革命党的反袁斗争，并在 5 月 9 日发表第二次《讨袁宣言》，号召全国人民把反袁斗争进行到底，说："今是非已大白于天下之人心，自宜猛厉进行，无遗一日纵敌之患，国贼既去，民国始可图安"。黄兴在 1916 年 5 月 9 日也发出《劝袁世凯退位电》，尖锐地指出："人民既一再以剑血拥护共和，断不肯复戴一背叛共和、主张帝政之元恶为总统。"他警告袁世凯，若"不自行引退，人民必将诉最后之武力"。

上海有"十七省国会议员"致各省通电，揭露袁世凯"勉将帝制取消，仍旧冒窃总统，反复诡诈，觍颜恋栈，卑劣龌龊，玷辱神京，国法不容，舆情益愤"，强烈要求"元凶伏法，永断祸根，一以表示真共和之精神，一以涤荡民国史之瑕秽"。又有"十九省公民"发表《否认袁世凯冒称总统书》，大呼："袁逆不死，大祸不止，养痈蓄疽，实为乱基"，"我国民建宜椎鼓进兵，各方响动，迫令退位，执付法庭，永绝乱根而维国本"。

被袁世凯逼迫辞去第一任责任内阁总理的唐绍仪，也发出《忠告袁世凯退位电》，指责袁世凯撤销帝制后仍居总统之职，"廉耻道丧，为自来中外历史所无”。其他如汤化龙、伍廷芳、吴景濂、谭人凤、张謇、孙洪伊、康有为等不同政治倾向的政界名流，亦纷纷发表宣言或通电，众口一词，促袁世凯下台。

这样，在全国形成了一股强大的声讨袁世凯罪恶、迫袁世凯下台的舆论热潮与“各党各派反袁大集合”（白之翰：《云南护国简史》，新云南丛书社 1945 年版，第 2 页）。

在全国高涨的反袁舆论的推动下，西南护国军与中华革命党等都加强了反对袁世凯政府、压迫袁世凯下台的军事、政治斗争。所不同的是，在袁世凯取消帝制之前，以军事斗争为主；在袁世凯取消帝制以后，则是以政治斗争为主，军事斗争为辅。当时全国各界人士的斗争多以迫袁下台为主要目的，只有孙中山等少数人认识到：“袁世凯一人，并不难于推翻，而我们的目标尚在于同时清除其属下之全部官僚，以保证中国不再蒙受此辈邪恶影响”（《孙中山全集》第三卷，第 299 页）。

西南护国军在川南前线，因袁世凯取消帝制后，四川将军陈宧主动致电蔡锷，要求停战议和，并愿与护国军“一致倒袁”，而护国军连经激战，补给困难，急需休整，因而蔡锷同意从 3 月 31 日起开始休战一星期。期满后又继续展期，直到 6 月再未发生战事。与川南休战的同时，湘西战事也停止下来。在此期间，蔡锷一边休整补充部队，准备再战，一边对陈宧、汤芗铭等川、湘军政要人展开政治攻势，责以大义，说明利害，策动川、湘独立。

在这同时，护国军与中华革命党联合，加大了对广东的军政压力，以迫使龙济光宣布广东独立：一方面，由陆荣廷调派大批桂军集结梧州等地，扬言将以龙济光态度决进止；广东内部各派“讨袁驱龙”的民军加强军事进攻；另一方面，陆荣廷利用被俘虏之龙觐光，以兄弟之情动员龙济光“赞同共和”，又由龙济光的老上司岑春煊以及唐继尧、刘显世、陆荣廷、梁启超等人出面，致电说服龙济光反正。在这内外重重压力下，原对袁世凯忠心耿耿的龙济光为保自己权位与地盘，于1916年4月6日宣布广东独立。虽然龙之宣布广东独立纯是被迫，且始终与护国军貌合神离，在1916年4月12日还制造了惨杀广东民军谈判代表汤觉顿等人的海珠惨案，但它毕竟增加了一个独立省份，增强了西南护国军的阵营与影响，给风雨飘摇中的袁世凯政府又一个打击。

在广东独立后仅六天，浙江于4月12日宣布独立。在中华革命党人的运动下，浙军中的中下级军官有强烈的反对袁世凯帝制的思想情绪，终于组织与行动起来，在1916年4月12日发动了兵变与起义，攻占杭州将军署，赶跑了附袁将军朱瑞。但浙江军政上层头面人物拥护原浙江巡按使屈映光出掌浙省军政。屈映光始终忠于袁世凯。他只勉强同意以浙江巡按使兼浙军总司令这种“非驴非马”的名义，维持全省秩序，既不肯担任浙江省都督，又不肯宣告独立，与袁世凯脱离关系，甚至与袁政府暗通信息，还杀害了中华革命党浙江负责人夏次岩，得到袁世凯的申令嘉奖。浙江军民不得不再次发动兵变与起义，将屈映光赶下台，在5月6日推举原嘉湖镇守使吕公望为浙江都督，宣告独立。由于浙江地处东南沿海富庶之区，浙江的反袁独立产生了很大影响，对袁世凯也是有力的一击。

广东、浙江独立后，反袁护国阵营更加扩大。为了加强联合，一致对付袁世凯政府，同时有利于对外外交活动，独立各省在梁启超等人的联络与说服下，逐步组织起来，建立一个统一的军政指挥机关。首先在1916年5月1日，在广东肇庆成立“两广护国军都司令部”，奉岑春煊为都司令，梁启超为都参谋。七天后，5月8日，又在肇庆正式成立“军务院”，宣布直隶大总统，统辖独立各省军政，由唐继尧任抚军长，岑春煊任副抚军长，梁启超任政务委员长，唐绍仪为特任外交专使等。这是一个具有临时政府性质的机构，在政治上，它与袁世凯政府分庭抗礼，发布了一系列宣言与通电，对内对外俨然以中国临时中央政府自居，发生了很大的政治影响；在军事上，它派遣大军，分三路向湖南、江西、福建进攻，虽然进展不大，